马峰 编著

（中英对照）

数融问道

——基于数字化平台的高中混合式教学案例研究

Exploring the Path of Digital Integration: A Case Study of Hybrid Learning via Digital Platforms in High School

『龙门书院·上海中学』书系 冯志刚 总主编

总 序

走在世界一流研究型、创新型学校发展新起点上

上海市上海中学的前身是创始于1865年的龙门书院。150多年来，学校秉承“储人才，备国家之用”的办学宗旨，坚守“自强不息、思变创新、乐育菁英”的龙门之魂，为国家的发展与民族的振兴培育了一批又一批英才。

进入中国特色社会主义新时代后，上海中学持续发展，走在构建世界一流研究型、创新型学校发展的新起点上，比肩世界名校，不断深化国际视野下不同领域拔尖创新人才的早期培育之内涵，持续为师生营造研究氛围、搭建创新平台，力求在基础教育领域的探索与引领方面继续发挥应有的作用。

我们将一些思考与实践作为办学与文化的积累，形成了本套“龙门书院·上海中学”书系。

立足于人力资源强国建设与创新型国家的建构，我们将“世界一流研究型、创新型学校”理解为：以进行具有国际视野、本土情怀的拔尖人才的早期培育为基础，倡导独立思考、敢于质疑的精神，构建师生感兴趣的良好研究领域，鼓励创新，包容失败；以学校独具特色的、可选择的课程体系建设为载体，集聚起大量高层次教学与科研能力的创新型师资，同时利用社会资源，做好高校、科研院所等与基础教育阶段的学校在研究与创新方面的有机衔接，不断释放师生的研究

激情与创新活力。

建构“世界一流研究型、创新型学校”的实践，重在搭建一个核心平台——“进行具有国际视野、本土情怀的拔尖创新人才的早期培育实验”；追逐两个发展关键点——“研究型”与“创新型”。前者以“研究氛围的营造”为切入点，注重以研促学、以研促教；后者重在创新平台的搭建，以教学创新、课题创新、项目创新来推进，并以教育教学、学校管理的创新作为支撑，其内核是思想与方法的创新。“研究型”强调氛围营造与机制支撑，重在土壤培育；“创新型”强调目标驱动与平台建设，重在学问之道。

“世界一流研究型、创新型学校”力求教育教学质量的高水平和人才培育的高素养，不局限于传统课程和教材内容的传授，而以提升人才核心素养与21世纪所需关键能力为着力点，打破学生发展的学段培养之时限，打破课堂空间之局限，为终身学习、读好书本与实践两本人生之“大书”打基础，着眼于学生的生涯规划与人生之路的可持续发展。

为此，学校把握时代发展的脉搏，注重“在传承中发展、在发展中谋划”，在传承上海中学原校长唐盛昌先生的诸多改革思想的同时，在育人方式、办学理念、管理机制、治理体系、人才培养模式乃至校园文化诸方面，皆与时俱进、不断创新。

“世界一流研究型、创新型学校”的建设，有其固有的一些特质：在传承与发展的基础上，强化以创新为核心的文化基因，提倡教学与研究并重，在优势学科教学与研究上逐渐形成品牌；搭建大量的基于科学技术、体现时代特征的创新平台，促进学生个性潜能的发展，提升其阶段最佳发展取向的选择能力；张扬“不走寻常路”的学校精神；展示教师的学术领导力。在“世界一流研究型、创新型学校”发展的新起点上，我们需要不断强化这些特质，不断寻求学校发展的“新支点”。

我们将一如既往，坚持“守得住理想、耐得住寂寞、干得成事情”的办学精神，坚守中国本色，强调国际特色，促进中西高端教育的融合，努力提升教学的学术水平，为学生创建一片多课程、多课题、多项目的“海洋”，让他们在“游泳”中去发现自己的兴趣、特长与强能之所在，成长为一个有理想、有本领、有担当的时代新人。

当下，上海中学已经走在世界一流研究型、创新型学校发展新起点上，需要在坚守理念与做好顶层设计的基础上做很多事情，“龙门书院·上海中学”书系的持续推进就是一项重要的工作。它是为教师拓展视野、探究育人、追求学术、提升专业所创设的一个发展平台，意在促进教师的反思与顿悟；它也是为学生提供聚焦志趣、激发潜能、提升素养、展示才华的舞台，意在为他们攀登高峰搭个梯子；它更是一个为中国特色、世界水平的现代教育先行先试的学校实践记录，为同类学校有特色的多样化发展提供我们的思考，促进彼此的交流。

是为序。

上海市上海中学校长、国家督学、正高级教师

2025 年 4 月

目　录　　Contents

第二章 基于数字化平台的混合式教学的全生态展示

第一章　基于数字化平台的混合式教学实践研究

1.1　研究缘起

1.1.1　信息技术革命所推动的信息化教育需求

信息技术在飞速席卷全球的同时也在悄然改变着教育行业。至今为止，我国基础教育阶段信息化的发展经历了三次浪潮。第一次浪潮是20世纪70年代末80年代初开始的计算机教学，让学生学习掌握计算机的基础知识和基本技能，其标志性的口号是“程序设计是第二文化”。第二次浪潮是80年代中后期开始的计算机辅助教学与计算机辅助管理，主要是开发教学软件、课件和教学管理软件，将计算机与教学相结合。随着计算机辅助教学不断发展，它不再是完全基于课件的“课程整合”，教育软件类型由展示知识的“课件”发展到工具型、平台型、素材型的“积件”。90年代中后期至今，网络教育已迅速成为我国基础教育的热点之一，从而掀起我国基础教育信息化的第三次浪潮，其特征是“教育信息资源的利用”。

当前，全球科技创新进入空前密集活跃期，以人工智能、量子信息、移动通信、物联网为代表的新一代信息技术加速突破应用，正在不断重塑教育形态，正在深刻变革知识获取方式和传授方式、教和学的关系，这要求教育者们必须积极应变、主动求变，下大力气发展基于新技术新应用的智慧教育、智能学习，努力办出与信息革命大趋势相顺应的一流教育。

在此大背景下，上海中学国际部（以下简称“上中国际部”）高中段自 2016 年开始积极引入数字化平台，并对将数字化平台融入教育教学进行了积极的实践，在此基础上积极研究了混合式教学的实际操作方法，形成了一系列可供教育同行批评和借鉴的研究成果和实践案例。以这些工作为基础，申请了 2019 年度上海市基础教育信息化市级课题，课题编号 SKT2019040。本书就是这项课题的重要成果之一。

本课题配合深入贯彻落实国家和上海市有关教育信息化的战略部署，尤其是在习近平总书记关于教育的重要论述包括在全国教育大会上的重要讲话的指导下，推进信息技术与教育教学的深度融合和创新发展，大力提升教师信息技术应用能力，普及信息技术在教学中的常态应用。面向未来，教育者必须要有比目前更长远的目光，要特别注重新时代背景下，信息技术对教育的宏观和微观影响。通过信息技术可以发现孩子具有什么样的潜质，从而在他具有潜质的方面进行更充分、更有效率的培养。在此基础上，学生能够快乐地学习，学习感兴趣的东西，甚至取得超出预期的成绩。经合组织教育与技能司司长安德烈亚斯·施莱歇尔通过 PISA 数据对比等，综合世界经验，提出学习的成功并不与学习的时间长度相关，而是和学习质量相关。教师应当通过安排丰富的教学体验，培养学生拥有更加开放的心胸和头脑以及适应现代世界的性格和能力。在“互联网 +”时代，学校传统的面对面单向传输式现场学习模式已经不能满足生长于“数字地球”上的学生的需求。当前，未来学校的畅想曲早就已经响起，基于数字化平台的混合式学习（Hybrid Learning）必将成为未来学校组织教学的重要方式。

1.1.2　信息化背景下学校对统一数字化教学平台的需求

虽然混合式学习样态存在进一步的需求，但在线教育平台和软件仍处于发展阶段，类型多种多样，各有优劣，从学校层面选择适合的统一数字化平台主要基于以下三方面的考虑：

第一个方面，是从教学角度来讲。老师经常与学生有一些讨论，而这些互动不仅发生在课堂内，更多的是发生在课后。在没有引入统一的数字化平台之前，老师和学生一般是通过电话、微信、书面留言或者是面对面的聊天等形式来进行课后的沟通和互动。教学过程中，始终缺乏一个很好的工具把这些讨论和互动如实地记录下来，作为形成性评价的一部分。此外，在共享资源时，无论是教师与教师、教师与学生，还是学生与学生之间，以往的方式，是通过 FTP、网盘或者邮件来实现。这样的共享往往是零碎和片段的，难以进行整理与回顾，可视化效果和用户体验都不太好，更缺乏智能时代所需要的大数据使用的基础。如何在一个系统里面完整呈现和整理电子资源，以及进行互动，这就成为摆在教师面前的一个问题。于是，有的老师开始尝试使用一些在线的平台，比如 Moodle、Schoology 等等。但自由选择平台也带来了问题：如果每个老师都采用了他相对熟悉的网站或者软件，那么作为一个学生，面对七八个老师，会经常需要同时登录七八个平台或网站，这就导致一个较为混乱的局面。

第二个方面，是从管理角度来讲。学校以往对于班级管理和教学质量的评价，最重要的指标主要依赖于成绩单，辅以教师的评语。一些过程性的数据，比如学生阅读了多少材料、对于老师布置的任务是否能够及时地完成、表现出来的品质和特质等等，往往消失在时间里，只留下教师脑袋里的记忆。同时，对于教师的评价，不能仅看带教班级的成绩，也不应仅看对学生的问卷调查结果，还应看看教师在资料的整合和对学生提供个性化支持方面起到了什么样的作用，特别是教师是如何帮助学生实现个性化的学习的。然而，从管理角度来讲，学校缺乏这些过程性的数据。那么，这些数据从哪里来？如果它是分散在很多不受学校控制的不同的软件或网站当中，或者处在很多线下看不见、摸不着的情况当中，学校是很难得到一手的完整数据的。在这种情况下，学校需要一个统一的教学管理平台，去了解真实的学习和教学进展，并且获得一手数据，通过这些数据，学校才可以明确下一步的方向。

第三个方面，是来自对于已经扑面而来的“未来”的学校和学习的展望。现在的学生和以往的学生是不一样的，网络时代更是如此。他们面临着海量的信息和资源，他们懂的东西很可能比老师要多、要杂。因此，我们不能期望所有的学习都在课堂上发生，将来的学习主流必然是混合式的。学生在学校上课的课堂里面，只是学到他所掌握的一小部分知识，还有很多知识是通过电脑终端等渠道向同伴、老师等人力资源、网络信息资源等进行学习的，这同时也是学习者面向未来能够进行自主学习和自我发展的一个非常重要的能力。因此，我们要帮助学生学会面对并过渡到未来的学习状态。学会学习的重要的指标表现为：是否会使用学习工具，是否会使用学习资源，是不是能够审慎地分析学习资源，是否会进行取舍，以及怎样自主管理自己的学习时间。这些都是面向未来所有的学习者不得不正视和解决的问题。因此，只有将线上与线下学习进行融合，才能更好地帮助学生为未来做好准备。

出于这三方面的考虑，结合上中国际部高中段使用英语作为教学语言等实际情况，学校选择了众多高等教育机构广泛使用且服务器在中国国内（出于数据安全考虑）的 Blackboard（译为黑板）平台，它是一种数字化的教学管理平台，其发展源头可以追溯到 1996 年。事实上，还有很多其他优质的数字化平台可供选择，而这些数字化平台的主要逻辑架构都是一致的，同时，数字技术也只是教育教学法的辅助工具，因此，本书所载案例具有相当高的普适性，能够提供较高的参考价值。2016 学年在 9 年级初步尝试数字化平台，之后的 2017 学年学校将其应用覆盖面扩展到整个高中 4 个年级。2017 学年至 2018

学年，各教研组在实践中摸索着适合本学科特色的使用模式，积累了一定的实践经验和案例，学校层面也对此加大培训与交流。师生们对 Blackboard 的熟悉和接受程度都在不断提高。2020 年初由于大规模公共卫生事件，在线教育的需求突如其来。受益于学校早期对于数字化教学平台的尝试，上中国际部高中段迅速地应对了巨大的挑战，同时还进一步加速了在线混合教学的实践。数字化平台作为一个发布任务、师生交流、教学评价等过程的载体，切实提高了教师的工作效率与质量。在此基础上，学校进一步提炼教学方法、提升教学理念，研究 E-learning（电子化学习方式）与传统授课相结合的模式究竟会对教师和学生产生怎样的影响。

上中国际部在基础教育阶段结合数字化平台进行混合式教学的实践是一次勇敢的尝试，它将以培养学生素养为导向的教学理念落实到了上中国际部学校课程改革的具体实践中；它同时也是上中国际部“课程研究”“教材研究”“教学研究”三部曲的重要一环，因为它直接应用在了一线的课堂教学层面。上中国际部这样一所优秀国际学校的一线中学教育工作者所从事的研究，其资料与数据都是一手的，具有一定的“临床”诊断价值与意义。上中国际部从国际一流学校课程改革的适应者、参与者的身份，逐渐嬗变成为贡献者。上中国际部基于数字化平台的教学研究，可以为今后一段时间国内学校课程进一步改革和发展提供一定的思路和参照，为日常课堂教学改革提供一定的可拓展的空间与多样化的途径，也为教育信息化的全国战略提供一种思路。

1.2　相关研究述评 / 文献综述

第一，多数文献主要研究混合式学习的理论以及科技对教育的影响，包括建构主义、布鲁姆教育目标分类理论，以及 TPACK[①]（Technological Pedagogical Content Knowledge，简称 TPACK）和 SAMR（Substitution，Augmentation，Modification，Redefinition，简称 SAMR）等国外已经尝试的一些教学模式和科技应用模式。例如北师大的何克抗老师系统地研究了“信息技术与课程整合教学模式”，发表了系列研究论文，涉及“传递－接受”模式、“探究性”模式、“研究性学习”模式、“WebQuest”模式、“适时教学”模式。

第二，所有文献都认同 21 世纪对能力培养的新需求。在传统的线下课堂教学中，学生将较多时间用在需要较少帮助的浅层学习活动中，而当学生试图进行知识迁移、做出决策和解决问题等深度学习时，却发现自己孤立无援。基于此，以翻转课堂为代表的混合式教学，颠倒了原有的教学结构。同时，不断出现的新技术也为支撑这些颠倒式的教学提供可能，如包括 Blackboard 在内的各类数字化平台。

第三，极少数文献通过在大学教学中设计实验，并收集实验班与对照班的考试数据及问卷数据，尝试通过数据分析，用较为科学的方法界定实验中的混合式学习效果。数据与经验都指出，要使得学习有意义，教师的作用不可替代。混合式教学更加需要教师的精心策划和有效组织。需要做好前期探索，以及教师和学生双方面的培训，以帮助师生适应新模式，防止产生两极分化或倦怠抵触情绪。

然而，现有文献最突出的特点是，它们全部停留在理论层面的研究。通过在中国知网的搜索，没有发现针对中学阶段的基于实践和实验层面的大规模混合式教学的数据和研究，同时，针对大学的混合式教学的研究时限也基本限定在公共卫生事件控制的短暂的一段时间。更为重要的是，没有文献系统地展示将数字化平台与教学结合的学科实际案例。本课题的研究填补了这方面的空白。

---

① TPACK，旧称 TPCK。——编者注

1.3　核心概念、研究目标和研究内容

1.3.1　核心概念

1. 混合式教学模式：依据不同学科的内容与特色、不同的教学目标，按不同的模式将在线学习与课堂学习结合起来，从而达成差异化教学、高阶思维培养、学习能力及兴趣培养等目标。

2. 差异化教学：依据个体差异（主要是个体特征方面的差异，如学习风格与偏好、能力水平、兴趣等），教师将他们的时间、资源和精力分配给有不同背景、准备、技能水平和兴趣的学生，以使所有学生都能够进行最佳状态学习的一种教学方式。

3. 高阶思维：1956 年，布卢姆将认知领域的教学目标分为知道、领会、应用、分析、综合、评价这 6 个层次。2001 年，较为权威的 *A Taxonomy for Learning, Teaching, and Assessing: A Revision of Bloom's* 将原本一维的教学目标分类拓展为“知识”和“认知过程”的二维角度。“知识”维度包括从具体到抽象 4 个类别：事实、概念、程序和元认知；“认知过程”考量学生的学业表现，包括 6 个层次：记忆、理解、应用、分析、评价和创造。其中除记忆外，其他 5 个层次都与“迁移”相联系，即“举一反三”。两个维度相结合，有利于教师科学地、合理地、系统地设定教学目标。教师要尊重学科本身特征与学生实际情况，既要在逻辑上层层推进，对教学内容进行甄别和优化组合，也要依据系统论原则，对教学目标进行全面深入的设计。从素质教育的目标出发，并基于布卢姆教学目标分类理论的支撑，鼓励教师在教学中培养学生的高阶思维，如理解概念、分析概念、应用程序、创造程序等。

4. 信息时代的学习能力：在信息技术的支持下，新的学习方式主要包括数字化学习、移动学习、研究型学习等。信息时代的公民要能够充分利用互联网学习，做自己学习的主人。学习可以是循序渐进

的，也可以是跳跃的。

5. 整合技术的学科教学知识（TPACK）：技术知识、教学法知识、学科知识三部分融合在一起，形成动态平衡。它包含了具体教学情景中技术与学科知识、教学方法的真实的复杂关系，包括教师对技术的深刻理解，对自己原有的教学观念、教学方法的重新审视与反思，敏锐地在技术、学科知识与教学方法三者的相互关系中寻求新的支点与可行性，如：根据具体教学情景的需要设计新技术手段，或利用新技术开创并拓宽新的教学空间，使之不再局限于传统的课堂。

6. 教学效果评价机制：传统的日常教学评价机制以纸笔考试为主要形式。基于 Blackboard 平台的教学，是以“后现代主义”课程观、加德纳“多元智能”、“建构主义”心理学、系统论等为主要理论依据，全面、综合、深化地对教师的教、学生的学进行全方位、多维度、多视角、量化和质化、线上与线下、现实与虚拟相结合的新型评价机制。

7. 翻转课堂：新时代的教育改革，需要我们重新审视并反思原有的师生关系。“翻转课堂”是先进的教育理念下，课堂教学改革的措施之一。课堂教学已不再局限于“老师教”和“学生学”，而可以实现一定程度的、可控的“翻转”：学生在课前已经阅读并研究了教师提前分发的材料，甚至已经进行了一定程度的讨论。到了课堂上，教师不再从零开始教，而是就前期学生的准备情况进行讨论或教学。翻转课堂围绕教育教学的目标，一切从实际出发，一切以学生发展为本，有时师生角色会互相转换，有助于师生互相体验到对方“教”和“学”的不易。这大大突破了（甚至“颠覆”）原有传统的课堂教学模式，开创出了新型的教学方法。

8. 数字化平台与课程深度融合：融合指不同个体或不同群体在一定的碰撞或接触之后融为一体。本课题认为数字化平台与课程的深度融合是指教师和学生在课程进行中使用数字化平台提高教学效率，优化教学效果。数字化平台的使用与课程整体不冲突、不孤立，在空间上涵盖学校内外，在时间上涵盖课前、课中、课后，使用者包括学生、教师、学校管理层。数字化平台的使用贯穿整个课程学习资源的整合与提取、教学活动的展开、评估与调整、师生的互动沟通。这种融合有利于教师实现差异化教学与教育公平，有助于学生提高学习积极性与主动性。

1.3.2 研究目标

1. 以数字化教育平台变革大背景为契机，多学科维度、多种评价方式相结合，继续深化以学生为中心的教学理念，探索有学科特色的线上、线下混合教学模式。

2. 整合和优化上中国际部高中段现有教育资源，更新教师教学理念，转变传统教学模式，提升教师信息技术素养，为教师专业发展提供更多样化、现代化、有效的途径，为培养学生自主学习、合作学习、探究学习等终身学习能力打下坚实基础。

3. 通过上中国际部高中段基于数字化平台的混合式教学的样本打造，形成一些研究成果，为后续同行学校和更大平台的研究提供借鉴。

1.3.3 研究内容

1. 混合式学习的教学模式

（1）查找、学习文献上提及的一些与信息技术整合相关的教学结构、教学模式及教学方法。

（2）整理、提炼实践中已使用的教学模式及教学方法。

（3）通过对比、融合，开发适合上中国际部高中段课程改革发展且具有学科特色的混合教学模式。

2. 研究新学习模式对提升学生主动性、时间管理能力、学习能力、学习态度、学习兴趣等的作用

（1）通过教学实践与实验，收集数据，对比不同教学方法对学习者学习模式产生的影响。

（2）通过数据分析，进一步修改教学模式，促进培养目标的达成。

3. 研究如何提升教师的信息素养和教学能力

信息时代，技术知识被纳入教师的专业知识领域，它和学科知识、教学法知识一起成为教师专业发展的基础。学科知识与教学法知识的融合，是传统教师培训的主要内容，也是多数教师发展较成熟的能力。但对多数教师来说，技术知识则比较匮乏。大量研究和我校实践都指出，将技术作为孤立的知识进行培训，哪怕了解技术能做什么，也很难有效推动技术融入教学。只有当三者有机融合，成为整合技术的学科教学知识（TPACK），教师才能根据具体的教学情景的需要，综合考虑学科知识、教学方法和技术支持，设计恰当的教学方案，从而把技术转化为解决教学问题的方案的知识。

TPACK 也为教师培训、教师发展提供了新思路。在课题研究中，具有学科特色的教学模式的推广与实践，可以成为培训 TPACK 的途径。实施过程中，将通过收集、分析数据，探索提升教师信息素养和教学能力的模式。

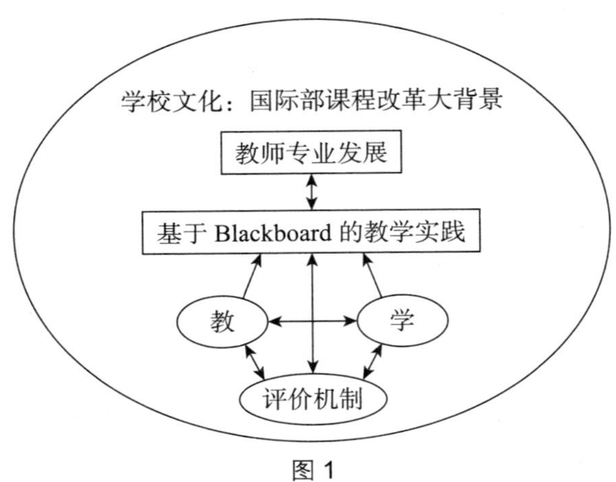

图 1

1.4 研究方法与过程

1.4.1 研究方法

文献法：查找、学习文献上提及的若干先进教育理念、教学模式。

实践法：通过具体教学实践，研究并总结新模式的优缺点及适应性。

统计法：制定量表，收集、分析数据，形成综合性、开放性、诊断性相结合的结论。

比较法：纵向比较和横向比较相结合，对比使用和不使用数字化平台手段的影响程度。

访谈法：制定问题和维度，访谈部分（甚至全体）师生，对统计法进行有效补充，以更有效地界定问题和寻求解决问题的多种途径。

1.4.2 研究设计

本课题采用行动研究法兼容实验法开展教学研究。从研究路径图（图 2）来看，整个研究是一个螺旋式加深的发展过程。在螺旋过程中包含了多个循环阶段，每个循环阶段都包括实验计划、实验实施、数据收集、分析与反思这 4 个相互联系、相互依赖的基本环节。值得一提的是本研究中的实验法指的是准实验法，其原理和实验法基本相同，区别在于准实验法对无关变量的控制相对宽松。基于学校教学场域的行动研究不可能在严格控制无关变量条件的封闭型环境中进行，因此选用准实验法较为合适。只要能预先制定好详尽的行动策略和措施，按照预先计划好的探索路线进行控制型研究，其实验结果的可靠性和可信度应当是很高的。

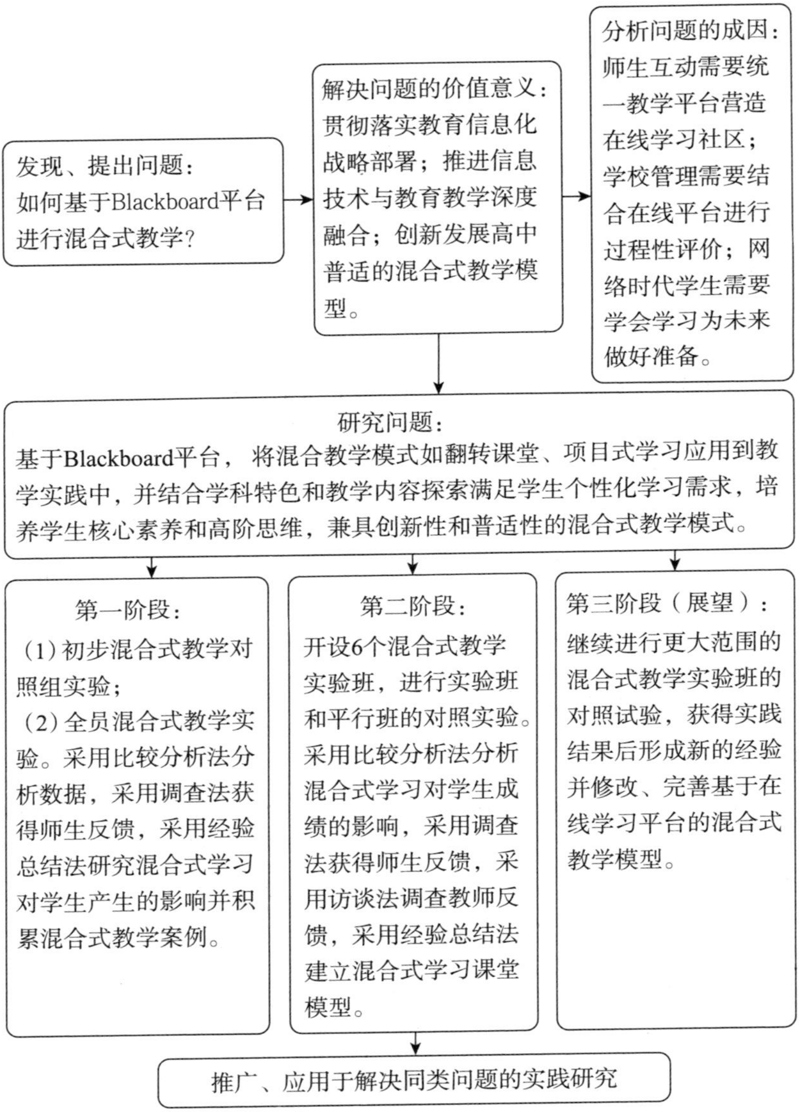

发现、提出问题：
如何基于Blackboard平台进行混合式教学？

→

解决问题的价值意义：
贯彻落实教育信息化战略部署；推进信息技术与教育教学深度融合；创新发展高中普适的混合式教学模型。

→

分析问题的成因：
师生互动需要统一教学平台营造在线学习社区；学校管理需要结合在线平台进行过程性评价；网络时代学生需要学会学习为未来做好准备。

↓

研究问题：
基于Blackboard平台，将混合教学模式如翻转课堂、项目式学习应用到教学实践中，并结合学科特色和教学内容探索满足学生个性化学习需求，培养学生核心素养和高阶思维，兼具创新性和普适性的混合式教学模式。

↓

第一阶段：
（1）初步混合式教学对照组实验；
（2）全员混合式教学实验。采用比较分析法分析数据，采用调查法获得师生反馈，采用经验总结法研究混合式学习对学生产生的影响并积累混合式教学案例。

第二阶段：
开设6个混合式教学实验班，进行实验班和平行班的对照实验。采用比较分析法分析混合式学习对学生成绩的影响，采用调查法获得师生反馈，采用访谈法调查教师反馈，采用经验总结法建立混合式学习课堂模型。

第三阶段（展望）：
继续进行更大范围的混合式教学实验班的对照试验，获得实践结果后形成新的经验并修改、完善基于在线学习平台的混合式教学模型。

↓

推广、应用于解决同类问题的实践研究

图 2　基于数字化平台的混合式教学研究路径图

1.4.3 研究过程

第一阶段:

1. 初步混合式教学对照组实验

实验时间: 2019 年 9 月—2020 年 1 月（5 个月）

实验对象: 上中国际部 9—11 年级 8 个班级的学生。这 8 个班级分别是 3 个 IB 班（11 年级 IB 英文母语、11 年级 IB 数学应用和 11 年级 IB 经济）和 5 个高水平班级（9 年级英语 HL、10 年级英语 H+、9 年级物理 H、10 年级生物 HL 和 9 年级编程基础 HL）。

实验材料:

（1）学习资源: Blackboard 平台上传的资料、网络精选资源、各学科教材、论文数据库等;

（2）数字化平台: Blackboard 在线学习平台。

实验参与人: 课题组成员和任课教师

实验说明:

（1）被试

8 个实验组涉及 9—11 年级共 3 个年级的 6 个学科 8 个班级，与每个实验组相同年级、学科和水平的其他班级为对照组。实验组和对照组的学生水平在教学实验前大致相当。

（2）研究方法

实验组教师加大力度在教学实践中使用 Blackboard 平台，特别是将混合式教学的方法逐步贯彻在日常教学中。作为研究初级阶段的尝试性探索，实验将 Blackboard 平台的使用率作为衡量混合式教学的量化标准，即假设 Blackboard 平台使用率高的班级进行了更多的基于在线学习平台的混合式教学。实验完成后采用比较分析法分析实验期间实验组和对照组学生的成绩差异，并且通过经验总结法收集了部分针对不同学科日常教学的混合式教学案例。

（3）有关变量

（3.1）自变量：基于 Blackboard 平台的混合式教学。本实验将 Blackboard 使用率的高低作为衡量混合式教学多少的标准。

（3.2）因变量：混合式教学的效果。本实验将相关学生期末成绩作为衡量混合式教学效果的标准。

（3.3）无关变量：授课教师的教学经验、教学水平，学生所在的年级、学科等。

关于无关变量的控制：本实验是在现实而自然的真实情境下进行的准实验研究，受实验条件的限制，对部分无关变量的控制相对宽松，比如实验组和对照组的任课教师可能不同。但是在实验条件允许的范围内，对部分无关变量尽可能进行严格控制，比如实验组和对照组的学生年级、学科和水平保持一致。

2. 全员混合式教学实验

实验时间：2020 年 2 月底—2020 年 6 月初（4 个月）

实验对象：上中国际部 9—12 年级 1000 多名学生

实验材料：

（1）学习资源：Blackboard 平台上传的资料、网络精选资源、教师录播课、各学科教材、论文数据库等；

（2）数字化平台：Blackboard 在线学习平台。

实验参与人：上中国际部 9—12 年级全体教师

实验说明：

（1）被试

本实验在上中国际部 9—12 年级进行，所有教学班均为实验班。实验班在 2019 学年第二学期的上半学期（2—4 月）进行在线直播学习，所有课堂时间减半。剩余课时学生利用 Blackboard 平台进行自主学习，并与教师在平台论坛上进行互动的混合式学习。下半学期（4—6 月）进行半天线上、半天线下的混合式学习。

（2）研究方法

本实验基于修补法准实验设计思路，在公共卫生事件的特殊时期，没有多余的实验对象可以作为对照组，因此只能将所有学生都设为实验组进行混合式教学实验，然后随机抽取实验组中的数学、物理、化学 3 个学科同年级同水平的所有实验班作为 3 个后测组，对照组则为上一个学年同年级、同学科、同水平的所有相关班级。抽取的 3 个后测组分别为 9S 物理所有实验班、9S+ 数学所有实验班和 10H 化学所有实验班，对照组则为 2018 届（上一年度）的 9S 物理所有班级、9S+ 数学所有班级和 10H 化学所有班级。之后 3 个后测组分别进行了与相关对照组相同内容、相同难度和相同评分标准的期末考试，有了考试结果后，通过比较分析法分析混合式教学对学生学习成绩的影响。最后，在全员混合式教学实验完成后，调查了师生对于混合式学习模式的看法，特别是其对学生学习的影响，并通过经验总结确立了下一阶段实验设计的思路，收集了大量针对不同学科的混合式教学案例。

（3）有关变量

（3.1）自变量：基于 Blackboard 平台的混合式教学。本实验中所有实验班的 Blackboard 使用率都很高，因此不再用 Blackboard 使用率高低作为衡量混合式教学多少的标准。实验中半天在实体场所（学校）进行面对面教学，半天在线上进行线上直播教学，同时，在课前和课后，学生进行自主控制学习时间、地点、路径和进度的在线学习。因此这里的混合式教学指结合了传统教学和 E-learning 教学的教学方式，与对照组的传统教学方式形成对比。

（3.2）因变量：混合式教学的效果，具体包括学生成绩、学生知识与技能的掌握程度、学生自学能力的提升、学生分析和解决问题能力的提升、学生个性化学习的程度和混合式学习的兴趣。

（3.3）无关变量：个体任课教师的教学经验、教学水平等。

关于无关变量的控制：与研究初始阶段的第一个实验相比，本实验在研究混合式教学对学生成绩的影响时选取了同年级、同学科、同水平的所有班级，以尽可能减少个体任课教师的教学经验和水平对最终成绩比对结果的影响。因实验条件限制，后测实验组和对照组没有进行前测比对，即后测实验组和对照组学生的实验前水平是否完全相当可能会存在疑问。但是后测实验组为来自较大群体（1000多人）的随机样本，并且其他无关变量如考试内容、考试难度和评分标准均完全一致，教师配备也大致一致，因此可以认为实验后学生成绩的比对结果具有较高的可靠性和可信度。

第二阶段：

混合式学习对乐于自学课本之外的内容，并对知识的获得富有强内核驱动力的学生来说，是一种极具趣味及支持性的学习方式。为了应对公共卫生事件带来的风险，同时为了保证学生在日后的教学中得到充分的支持，上中国际部在2020学年的10、11年级的6个实验班、20个对照班中少于10%的教学班级里开展了混合式实验教学（Hybrid Learning Model，简称HLM）。

1. 实验班运行规则

（1）实验教学班级60%—80%的教学时间为面对面的线下班级教学。

（2）剩余20%—40%的教学时间将被用于学生自主学习。学习内容应与学科相关，学习资料可以由学科教师提供，也可以由学生自行检索。教师也可能会利用这些教学时间给学生进行个性化指导。

（3）自主学习地点将由教师和学校事先决定，通常是教室或图书馆。

（4）学校校规同样适用于混合式实验教学。一旦违反，学生将承担后果。

（5）由于混合式实验教学是为具有强烈学习驱动力的学生设计的，因此学校保证给予接受混合式实验教学的学生充分的灵活性和自主性。

2. 实验班开班流程

（1）各教研组教师自愿报名。

（2）根据报名教师排课安排，询问学生参加意愿。

（3）根据学生意愿反馈，成立学生人数适当的 HLM 实验班。

（4）根据学生选课情况，获得最终参与 HLM 实验班的学生名单。

（5）通知学生正式开班。

3. 实验班计划安排

（1）开学前组织动员会议，进一步阐述与分享 HLM 实验班想法的由来及设计思路。

（2）第一周，任课教师拟定实验班教学安排。

（3）第十周，期中考试成绩分析与比较。

（4）第二十周，期末考试成绩分析与比较。总结教学经验，分享教学案例。

（5）第二学期，进一步丰富教学方法，培养学生自主学习能力。

（6）HLM 实验的总结文字初步成型，并不断补充各项实验数据。

（7）分享一学年教学心得，反思教学中的难点，交流后续的计划。最终，形成各学科在 HLM 实验中发展情况的反思和报告，鼓励成熟的内容形成研究论文。

4. 实验班准备和培训

（1）2017 年，实施 Blackboard 平台基础培训，了解平台基本功能，为深入使用与推广打下基础。

（2）2018—2019 年，实施 Blackboard 平台高阶培训，通过具体实践挖掘教学与管理功能，为 HLM 实验班的开设创造条件。

（3）2020 年 2 月，在线教育准备工作会议，从教与学策略、教育项目、学术追求、学习资源、线上平台 5 个方面展开。“混合式学习”首次被提出，并推荐给教师作为特殊时期的授课方式，被全体教师采用和初次实践。

（4）2020 年 4 月，开学工作布置会，线下半天复学给混合式学习提供了进一步教学实验的机会。这一阶段的教育教学工作提出了“三多”的要求，即多思考、多实践、多积累。这成为教师自身职业发展的宝贵经验和财富。学校明确提出“三个融合”的概念：正式学习与非正式学习相融合，在线自主学习与课堂教学相融合，校内学习与校外学习相融合。

（5）2020 年 7 月，开展教师职业发展培训。学校结合理念与数据，鼓励教师站在科技时代前沿进行教学变革的探索，并组织了多场在教学中使用科技手段特别是数字平台的培训，让教学如虎添翼，持续助力所有老师扬帆远航。

（6）2020 年 9 月，召开 HLM 实验班动员会，提出课程设计思路，围绕教学疑点难点进行解答与探讨。

（7）2020 年 10 月—2021 年 6 月，HLM 实验班每月常规例会，课题组总结混合式教学对于教师的重要挑战以及对于教师的积极影响。

（8）2021 年 9 月至今，HLM 实验在教学中基本实现常态化运行。

5. 实验班研究目标

上中国际部的 HLM 实验班开展的是学生线下实时学习和线上非实时自主学习相结合的融合式课程。学生在教师的指导下参加所有课程模块并完成自主学习任务。完成所有模块内容的学习后，学生需回答并提交一份问卷，反馈自己经历混合式学习模式后的体验和想法。混合式学习将讨论教师与学生所经历的变化以及这些变化对于学习的影响，并提出可用于帮助学生发展一系列技能和能力的策略技巧。混合式学习课堂需要创造积极的学习环境，特别是在学生能力参差不齐的情况下。

1.5 研究结果

本课题研究的前期书面成果包括：参与课题的老师在正式刊物上发表 8 篇文章，其中 1 篇文章为中文核心期刊；部分研究成果发表于课题负责人的专著——《博观约取：高中数学的国际视角》一书（268—296 页）；另有 27 篇课题组人员的文章入选《上下求索——线上线下混合式教学初探》一书（2020 年 11 月出版）。本课题的过程性成果——《应用 Blackboard 平台促进教学变革》获得 2020 年上海市基础教育信息化应用典型案例评选一等奖，案例《翻转课堂的实践——以置信区间的在线教学为例》获得 2020 年上海市基础教育信息化应用典型案例评选二等奖。《应用教学管理平台 Blackboard 促进教学变革》入选 2020 中国国际教育装备（上海）博览会"赋能教育"专题云展的教育案例展示。研究的部分成果获邀在 2023 年 12 月联合国教科文组织信息技术研究所主办的"发展 21 世纪所必需的技能"会议中由课题主持人进行了分享。本书为课题的总结性著作，它集合了课题研究中的教学案例和对于利用数字化平台进行教学的深度研究和思考。混合式学习实验班教学还产生了大量可供分析的量性和质性数据，在此基础上发展了一个利用数字化平台进行教学的模型。另外，课题研究过程中还录制了一部基于 Blackboard 平台的混合式学习教育教学纪录短片。

1.5.1 混合式教学实验班的教学效果

混合式教学实验班经历了两个阶段。

第一个阶段是从 2019 年 9 月至 2020 年 6 月。2019 学年，课题组部分教师基于 Blackboard 平台进行了混合式教学实践，实验班与平行班的对比为本课题的实施带来了良好的数据基础。其间遇到了大规模公共卫生事件，在 2020 年 2 月至 6 月期间，上中国际部在前期完全进行线上教学的基础上，后期采取了半天线下上课、半天线上上课的混合式教学方法，实质上实行了全员的混合式教学。这段时间的数据因为是全员进行基于 Blackboard 的混合式教学，平行班数据无法直接对比，但为混合式教学案例的积累打下了很好的基础。

第二个阶段是从 2020 年 9 月至 2021 年 6 月。上中国际部发布实验计划，老师和学生先后主动申请，形成了数学、物理、化学、生物、经济 5 门学科由 6 名老师开设的混合式教学实验班（简称 HLM 班级）。这些课程都有非混合式教学的平行班，以获取数据进行对比研究。

1. 考试成绩

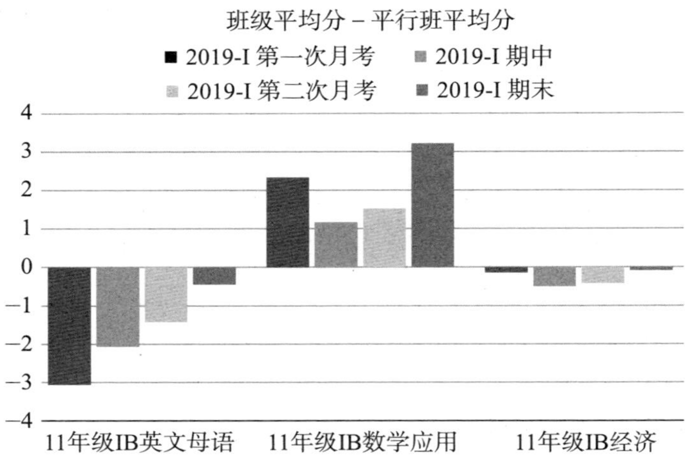

图 3　基于 Blackboard 平台进行初步混合式教学的 IB 班学生成绩分析

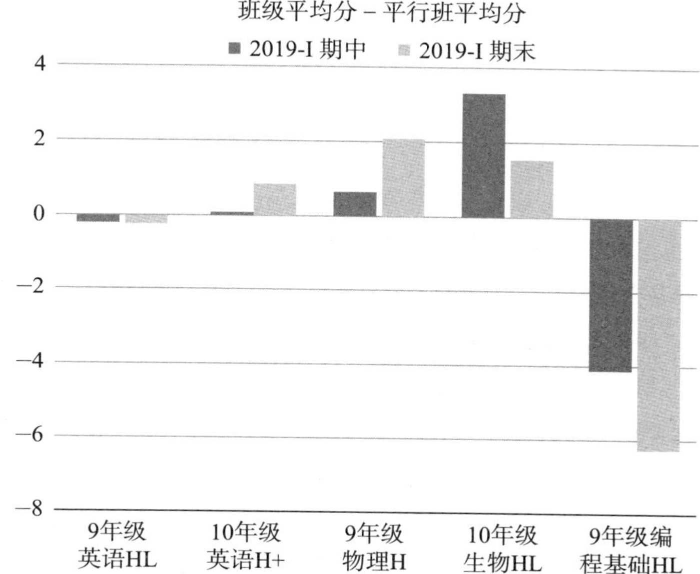

图 4　基于 Blackboard 平台进行初步混合式教学的 H 水平班学生成绩分析

图 3 和图 4 是第一阶段初步混合式教学对照组实验中 8 个实验班和相应对照组在实验期间学生成绩差异的分析图。实验班级的 Blackboard 使用率明显高于其对照组的班级，因此依据实验假设，实验组进行了更多的基于 Blackboard 学习平台的混合式教学，而对照组因为 Blackboard 使用率低，采用的依然是传统的教学方式。对比之下，随着混合式教学的逐步进行，三个 IB 实验班的学生成绩总体呈上升趋势，其中两个落后于对照组的实验班（11 年级 IB 英文母语和 11 年级 IB 经济）与对照组之间的成绩差距逐渐缩小，期末平均分差异缩小在 0.5 分以内。值得一提的是，随着混合式教学的逐步进行，11 年级 IB 数学应用实验班领先于平行班的优势逐步扩大，并在期末将平均分优势扩大到三分以上，能够从一定程度上说明这种基于 Blackboard 平台的混合式教学方式对学生的数学学习起到了促进（至少没有妨碍）作用。

再看同时期实验中 H 水平实验班学生的成绩表现。3 个实验班（10 年级英语 H+，9 年级物理 H 和 10 年级生物 HL）与对照组相比，平均分均保持领先优势。其中 10 年级英语 H+ 和 9 年级物理 H 实验班的平均分优势随着混合式教学的进行不断扩大，尤其是物理实验班优势扩大了 2 分以上，一定程度上说明所进行的混合式教学促进了（至少没有妨碍）英文和物理的学习。而 10 年级生物 HL 实验班虽然在混合式教学的中期表现出了平均分的优势，但后期优势出现了下降，因此混合式学习对该课程学习的促进程度可以进一步研究其细节。另外两个实验班和对照组相比，在混合式学习的中期和后期均表现出了平均分的劣势，尤其是 9 年级编程基础 HL，期末平均分劣势达到 6 分以上。那么这能不能说明混合式教学不适合该门课程的学习呢？课题组对该实验中的无关变量进行了分析，实验组的任课教师是一位新入职教师，其教学方式、教学设计和实施的经验均相对较少。而相比之下，对照组的任课教师为本校资深教师，教学经验丰富，因此在其他无关变量没有明显差异的情况下，可以认为任课教师自身的教学能力和经验也许在这个案例中产生了影响。

综上所述，实验期间学生成绩的结果从一定程度上说明混合式教学的进行能够促进（至少没有妨碍）某些学科某些课程的学习，但是仅仅从 Blackboard 使用率来分析自变量混合式教学可能存在片面性。这是因为教学是一个多元化的过程，很大程度上与其方式方法直接相关，因此，课题组在第二阶段的实验中将混合式教学这个变量从 Blackboard 使用率拓展为混合式教学的模式，该模式包含但不限于 Blackboard 的使用。从使用一个单一工具上升到实践一个教学模式的高度，有助于进一步探索混合式教学对于学生学习的意义。

表 1　基于 Blackboard 平台的混合式教学与传统教学对学生成绩的影响对比

	物理 9S 2018-II	物理 9S 2019-II（实验组）	数学 9S+ 2018-II	数学 9S+ 2019-II（实验组）	化学 10H 2018-II	化学 10H 2019-II（实验组）
最低分（min）	51	53	69	63	63	60
第一四分位数（Q1）	76	77	80.25	78.5	82.75	80
第二四分位数（Q2）	82	86	86	84	88	84
第三四分位数（Q3）	88	93	92.25	88	92	90.75
最高分（max）	97	99	97	99	100	97
平均分（mean）	80.8	84.1	85.4	83.2	86.6	84.2

表 1 是第一阶段全员混合式教学实验中随机抽取的三个后测组和相应对照组之间的成绩对比。如表 1 所示，和对照组相比，物理 9S 实验组无论最低分、第一四分位数（Q1）、第二四分位数（Q2）、第三四分位数（Q3）、最高分还是平均分均处于领先优势，Q1、Q2、Q3 的领先分数还呈现扩大趋势，从 1 分、4 分到 5 分，能够说明混合式教学对该课程学生的学习具有一定的促进（至少没有妨碍）作用，尤其是对平均水平以上的学生。数学 9S+ 和化学 10H 实验组的学生成绩与对照组相比没有优势，但实验组和对照组的平均分差值小于 2.5

分。值得注意的是，在混合式教学实验之前，由于公共卫生事件影响，实验组进行了两个月的纯在线学习。公共卫生事件下的纯在线学习对学习过程的监控和指导还有提升空间，因此对混合式教学模式的实践效率存在一定影响。同时，本次混合实验是由指定年级和科目的全体学生和教师参加，有些教师在此前并无混合式教学实践的成熟经验，而师生对于该教学模式或对参与实验的积极性也可能存在差异，这些都有可能成为最终影响实验结果的因素。

假设每届学生总体情况相当，试题难易度相当，课题组把 11 年级所有学科的 2019-II 的期末考试数据与 2018-II 和 2020-II 的平行数据（见附录）进行了对比，并依次进行成对样本数据双侧 t- 检验。结果显示，p- 值分别为 0.464 和 0.335，均高于 0.05，因此，如果仅从终结性测试的成绩数据来进行比较，混合学习实验阶段的成果与常规学习阶段的学习效果没有显著差异。

表 2　2018-II 与 2019-II 11 年级期末成绩分析

t- 检验：成对双样本均值分析

	变量 1	**变量 2**
平均	87.28563649	86.944228
方差	18.73585681	18.81792071
观测值	53	53
泊松相关系数	0.697616509	
假设平均差	0	
df	52	
t Stat	0.737573331	
P（T ≤ t）单尾	0.232044588	
t 单尾临界	1.674689154	

（续表）

	变量 1	变量 2
P（T ≤ t）双尾	0.464089175	
t 双尾临界	2.006646805	

表 3　2019-II 与 2020-II 11 年级期末成绩分析

t- 检验：成对双样本均值分析

	变量 1	变量 2
平均	86.944228	86.50734856
方差	18.81792071	13.97960443
观测值	53	53
泊松相关系数	0.681712722	
假设平均差	0	
df	52	
t Stat	0.973059752	
P（T ≤ t）单尾	0.167514234	
t 单尾临界	1.674689154	
P（T ≤ t）双尾	0.335028468	
t 双尾临界	2.006646805	

综上所述，全员混合实验中随机抽取的后测组采取了和对照组相同的教学内容、同一张考卷和相同的评分标准，由此可以看出混合式教学模式与传统教学相比，对学生成绩并未产生明显的负面影响。同时，混合式教学过程中不再采取在家学习的纯在线模式，而是依靠更有利于过程监督和指导的校内学习，以确保混合式教学模式可以高效地进行，从而提升了实验结果的效度和信度。

在后续阶段的实验中，课题组在尊重学生参与意愿的基础上，在同届学生中设置学生水平相当的实验组和对照组，并指派既有意愿又有一定准备的教师（在开课前提前准备了教学计划并与教研组教师讨论）在实验组进行混合式教学实验。由 6 名教师、65 名学生（学生人次 84）主动报名参与的为期 1 年的 HLM 实验班（开班与否受到了排课时间、场地等较多条件制约，部分有意愿的老师和学生没有能够参与），一年以来的主要考试数据（期中与期末）与平行班的对比数据整理如下：

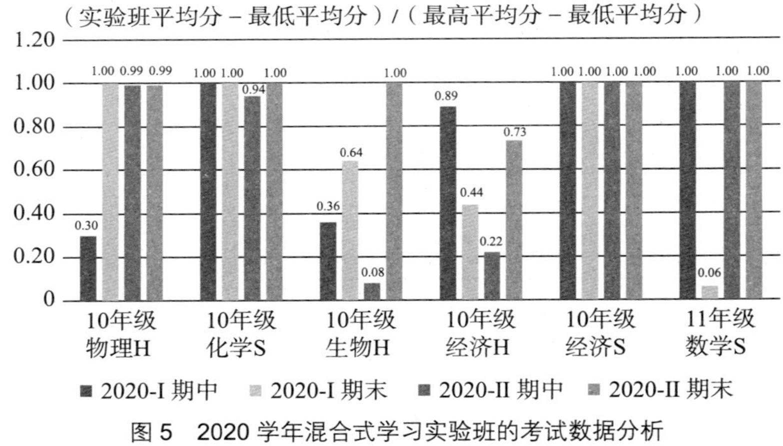

图 5　2020 学年混合式学习实验班的考试数据分析

以上数据中，1 和 0 分别指实验班平均分为所有平行班中的最高分和最低分。可以看出，在 24 场次中，HLM 实验班的考试数据：

（1）有 16 次数据位于所有平行班中的较高或很高水平（数值大于等于 0.89）。

（2）有 3 次数据位于所有平行班中的较低水平（数值小于等于 0.22），没有数据为 0 的。

（3）还有 5 次数据位于所有平行班中的中等水平。

对于优势不明显的科目，即 10 年级生物 H 班的成绩数据（表 4）

和 10 年级经济 H 班的成绩数据（表 5），课题组进行了深度分析。

表 4 10 年级生物 H 班的成绩数据

		2020-I 期中			
		混合式学习班	其他平行班（1）	其他平行班（2）	其他平行班（3）
100	人数				
	百分比				
90—99	人数	9	12	7	5
	百分比	47.37%	57.14%	46.66%	35.71%
80—89	人数	7	7	6	6
	百分比	36.84%	33.33%	40.00%	42.86%
70—79	人数	3	2	1	2
	百分比	15.79%	9.53%	6.67%	14.29%
60—69	人数			1	1
	百分比			6.67%	7.14%
60 以下	人数				
	百分比				
平均分		87.47	88.95	87.40	86.64
中位数		88.00	89.00		
		2020-I 期末			
		混合式学习班	其他平行班（1）	其他平行班（2）	其他平行班（3）
100	人数				
	百分比				

（续表）

		2020-I 期末			
		混合式学习班	其他平行班（1）	其他平行班（2）	其他平行班（3）
90—99	人数	7	5	9	5
	百分比	35.00%	23.81%	52.94%	33.33%
80—89	人数	9	11	5	7
	百分比	45.00%	52.38%	29.41%	46.66%
70—79	人数	3	3	2	1
	百分比	15.00%	14.29%	11.77%	6.67%
60—69	人数	1	2	1	1
	百分比	5.00%	9.52%	5.88%	6.67%
60 以下	人数				1
	百分比				6.67%
平均分		86.05	83.67	87.41	83.93
中位数		87.00	86.00		

		2020-II 期中			
		混合式学习班	其他平行班（1）	其他平行班（2）	其他平行班（3）
100	人数				
	百分比				
90—99	人数	8	9	8	9
	百分比	40.00%	34.62%	40.00%	50.00%
80—89	人数	7	15	10	8

（续表）

		2020-II 期中			
		混合式学习班	其他平行班（1）	其他平行班（2）	其他平行班（3）
80—89	百分比	35.00%	57.69%	50.00%	44.44%
70—79	人数	5	2	2	1
	百分比	25.00%	7.69%	10.00%	5.56%
60—69	人数				
	百分比				
60 以下	人数				
	百分比				
平均分		87.80	87.65	88.80	89.61
中位数		88.00	88.00		
		2020-II 期末			
		混合式学习班	其他平行班（1）	其他平行班（2）	其他平行班（3）
100	人数				
	百分比				
90—99	人数	13	8	9	9
	百分比	65.00%	27.58%	45.00%	50.00%
80—89	人数	5	19	8	8
	百分比	25.00%	65.52%	40.00%	44.44%
70—79	人数	2	1	3	1
	百分比	10.00%	3.45%	15.00%	5.56%

（续表）

		2020-II 期末			
		混合式学习班	其他平行班（1）	其他平行班（2）	其他平行班（3）
60—69	人数		1		
	百分比		3.45%		
60 以下	人数				
	百分比				
平均分		89.35	86.38	86.90	88.44
中位数		90.50	89.00		

表 5　10 年级经济 H 班的成绩数据

		2020-I 期中				
		混合式学习班	其他平行班（1）	其他平行班（2）	其他平行班（3）	其他平行班（4）
100	人数					
	百分比					
90—99	人数	6	5	8	2	6
	百分比	37.50%	31.25%	47.06%	13.33%	35.30%
80—89	人数	7	5	4	11	9
	百分比	43.75%	31.25%	23.53%	73.33%	52.94%
70—79	人数	3	4	4		1
	百分比	18.75%	25.00%	23.53%		5.88%
60—69	人数		2	1	1	1

（续表）

		2020-I 期中				
		混合式学习班	其他平行班（1）	其他平行班（2）	其他平行班（3）	其他平行班（4）
60—69	百分比		12.50%	5.88%	6.67%	5.88%
60 以下	人数				1	
	百分比				6.67%	
平均分		86.19	82.31	86.65	83.33	85.76
中位数		87.50	86.00			

		2020-I 期末				
		混合式学习班	其他平行班（1）	其他平行班（2）	其他平行班（3）	其他平行班（4）
100	人数					
	百分比					
90—99	人数	7	4	12	4	9
	百分比	41.18%	22.22%	70.59%	25.00%	52.94%
80—89	人数	8	10	4	6	4
	百分比	47.06%	55.56%	23.53%	37.50%	23.53%
70—79	人数	2	4	1	6	4
	百分比	11.76%	22.22%	5.88%	37.50%	23.53%
60—69	人数					
	百分比					
60 以下	人数					

（续表）

		2020-I 期末				
		混合式学习班	其他平行班（1）	其他平行班（2）	其他平行班（3）	其他平行班（4）
60 以下	百分比					
平均分		87.24	84.11	92.41	83.25	86.24
中位数		87.00	88.00			
		2020-II 期中				
		混合式学习班	其他平行班（1）	其他平行班（2）	其他平行班（3）	其他平行班（4）
100	人数			1		
	百分比			5.55%		
90—99	人数	3	3	10	7	7
	百分比	17.65%	16.67%	55.56%	38.89%	41.18%
80—89	人数	11	10	3	9	6
	百分比	64.71%	55.56%	16.67%	50.00%	35.29%
70—79	人数	2	3	3	2	3
	百分比	11.76%	16.67%	16.67%	11.11%	17.65%
60—69	人数	1	2	1		1
	百分比	5.88%	11.10%	5.55%		5.88%
60 以下	人数					
	百分比					
平均分		83.76	82.44	88.39	87.11	85.06

（续表）

		2020-II 期中				
		混合式学习班	其他平行班（1）	其他平行班（2）	其他平行班（3）	其他平行班（4）
中位数		85.00	88.00			
		2020-II 期末				
		混合式学习班	其他平行班（1）	其他平行班（2）	其他平行班（3）	其他平行班（4）
100	人数			2		1
	百分比			10.53%		5.88%
90—99	人数	10	6	9	10	9
	百分比	58.82%	33.33%	47.36%	52.63%	52.94%
80—89	人数	4	4	6	9	5
	百分比	23.53%	22.23%	31.58%	47.37%	29.41%
70—79	人数	2	6	2		2
	百分比	11.77%	33.33%	10.53%		11.77%
60—69	人数	1	2			
	百分比	5.88%	11.11%			
60 以下	人数					
	百分比					
平均分		88.47	81.61	90.95	89.37	88.82
中位数		91.00	90.00			

（1）生物班的数据，特别是 2020-II 的期中考试的平均分似乎在

平行班中处于较低水平（表 4，数值 =0.08）。分析数据后发现，与平行班相比没有发生显著差异，特别是中位数与平行班持平。

（2）10 年级经济 H 实验班的老师，同时任教着一个非实验班级的平行班［表 5 中其他平行班（1）］，实验班的成绩一直优于其执教的非实验班的成绩。

另外，11 年级数学 S 实验班在 2020 学年第一学期的期末考试中似乎优势不明显（表 6，数值 =0.06），分析发现，其中位数与平行班中位数也并不具显著性差异。

表 6　11 年级数学 S 班的成绩数据

		2020-I 期中		
		混合式学习班	其他平行班（1）	其他平行班（2）
100	人数			
	百分比			
90—99	人数	4	4	3
	百分比	28.57%	18.18%	14.29%
80—89	人数	5	9	10
	百分比	35.71%	40.91%	47.61%
70—79	人数	2	7	5
	百分比	14.29%	31.82%	23.81%
60—69	人数	3	2	3
	百分比	21.43%	9.09%	14.29%
60 以下	人数			
	百分比			
平均分		81.14	81.05	80.67
中位数		82.00	81.00	

（续表）

		2020-I 期末		
		混合式学习班	其他平行班（1）	其他平行班（2）
100	人数			
	百分比			
90—99	人数		3	2
	百分比		12.50%	9.53%
80—89	人数	6	7	7
	百分比	42.86%	29.17%	33.33%
70—79	人数	3	7	7
	百分比	21.43%	29.17%	33.33%
60—69	人数	4	5	5
	百分比	28.57%	20.83%	23.81%
60 以下	人数	1	2	
	百分比	7.14%	8.33%	
平均分		74.64	74.46	77.43
中位数		77.00	78.00	
		2020-II 期中		
		混合式学习班	其他平行班（1）	其他平行班（2）
100	人数			
	百分比			
90—99	人数	2	5	4
	百分比	14.29%	20.83%	20.00%
80—89	人数	7	5	7

（续表）

		2020-II 期中		
		混合式学习班	其他平行班（1）	其他平行班（2）
80—89	百分比	50.00%	20.83%	35.00%
70—79	人数	5	8	5
	百分比	35.71%	33.34%	25.00%
60—69	人数		6	4
	百分比		25.00%	20.00%
60 以下	人数			
	百分比			
平均分		82.79	77.21	79.55
中位数		82.50	78.50	

		2020-II 期末		
		混合式学习班	其他平行班（1）	其他平行班（2）
100	人数			
	百分比			
90—99	人数	4	8	5
	百分比	30.77%	34.78%	23.81%
80—89	人数	7	5	6
	百分比	53.85%	21.74%	28.57%
70—79	人数	2	5	6
	百分比	15.38%	21.74%	28.57%
60—69	人数		4	3
	百分比		17.39%	14.29%

（续表）

		2020-II 期末		
		混合式学习班	其他平行班（1）	其他平行班（2）
60 以下	人数		1	1
	百分比		4.35%	4.76%
平均分		86.69	80.91	79.33
中位数		88.00	82.50	

2. 实验班教师反馈

通过与实验班教师的面谈，收集教师反馈如下。

混合式学习的优势主要包括：线上评价能够更加科学地统计学生的练习和测验情况；线上的教学平台在师生沟通互动、反馈意见收集整理和保存等方面也有着明显的优势。线上的学习资源体系能帮助学生更加迅速有效地对课程内不同章节、不同知识点进行联系和对比，更好地实现学科内甚至是跨学科的知识迁移。课堂上形成了“以学生为主体”的师生合作学习；学生养成了课前预习的自主学习习惯，课后又通过线上学习进行了知识拓展和知识运用，使得学生对知识的理解更加深刻。

混合式学习方式面临的挑战包括：在教学内容较多的情况下，实施混合式学习对于教师而言难度不小；部分学生不适应混合式教学实验，在自习时段还会干扰到其他学生。

3. 实验班学生反馈

2021 年 6 月中旬，针对全部 65 名 HLM 实验班学生的调研数据显示，觉得 HLM 实验班效果好的学生占 47.83%，觉得效果一般的学生占 46.37%，觉得效果不好的学生占 5.8%。

学生较为认同的 HLM 实验班的教学形式主要是课前预习，普遍认为对知识理解和课堂参与起到积极作用。混合式教学模式与传统教学模式相比，让学生有更多的机会参与到课堂学习当中。各种创新课堂和翻转课堂的形式，让他们对课堂学习充满了期待，主动性和积极性提高了。学生从学习的被动者逐步转变为主动者，能在一定程度上对自我进行学习管理与评价。部分具有代表性的观点如下："课程自由度很高，可以自己调配时间。比如，我有一个重点知识没搞懂，我可以花更多的时间研究。""比较自由，不过需要自己努力点。""在这个班上，老师经常会把所需资料放在 Blackboard 上供我们在课后学习，然后周五的自习课有助于我巩固一周所学的知识内容。"

不少学生也明显感受到，在课外的自主学习中，对教师的依赖程度仍然较高，这部分学生对 HLM 实验班的教学形式体验较差，适应起来有一定的难度。部分具有代表性的观点如下："太多事情要做，我真的拿不出额外时间去做那些多出来的项目。""有些基础内容因为是自学，所以学得不是特别透彻。""如果同学们之间互动性低，也就不会有讨论或者在 Blackboard 上的互动，就感觉不到 HLM 课程的效果了。"

问卷问及学生继续选择 HLM 实验班的意愿，其中 36.23% 的学生明确表示会继续选择 HLM 实验班，36.23% 的学生表示需要看具体的学科和自己的基础进行衡量，另有 27.54% 的学生表示尝试过之后不太愿意继续选择 HLM 实验班。

4. 结果分析

对于 HLM 的教学形式，大部分学生均可以接受，但 HLM 实验无论对于老师还是学生来说，都属于较为新鲜的事物，还有很多问题需要去思考和处理，出现疑虑实属正常。

无论哪种教学形式，教师的功底和时间投入是基本保证，对教师的 TPACK 教学法要求较高。另外，学生的学习习惯和特点决定了他是否适合就读 HLM 实验班。它比较适合主动和自学能力强的学生，他们能够在相对灵活度更高的学习环境中更好地成长，而对于不太主动或者自学能力较弱、相对比较依赖教师传授课程的学生而言，混合式学习的体验可能不会很好，因为他们会感觉教师直接传授的东西少了。另外，整个群体进行线上和线下互动的氛围如何是至关重要的，这不仅需要教师的努力，更加需要学生的配合和主动参与。

1.5.2　混合式教学案例集

基于 2019 年 9 月至 2022 年 6 月的混合式教学经验，103 名教师分别收集和整理了 140 个案例，涵盖了 10 门主要学科及多门选修：历史、地理、生物、化学、物理、数学、英语、中文、经济、计算机、法律等。本书精选并整合了其中 30 余个案例。

从其重点解决的问题来看，这些案例主要分为两个类型。第一个类型是从 Blackboard 系统的使用角度，结合日常教学所需，帮助教师尽快熟悉该系统的功能，从课前、课中、课后、测验、交流、激励、共享等多个需求出发，通过详细的教学情境演示了满足特定需求可使用的功能和对应的操作步骤。这些案例分类整理在本书的第二章和第三章。第二个类型侧重于将 Blackboard 教学系统的使用融入教学法和教学内容，通过切实落实混合式学习，探究创新性和改革性的教学模式，涵盖语言与文学、数学、实验科学、社会科学等多个学科领域，较好地反映了基于线上教学平台的混合式教学的组织和实施经验。这些案例整理在本书的第四章。总之，本书中的案例包含了多个融合了教学法、数字平台和教学内容的典型案例，无论是对于初入职场的新手，还是对于传统教学经验丰富的教师，均有着重要的借鉴和参考意义。这些材料前期已经作为内部培训资料，在上中国际部进行了分享，切实提高了教师的信息素养和将其与教学进行融合的水平，并开发了教师群体更深地挖掘混合式教学的可能性。现在得以出版，很荣幸能将这些经验更多地辐射国内外的中小学教育者。

1.5.3 混合式教学模式总结

基于 4 年来的混合式教学实践，包括 6 门课程（5 个学科）的 HLM 实验班的经验，课题组总结出以下 4 种基于 Blackboard 系统的混合式学习最常用的方式，从而实现课堂教学的延伸，让学习随时发生，促进学生个性化学习和综合素养的发展。

1. 公开的线上 Blackboard 论坛讨论，如学生之间互相提问，教师提问或答疑。

2. 教师线上布置任务（作业、项目等），学生完成任务后上传或带至课堂。比如，学生阅读材料或观看视频后独立回答问题。

3. 学生在线上进行合作学习，比如共同编辑文档、分享数据或进行同伴评价等。

4. 教师给予学生反馈，如评分、对作业的评价等。

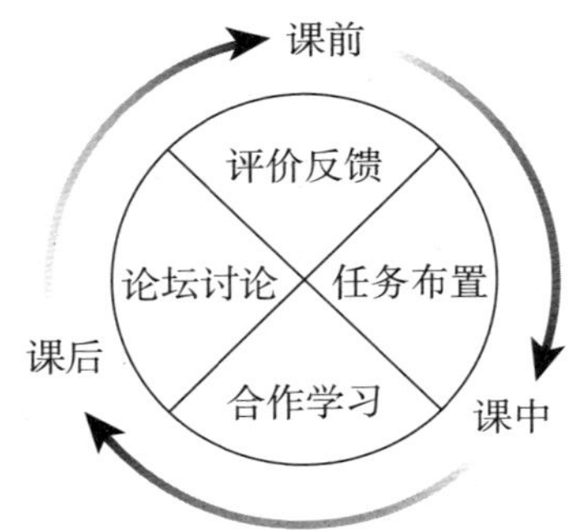

图 6　混合式学习中借助信息管理平台的 4 种学习方式

表 7　混合式学习实验班的学生调查问卷结果

选项	小计	比例
A. 公开的线上 Blackboard 论坛讨论，如学生之间互相提问，教师提问或答疑。	27	39.13%

（续表）

选项	小计	比例
B. 教师线上布置任务（作业、项目等），学生完成任务后上传或带至课堂。比如，学生阅读材料或观看视频后独立回答问题。	56	81.16%
C. 学生在线上进行合作学习，比如共同编辑文档、分享数据或进行同伴评价等。	42	60.87%
D. 教师给予学生反馈，如评分、对作业的评价等。	40	57.97%
E. 其他，请详述。	4	5.80%
本题有效填写人次	69	

混合式学习实验班学生的调查问卷结果（表 7）显示，这 4 种线上学习方式确实都在 HLM 实验班级得到了较为广泛的应用。

此外，如图 7 所示，以下 4 种教学模式在混合式教学的课堂案例中最为常见，它们对学生的要求层层递进，分别为：分层指导式、集中学习式、展示交流式、项目驱动式。4 种模式互不冲突，逐级递升，在多个案例中可根据学情需求交叉使用。

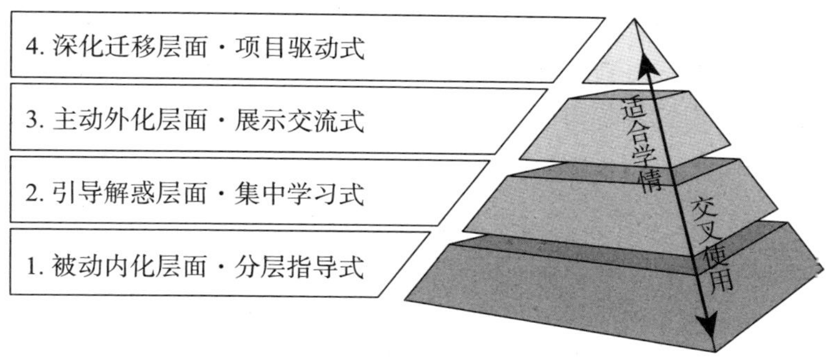

图 7　混合式学习的不同教学模式

以下为4种教学模式的定义，并结合书中案例进行详细描述。

1. 分层指导式。这是学生被动内化层面，目的在于帮助学生个别化理解。这是最低层次的学习境界。在一次自然地理课堂关于ENSO（El Niño-Southern Oscillation，厄尔尼诺－南方涛动）现象的学习中，在学生对大气层及地表能量平衡、辐合及锋面抬升机制、中纬度及热带气旋有了一定了解的基础上，教师课前在Blackboard上发布相关电子课本、视频及在线阅读资料，学生须在课前完成阅读及观看，并记下笔记。教师课堂讲解ENSO基本特性及形成机制后，学生取出笔记，详细讨论ENSO对世界各地气候造成的影响。同时学生课前需对“本年度可否成为厄尔尼诺或拉尼娜年，以及为何”的研究问题进行探究，查找合适资料，记录来源，提交至Blackboard。教师在阅读学生的自行研究分析后选择观点相左的分析报告若干，课堂进行讨论并给出最终结论。这种教学模式有助于教师了解学生的预习情况，并结合学生的预习情况在课堂上进行个性化的反馈。

2. 集中学习式。这是教师引导解惑层面，目的在于集体纠正理解中的普通偏差，并帮助学生归纳总结。在一次数学课堂关于三角函数的教学中，教师提前布置阅读材料，并在Blackboard上发布了预习练习题，学生完成后系统会自动批改并给出正确答案，学生可检查自学成果并记录预习中遇到的困惑，教师在课前使用Blackboard上的项目分析功能，得到所有题目的正确率，总结常见错误，从而在课堂上针对线上预习情况对学生的常见问题进行重点梳理，课后再上传幻灯片作为总结并提供更多相关练习题。

3. 展示交流式。这是学生主动外化层面，目的在于给予学生表达自己的理解的机会，从而加深对所学知识的认识。在一次英语文学课堂中学习莎士比亚经典戏剧《麦克白》，课前教师要求学生朗诵10行麦克白的原文独白并上传至Blackboard互相学习，课堂上对原文和人物情感进行了进一步分析，并结合视频让学生观看同一段的经典演绎和演员采访。学生观看戏剧演绎后，通过演员的表演分析反思自己的独白和情感投入，重新录音，上传分享，并标注自己对特定文字的理解和提升的部分。学生通过亲身代入麦克白的角色进行戏剧演绎，加深了对戏剧和文学的理解。

4. 项目驱动式。这是学生深化迁移层面，目的在于帮助学生在实践层面应用自己对知识的理解，这是最高层次的学习境界。在一次生物课堂中，教师通过开展课题让学生在学习课本知识的基础上设计并完成实验，共同探索了影响种子萌发的因素。学生通过课堂学习、查阅资料，撰写了研究假设，通过一周的种子培育并每日在Blackboard平台进行汇报，探索了各种因素对于种子萌发的具体影响，让理论知识充分结合实践。这充分体现了对学生科学探究的学科素养的培养。

此模型和4种教学模式在本书后续提供的案例中还有更多的不同学科的应用。

1.5.4　教师和学生对于混合式学习模式的看法

在2019学年第二学期末，全员混合式教学实验结束后，学校发放了针对国际部高中段1000多名学生和150多名教师（含中外教、专兼职）的问卷调查，调查师生对于混合式学习模式的看法，特别是其对学生学习的影响。

问卷主要从以学生为中心的角度，向师生提出以下问题：混合式学习是否能够帮助学生更好地掌握知识与技能、提升自学能力、提升分析和解决问题的能力，促进学生的个性化学习，以及师生是否愿意继续进行混合式学习，等等。

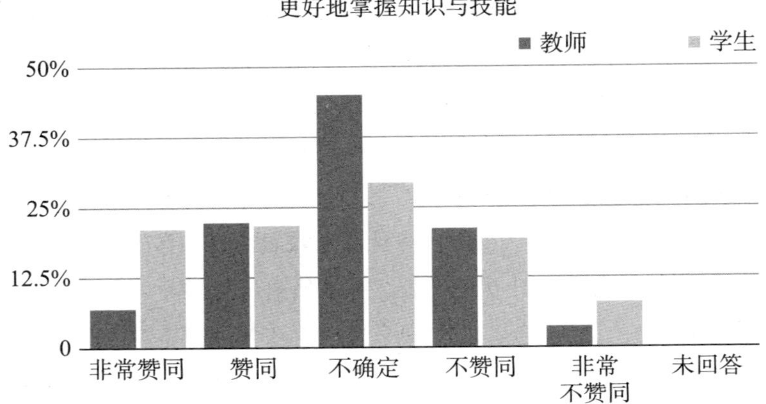

图 8 混合式学习是否能够帮助学生更好地掌握知识与技能

调查显示，师生对于混合式学习是否能够帮助学生更好地掌握知识与技能（图 8）存在较大的不确定性，调查数据基本呈正态分布。这与我们的教学体验也相符，因为对新模式的接受程度与教学方式以及学生的个体差异都高度相关。一些师生，尤其是愿意进行新尝试的教师和学习自主意识较高的学生，看到了新模式中的契机，但也有不少师生仍认为传统的教学方式更有助于帮助学生掌握知识与技能。

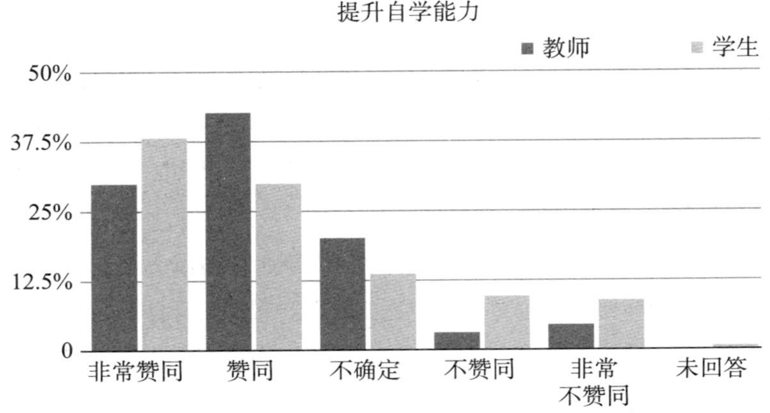

图 9 混合式学习是否能够帮助学生提升自学能力

对于混合式学习能否提升学生的自学能力(图 9),超过 60% 的师生表示认同,并且教师对此的认同度还略高于学生。

问卷中关于“课前、课后的 Blackboard 线上论坛”的反馈显示:接近 70% 的学生认为混合式学习提升了他们分析和解决问题的能力,超过 55% 的教师感受到了学生这方面能力的提升(图 10),并且认为混合式学习中多元化的学习方式,特别是第三和第四层面(主动外化层面和深化迁移层面)的深度学习方式引起了学生的这种积极变化。

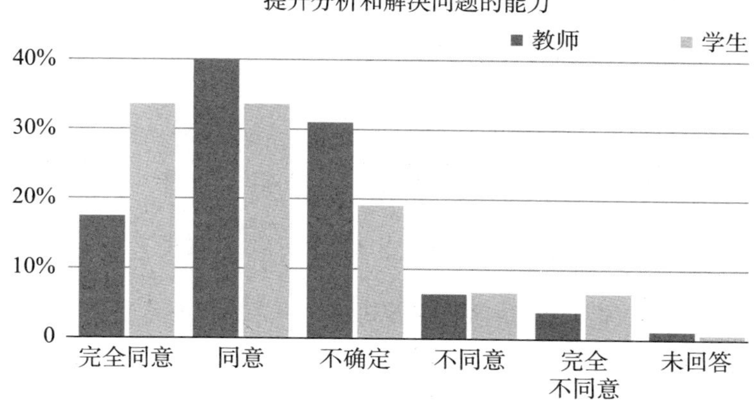

图 10 混合式学习是否能够帮助学生提升分析和解决问题的能力

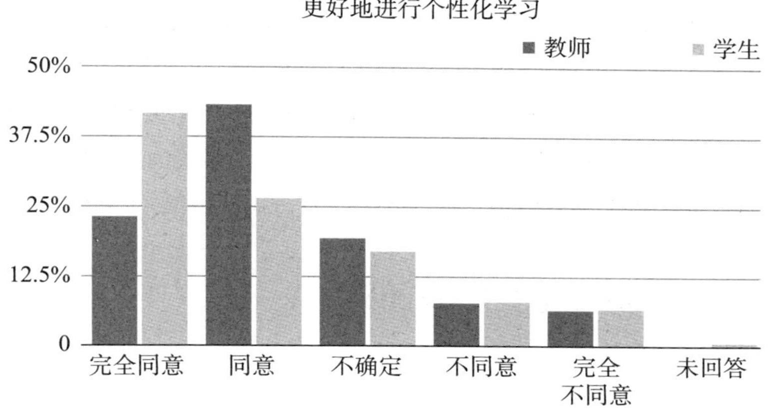

图 11 混合式学习是否能够促进学生的个性化学习

另外，超过 60% 的学生和教师都认为混合式学习能够帮助学生更好地进行个性化学习（图 11），体现了混合式学习满足学生个性化需求的本质特点。

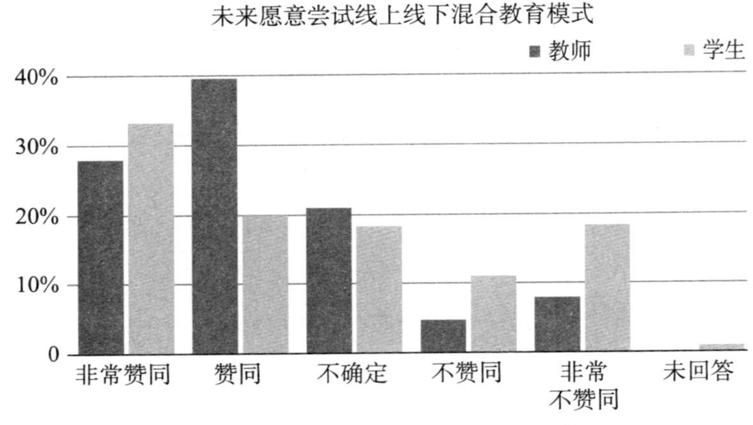

图 12　师生是否愿意继续进行混合式学习

最后，教师对于继续进行混合式教学的意愿程度超过了 65%，学生对于继续进行混合式学习的意愿程度超过了 50%（图 12），这说明经过 2019 学年第二学期的全员混合式教学实验之后，对混合式学习持正向感受的人群比例已然维持在较高水平。

综上所述，尽管部分师生对于混合式学习能否帮助掌握知识与技能持不确定态度，但大部分师生对该模式持乐观态度。他们认为该模式有助于提升学生的自学能力与分析和解决问题的能力，能够帮助学生进行个性化学习，并且表达了继续尝试混合式学习模式的意愿。师生对于该模式的支持和认可说明有必要进一步开展混合式教学的研究和实验。

1.5.5　教师培训的规模和影响

除了平时教师自学使用 Blackboard 平台促进教学外，学校根据教师的能力基础和发展水平，多次推进基于 Blackboard 平台进行教学的教师培训。

1. 试行期（2016 年 9 月—2018 年 1 月）

（1）从 2016 年 9 月开始，9 年级开始试用 Blackboard，为期一年。在此基础上，2017 年 9 月开始推广到 9—12 年级。

（2）2017 年 8 月底，Blackboard 公司来校组织“零起点”培训，培训基本技能，如上传下载资料、布置收发作业等。

（3）2017 年 9 月中旬，数学、物理、化学、中文、经济、生物 6 个组，各推选了一位教师承担组内 Blackboard 使用探索与推广任务。

2. 探索期（2018 年 2 月—2020 年 1 月）

（1）2018 年 3 月，Blackboard 公司来校进行小规模的高阶培训，包括如何评分、如何设置评分时间段及评分标准、批量导入试题、试卷分析等。

（2）2018 年 4 月，校内自培：如何利用 Blackboard 布置预习。

（3）2018 年 4 月，挖掘 Blackboard 的管理功能：开始尝试将 Blackboard 作为一个发布消息的渠道；利用 Blackboard 进行公开课开课、听课的注册等。

（4）2018 年 10 月—2018 年 12 月，举办 Blackboard 使用案例评比活动。

（5）2019 年 1 月，组织 15 位优秀 Blackboard 案例撰写教师，按不同主题向全体教师提供培训。

（6）2019 年 4 月，结合 Blackboard 融入教学的实践，申请课题“基于 Blackboard 平台的现代化高中教学实践”。

（7）2019 年 8 月，课题组提交 14 个 Blackboard 使用案例。

（8）2019 年 9 月—2020 年 1 月，各组以课题组成员为核心，加大 Blackboard 在教学中的尝试。混合式教学等方法逐步被使用在日常教学中。

3. 全线上期（2020 年 2 月—2020 年 7 月）

由于公共卫生事件原因，教学全部转为线上，Blackboard 和 Zoom 成为在线教学的两大支柱。

（1）2 月份，通过对比多个即时通信平台，选用 Zoom 作为教学直播平台。

（2）由于 Zoom 虽然能够在某种程度上实现面对面的线上教学，但线上教学和线下传统教学还是存在明显差异。为达成教学效果，大多数教师的教学自然拓展到兼顾课前与课后。更多的教师开始接受翻转课堂、混合教学等模式，更多“修改”甚至“重塑”层面的信息技术使用开始呈现。

4. 平稳期（2020 年 9 月—2021 年 1 月，2021 年 2 月—2021 年 6 月）

因中国公共卫生事件控制状态很好，这段时间完全处于线下面对面授课的形式。受习惯影响，我校教师仍大量使用 Blackboard 进行混合式教学，部分学科组如中文、英语、生物、经济、心理组出现了学生使用 Blackboard 时长超过了线上学习期间的时长的情况。随着时间推移到 2020 学年第二学期，使用 Blackboard 的时长开始呈现一定程度的下降，但总体的使用量还是相当可观。

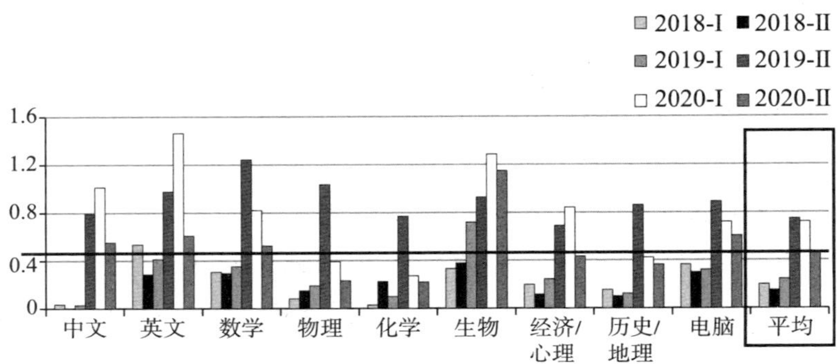

图 13　各学科平均每周每学生使用 Blackboard 时长（小时）

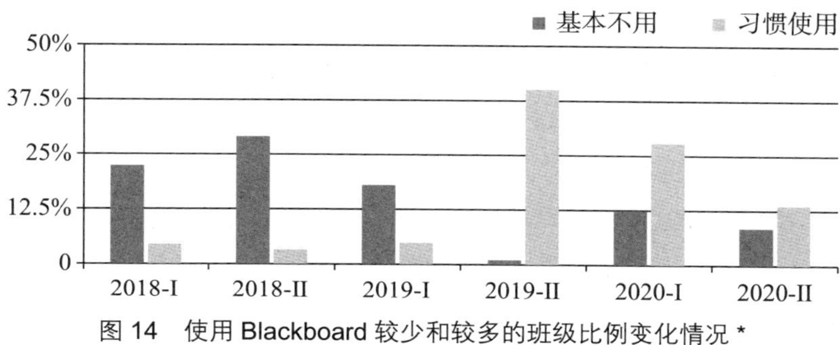

图 14　使用 Blackboard 较少和较多的班级比例变化情况 *

* "基本不用"定义为：每个学生每周使用时间在 1 分钟以内的班级占全部班级的比例。"习惯使用"定义为：每个学生每周使用时间超过 1 小时的班级占全部班级的比例。

尽管公共卫生事件来临对于推动 Blackboard 使用起到决定性作用，但可以看出公共卫生事件结束之后，仍然保持着大约 27%（2020-I，公共卫生事件结束后第一学期）和 13%（2020-II，公共卫生事件结束后第二学期）的班级维持着"习惯使用"的水平，这与教师信息技术水平和 TPACK 教学法意识的提升显然有着紧密的联系，前期学校所作的各种培训功不可没。

此外，通过与实验班老师的访谈、教师撰写实验班总结报告等形式，课题组总结出混合式教学对于教师而言主要的挑战、困难如下：

1. 教师如何根据混合式教学的要求，重新设计教学内容，进行流程再造，同时兼顾教学的效率与对学生能力的培养，这非常考验教师的能力，也很耗时。

2. 教师如何更加充分甚至创新式地利用数字化平台（Blackboard）的功能，从而达到充分的课前与课后的学习空间的延展，需要接受一定的信息技术的培训，也需要教师自身的不断探索与思考。

3. 在没有充足的经验的情况下实施混合式教学会有不小的压力，

教学进度可能比较难以控制，有时会比较慢。

4. 混合式教学中，课堂纪律的管理对教师来讲难度可能是增大的。一些学生可能会不自觉地开小差或做与课堂无关的事情，需要教师花费时间进行管理。

同时，通过与实验班教师的访谈、教师撰写实验班总结报告、查看后台数据等形式，课题组总结出混合式教学实验对于教师的积极影响如下：

1. 教师提升了信息技术水平，也提升了使用 TPACK 进行教学的能力。这样的教师开始从“教书匠”逐步成长为教学的“创新者”和“研究者”。

2. 真正熟练使用线上系统并身体力行的教师尝到了进行混合式教学的“甜头”，对学生素养的全面提升起到了非常积极的作用。他们在帮助学生发展适应信息时代的学习技能的同时，也提高了自身的办公效率。

一位参加 HLM 项目的教师对借助数字化平台进行教学工作的总结（化学教师杨敏）：

在为期一学期的混合式学习实践中，我一直问自己两个问题：（1）为什么要进行混合式学习？（2）Blackboard 能为混合式学习提供什么样的服务和联接？对于第一个问题，通过一学期的实践，我可以更好地去回答这个问题：我们进行混合式学习的目的源于我们想要培养出什么样的学生，是依附在老师身上，完成了作业就认为完成了学习，考试前才知道复习，还是具有充分的自主性和独立思考能力，有极大的意愿去探索去研究去学习的终身学习者？答案显然是后者。因此我们需要在传统教学的基础上去作一些创新和改进，把学生从被动的知识接受者转变为主动的知识构建者，尊重学生的个性化发展和兴趣导向，培养学生的创新精神和刻苦钻研的学习态度。对于第二个问题，在一学期的实践中，我发现 Blackboard 作为一个可以不断发掘的宝藏，可以为我们的学习提供足够多的服务和指引，帮助我们在改进教学方式的同时，极大地促进学生的自主学习，同时也帮助学生养成良好的学习习惯。在这里，我将分类阐述在一学期混合式教学的实践中，Blackboard 所发挥的巨大作用以及仍待发掘的潜力。

教师对课程的设计除了体现在课内的教学上，同样体现在课程资料的准备和课前、课后任务的布置上。传统的资料分发和任务布置是在线下完成，传递给学生的信息经常是碎片式的，学生往往难以对课程内容的设置有一个直观而系统的概念。而 Blackboard 内容区的展示和设计功能为课程内容的构建提供了服务的平台，教师和学生都可以随时随地回顾课程内容；借助 Blackboard 课程报告，教师可以了解学生的在线学习时长，并为教学设计提供指导；Blackboard 针对每个学生给出的课程概述可以帮助教师追踪学生的具体学习情况并给出个性化指导，让学生的学习成效更显著。

1. Blackboard 在课程内容构建方面的应用

Blackboard 为教师构建课程内容提供了一个直观而开放的平台——教师可以通过设计 Blackboard 内容区来向学生传递关于课程和学习的重要信息。

图 15　课程内容中置顶的文件

这里置顶的三个文件，分别是作业、课件和课程简介（图 15），学生每次打开内容区第一眼就能看到，教师这样设计其实是提醒学生每天定时复习课程内容并完成作业。

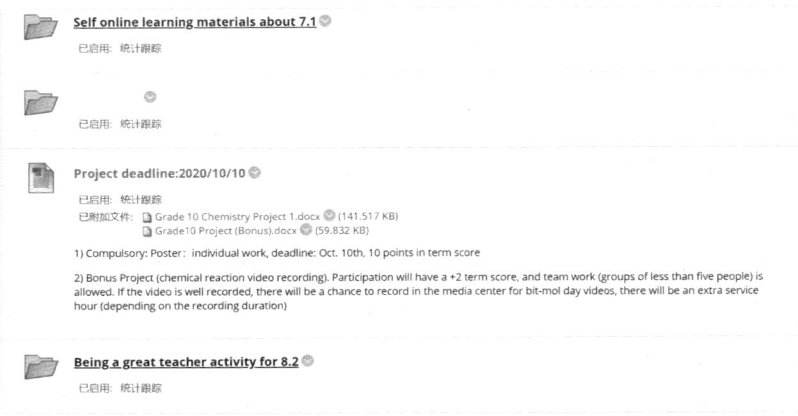

图 16　期中之前的课程活动

内容区中，期中之前的内容设置体现了教师对课程设计的定位：以学生为中心的自主学习是该课程的主导。同时教师设计了各种类型的活动需要学生一一参与完成，如图 16 所示。

图 17　期中之后增添的项目式学习任务

期中之后，教师除了安排学生及时反思、反馈以外增添了更多的项目式学习任务（图 17），希望通过对学习任务的改进促进学生的自主学习和深度学习。

图 18　教师在内容区安排复习材料

图 19　教师针对学生薄弱项安排复习材料

除了活动以外，教师也在一些重要的时间节点敦促学生自主复习，比如假期期间的复习（图 18、图 19）。

Blackboard 不仅仅是一个上传信息、布置任务的平台，它展示的连贯性和可设计性为教师构建课程内容提供了便利，教师可以通过 Blackboard 内容区向学生传递关于学习的重要信息以及该课程对学生的要求和期待，这样的功能是微信、邮件这种不能连贯展示或进行设计的信息传递工具所不能比拟的，也是 Blackboard 的独特之处。

2. Blackboard 在学生在线学习评估方面的应用

Blackboard 可以让教师对学生的在线学习有一个量化、直接而系统的判断。点击“评估课程报告”，教师可以进入课程报告页面（图 20、图 21），并根据需求下载学生在不同模块或课程总体的在线参与报告。

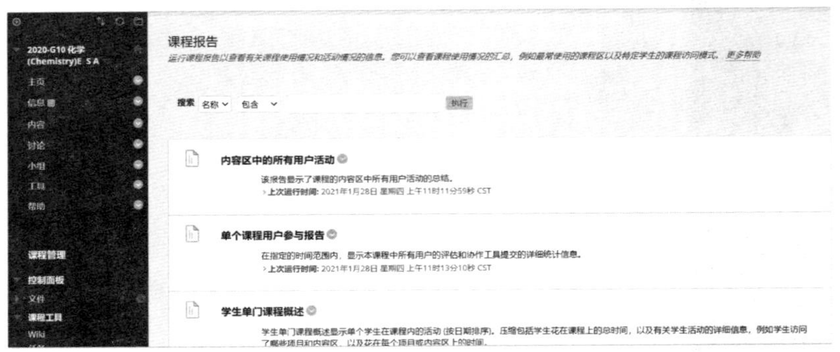

图 20　Blackboard 课程报告

图 21　Blackboard 课程报告（续）

以“内容区中的所有用户活动”为例，教师进入内容区用户活动页面之后，可以设置起始和结束时间（该学期设置 2020/09/04 第一节化学课日期为开始日期，2021/01/14 期末考试日期为结束日期），然后点击提交，即可进入内容区中所有用户活动报告的下载页面，如图 22、图 23 所示。

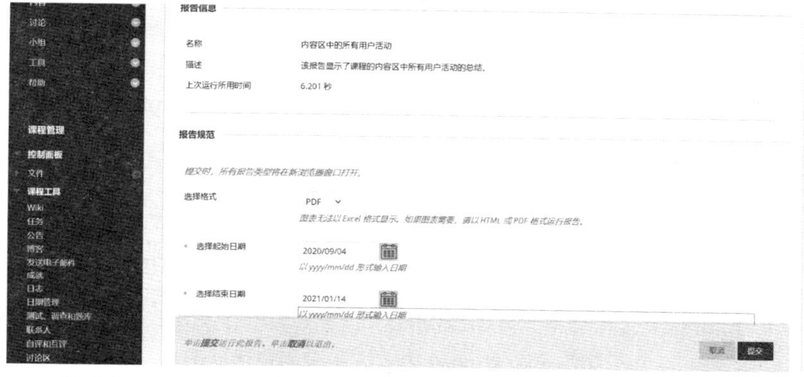

图 22　Blackboard 内容区所有用户活动起始与结束日期设置页面

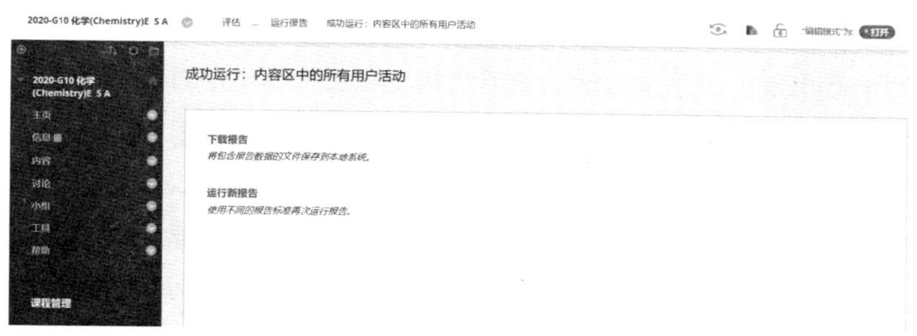

图 23　Blackboard 内容区所有用户活动报告下载页面

从报告中内容区中所有用户活动图（图 24）来看，以期中考试（2020 年 11 月 3 日）为节点，期中之后学生在内容区的活跃程度明显提高，说明混合式学习对学生的自主学习是起促进作用的，并且期中考试之后教师对课程内容的设计可能让学生更具有学习的意愿，提高了学生在线学习的积极性。

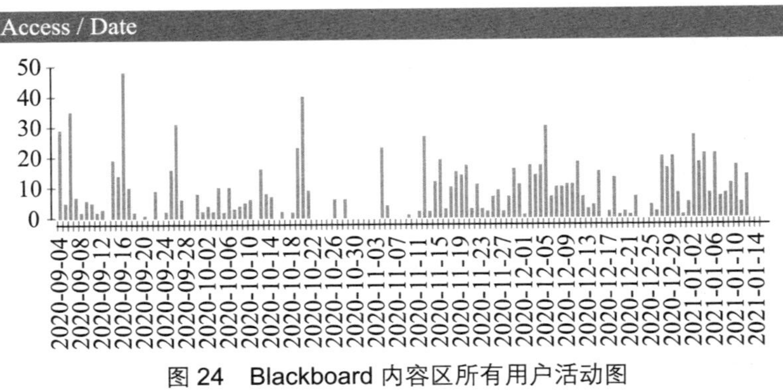

图 24　Blackboard 内容区所有用户活动图

教师还可以通过下载课程活动概述报告（图 25）来详细地了解每个学生在线学习的情况。从学生课程活动概述图（图 26）可以很明显看出整个班级课程活动的活跃程度和每个学生所对应的活跃程度。图 26 中，第一个学生在期中考试之后就升班了，因此将该学生数据从课程活动时间 Excel 数据表（Blackboard 提供 Excel 数据下载）中去除之后重新作图，得到图 27。横轴代表的是 2020 学年第一学期学生平均每周（周一到周日 7 天）在线参与课程活动的小时数，纵轴代表的是班级不同学生的编号，全班学生平均每周在线参与时间是 15.36 小时。通过这样的数据分析，教师可以对比同年级、同水平、不同班级的学生课程活动活跃的程度，以对教学活动和教学模式的设计产生指导意义。

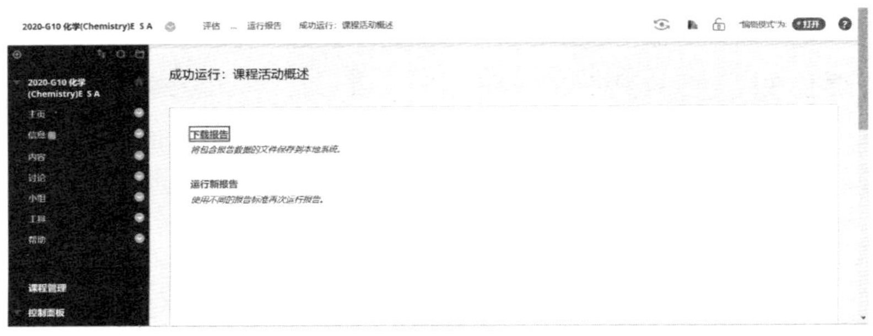

图 25　学生课程活动概述报告下载页面

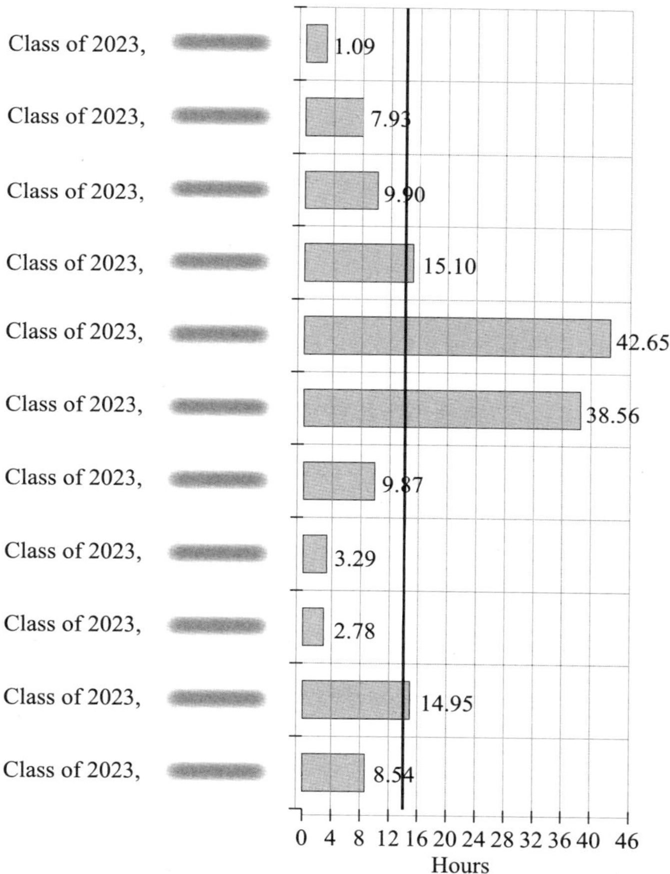

图 26　学生课程活动概述图

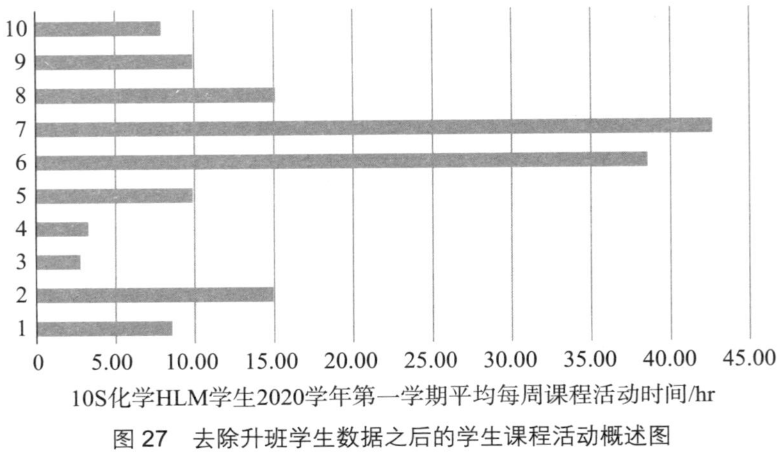

图 27 去除升班学生数据之后的学生课程活动概述图

3. Blackboard 在学生个性化指导方面的应用

举一个特别的例子，从课程平均每周活动时间来看，活跃时间最突出的学生 A 是 42.65 小时，值得注意的是学生 A 期末成绩 71 分，远低于班级平均分，期中 88 分，也只比班级平均分高 1 分。那么，在线学习时间看似很长的学生为什么没有在课业成绩中取得成功？这就需要教师对学生的学习作个性化的分析以便给出准确的建议和指导。Blackboard 提供的学生单门课程概述（图 28）可以很好地帮助教师分析学生课业成绩失利的原因。

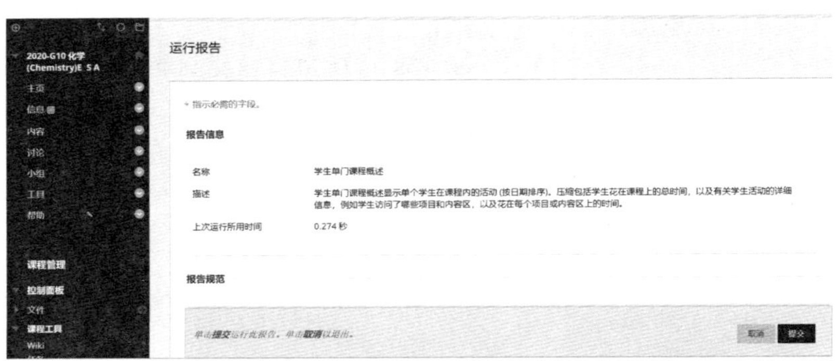

图 28 学生单门课程概述运行报告页面

从学生 A 的单门课程概述（表 8）中可以看出，虽然 A 的在线活动时间长，但是活动的项目很少，大部分在线学习的内容学生 A 都没有涉及，甚至在复习项目方面花的时间几乎为 0。对比之下，学生 B 的平均每周在线活动时间虽然只有 15.10 小时，但是活动项目覆盖了课程的方方面面（表 9），因此取得了不错的课业成绩（期中 94 分，期末 97 分）。可见，Blackboard 提供的全面而个性化的在线评估报告可以帮助教师更好地了解学生的学习情况，并据此开展针对性的建议和指导。

表 8 学生 A 化学课程概述

Item Name and Type	Total Time Spent in Hours	Number of Times Accessed	Initial Access Date / Time
7.3 Activity Content Folder	0.75	3	Sep. 16, 2020, 10:37 AM
Being a Great Teacher Activity for 8.2 Content Folder	0.50	2	Oct. 20, 2020, 9:59 PM
Christmas Review Content Folder	0	1	Dec. 29, 2020, 9:46 PM
Content Content Folder	15.49	56	Sep. 9, 2020, 11:15 PM
Monthly Calendar Assignment	1.07	3	Dec. 29, 2020, 9:46 PM
PPT Content Folder	10.76	22	Sep. 9, 2020, 11:17 PM
Online Self-learning Materials for 7.1 Content Folder	0	1	Jan. 2, 2021, 7:31 PM

（续表）

Item Name and Type	Total Time Spent in Hours	Number of Times Accessed	Initial Access Date / Time
Self-learning Materials Prepared for Flipped Classroom Content Folder	7.75	6	Dec. 7, 2020, 6:34 PM
Assignment Content Folder	0	3	Oct. 9, 2020, 9:12 PM

表 9　学生 B 化学课程概述

Item Name and Type	Total Time Spent in Hours	Number of Times Accessed	Initial Access Date / Time
7.3 Activity Content Folder	0	1	Sep. 26, 2020, 9:03 AM
Activity Instruction Item	0.08	2	Oct. 19, 2020, 4:51 PM
Chapter 8 PPT Item	0	1	Oct. 12, 2020, 5:30 PM
Chapter 8 & amp; 9 Review Item	0	1	Dec. 28, 2020, 5:13 PM
Christmas Review Content Folder	0.70	1	Dec. 27, 2020, 5:13 PM
Content Content Folder	6.84	26	Sep. 16, 2020, 10:39 AM
Library Activity Item	0.22	3	Sep. 14, 2020, 7:23 PM
Midterm Reflection Survey	0.18	1	Nov. 15, 2020, 5:39 PM

（续表）

Item Name and Type	Total Time Spent in Hours	Number of Times Accessed	Initial Access Date / Time
Molecule Models Project Item	0.27	1	Nov. 20, 2020, 4:23 PM
Monthly Calendar Assignment	1.25	4	Dec. 29, 2020, 5:30 PM
PPT Content Folder	5.17	9	Sep. 16, 2020, 10:40 AM
Polar Molecules Self-learning Materials Item	0	1	Nov. 20, 2020, 4:23 PM
Project Deadline: 2020/10/10 Item	0.02	3	Sep. 17, 2020, 5:21 PM
Online Self-learning 7.1 Video 2 Item	0	1	Sep. 5, 2020, 11:20 AM
Self-learning about 7.1 Item	0	1	Sep. 5, 2020, 11:20 AM
Self-learning about 8.3 & amp; 9.2 Item	0	1	Dec. 5, 2020, 2:53 PM
Self-learning Materials Prepared for Flipped Classroom Content Folder	0.16	2	Dec. 7, 2020, 6:13 PM
Self-learning PPT 9.1–9.3 Item	0	2	Dec. 5, 2020, 2:52 PM

（续表）

Item Name and Type	Total Time Spent in Hours	Number of Times Accessed	Initial Access Date / Time
Self-learning Practices Item	0.06	1	Sep. 5, 2020, 11:21 AM
Chapter 8 Review Item	0	1	Nov. 26, 2020, 6:09 PM
Common Compounds Project Item	0	1	Nov. 20, 2020, 4:23 PM
Intermolecular Force Review Item	0	1	Jan. 6, 2021, 5:10 PM
Lab Report 12/16 Item	0	1	Dec. 10, 2020, 6:46 PM
Assignment Content Folder	0.01	3	Dec. 11, 2020, 4:10 PM
元素周期律第一课时作业 Item	0	1	Sep. 26, 2020, 8:10 AM
公开课 PPT Item	0	1	Dec. 10, 2020, 6:43 PM

纵观本学期开展的混合式学习教学实践，在 Blackboard 的应用方面教师还有很多可以发掘的空间，比如 Blackboard 讨论板、日志、博客和 Wiki 都是进行互动教学的工具，可以将课内的探究延续到课后，完成课前、课内和课后的互动循环。另外，Blackboard 提供的自评和互评功能也可以促进学生之间的互动。在第二学期的教学设计中，我将致力于把课前、课内的互动模式延续到课后，充分利用 Blackboard 的互动功能开展教学，进一步提高学生的学习成效。

1.6 研究结论与建议

1.6.1 研究结论

1. 通过案例的广泛征集、HLM 实验班的实验和调查以及数据分析，课题组总结出 HLM 课堂教学模型及线上平台使用方法两个模型的雏形，即混合式学习中的 4 种学习方式（见前文图 6），以及混合式学习的不同教学模式（见前文图 7）。这样的模型基于实践，具有较强的实践操作和指导意义。

2. 虽然没有突出证据显示混合式学习方式比普通学习方式一定占有优势，但从考试数据上看，混合式学习实验班的学习效果并不差于常规学习班级。同时，混合式学习对于提升学生自主学习能力、提高分析问题和解决问题的能力有较大帮助，但对于是否能够更好地促进其对知识和技能的掌握具有较大不确定性，这可能是由于个体差异。教师的教学能力和组织能力始终是混合式教学是否能够取得实质效果的重要因素。教师需进一步研究基于技术的教学法，更加科学地设计混合式学习的方案。总体而言，混合式学习适合学习自主性较强的学生，对于学习自主性较弱的学生，可能导致效果不佳。但如果学生自主性被激发，混合式学习将成为学生提高自学能力的良好契机。

3. 学校管理层面强化对教师使用数字化平台的培训、分享和强有力的推进对促进教师积极使用线上平台和 TPACK 能够起到较好的作用。当学校群体看到了使用混合式学习对于职业发展和对满足个性化学习的帮助时，更多有兴趣的教师和学生会积极参与混合式学习的教学。学校在推广时可使用三个策略：（1）以点带面。在上中国际部的实践中，前期安排了每一个教研组推举一位 Blackboard 使用联络员，后期安排了 HLM 实验班。（2）强化培训。

在上中国际部的实践中，前期安排了外部引入的基础培训，后期安排了同伴分享培训，同伴分享尤为关键。（3）督促教研。在上中国际部的实践中，多次要求教师就混合式学习的实践进行分析和研究，撰写教研文章，刺激教师主动探索混合式教学的方式方法。这三个策略的主要目的就是不断营造使用 Blackboard 平台进行混合式教学的氛围。

1.6.2 若干建议

1. 从实施混合式教学的整体策略上来讲，需要针对不同学生的自学情况及时调整策略，先紧后松，慢慢放手，最终达到学生能够在无监管状态下进行高效自主学习的目标。根据与参与实验的老师的访谈结果，在项目初期阶段，第一和第二层级（分层指导和集中学习）大约可以占到课堂的 3/4 的时间。项目推进一定程度后，可降低为课堂时间的 2/3，甚至 1/2 时间。对于中学生而言，1/2 时间可能是混合式学习中第一和第二层级的极限。

2. 从实施混合式教学的具体操作上来讲，只有通过课前任务和课堂活动的深度设计及落实，教师才能够将个性化学习和基于能力的学习有机地结合起来。要真正引导学生积极地参与学习过程，强化学生在学习过程中对知识的主动探究和主动建构，帮助学生在互动式学习的机制下拓展知识、能力和兴趣的范围，并最终成长为有自主学习能力的终身学习者。本课题总结的混合式学习的课堂模型和借助数字化平台的学习方式模型可以成为实施混合式教学的指导性原则。

3. 从实施混合式教学的技术层面上来讲，需要利用和进一步开发线上平台强大的数据统计功能、激励功能和其他学习功能，为学生创造更多学习资源，为教师创造更高效的教学条件。

1.7 研究展望

1.7.1 继续进行混合式教学实验班的实验和实践

从学生、教师双向自主选择过渡到教师申报（如前文所述，同时有一定的客观条件限制）、学生自动进入相应班级的模式。原先自主申报的情况产生了最主动的学生和最不主动的学生选择实验班的可能性加大的猜测，存在认为实验结果并不是最自然状态下的实验结果的顾虑。同时，扩大学科的选择面，从目前的理科为主过渡到语言和人文学科逐步加入的形式。积极引入外教进行实验班教学，体现多种文化背景对于混合式学习的影响。学校在 2021 学年安排 9 位教师进行了一学年的混合式教学实验，其中包括两位外教。另外，还有相当一部分教师已经逐步将混合式教学融入自身的自觉实践。自 2022 学年起，各学科使用数字化平台积极探索和实践混合式学习已经成为教学的常态要求。

1.7.2 在教师群体中加强对混合式教学方法的培训

对已经总结出的混合式学习的课堂模型进行丰富和改造，并基于此，加强教师培训，形成更多优质案例的书面资源和电子资源，为教学范式的实质性转型进一步打好基础，体现在学习空间的重构、教与学流程的再造、教学资源供给侧的改变和转型等多个方面。“星星之火，可以燎原”，希望本书的出版能够带动更多教师主动积极利用数字化平台进行混合式教学，将数字化背景下的混合式教学转化为自己的教学自觉。

参考文献

[1] 白丽媛，沈洪. 基于 Blackboard 平台的信息技术与课程融合的教学模式研究[J]. 华东师范大学学报(自然科学版)，2015(3)：94–98.

[2] 齐红，符祝芹. Blackboard 平台支持下的大学英语混合教学模式的实证研究[J]. 西安外国语大学学报，2007(9)：84–87.

[3] 李美凤，李艺.TPACK：整合技术的教师专业知识新框架[J]. 黑龙江高教研究，2008(4)：74–77.

[4] 刘爽.SAMR 模型的研究热点及其进展[J]. 吉林工程技术师范学院学报，2018(11)：91–93+96.

[5] 何克抗，吴娟. 信息技术与课程整合的教学模式研究之一——教学模式的内涵及分类[J]. 现代教育技术，2008(7)：5–8.

[6] 何克抗，吴娟. 信息技术与课程整合的教学模式研究之二——“传递—接受”教学模式[J]. 现代教育技术，2008(8)：8–13.

[7] 何克抗，吴娟. 信息技术与课程整合的教学模式研究之三——“探究性”教学模式[J]. 现代教育技术，2008(9)：5–10+27.

[8] 何克抗，吴娟. 信息技术与课程整合的教学模式研究之四——“研究性学习”教学模式[J]. 现代教育技术，2008(10)：8–14.

[9] 何克抗，曹晓明. 信息技术与课程整合的教学模式研究之五——“WebQuest”教学模式[J]. 现代教育技术，2008(11)：5–12.

［10］何克抗，刘春萱 . 信息技术与课程整合的教学模式研究之六——“适时教学 (JiTT)”模式［J］. 现代教育技术，2008（12）：9–13.

［11］李逢庆 . 混合式教学的理论基础与教学设计［J］. 现代教育技术 ,2016（9）：18–24.

Research on Hybrid Teaching Practices Based on Digital Platforms

1.1 Emergence of the Study

1.1.1 Demand for Informatized Education Driven by the Information Technology Revolution

Information technology is rapidly sweeping the globe while quietly transforming the education industry. So far, China's basic education has gone through three waves of information technology development. The first wave emerged in the late 1970s and early 1980s with computer-based instruction, emphasizing students' acquisition of fundamental computer knowledge and skills, with the emblematic slogan "Programming is the second culture". The second wave, starting in the mid-1980s, introduced computer-assisted instruction and computer-assisted management, which focused on developing educational software, courseware, and teaching management software, while integrating computers with teaching. With the continuous development of computer-assisted teaching, it is no longer solely slide-based "curriculum integration". The types of educational software have evolved from knowledge-displaying "slides" to functional, platform-based, and resource-oriented "modules". Since the mid-1990s to the present, online education has rapidly become a hotspot in

China's basic education, ushering in the third wave of informatization characterized by "utilization of educational information resources".

Currently, the world is experiencing an unprecedentedly intense period of technological innovation. New generation information technologies such as artificial intelligence, quantum information, mobile communication, and the "Internet of Things" are rapidly reshaping the educational landscape. They are profoundly changing the ways of knowledge acquisition and dissemination as well as the relationship between teaching and learning, demanding educators to actively adapt, proactively seek change, vigorously develop smart education and intelligent learning based on new technologies and applications, and strive to establish first-class education in line with the trend of the information revolution.

In this context, the high school section of Shanghai High School International Division (hereinafter referred to as SHSID) has actively introduced digital platforms since 2016 and engaged in practical experiments to integrate these platforms into education and teaching. Building on this foundation, active research has been conducted on practical methods for hybrid teaching, resulting in a series of research outcomes and practical cases available for peer review and reference in the education community. Based on this work, SHSID applied for the 2019 Shanghai Municipal Basic Education Informatization Project with project number SKT2019040. This book represents one of the significant outcomes of this project.

This project aligns with the comprehensive implementation of national and Shanghai municipal strategies for educational informatization. Especially under the guidance of General Secretary Xi Jinping's important speeches on education and the spirit of the National Education Conference, it promotes the deep integration and innovative development of information technology with education, enhances teachers' application capabilities of information technology, and popularizes the normative application of information technology in teaching. Looking into the future, educators must have a far-sighted perspective, paying special attention to the macro and micro impacts of new era information technology on education. Through information technology, educators can identify students' potential, thus making more comprehensive and efficient nurturing of their strengths and interests possible. Based on this, students can enjoy learning, delve into subjects they find interesting, and even achieve results beyond their expectations. Andreas Schleicher, the director of the Programme for International Student Assessment (PISA), points out that through comprehensive world experience such as data comparisons the success of learning is not correlated with the duration of learning but with its quality. Teachers should cultivate students' open-mindedness and adaptability to the modern world by providing rich teaching experiences. In the era of "Internet Plus", the traditional face-to-face unidirectional on-site learning mode in schools no longer meets the needs of students growing up in the digital age. Currently, the prelude to the vision of future schools has already begun, with hybrid learning based on digital platforms to certainly become an important teaching mode for future schools.

1.1.2 Demand for a Unified School-Specific Digital Teaching Platform in Informatized Education

Although there is a growing demand for hybrid learning, digital education platforms and software are still in the developmental stage, with a variety of types respectively having their advantages and disadvantages. The selection of a suitable unified digital teaching platform at the school level is primarily based on the following three considerations:

Firstly, from a teaching perspective, teachers often have discussions with students, which occur not only in the classroom but also more frequently after class. Before the introduction of a school unified digital platform for SHSID, teachers and students typically communicated and interacted through phone calls, WeChat, written messages, or face-to-face conversations. However, there was a lack of an effective tool to accurately record these discussions and interactions so as to make them an integral part of formative assessments. Additionally, when sharing resources, whether between teachers, teachers and students, or among students, the previous methods, such as using FTP, cloud storage, or emails, only brought users fragmented information that was difficult to organize and review. The visualization and user experience of these methods were not of high-quality, let alone the foundation needed for the use of big data in the era of greater intelligence. Hence, it became a challenge for teachers to effectively present and organize electronic resources and facilitate interactions within a single system. Some teachers began experimenting with online platforms like Moodle and Schoology. However, the teachers' choosing of separate platforms led to a problem: students who connected with multiple teachers would have to log onto several platforms simultaneously. This would lead to chaos.

Secondly, from a management perspective, evaluation of class management and teaching quality at the school level rely heavily on academic transcripts and furthermore, teachers' comments. Process-related data, such as the material students have read, their timely completion of assigned tasks, and their characters and traits demonstrated in class, often get lost over time, left with only the memories in teachers' minds. Moreover, evaluations of teachers should not solely rely on the grades or students' survey results but also on the role of teachers in integrating materials and providing personalized support to students, and as well as their role in helping students achieve personalized learning in particular. However, schools lacked this process-related data from a management standpoint. Where could this data come from? If it is scattered across many different software or websites beyond the school's control, or if it exists offline and out of sight, it would be challenging for schools to obtain comprehensive firsthand data. In this situation, schools need a unified teaching management platform to understand the real progress of learning and teaching and to obtain firsthand data, so that they can determine the direction for next steps.

The third aspect comes from the anticipation of the "future" of schools and learning, which is already upon us. Today's students are different from those in the past, especially in the era of the Internet. They face a vast amount of information and resources, possibly knowing more diverse subjects than teachers. Hence, we cannot expect all learning to occur within the classroom. Future learning will undoubtedly be hybrid. In the classroom, students only learn a small portion of the knowledge they possess. Much of their knowledge comes from learning through computer terminals, interacting with peers, teachers, and other human resources, as well as Internet resources. This autonomous-learning and self-development ability is crucial for learners to face the future. Therefore, we must help students transit into this future learning state. A significant indicator of learning is the ability to use learning tools as well as resources, analyze learning resources critically, make choices, and manage one's learning time independently. These are issues that all learners must face up to and figure out in the future. Thus, only by integrating online and offline learning can we better prepare students for the future.

Considering these three aspects, with English as the instructional language in SHSID, our school chose Blackboard, a digital teaching management platform widely used by numerous higher education institutions, with its server in China for data security reasons. It is a digitalized teaching management platform, and its development can be traced back to the year of 1996. In fact, there are many other high-quality digital platforms available for selection. The main logic and architecture of these digital platforms are consistent. In the meantime, digital technology is merely a tool and aid for educational methods; therefore, the case studies presented in this book can be implemented on other platforms for their high universality and reference value. After a preliminary trial of the digital platform in the 9th grade during the 2016 academic year, the application was expanded to all four grades of the high school in the 2017 academic year. From the 2017 academic year to the 2018 academic year, subject teaching teams explored usage patterns that suited the characteristics of their subjects, accumulating practical experience and cases. The school also increased training and communication efforts. Teachers and students' familiarity with and acceptance of Blackboard continued to improve. At the beginning of 2020, due to a large-scale public health incident, the demand for online education surged unexpectedly. Benefiting from early attempts to adopt digital teaching platforms, the high school section of SHSID flexibly coped with the significant challenge. Simultaneously, we accelerated the practice of online hybrid teaching. As a medium for releasing tasks, teacher-student communication, and teaching evaluation processes, the digital platform effectively improved the efficiency and quality of some teachers' work. On this basis, our school further refined teaching methods, enhanced teaching philosophies, and explored how the combination of E-learning and traditional teaching would impact teachers and students.

The practice of hybrid teaching using digital platforms in the basic schooling stage in SHSID was a courageous attempt. It translated teaching philosophies oriented towards cultivating students' abilities into concrete practices in the curriculum reform of SHSID. Simultaneously, it is a vital part of the "Curriculum Research", "Textbook Research," and "Teaching Research" trilogy of SHSID because it is directly applied to the frontline of classroom teaching. The research conducted by the frontline educators of SHSID, as an outstanding international school, can provide firsthand data and has a certain "clinical" diagnostic value and significance. From being an adapter and participant in the curriculum reform of world-class international schools, SHSID has gradually transformed into a contributor. The research on teaching based on digital platforms at SHSID can provide ideas and references for further curriculum reform and development of domestic schools in the future. It also offers a certain expandable space and diversified pathways for daily classroom teaching reform and provides ideas for the national strategy of educational informatization.

1.2 Review of Related Studies (Literature Review)

Firstly, the majority of the literature on hybrid teaching primarily focuses on the theoretical aspects of hybrid learning and the impact of technology on education. This includes the study of constructivism, Bloom's taxonomy of educational objectives, TPACK, SAMR, and various foreign teaching and technology application models that have been attempted. For instance, Professor He Kekang from Beijing Normal University systematically researched the "Information Technology and Curriculum Integration Teaching Model" and published a series of research papers related to the "Transmission-Reception" model, "Inquiry" model, "Research-Based Learning" model, "WebQuest" model, and "Timely Teaching" model.

Secondly, all the literature recognizes the new demands for competency development in the 21st century. In traditional face-to-face classroom teaching, students spend a significant amount of time on shallow learning activities that require less assistance. However, when students attempt deeper learning activities involving knowledge transfer, decision-making, and problem-solving, they often find themselves isolated. Therefore, hybrid teaching, represented by the flipped classroom, has overturned the traditional teaching structure. Additionally, the emergence of new technologies, including various digital platforms like Blackboard, has made it possible to support these innovative teaching approaches.

Thirdly, there's little literature in which experiments are designed in university teaching and exam data and questionnaire responses from experimental and control groups are collected in order to scientifically assess the effectiveness of hybrid learning. Both data and experience indicate that to make learning meaningful, the role of teachers is irreplaceable. Hybrid teaching demands careful planning and effective organization by teachers. Preliminary exploration is required, along with training for both teachers and students, to help them adapt to the new model and prevent the emergence of polarization or resistance.

However, the most prominent feature of existing literature is that they are all studies at the theoretical level. A search on CNKI (China National Knowledge Infrastructure) did not yield large-scale data and research on practical and experimental aspects of hybrid learning at the secondary school level, and research on hybrid teaching in universities has generally been limited to a brief period during a public health incident. More importantly, there is a lack of literature systematically showcasing subject-specific cases of integrating digital platforms with teaching. Research in this project aims to address these gaps.

1.3 Core Concepts, Research Objectives, and Research Content

1.3.1 Definition of Core Concepts

1. Hybrid Learning Model: This model integrates online learning and classroom learning through different modes based on the content and characteristics of various subjects and teaching objectives. It aims for differentiated teaching, cultivation of higher-order thinking, learning abilities and interest development.

2. Differentiated Teaching: A teaching method where teachers allocate their time, resources, and efforts to students with diverse backgrounds, readiness, skill levels, and interests, ensuring optimal learning conditions for all students based on individual differences, such as learning styles, preferences, ability levels, and interests.

3. Higher-Order Thinking: Bloom divided cognitive educational objectives into six levels in 1956: knowledge, comprehension, application, analysis, synthesis, and evaluation. In 2001, the authoritative book, *A Taxonomy for Learning, Teaching, and Assessing — A Revision of Bloom's Taxonomy of Educational Objectives,* expanded the original one-dimensional teaching objective classification into a two-dimensional perspective: "knowledge" and "cognitive processes". The "knowledge" dimension includes four categories from concrete to abstract: facts, concepts, procedures, and metacognition. The "cognitive processes" dimension assesses students' academic performance, including six levels: memorization, understanding, application, analysis, evaluation, and creation. Except for memorization, the other five levels are all related to "transfer", meaning the ability to apply knowledge in novel situations. By combining these two dimensions, teachers can scientifically, reasonably, and systematically set instructional objectives. Teachers must respect the characteristics of the subject and the actual situation of students. They need to advance logically, discern and optimize teaching content, and design teaching objectives comprehensively and thoroughly based on the principles of system theory. Starting from the goal of providing quality education with support from Bloom's Taxonomy of Educational Objectives, teachers are encouraged to cultivate students' higher-order thinking in teaching,

such as understanding concepts, analyzing concepts, applying programs, and creating programs.

4. Learning Abilities in the Information Age: With the support of information technology, new learning methods mainly include digital learning, mobile learning, and research-oriented learning. Citizens in the information age should be able to fully utilize the Internet for learning, becoming masters of their own learning. Learning can be gradual or unstructured.

5. Technological Pedagogical Content Knowledge (TPACK): It means the fusion of technological knowledge, pedagogical knowledge, and subject knowledge, forming a dynamic balance. It encompasses the complex relationship between technology, subject knowledge and teaching methods in specific teaching scenarios, including teachers' profound understanding of technology, re-evaluation and reflection on their original teaching concepts and methods. Teachers with TPACK also seek new opportunities and feasibilities in the synthesis of technology, subject knowledge, and teaching methods. For instance, teachers can design new technological methods based on specific teaching scenarios, or utilize new technologies to innovate and broaden new teaching spaces, which are no longer confined to traditional classrooms.

6. Feedback Mechanism for Evaluating Teaching Effectiveness: Traditional daily teaching assessments mainly rely on traditional paper-and-pencil examinations. However, teaching through the Blackboard platform, which takes postmodern curriculum theories, Howard Gardner's Theory of Multiple Intelligences, constructivism psychology, systems theory, etc., as its theoretical basis, enables a deep comprehensive assessment of teachers' teaching and students' learning.

This is because Blackboard uses a novel evaluation mechanism that combines quantitative and qualitative measures, online and offline elements, and real and virtual aspects, thereby offering a holistic and multidimensional perspective on teacher and student effectiveness.

7. Flipped Classroom: In the context of advanced educational concepts, the relationship between teachers and students needs to be re-examined and reconsidered. Utilizing the concept of the "Flipped Classroom" is one of the measures for classroom teaching reform. Through this concept, classroom teaching is no longer confined to "only the teacher teaching" and "only the students learning" but can achieve a certain degree of controllable "flipping". Students will have read and studied materials distributed by teachers in advance and may conduct discussions to some extent. In the classroom, teachers no longer start teaching from scratch but engage in discussions or teaching based on students' preparatory work. The flipped classroom revolves around the goals of education and teaching, starting from reality and students' development. Sometimes, the roles of teachers and students may switch, which may help both to experience the challenges of being the "teacher" and "learner". This approach significantly breaks (even "subverts") the traditional classroom teaching model, creating a new teaching method.

8. Deep Integration of Digital Platforms and Curriculum: Integration means different individuals or groups merge into one entity after a certain collision or encounter. This project believes that the deep integration of digital platforms and curriculum refers to teachers and students using the platform to enhance teaching efficiency and optimize teaching effectiveness during the course. The use of digital platforms is not abrupt or isolated but covers learning experiences both

inside and outside the school, including before, during, and after class. Users include students, teachers, and school administrators. The use of digital platforms permeates the entire course, including the integration and extraction of course learning resources, the implementation of teaching activities, evaluation and adjustments, and interactions between teachers and students. This integration helps teachers achieve differentiated teaching and educational equity and assists students in enhancing their enthusiasm and initiative for learning.

1.3.2 Research Objectives

1. Taking the transformation of the digital education platform as an opportunity and combining multidisciplinary dimensions with various forms of assessment, this study aims to deepen the implications of a student-centered teaching philosophy and explore online and offline hybrid teaching models with subject-specific characteristics.

2. Integrate and optimize the existing educational resources of the high school section of SHSID, update teachers' teaching philosophies, transform traditional teaching methods, enhance teachers' information technology literacy, provide more diverse, modern, and effective pathways for teachers' professional development, and lay a solid foundation for cultivating students' lifelong learning abilities such as independent learning, cooperative learning, and inquiry-based learning.

3. Create samples of hybrid teaching based on a digital platform used in the high school section of SHSID to achieve some research results, which will provide reference for the follow-up study of peer schools and larger platforms.

1.3.3 Research Content

1. Hybrid Learning Teaching Models

1) Explore and learn from existing teaching structures, models, and methods in literature which integrate information technology.

2) Organize and refine practical models and methods already used in practice.

3) Develop hybrid teaching models suitable for the curriculum reform and development of the high school section of SHSID by comparing, integrating, and incorporating subject-specific features.

2. Study the Impact of New Learning Models on Enhancing Students' Initiative, Management Skills, Learning Abilities, Attitudes, and Interests.

1) Through collecting data from practical implementation, compare the impact of different teaching methods on learners' learning modes.

2) Through data analysis, further modify teaching models to facilitate the achievement of educational goals.

3. Explore How to Improve Teachers' Information Literacy and Teaching Skills

In the information age, technological knowledge has become an integral part of teachers' professional knowledge, along with subject knowledge and pedagogical knowledge. The fusion of these three aspects forms the basis of teachers' professional development. The integration of subject knowledge and pedagogical knowledge has been a major focus of traditional teacher training and has matured into a capability for most teachers. However, for most teachers, technological knowledge is relatively lacking. Numerous studies and our school's practices have indicated that if training technology is treated as isolated knowledge — even if teachers understand what technology can do — it is challenging to effectively integrate technology into teaching. Only when these three aspects are organically integrated into Technological Pedagogical Content Knowledge (TPACK) can teachers design appropriate teaching plans by considering subject matter knowledge, teaching methods, and technical support based on specific teaching scenarios. This integration allows teachers to transform technology into knowledge for solving teaching problems.

TPACK also provides new pathways for teacher training and development. In the research project, the promotion and practice of teaching models with subject-specific characteristics can become pathways for training TPACK. During the implementation process, data will be collected and analyzed so as to explore models that can enhance teachers' information literacy and teaching skills.

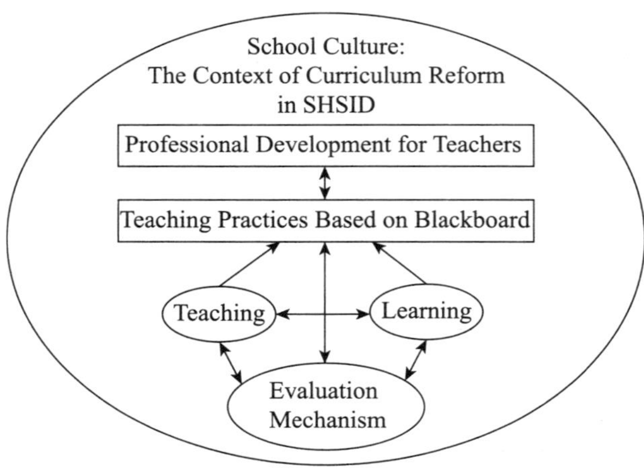

Figure 1

1.4 Research Methods and Processes

1.4.1 Research Methods

Literature Review Method: Searching for and studying various advanced educational concepts and teaching models mentioned in existing literature.

Practical Method: Through specific teaching practices, researching and summarizing the advantages, disadvantages, and adaptability of new teaching models.

Statistical Method: Creating scales, collecting, and analyzing data to form comprehensive, open, and diagnostic conclusions.

Comparative Method: Combining vertical and horizontal comparisons to assess the impact of using digital platforms versus not using them, or the varying degrees of influence of information technology on teaching in different subjects.

Interview Method: Formulating questions and dimensions, conducting interviews with some teachers and students (even with all of them), and effectively supplementing statistical methods, in order to define problems more effectively and explore various ways to solve them.

1.4.2 Research Design

This project employed action research methods combined with experimental methods for teaching research. From the perspective of the research path, the entire study was a spiral process, consisting of multiple cyclical stages. Each cycle included four interconnected and interdependent basic steps: experimental planning, experimental implementation, data collection and analysis, and reflection. It's noteworthy that "experimental method" in this research refers to quasi-experimental methods, which were similar to experimental methods but with a relatively lenient control of extraneous variables. Conducting action research within the teaching context of a school wasn't feasible in a closed, strictly controlled environment. Hence, quasi-experimental methods were considered more appropriate. As long as detailed action strategies and measures were planned in advance, and the study followed a controlled research path, the reliability and credibility of the experimental results should be considered robust.

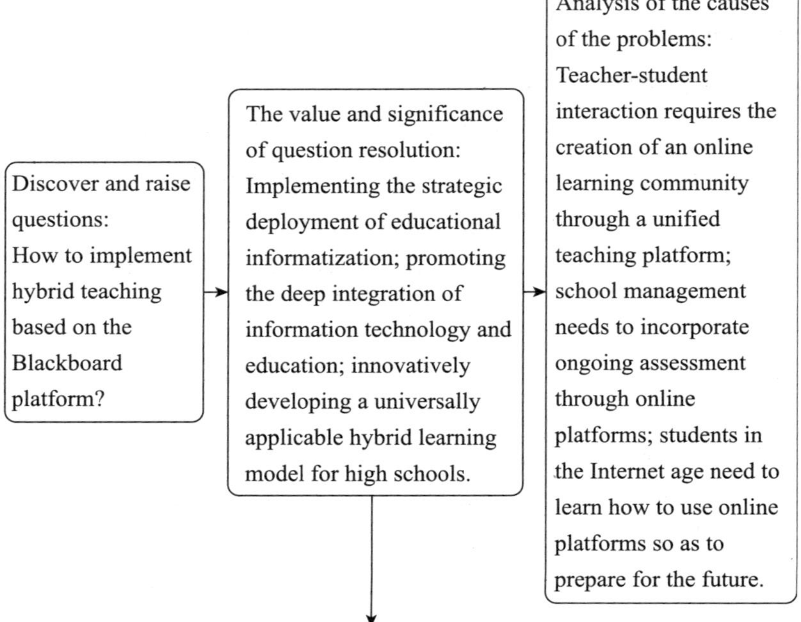

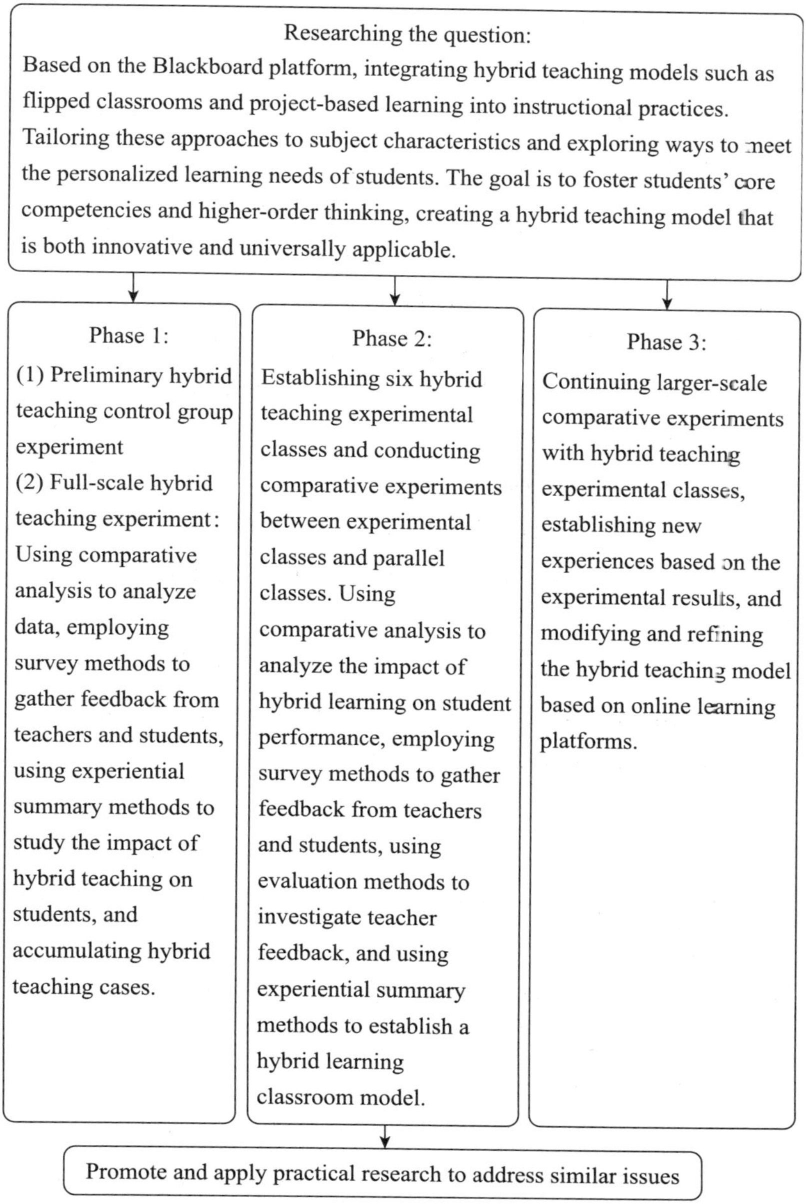

Researching the question:
Based on the Blackboard platform, integrating hybrid teaching models such as flipped classrooms and project-based learning into instructional practices. Tailoring these approaches to subject characteristics and exploring ways to meet the personalized learning needs of students. The goal is to foster students' core competencies and higher-order thinking, creating a hybrid teaching model that is both innovative and universally applicable.

Phase 1:
(1) Preliminary hybrid teaching control group experiment
(2) Full-scale hybrid teaching experiment: Using comparative analysis to analyze data, employing survey methods to gather feedback from teachers and students, using experiential summary methods to study the impact of hybrid teaching on students, and accumulating hybrid teaching cases.

Phase 2:
Establishing six hybrid teaching experimental classes and conducting comparative experiments between experimental classes and parallel classes. Using comparative analysis to analyze the impact of hybrid learning on student performance, employing survey methods to gather feedback from teachers and students, using evaluation methods to investigate teacher feedback, and using experiential summary methods to establish a hybrid learning classroom model.

Phase 3:
Continuing larger-scale comparative experiments with hybrid teaching experimental classes, establishing new experiences based on the experimental results, and modifying and refining the hybrid teaching model based on online learning platforms.

Promote and apply practical research to address similar issues

Figure 2 Research Roadmap for Hybrid Learning on Digital Platforms

1.4.3 Research Process

Phase One:

1. Preliminary Hybrid Learning Control Group Experiment

Duration: September 2019–January 2020 (5 months)

Participants: Students from eight classes of grades 9–12 at SHSID. These included three IB classes (11th grade IB English, 11th grade IB Mathematics Applications, and 11th grade IB Economics) and five high-level classes (9th grade English HL, 10th grade English H+, 9th grade Physics H, 10th grade Biology HL, and 9th grade Basic Programming HL).

Experiment Materials:

(1) Learning Resources: Materials uploaded on the Blackboard platform, selected online resources, subject textbooks, research databases, etc.

(2) Digital Platform: Blackboard online learning platform.

Participants: Research team members and subject teachers.

Experiment Description:

(1) Subjects

Eight experimental groups involving 8 classes and 6 subjects from grades 9–11. Other classes with the same grade, subjects, and level, were chosen as control groups for each experimental group. The students' levels were roughly equivalent before the experimental teaching.

(2) Research Method

Experimental group teachers intensified the use of the Blackboard platform in teaching practices, gradually implementing hybrid learning methods in daily teaching. The usage rate of the Blackboard platform was taken as a quantitative measure of hybrid learning. Classes with high Blackboard platform usage were assumed to have implemented more hybrid learning based on the online platform. Comparative analysis was conducted to analyze the differences in students' performance between the experimental and control groups during the experiment. Additionally, hybrid teaching case studies for different subjects were collected through experiential summary.

(3) Variables

(3.1) Independent Variable: Hybrid learning based on the Blackboard platform. The usage rate of Blackboard was considered as the measure of the extent of hybrid learning.

(3.2) Dependent Variable: Effectiveness of hybrid learning. Students' final grades in relevant subjects were used as the measure of hybrid learning effectiveness.

(3.3) Extraneous Variables: Teaching experience and level of the instructors, students' grade levels and subjects.

Control of Extraneous Variables: This experiment, being a quasi-experimental study conducted in a real and natural setting, had relatively loose control over some extraneous variables, such as the possibility of different instructors in experimental and control groups. However, within the limits of experimental conditions, efforts were made to rigorously control certain extraneous variables. For example, students' grade levels, subjects, and levels were kept consistent between the experimental and control groups.

2. School-Wide Hybrid Teaching Experiment

Duration: Late February 2020–Early June 2020 (4 months)

Participants: Over 1000 students from grades 9–12 at SHSID

Experiment Materials:

(1) Learning Resources: Materials uploaded on the Blackboard platform, selected online resources, recorded lectures, subject textbooks, research databases, etc.

(2) Digital Platform: Blackboard online learning platform.

Participants: All teachers from grades 9–12 at SHSID.

Experiment Description:

(1) Subjects

This experiment encompassed all classes in grades 9–12 at SHSID. All classes were experimental classes. In the first half of the second semester of the 2019 academic year (February–April), students engaged in online live streaming learning sessions where classroom time was halved. The remaining hours were utilized by students for self-directed learning on the Blackboard platform and interactive hybrid learning with teachers at the forum of the platform. In the second half of the semester (April–June), the teaching mode shifted to a hybrid model with half-day face-to-face teaching and half-day online learning.

(2) Research Method

The experiment employed a quasi-experimental design approach based on the remedial method. Given the special circumstances during the public health incident, there were no spare experimental subjects available for control groups. Therefore, all students were designated as experimental groups for the hybrid learning experiment. Three post-test groups were randomly selected from the experimental groups, one each from mathematics, physics, and chemistry subjects at the same grade and level. The control group consisted of relevant classes from the previous academic year (2018) with the same grade, subject, and level. After conducting exams with identical content, difficulty, and grading criteria, we analyzed the impact of hybrid learning on student academic performance using comparative analysis methods. Following the completion of the school-wide hybrid learning experiment, a survey was conducted to gather feedback from teachers and students regarding the hybrid learning model's impact. This feedback, especially its influence on student learning, informed the next phase of the experimental design. Numerous case studies focusing on hybrid learning in different subjects were collected through experiential summary.

(3) Variables

(3.1) Independent Variable: Hybrid learning based on the Blackboard platform. In this experiment, all classes had a high rate of Blackboard usage, so the level of Blackboard usage was no longer used as a measure of hybrid learning. In the experiment, face-to-face teaching was conducted in a physical place (school) for half a day, and online live teaching for half a day. And at the same time, students independently controlled the time, place, path and progress of online learning before and after class. Therefore, hybrid learning here refers to the method that combines offline teaching and online learning, in contrast to the traditional offline face-to-face teaching method of the control group.

(3.2) Dependent Variable: Effectiveness of hybrid learning, including students' grades, mastery of knowledge and skills, improvement in self-learning abilities, enhancement of analytical and problem-solving skills, degree of personalized learning, and interest in hybrid learning.

(3.3) Extraneous Variables: Individual instructors' teaching experience and level.

Control of Extraneous Variables: Compared to the first experiment of the initial phase, this experiment reduced the impact of individual instructors' teaching experience and level on the results by selecting all classes with the same grade, subject, and level. Due to experimental constraints, no pre-test comparison was conducted between the post-test experimental and control groups. Hence, there might be some uncertainty as to whether the pre-test levels of the experimental and control groups were completely equivalent. However, the post-test experimental group consisted of a randomly sampled large population (over 1000 individuals), and other extraneous variables such as exam content, difficulty, and grading criteria were identical. The teacher allocation was also roughly consistent. Therefore, the comparison results of students' grades after the experiment were considered highly reliable and credible.

Phase Two:

Hybrid learning is an intriguing and supportive learning approach, especially for students with great zeal for self-study beyond textbooks and a strong internal drive for knowledge. To mitigate the risks brought by the public health incident and ensure proper academic support for students, SHSID implemented the Hybrid Learning Model (HLM), which is a form of experimental hybrid teaching. Less than 10% of classes (6 experimental classes and 20 control ones) in grades 10 and 11 during the 2020 academic year utilized this methodology.

1. Guidelines for Experimental Classes

(1) Experimental classes devoted 60% to 80% of their teaching time to in-person face-to-face classroom instruction.

(2) The remaining 20% to 40% was allocated for self-directed learning related to the subject matter. Students could source

materials provided by teachers or research independently. This time could also be utilized for teachers to provide personalized guidance to students.

(3) The teacher and school determined the location for self-directed learning in advance, typically in classrooms or the library.

(4) The school enforced rules and regulations for hybrid experimental teaching, with consequences for violations.

(5) Highly motivated students were the target audience for hybrid experimental teaching, and the school ensured that students in these classes enjoyed flexibility and autonomy.

2. Class Formation Process

(1) Teachers from various subject departments volunteered to participate.

(2) Based on the volunteer teachers' schedules, a survey of students' interest in participating was conducted.

(3) An appropriate number of students for HLM experimental classes was determined according to students' feedback.

(4) The final student participants in HLM experimental classes were determined according to their course selections.

(5) Students were formally notified of the class start date.

3. Class Schedule

(1) Prior to the start of the school year, a mobilization meeting was conducted to further explain and share the origin and design concept of HLM experimental classes.

(2) During the first week, subject teachers provided an overview of the teaching arrangements for the experimental classes.

(3) At the tenth week, midterm exam results were analyzed and

compared.

(4) At the twentieth week, final exam results were analyzed and compared. Teaching experiences were then summarized, and teaching cases were shared.

(5) In the second semester, teaching methods were enhanced to promote students' self-directed learning abilities.

(6) Preliminary written reports on HLM experiments were created and continuously updated with experimental data.

(7) Throughout the academic year, teachers shared their teaching experiences, reflected on teaching challenges, and discussed future plans. This process concluded with reflections and reports on the advancement of diverse subjects in HLM experiments, with the mature ones to be written into research papers.

4. Class Preparation and Training

(1) In 2017, basic training on the Blackboard platform was provided to establish an understanding of its fundamental functions, providing a foundation for in-depth usage and promotion.

(2) From 2018 to 2019, advanced training on the Blackboard platform was conducted, exploring teaching and management functions through practical experience, in preparation for the establishment of HLM experimental classes.

(3) In February 2020, a work meeting for online education preparations was held, including strategies for teaching and learning, educational projects, academic pursuits, learning resources, and online platforms. During the pandemic period, "Hybrid" learning was introduced as a teaching method for the first time and adopted by all teachers for initial practice.

(4) In April 2020, a meeting was held to discuss the resumption of in-person learning. The partial return to face-to-face learning allowed for further teaching experiments. This stage of education and teaching work highlighted the "three more" requirements: more critical thinking, more practical application, and more knowledge accumulation. The school implemented the concept of "three integrations": incorporating formal learning with informal learning, online self-directed learning with classroom teaching, and connecting school-based learning with external learning.

(5) In July 2020, the school conducted professional development training for teachers and encouraged exploration of innovative teaching practices at the forefront of the technological age, based on the school's philosophy and data. Several training sessions were carried out, which were centered on incorporating technology, particularly digital platforms, into teaching to enhance teachers' capabilities and offer continued support for their professional development.

(6) In September 2020, a mobilization meeting for HLM experimental classes was held to outline the curriculum design concept and address teaching challenges and concerns.

(7) From October 2020 to June 2021, regular monthly meetings for HLM experimental classes were held. The research team summarized the significant challenges and positive impacts of hybrid learning on teachers.

(8) Since September 2021, HLM experiments have become a regular aspect of teaching practice.

5. Research Objectives of Experimental Classes:

HLM experimental classes at SHSID offered a hybrid curriculum that combined in-person real-time instruction along with self-directed online learning. To complete the course, students had to participate in all modules and complete assigned self-directed learning tasks under teachers' guidance. After completing all module content, students had to submit a questionnaire reflecting on their experiences and thoughts regarding the hybrid learning model. Discussions surrounding hybrid learning were centered on changes experienced by both educators and students, as well as the impact of these changes on learning. Strategies and techniques were then proposed to aid students in developing a wide array of skills and capabilities. Creating a conducive learning atmosphere was particularly essential when the students' abilities differed significantly.

1.5 Research Findings

The preliminary written outcomes of the project comprise of eight articles published by participating educators in formal journals, with one of the papers being published in a key Chinese journal. Furthermore, the project leader's monograph *Broad Views and Selective Learning* (pages 268–296) includes some research findings. In addition, the publication *Exploring Online and Offline Hybrid Teaching* (released in November 2020) includes 27 articles from members of the project team. The project's intermediate results, *Promoting Teaching Transformation with the Application of Blackboard Platform*, were awarded first prize in the 2020 Shanghai Basic Education Informatization Typical Cases Selection. The case study "Practicing Flipped Classroom: An Example of Online Teaching with Confidence Intervals" received second prize in the same competition. "Applying Teaching Management Platform Blackboard to Promote Teaching Transformation" was selected for the Education Case Display of the 2020 China International Education Equipment (Shanghai) Expo's "Empowering Education" Special Cloud Exhibition. Partial research results were shared by the project leader at the "Skills Necessary for 21st Century Development" conference hosted by the UNESCO Institute for Information Technologies in Education in December 2023. This book serves as the conclusion of the project, encompassing teaching cases, research findings, in-depth analysis, and reflections on the usage of digital platforms in teaching. The experimental hybrid learning classes have produced extensive quantitative and qualitative data for analysis, forming a digital platform teaching model. Furthermore, a documentary short film on hybrid learning education and teaching on the Blackboard platform was recorded during the research process.

1.5.1 Teaching Effectiveness of Hybrid Learning Experimental Classes

The hybrid learning experimental classes underwent two phases.

The first phase occurred from September 2019 to June 2020. In the 2019 academic year, certain teachers on the research team employed hybrid teaching practices based on the Blackboard platform. Comparisons between the experimental classes and parallel classes provided a solid data foundation for this project's implementation. During this period, a large-scale public health incident resulted in a shift to hybrid learning, combining half-day offline and half-day online classes, from February to June in 2020 at SHSID. In essence, all students engaged in hybrid learning during this period. The data gathered at this time, which involved the entire student body participating in Blackboard-based hybrid learning, could not be directly compared with parallel class data. Nevertheless, the first phase of the project laid a strong groundwork for collecting case studies on hybrid learning.

The second phase took place between September 2020 and June 2021. Upon the release of the experimental plan, teachers and students actively participated, forming five hybrid learning model (HLM) classes in mathematics, physics, chemistry, biology, and economics, which were taught by six teachers. Additionally, non-hybrid parallel classes were offered for data collection and comparative research purposes.

1. Exam Results

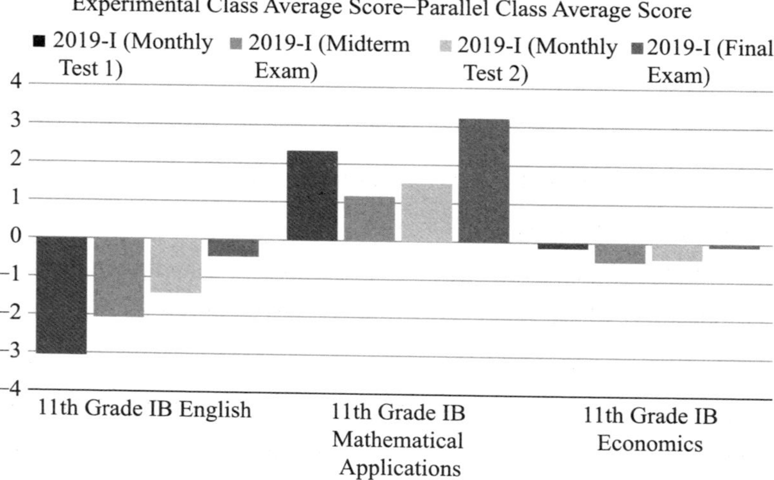

Figure 3 Analysis of IB Class Student Performance in Preliminary Hybrid Learning on the Blackboard Platform

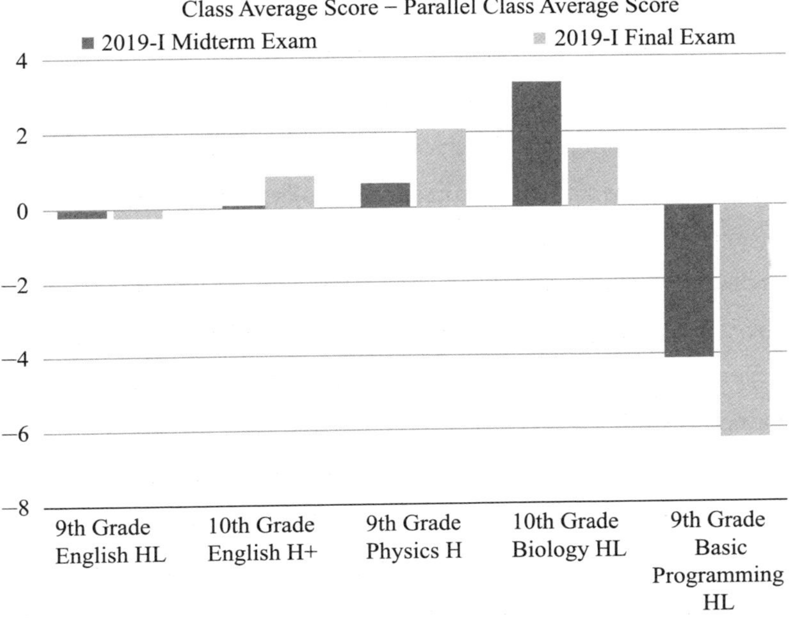

Figure 4 Analysis of Performance of H-Level Classes in Preliminary Hybrid Learning on the Blackboard Platform

Fig. 3 and 4 present the analysis of performance differences between eight experimental classes and their corresponding control groups during the first phase of the preliminary hybrid learning experiment. The experimental classes showed significantly higher rates of Blackboard platform usage compared to their control groups. According to the experimental hypothesis, the experimental groups engaged in more hybrid teaching based on the Blackboard learning platform, while the control groups continued to use traditional teaching methods due to their lower Blackboard usage rates. As hybrid teaching practices progressed, three IB experimental classes showed an overall upward trend in student performance. Of these, two experimental classes (11th grade IB English Language and Literature and 11th grade IB Economics) that initially lagged behind their control groups narrowed the score gap, reducing it to less than 0.5 points by the end of the term. In particular, the 11th grade IB Mathematical Applications experimental class increased its lead over the parallel class as the hybrid instruction progressed, gradually widening the average score gap to more than three points. This suggests that hybrid teaching based on the Blackboard platform to some extent facilitated (or at least did not hinder) students' mathematical learning.

Examining the performance of H-Level experimental classes during the same period, these experimental classes (10th grade English H+, 9th grade Physics HL, and 10th grade Biology HL) stayed ahead in average score over the control groups. Among them, the 10th grade English H+ and 9th grade Physics HL experimental classes continuously gained their advantage in average score as the hybrid teaching progressed. In particular, the Physics experimental class got its advantage by more than 2 points, suggesting that hybrid teaching to some extent facilitated (or at least did not hinder) learning in English and Physics. Although the 10th grade Biology HL experimental class showed an advantage in the middle of the hybrid teaching, its advantage decreased later. Therefore, the extent to which hybrid learning enhances learning in this course needs to be studied in more detail. In contrast, the other two experimental classes consistently showed average score disadvantages compared to the control groups, especially the 9th grade Basic Programming HL class, with a final average score disadvantage of over 6 points. Does this mean that hybrid teaching is unsuitable for learning this course? The research team conducted an analysis of extraneous variables in this experiment. The teacher for the experimental group was a newly hired teacher with relatively limited experience in teaching methods, instructional design, and implementation experience. In comparison, the teacher for the control group was a veteran teacher at the school with extensive teaching experience. Therefore, under the condition that other extraneous variables did not show significant differences, it can be assumed that the teaching skills and experience of the teachers may have made a difference in this case.

In summary, the results of student performance during the experiment suggested that hybrid teaching can promote (or at least not hinder) learning in certain subjects and courses to some extent. However, analyzing the independent variable of hybrid teaching solely based on Blackboard usage rates may be one-sided. This is because teaching is a multifaceted process that is closely related to its methods and approaches. Therefore, in the second phase of the experiment, the research team expanded the variable of hybrid teaching from Blackboard usage rates to the mode of hybrid teaching. This mode includes, but is not limited to, the use of Blackboard, moving from the use of a single tool to the practice of a teaching mode, which helps to further explore the significance of hybrid teaching for student learning.

Table 1 Comparison of the Impact on Student Performance Between Hybrid Teaching with the Blackboard Platform and Traditional Teaching

	Physics 9S 2018-II	**Physics 9S 2019-II**	**Math 9S+ 2018-II**	**Math 9S+ 2019-II**	**Chemistry 10H 2018-II**	**Chemistry 10H 2019-II**
Lowest (min)	51	53	69	63	63	60
Q1	76	77	80.25	78.5	82.75	80
Q2	82	86	86	84	88	84
Q3	88	93	92.25	88	92	90.75
Highest (max)	97	99	97	99	100	97
Mean	80.8	84.1	85.4	83.2	86.6	84.2

Table 1 presents a comparative analysis of scores between three randomly selected post-test groups and their corresponding control groups in the first phase of the hybrid learning experiment. As shown in Table 1, compared to the control groups, the experimental group in Physics 9S consistently outperformed in terms of the minimum score, first quartile (Q1), median (Q2), third quartile (Q3), maximum score, and average score. The experimental group exhibited a widening lead in Q1, Q2, and Q3, ranging from 1 point to 5 points, indicating that hybrid learning had a certain degree of facilitative (or at least non-inhibitory) impact on student learning, especially for students above the average level. For the experimental groups in Math 9S+ and Chemistry 10H, there was no significant advantage over the control groups; however, the difference in average scores between the experimental and control groups was less than 2.5 points.

It is important to note that prior to the hybrid learning experiment, due to the impact of the public health incident, the experimental groups experienced two months of pure online learning. Pure online learning during the public health incident may have limitations in teachers' monitoring and guiding the learning process, which could have affected the efficiency of the hybrid learning model. Also, this hybrid learning experiment included all students and teachers in the designated grade and subjects. Some teachers had no prior experience in hybrid learning practices, and the enthusiasm of both teachers and students for this teaching model might vary, which could potentially affect the experimental results.

Assuming that the overall conditions of each cohort of students were comparable and the difficulty levels of the test questions were similar, the research team compared the final exam data of all subjects in the 11th grade in 2019-II with parallel data from 2018-II and 2020-II and conducted paired sample two-tailed t-tests. The results showed p-values of 0.464 and 0.335, both higher than 0.05. Therefore, based solely on the final exam score data, there was no significant difference in learning outcomes of the hybrid learning experimental phase and the conventional learning phase.

Table 2 Analysis of 11th Grade Final Exam Scores Between 2018-II and 2019-II

t-test: paired sample mean analysis		
	Variable 1	**Variable 2**
Mean	87.28564	86.94423
Variance	18.73586	18.81792
Observed value	53	53
Poisson correlation coefficient	0.697617	
Assumed mean difference	0	
df	52	
t Stat	0.737573	
P(T ≤ t) one-tailed	0.232045	
t one-tailed critical	1.674689	
P(T ≤ t) two-tailed	0.464089	
t two-tailed critical	2.006647	

Table 3　Analysis of 11th Grade Final Exam Scores Between 2019-II and 2020-II

t-test: paired sample mean analysis		
	Variable 1	**Variable 2**
Mean	86.94423	86.50735
Variance	18.81792	13.9796
Observed value	53	53
Poisson correlation coefficient	0.681713	
Assumed mean difference	0	
df	52	
t Stat	0.97306	
P(T ≤ t) one-tailed	0.167514	
t one-tailed critical	1.674689	
P(T ≤ t) two-tailed	0.335028	
t two-tailed critical	2.006647	

In summary, it can be observed that, as the post-test groups randomly selected during the full-scale hybrid experiment were exposed to the same teaching content, the same examination papers, and identical grading criteria as the control groups, the hybrid learning model did not appear to have a noticeable negative impact on student performance when compared to traditional teaching. Moreover, the hybrid learning approach transitioned from a purely online at-home learning mode to on-campus learning in which students were offered better process supervision and guidance, thus ensuring the efficiency of the hybrid learning model and enhancing the validity and reliability of the experimental results.

In the subsequent stages of the experiment, while respecting the willingness of the students to participate, the research team established experimental groups and control groups among students of similar academic levels within the same cohort. Teachers who were not only willing but also adequately prepared (with teaching plans prepared in advance and discussions with the academic research group teachers) were assigned to conduct hybrid learning experiments within the experimental groups. This experiment involved six teachers and 65 students (with a total of 84 student enrollments) who voluntarily participated in a one-year HLM experimental class. It is noteworthy that owing to constraints, such as scheduling and available facilities, some interested teachers and students were unable to participate. A comparison analysis was conducted on the midterm and final exam results of the experimental class with that of the parallel classes.

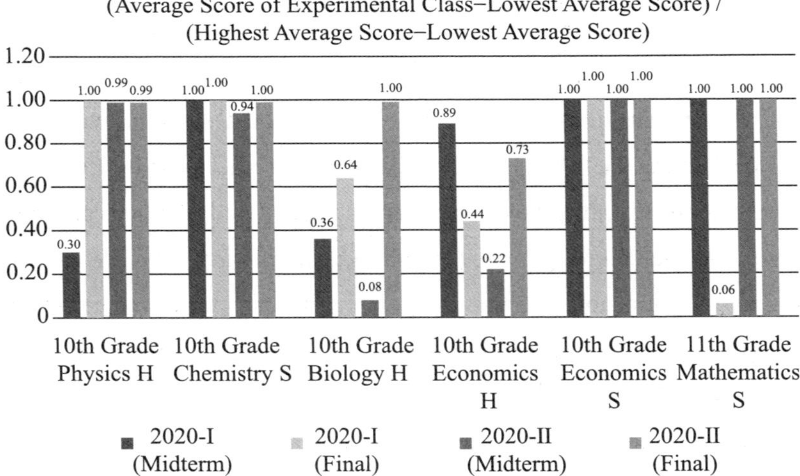

Figure 5 Exam Data Analysis of the Hybrid Learning Experimental Class in the 2020 Academic Year

In the given data, 1 and 0 indicate that the average scores of the experimental classes are the highest and lowest scores in the parallel classes, respectively. It is evident that over 24 test sessions, the exam data the HLM experimental class:

(1) Showed results above or significantly above average compared to all parallel classes in 16 instances, with values greater than or equal to 0.89.

(2) Demonstrated results below average in 3 instances with values less than or equal to 0.22, and no data reaching 0.

(3) Had 5 instances with results falling within the average range of all parallel classes.

For subjects where the advantage was not clear, specifically the data for the 10th grade Biology H class and the 10th grade Economics H class, an in-depth analysis was conducted by the research team.

Table 4 Performance Data of 10th Grade Biology H Class

		2020-I Midterm			
		Hybrid learning class	**Parallel class (1)**	**Parallel class (2)**	**Parallel class (3)**
100	**Count**				
	Percentage				
90–99	**Count**	9	12	7	5
	Percentage	47%	57%	47%	36%
80–89	**Count**	7	7	6	6
	Percentage	37%	33%	40%	43%
70–79	**Count**	3	2	1	2
	Percentage	16%	10%	7%	14%

(continued)

		2020-I Midterm			
		Hybrid learning class	Parallel class (1)	Parallel class (2)	Parallel class (3)
60–69	Count			1	1
	Percentage			7%	7%
Below 60	Count				
	Percentage				
Average		87.47	88.95	87.40	86.64
Median		88.00		89.00	
		2020-I Final			
		Hybrid learning class	**Parallel class (1)**	**Parallel class (2)**	**Parallel class (3)**
100	Count				
	Percentage				
90–99	Count	7	5	9	5
	Percentage	35%	24%	53%	33%
80–89	Count	9	11	5	7
	Percentage	45%	52%	29%	47%
70–79	Count	3	3	2	1
	Percentage	15%	14%	12%	7%
60–69	Count	1	2	1	1
	Percentage	5%	10%	6%	7%

(continued)

		2020-I Final			
		Hybrid learning class	Parallel class (1)	Parallel class (2)	Parallel class (3)
Below 60	Count				1
	Percentage				7%
Average		86.05	83.67	87.41	83.93
Median		87.00	86.00		
		2020-II Midterm			
		Hybrid learning class	**Parallel class (1)**	**Parallel class (2)**	**Parallel class (3)**
100	Count				
	Percentage				
90–99	Count	8	9	8	9
	Percentage	40%	35%	40%	50%
80–89	Count	7	15	10	8
	Percentage	35%	58%	40%	44%
70–79	Count	5	2	2	1
	Percentage	25%	8%	10%	6%
60–69	Count				
	Percentage				
Below 60	Count				
	Percentage				

(continued)

		2020-II Midterm			
		Hybrid learning class	**Parallel class (1)**	**Parallel class (2)**	**Parallel class (3)**
Average		87.80	87.65	88.80	89.61
Median		88.00	88.00		
		2020-II Final			
		Hybrid learning class	**Parallel class (1)**	**Parallel class (2)**	**Parallel class (3)**
100	**Count**				
	Percentage				
90–99	**Count**	13	8	9	9
	Percentage	65%	28%	45%	50%
80–89	**Count**	5	19	8	8
	Percentage	25%	66%	40%	44%
70–79	**Count**	2	1	3	1
	Percentage	10%	3%	15%	6%
60–69	**Count**		1		
	Percentage		3%		
Below 60	**Count**				
	Percentage				
Average		89.35	86.38	86.90	88.44
Median		90.50	89.00		

(1) During the second semester of the 2020 academic year, the average midterm score in Biology Class appeared to be relatively lower compared to parallel classes (data = 0.02). However, after a thorough analysis, it was discovered that there were no significant differences between the Biology Class and its parallel classes, especially concerning the consistent median scores.

Table 5　Performance Data of 10th Grade Economics H Class

		2020-I Midterm				
		Hybrid learning class	**Parallel class (1)**	**Parallel class (2)**	**Parallel class (3)**	**Parallel class (4)**
100	**Count**					
	Percentage					
90–99	**Count**	6	5	8	2	6
	Percentage	38%	31%	47%	13%	35%
80–89	**Count**	7	5	4	11	9
	Percentage	44%	31%	24%	73%	53%
70–79	**Count**	3	4	4		1
	Percentage	19%	25%	24%		6%
60–69	**Count**		2	1	1	1
	Percentage		13%	6%	7%	6%
Below 60	**Count**				1	
	Percentage				7%	
Average		86.19	82.31	86.65	83.33	85.76
Median		87.50	86.00			

(continued)

		2020-I Final				
		Hybrid learning class	Parallel class (1)	Parallel class (2)	Parallel class (3)	Parallel class (4)
100	Count					
	Percentage					
90–99	Count	7	4	12	4	9
	Percentage	41%	22%	71%	25%	53%
80–89	Count	8	10	4	6	4
	Percentage	47%	56%	24%	38%	24%
70–79	Count	2	4	1	6	4
	Percentage	12%	22%	6%	38%	24%
60–69	Count					
	Percentage					
Below 60	Count					
	Percentage					
Average		87.24	84.11	92.41	83.25	86.24
Median		87.00	88.00			
		2020-II Midterm				
		Hybrid learning class	Parallel class (1)	Parallel class (2)	Parallel class (3)	Parallel class (4)
100	Count			1		
	Percentage			6%		

(continued)

		2020-II Midterm				
		Hybrid learning class	Parallel class (1)	Parallel class (2)	Parallel class (3)	Parallel class (4)
90–99	Count	3	3	10	7	7
	Percentage	18%	17%	56%	39%	41%
80–89	Count	11	10	3	9	6
	Percentage	65%	56%	17%	50%	35%
70–79	Count	2	3	3	2	3
	Percentage	12%	17%	17%	11%	18%
60–69	Count	1	2	1		1
	Percentage	6%	11%	6%		6%
Below 60	Count					
	Percentage					
Average		83.76	82.44	88.39	87.11	85.06
Median		85.00	88.00			
		2020-II Final				
		Hybrid learning class	Parallel class (1)	Parallel class (2)	Parallel class (3)	Parallel class (4)
100	Count			2		1
	Percentage			11%		6%
90–99	Count	10	6	9	10	9
	Percentage	59%	33%	47%	53%	53%

(continued)

		2020-II Final				
		Hybrid learning class	Parallel class (1)	Parallel class (2)	Parallel class (3)	Parallel class (4)
80–89	Count	4	4	6	9	5
	Percentage	24%	22%	32%	47%	29%
70–79	Count	2	6	2		2
	Percentage	12%	33%	11%		12%
60–69	Count	1	2			
	Percentage	6%	11%			
Below 60	Count					
	Percentage					
Average		88.47	81.61	90.95	89.37	88.82
Median		91.00	90.00			

(2) The exam results reveal the 10th grade experimental class in Economics H, taught by a teacher who concurrently taught a non-experimental parallel class – Parallel Class 1 in Table 5, consistently outperformed the non-experimental class.

(3) However, data indicates that the 11th grade Mathematics S experimental class had a slightly lower advantage in the final exam in the first semester of the 2020 academic year (data = 0.06). Further analysis shows that there are no significant differences in the median score compared to the median score of the parallel class.

Table 6　Performance Data of 11th Grade Mathematics S Class

		2020-I Midterm		
		Hybrid learning class	**Parallel class (1)**	**Parallel class (2)**
100	**Count**			
	Percentage			
90–99	**Count**	4	4	3
	Percentage	29%	18%	14%
80–89	**Count**	5	9	10
	Percentage	36%	41%	48%
70–79	**Count**	2	7	5
	Percentage	14%	32%	24%
60–69	**Count**	3	2	3
	Percentage	21%	9%	14%
Below 60	**Count**			
	Percentage			
Average		81.14	81.05	80.67
Median		82.00	81.00	
		2020-I Final		
		Hybrid learning class	**Parallel class (1)**	**Parallel class (2)**
100	**Count**			
	Percentage			
90–99	**Count**		3	2

(continued)

		2020-I Final		
		Hybrid learning class	Parallel class (1)	Parallel class (2)
90–99	Percentage		13%	10%
80–89	Count	6	7	7
	Percentage	43%	29%	33%
70–79	Count	3	7	7
	Percentage	21%	29%	33%
60–69	Count	4	5	5
	Percentage	29%	21%	24%
Below 60	Count	1	2	
	Percentage	7%	8%	
Average		74.64	74.46	77.43
Median		77.00	78.00	
		2020-II Midterm		
		Hybrid learning class	**Parallel class (1)**	**Parallel class (2)**
100	Count			
	Percentage			
90–99	Count	2	5	4
	Percentage	14%	21%	20%
80–89	Count	7	5	7
	Percentage	50%	21%	35%

(continued)

<table>
<tr><th colspan="2" rowspan="2"></th><th colspan="3">2020-II Midterm</th></tr>
<tr><th>Hybrid learning class</th><th>Parallel class (1)</th><th>Parallel class (2)</th></tr>
<tr><td rowspan="2">70–79</td><td>Count</td><td>5</td><td>8</td><td>5</td></tr>
<tr><td>Percentage</td><td>36%</td><td>33%</td><td>25%</td></tr>
<tr><td rowspan="2">60–69</td><td>Count</td><td></td><td>6</td><td>4</td></tr>
<tr><td>Percentage</td><td></td><td>25%</td><td>20%</td></tr>
<tr><td rowspan="2">Below 60</td><td>Count</td><td></td><td></td><td></td></tr>
<tr><td>Percentage</td><td></td><td></td><td></td></tr>
<tr><td colspan="2">Average</td><td>82.79</td><td>77.21</td><td>79.55</td></tr>
<tr><td colspan="2">Median</td><td>82.50</td><td colspan="2">78.50</td></tr>
<tr><th colspan="2" rowspan="2"></th><th colspan="3">2020-II Final</th></tr>
<tr><th>Hybrid learning class</th><th>Parallel class (1)</th><th>Parallel class (2)</th></tr>
<tr><td rowspan="2">100</td><td>Count</td><td></td><td></td><td></td></tr>
<tr><td>Percentage</td><td></td><td></td><td></td></tr>
<tr><td rowspan="2">90–99</td><td>Count</td><td>4</td><td>8</td><td>5</td></tr>
<tr><td>Percentage</td><td>31%</td><td>35%</td><td>24%</td></tr>
<tr><td rowspan="2">80–89</td><td>Count</td><td>7</td><td>5</td><td>6</td></tr>
<tr><td>Percentage</td><td>54%</td><td>22%</td><td>29%</td></tr>
<tr><td rowspan="2">70–79</td><td>Count</td><td>2</td><td>5</td><td>6</td></tr>
<tr><td>Percentage</td><td>15%</td><td>22%</td><td>29%</td></tr>
<tr><td>60–69</td><td>Count</td><td></td><td>4</td><td>3</td></tr>
</table>

(continued)

		2020-II Final		
		Hybrid learning class	Parallel class (1)	Parallel class (2)
60–69	Percentage		17%	14%
Below 60	Count		1	1
	Percentage		4%	5%
Average		86.69	80.91	79.33
Median		88.00	82.50	

2. Feedback from Experimental Class Teachers

Feedback from face-to-face interviews with teachers from the experimental class is as follows:

Hybrid learning has various advantages such as enabling more scientific tracking of students' practice and quiz performance through online assessments. Additionally, the online teaching platform offers significant benefits in teacher-student communication, feedback collection and storage. The online learning system enables efficient inter-chapter and inter-topic comparisons, promoting knowledge exchange within and across disciplines. The classroom facilitates a student-centered approach, leading to collaborative learning. Pre-class self-study and post-class online learning support deepen students' understanding of the subject matter.

Challenges of implementing hybrid learning include managing a high volume of teaching content and managing behavioral disruptions of certain students during self-study periods.

3. Feedback from Experimental Class Students

In mid-June, the survey data collected from all 65 students enrolled in the HLM experimental class indicated that 47.83% of the students found the class effective, 46.37% considered it average, and 5.8% believed it to be ineffective.

The majority of the students appreciated the pre-class preparation of the HLM experimental class, which positively impacted their comprehension of the subject matter and participation in class. Compared to conventional teaching methods, hybrid learning offered more chances for students to participate in classroom learning. Innovative and flipped classroom formats stimulated their eagerness for class, boosting their initiative and enthusiasm. The students progressed from passive learners to active contributors with the Blackboard platform, which empowered them to somewhat manage and assess their own learning. Feedback from participants stated: "The course provides considerable autonomy; we can manage our time. For instance, if there is a key concept I don't understand, I can spend more time researching it." "It's quite flexible, but it requires effort on our part." "In this class, the teacher often uploads the necessary materials on Blackboard for us to study after class. The self-study sessions on Fridays help me reinforce what I've learned throughout the week."

However, some students still relied heavily on their teachers for their self-directed learning outside class, resulting in a less-than-desirable experience with the HLM experimental class. Representative comments included: "There's too much to do; I really can't spare additional time for those extra projects." "Some fundamental content isn't thoroughly grasped because it's self-paced learning." "If there's low interaction among classmates or little discussion or interaction on Blackboard, I won't feel the effectiveness of the HLM course."

Regarding their willingness to continue in the HLM class, 36.23% of students expressed a definite willingness, 36.23% stated that it depended on the specific subject and their own background, and 27.54% stated that they indicated their lack of enthusiasm to continue in the HLM experimental class after experiencing it.

4. Results Analysis

The HLM teaching format has gained acceptance among most students. However, given that the HLM experiment is still new for both teachers and students, there are numerous issues that need to be carefully examined and addressed. Regardless of the teaching format, teachers' expertise and time investment play crucial roles in ensuring success. The TPACK teaching method places significant demands on teachers. Furthermore, the appropriateness of enrollment in the HLM experimental class is closely linked to the learning habits and characteristics of the students. This format may be most effective for self-directed students with proactive attitudes towards learning. They can achieve better growth in a relatively flexible self-learning environment. For students who are less self-directed or have weaker self-learning abilities and rely more on teachers for course content, hybrid learning may not be beneficial as they may perceive less direct instruction from instructors. Additionally, the group dynamic of online and offline interaction plays a crucial role, which requires not only the guidance of teachers but also the collaboration and active engagement of students.

1.5.2 Hybrid Teaching Case Collection

From September 2019 to June 2022, a group of 103 teachers gathered and organized 140 case studies, covering 10 core subjects and electives: history, geography, biology, chemistry, physics, mathematics, English, Chinese, economics, computer science, law, etc. This book carefully selects and integrates more than 30 cases from a collection of over 140.

This collection of case studies primarily falls into two distinct categories based on the key issues they address. The first type focuses on Blackboard system usage in conjunction with daily teaching requirements. These cases help teachers quickly familiarize themselves with the system's functions. They demonstrate specific needs and corresponding operational steps through detailed teaching scenarios, including pre-class, in-class, post-class, quizzes, communication, motivation, and sharing. These cases are categorized and organized in the second and third chapters of this book. The second type emphasizes integrating the use of the Blackboard teaching system into teaching methods and content, covering various disciplinary areas such as language and literature, mathematics, experimental sciences, and social sciences. These cases effectively reflect the experience of teachers' organizing and implementing hybrid learning through online teaching platforms. These cases are categorized and organized in the fourth chapter of this book. In summary, the cases in this book encompass multiple typical examples that blend teaching methods, digital platforms, and teaching content. They are valuable resources for both novice teachers entering the workforce and experienced teachers with traditional teaching backgrounds, providing important references and insights. These materials were initially used as internal training materials and were shared within SHSID, effectively enhancing teachers' information literacy and their ability to integrate it into their teaching. It has also encouraged teachers to explore the possibilities of hybrid learning more deeply. We are honored to share these experiences with educators in primary and secondary schools both domestically and internationally, providing valuable insights for the field.

1.5.3 Summary of the Hybrid Learning Model

Based on four years of hybrid teaching practice, including the experiences of HLM experimental classes in six subjects, the research team has summarized the four most common hybrid learning methods based on the Blackboard system. These methods extend classroom teaching, making learning possible at any time and promoting personalized learning and comprehensive literacy development:

1. Teachers launch online Blackboard forum discussions, enabling students to mutually question each other and teachers to ask and answer questions.

2. Teachers assign tasks online (homework, projects, etc.), and students upload or bring the completed tasks to class. For example, students read materials or watch videos and independently answer questions.

3. Collaborative learning among students online, such as collaborative document editing, data sharing, or peer evaluations.

4. Teachers provide feedback to students, such as grading assignments and giving evaluations.

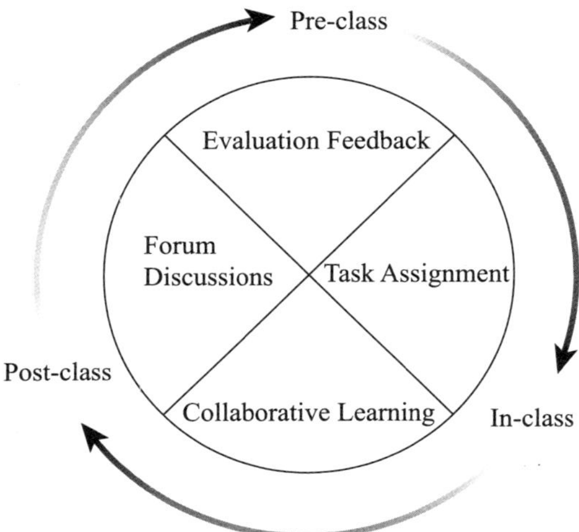

Figure 6　Four Learning Modes Utilizing Information Management Platforms in Hybrid Learning

Table 7　Survey Results of Hybrid Learning Experimental Class Students

Choices	Total	Percentage
A. Open discussions in the online Blackboard forum. For example, students raise questions to each other, while teachers answer or raise questions	27	39.13%
B. Online assignments (homework, tasks, etc.), which were supposed to be submitted onto the system or brought to class after being completed. For example, students read online materials or watch videos and then answer questions independently	56	81.16%

(continued)

Choices	Total	Percentage
C. Students collaborate on creating a document, or sharing data, or doing peer evaluation, etc.	42	60.87%
D. Feedback from the teacher to students, including grading and commenting on homework	40	57.97%
E. Other (Please provide the details)	4	5.8%
Number of valid completions	69	

The survey findings regarding experimental hybrid learning classes (see Table 7) suggest that the four online learning methods have been extensively used in HLM experimental classes.

Furthermore, Fig. 7 indicates that the following four teaching modes are the most popular in hybrid teaching classrooms and have progressively increased in student demand: tiered instruction, concentrated learning, presentation and communication, and project-driven mode. These four modes are not necessarily mutually exclusive as they can vary in complexity. They can be used interchangeably depending on specific learning requirements.

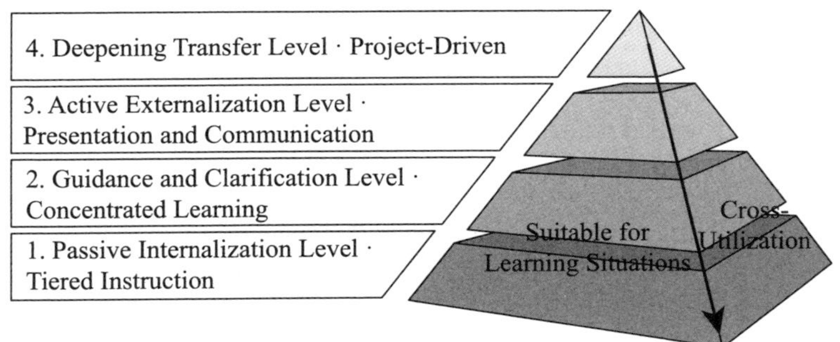

Figure 7 Various Teaching Modes in Hybrid Learning

Here are the definitions and detailed descriptions of the four teaching modes, along with examples from the book:

1. Tiered Instructional Mode: This mode represents the passive internalization of knowledge by students, with the goal of helping students achieve individualized understanding. This is the lowest level of learning. In a natural geography class, which is about ENSO (El Niño~Southern Oscillation) where students possessed a basic understanding of the atmospheric layer, surface energy balance, convergence, frontal lifting mechanisms, mid-latitude, and tropical cyclones, the teacher, prior to the class, supplied pertinent e-books, videos, and online reading materials on Blackboard. Students were required to complete the reading and viewing before class and take notes. After the teacher explained the fundamental features and formation process of ENSO in class, students reviewed their notes and participated in an in-depth conversation about ENSO's influence on the global climate. Furthermore, students were assigned with exploring the research query, "Can this year become an El Niño or La Niña year, and why?" They needed to research the question, find appropriate materials, record their sources, and submit their findings

on Blackboard before class. This teaching mode facilitates educators in comprehending students' pre-learning contexts and furnishes tailored feedback grounded on their earlier learning endeavors.

2. Concentrated Learning Mode: This mode entails teacher-led clarification to the entire class, with the purpose of collectively addressing prevalent misunderstandings. In the teaching of trigonometric functions, a teacher assigned reading materials in advance and posted pre-reading exercises on Blackboard. Students completed these exercises, which were automatically graded by the system, thereby obtaining the correct answers. Students were able to review their self-study results and take notes on any questions that puzzled them. Prior to class, the teacher employed Blackboard's item analysis tool to evaluate question accuracy, allowing them to recognize frequent mistakes and address these commonplace difficulties during class. After class, the teacher posted a PowerPoint presentation for an overview and offered supplementary exercises for further practice.

3. Presentation and Communication Mode: This mode is designed for students to actively express their comprehension and deepen their understanding of the knowledge they have acquired. In an English literature class, while studying Shakespeare's classic play *Macbeth*, students were expected to recite ten lines from Macbeth's original monologue and upload it to the Blackboard platform for mutual learning. In class, the teacher analyzed the original text and character emotions objectively. They used videos to show classic performances of the same passage and interviews with actors. Students watched the dramatic interpretations, analyzed, and reflected on their monologues and emotional engagement, and then re-recorded their recitations and

shared by uploading while marking their understanding of specific words as well as what had been improved. Students engaged in dramatic interpretation by immersing themselves in Macbeth's character, thus deepening their understanding of drama and literature.

4. Project-Driven Mode: This mode represents the highest level of learning, where students deepen their understanding and apply their knowledge practically. In a Biology class, the teacher assigned students a project to design and an experiment to conduct so as to explore the factors that affect seed germination, based on their textbook knowledge. After engaging in classroom learning and research, students formulated research hypotheses. Seeds were cultivated for a week, and daily reports on their cultivation were provided on the Blackboard platform. This process allowed for investigation of the specific factors that influence seed germination, which effectively integrates theoretical knowledge with practical experience. This teaching mode exemplifies the development of students' scientific inquiry skills.

This model (Fig. 7) and the four teaching modes have diverse applications in various subject areas within the cases provided later in the book.

1.5.4 Teachers' and Students' Perspectives on Hybrid Learning Mode

At the end of the second semester of the 2019 academic year, a survey was conducted among more than 1000 students and over 150 teachers (including both Chinese and foreign teachers, full-time and part-time) in

SHSID to assess their views on hybrid learning mode after completing the school-wide experiment. The survey sought to ascertain the viewpoints of teachers and students about hybrid learning, with a particular emphasis on its effect on students' learning outcomes.

The questionnaire revolved around students and presented inquiries to teachers and students such as: Can hybrid learning assist students in obtaining an improved understanding of knowledge and skills? Can it enhance their self-learning capabilities, enable them to develop better analytical and problem-solving skills, encourage personalized learning? Are teachers and students willing to continue hybrid learning? ...

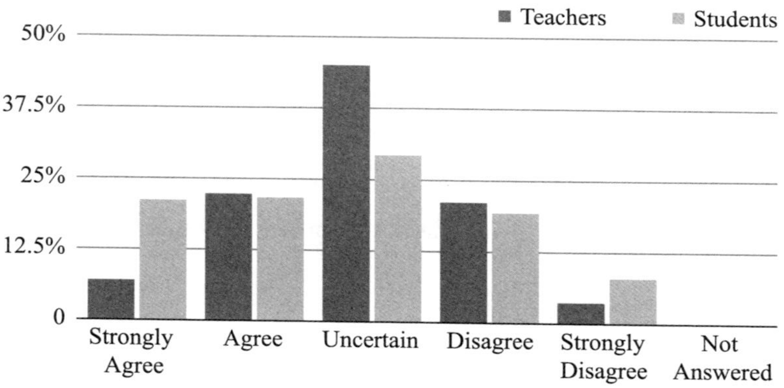

Figure 8 Effectiveness of Hybrid Learning in Enhancing Students' Proficiency in Knowledge and Skills

The survey conducted among teachers and students revealed a considerable amount of uncertainty regarding the efficacy of hybrid learning in promoting better understanding of knowledge and skills (see Fig. 8). The survey results demonstrated a normal distribution pattern. This aligned with our teaching experience, as the degree of acceptance of the new model highly correlates with teaching methods and individual differences among students. Some teachers and students, particularly those keen to explore new approaches and students with a high level of self-directed learning, perceived prospects in the new model. However, a considerable number of teachers and students still believed that traditional teaching methods are more effective in aiding students to acquire knowledge and skills.

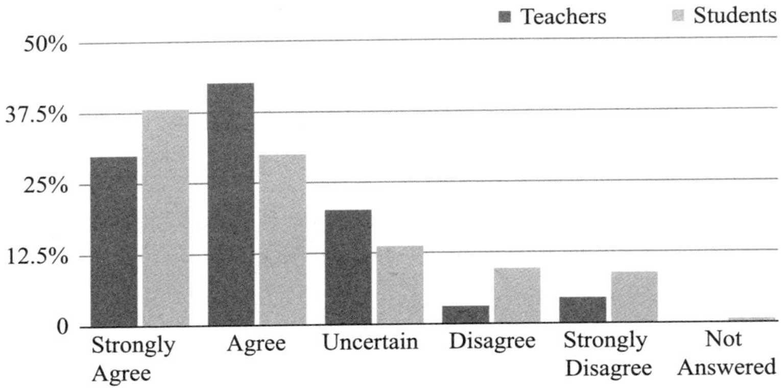

Figure 9 Effectiveness of Hybrid Learning in Enhancing Students' Self-Learning Abilities

Regarding whether hybrid learning enhances students' self-learning abilities (see Fig. 9), over 60% of teachers and students agreed. Additionally, the percentage of teachers' agreement on this matter was slightly higher than that of students.

Questionnaire feedback on "Blackboard online forums before and after class" showed that almost 70% of students believed that hybrid learning improved their ability to analyze and solve problems. Over 55% of teachers observed an enhancement in students' problem-solving abilities (see Fig. 10). These improvements were credited to the varied learning techniques employed in hybrid learning, including the implementation of deep learning strategies at the third and fourth levels (active externalization and deep transfer).

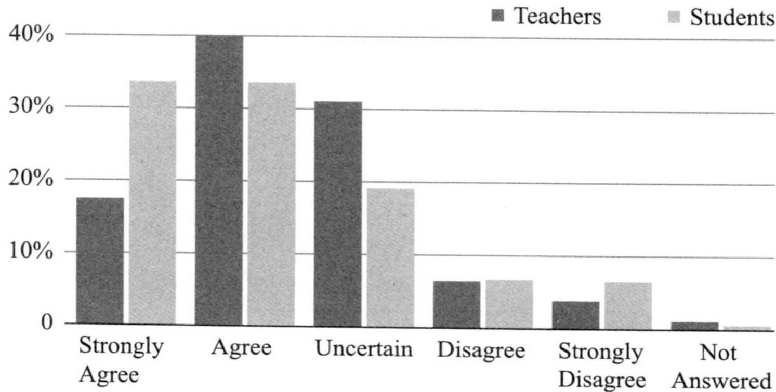

Figure 10 Effectiveness of Hybrid Learning in Enhancing Students' Analytical and Problem-Solving Skills

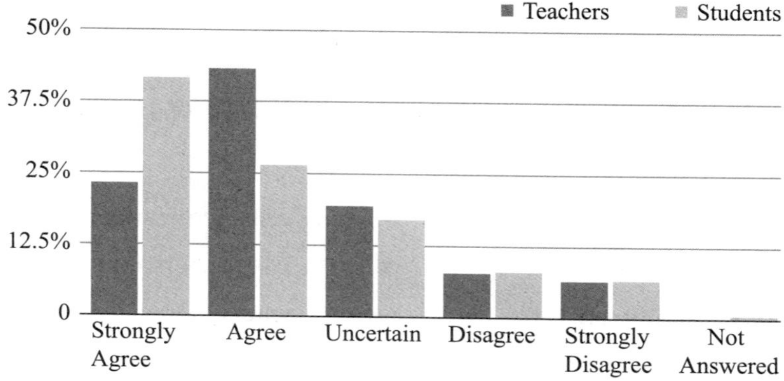

Figure 11 Effectiveness of Hybrid Learning in Enhancing Students' Individualized Learning

Furthermore, over 60% of both students and teachers held the view that hybrid learning is better-suited to meet students' individualized needs (see Fig. 11), reflecting the review that meeting individualized learning needs is a fundamental characteristic and advantage of hybrid learning.

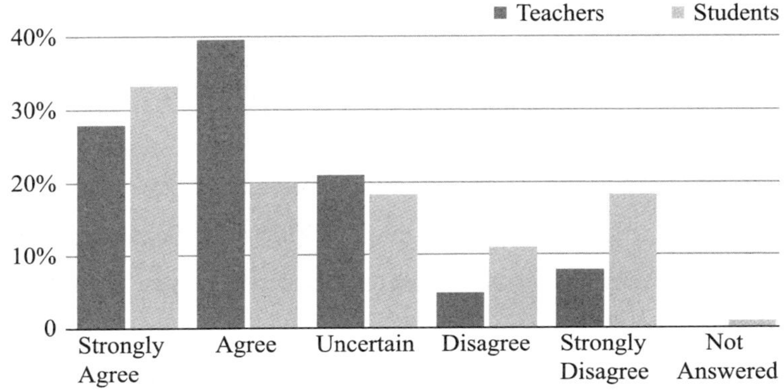

Figure 12 Willingness Level of Teachers and Students Towards Hybrid Learning in Future

Fig. 12 illustrated that, after the full-scale hybrid teaching experiment during the second semester of the 2019 academic year, over 65% of teachers were willing to continue hybrid teaching, while over 50% of students were willing to continue hybrid learning, maintaining a high level of positive perceptions towards this teaching approach.

In summary, while some teachers and students remained uncertain regarding whether hybrid learning assists in mastering knowledge and skills, most were optimistic about this approach. They believed it boosted students' self-learning abilities and analytical problem-solving skills, enabled personalized learning, and indicated their willingness to proceed with hybrid learning experimentation. The endorsement and validation of this model by both teachers and students underscored the necessity for more research and experimentation in hybrid teaching.

1.5.5 Scale and Impact of Teachers' Training

In addition to teachers' independently learning to use the Blackboard platform for teaching, the school has conducted multiple training sessions for teachers based on their skills and developmental levels to promote teaching on the Blackboard platform.

1. Pilot Phase (September 2016 – January 2018)

(1) The 9th grade began using Blackboard in September 2016, and it was a one-year trial. In September 2017, it was expanded to grades 9 – 12.

(2) End of August 2017: Blackboard Company organized a "Zero-Point" training session at the school, covering basic functions such as uploading and downloading materials, as well as assigning and submitting assignments.

(3) Mid-September 2017: One teacher respectively for six subject groups, including Mathematics, Physics, Chemistry, Chinese, Economics, and Biology, was chosen to drive Blackboard usage within their groups.

2. Exploratory Phase (February 2018 – January 2020)

(1) March 2018: Blackboard Company conducted a small-scale advanced training, which covered functions like grading, setting grading time frames, grading criteria, bulk importing of questions, and paper analysis.

(2) April 2018: An internal training was held in SHSID on how to use Blackboard for pre-class assignments.

(3) April 2018: Our school explored the management functions of Blackboard, utilizing it as a tool for message dissemination, as well as for public lecture registration and attendance.

(4) October 2018 – December 2018: A Blackboard usage case

competition was held.

(5) January 2019: A training session was held by 15 teachers who had written exceptional Blackboard usage cases on various themes, which were available to all teachers.

(6) April 2019: The research project entitled "Modern High School Teaching Practices Based on the Blackboard Platform" was submitted, which integrated Blackboard into our teaching practices.

(7) August 2019: The research team submitted 14 Blackboard usage cases.

(8) September 2019 – January 2020: Each subject group, guided by members of the research team, increased their experimentation with Blackboard in teaching, and gradually incorporated hybrid learning methods into their daily teaching practices.

3. Fully Online Phase (February 2020 – July 2020)

Due to the public health incident, all teaching activities shifted online, with Blackboard and Zoom becoming the two main platforms of online education.

(1) February 2020: After being compared with multiple instant messaging tools, Zoom was chosen for conducting live teaching sessions.

(2) Although Zoom allows for some face-to-face online teaching, there are significant distinctions between online and traditional offline teaching methods. To achieve desired outcomes, many teachers were naturally extending their instruction to both before and after school hours. Furthermore, more educators were adopting the flipped classroom and hybrid learning models, while novel approaches to integrating information technology were also emerging.

4. Stable Phase (September 2020 – January 2021 and February 2021 – June 2021)

Teaching was fully conducted in face-to-face settings due to the effective control of the public health incident in China. Our teachers had become accustomed to using Blackboard for hybrid teaching, so they continued to use it extensively. In certain subject groups such as Chinese, English, Biology, Economics, and Psychology, students' Blackboard usage time even exceeded that of the fully online period. As the academic year progressed into the second semester of 2020, there was a slight decline in the usage time on Blackboard. However, the overall usage of the platform remained substantial.

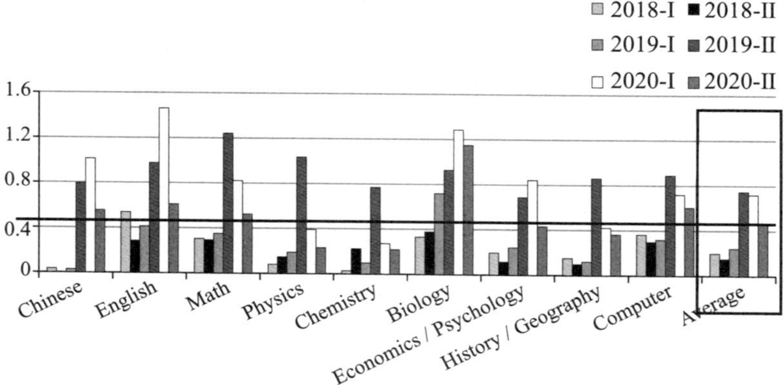

Figure 13 Students' Average Weekly Usage of Blackboard (Hours)

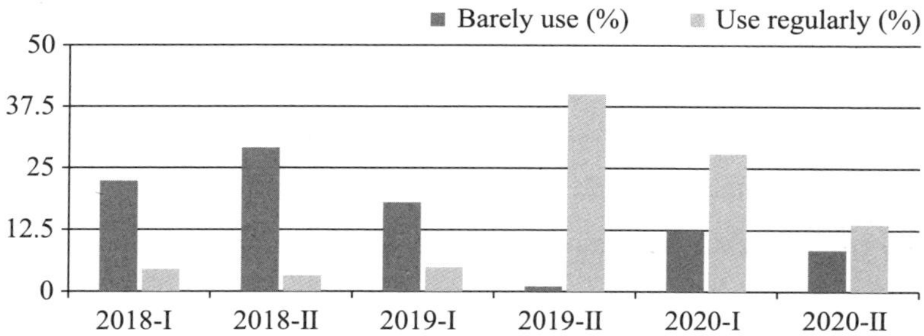

Figure 14　Changes in the Proportion of Classes with Minimal and Extensive Usage of Blackboard*

(* "Barely use" refers to the proportion of classes where each student spends less than one minute per week on the platform. "Use regularly" refers to the proportion of classes where each student spends more than one hour per week using the platform.)

Even though the public health incident was crucial in promoting the use of Blackboard, it is evident that roughly 27% (2020-I, the first semester of 2020 after the public health incident) and 13% (2020-II, the second semester of 2020 after the public health incident) of classes continued to effectively utilize it. This demonstrates a strong correlation between the enhancement in educators' technological capability and exposure to TPACK pedagogy. The school's earlier training programs have played a pivotal role in this achievement.

Additionally, after conducting interviews with experimental class teachers and writing summary reports, the research team identified primary challenges and difficulties encountered by teachers when implementing hybrid learning, which are described below.

1. It is challenging to redesign teaching content and streamline processes to meet the requirements of hybrid learning while balancing teaching efficiency and students' skill development. This demands

considerable effort and time, and tests the capabilities of teachers.

2. How can teachers fully and innovatively utilize the functionalities of digital platforms (Blackboard) to extend learning spaces effectively before and after classes? This requires teachers to undergo specific information technology training and engage in continuous exploration and reflection.

3. Implementing hybrid teaching can bring considerable pressure to teachers without sufficient experience, and it may be challenging to control the pace of teaching, sometimes resulting in a slower progress.

4. Managing classroom discipline can also become more challenging in hybrid learning environments. Some students may unintentionally become distracted or participate in activities that are not related to the class, which can result in teachers' having to allocate extra time towards management.

Simultaneously, through interviews with experimental class teachers, summary report writing, and analysis of backend data, the research team identified positive impacts of hybrid learning experiments on teachers:

1. Teachers enhanced their information technology proficiency and developed the ability to employ TPACK in their teaching. As a result, teachers have transitioned from being mere "craftsmen" of teaching to becoming "innovators" and "researchers" in the field of education.

2. Teachers who effectively utilized online systems and actively engaged in hybrid teaching experienced substantial benefits, showing how hybrid teaching can play a very positive role in the comprehensive improvement of students' competencies. They not only aid them in acquiring learning skills fit for the information age but also boost their

office productivity.

A teacher participating in the HLM project has provided a summary of teaching with the help of digital platforms.

Chemistry teacher Yang Min: "While everyone was practicing hybrid learning over the semester in 2020, two questions might frequently be asked: 1. Why is hybrid learning required? 2. How can Blackboard serve and connect in hybrid learning? One semester of practice can help us better answer the first question: the purpose of the hybrid learning lies in what kind of learners we want our students to be — those who passively follow their teachers, consider learning as merely completing homework, never review their lessons until right before the exam while attempting to narrow the scope to what is going to be tested, or those who have sufficient autonomy, can think independently and are keen to explore, research and learn. The answer is obviously the latter. Therefore, we need to be innovative and improve the traditional ways of teaching, transforming students from passive knowledge receivers to active knowledge seekers, respecting students' individual development and interest, and cultivating students' innovative spirit and perseverance. Regarding the second question, Blackboard, which can be considered as a treasure worth being explored extensively, can well support and guide us in improving teaching methods. At the same time, Blackboard can greatly promote students' autonomous learning while helping them develop good study habits. In this plan, we will elaborate on the invaluable role of Blackboard in the practice of hybrid learning during last semester and its potential that remains to be explored."

The teacher's design of the course is not only reflected in

classroom teaching, but also in the preparation of course materials and assignment of pre- and post-class tasks. Traditional material distribution and task assignment are done offline, which often makes the information delivered to students fragmented, and it can be hard for students to have an intuitive and systematic concept of the course content. In comparison, the display and design functions of Blackboard content serve as a platform for the establishment of course content and allow teachers and students to review it anytime and anywhere. With the help of Blackboard course reports, teachers can accurately read the hours of students' online learning and use them as a valuable reference for teaching design. Blackboard generates course overviews for each student so that teachers can monitor the details of students' online study and provide personalized guidance. In this way, students' study efficiency can be maximized.

1. Blackboard's application in curriculum content establishment

Blackboard provides an intuitive and open platform for teachers to establish course content. Teachers can design Blackboard content to convey important information about the course and learning to students.

Figure 15 Top Files in the Course Content

The top three files are homework, PPT courseware, and basic introduction (Fig. 15). Students can see them at first glance every time they open Content. The purpose of this arrangement is to remind students to review course content and complete homework regularly after each day's class.

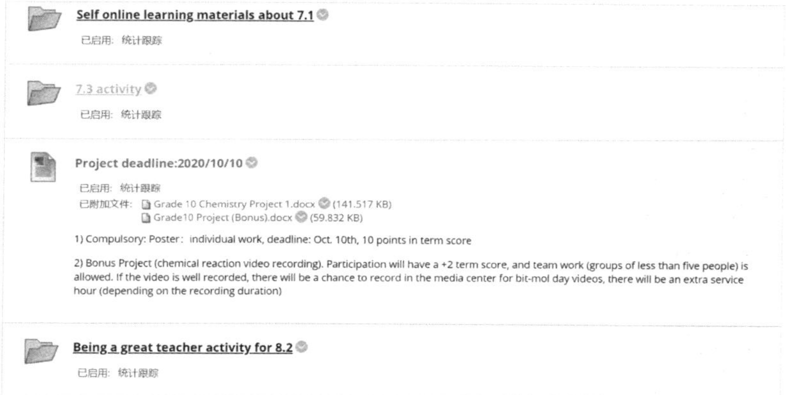

Figure 16 Course Activities before the Midterm

The content setting before the midterm in Content reflects the core value of the curriculum design: student-centered autonomous learning is the core of the curriculum, so the teacher has designed various types of activities that require students to participate, as shown in Fig. 16.

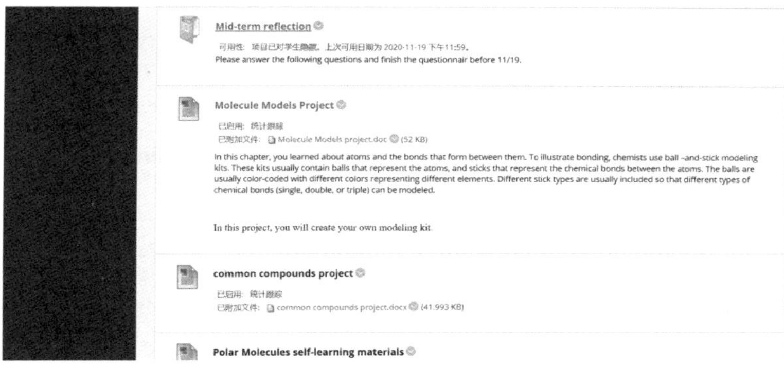

Figure 17 Project-based Learning Tasks Added after the Midterm

After the midterm, in addition to asking students to regularly reflect and give feedback, the teacher added a few project-based learning tasks (Fig. 17) as an effort to promote students' autonomous learning and in-depth learning through the improvement of learning tasks.

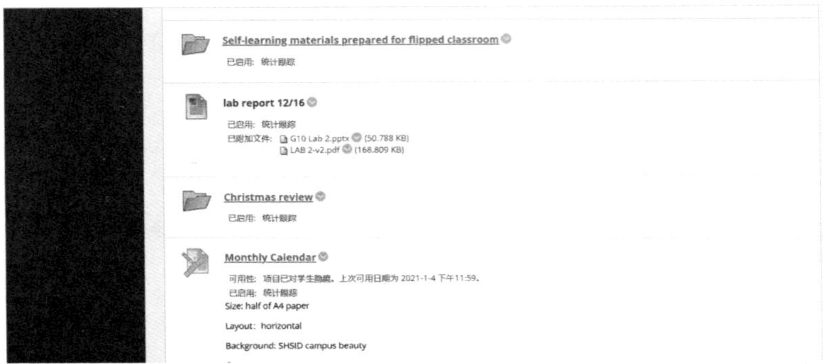

Figure 18 Teacher's Arrangement of Review Materials in the Content Area

Figure 19 Teacher's Arrangement of Review Materials Targeting Students' Weak Areas

In addition to activities, the teacher also urges students to review independently at some important time points, such as review during holidays (Fig. 18 & 19). Therefore, Blackboard is not just a platform for uploading information and assigning tasks; the fact that

Blackboard allows consistency and adaptability in display provides the teacher with easier access to the establishment of course content. The teacher can pass important information about learning to students through content posted to Blackboard as well as their requirements and expectations for students. This function is unique and superior compared with other information delivery tools such as WeChat and email, which do not support consistent display or coherent design.

2. The application of Blackboard in students' online learning assessment

Blackboard allows teachers to have a quantitative, direct, and systematic evaluation on students' online learning: Click on Course Report in Evaluation, and the teacher can enter the course report page (Fig. 20 & 21) and download students' participation reports online.

Figure 20 Blackboard Course Reports

Figure 21　Blackboard Course Reports (continued)

Take “All users’ activities in Content” as an example. After entering the users’ activity page in the Blackboard Content page, the teacher can set the start and end time (for example, this semester set 2020/09/04 as the start date for the first chemistry class, and 2021/01/14 as the final exam date and course end date), and then click Submit to enter the download page of “All users’ activity reports” in Content, as shown in Fig. 22 and 23.

Figure 22　Blackboard Content Area for Setting the Start and End Dates for All Users’ Activities

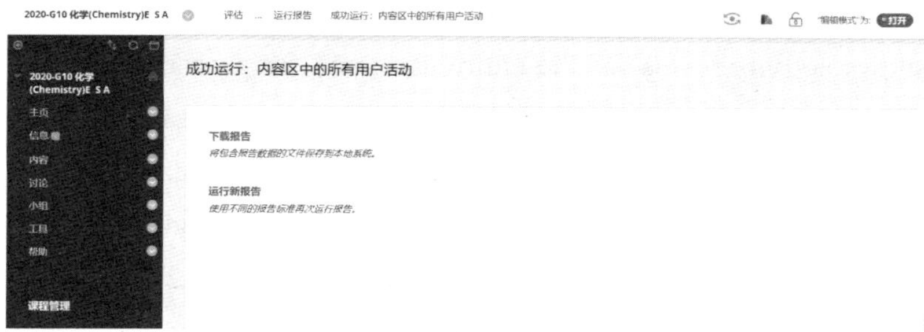

Figure 23 Blackboard Content Area for Downloading Reports of All Users' Activities

Judging from the activity graph of all users in Content (Fig. 24), with the midterm exam (November 3, 2020) as the reference point, students' activity on the content page increased significantly after the midterm, indicating that hybrid learning is an important stimulator for students' autonomous learning. Besides, the teacher's design of the course content after the midterm exam strengthened students' learning initiative and increased their enthusiasm for learning online.

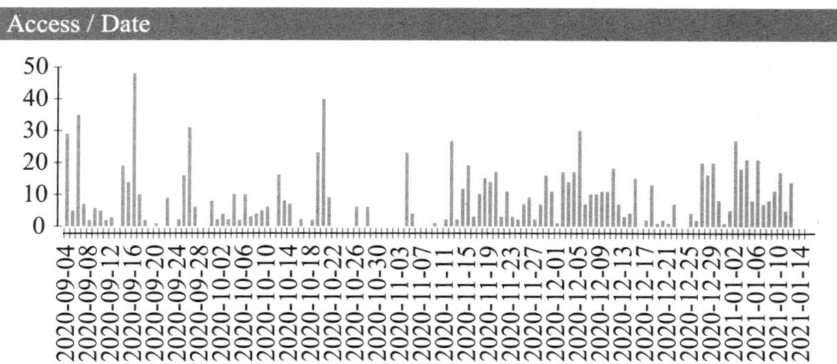

Figure 24 Blackboard Content Area for the Graph of All Users' Activities

The teacher can also download the course activity overview report (Fig. 25) to learn more about the online learning situation of each student: The course activity overview diagram (Fig. 26) clearly shows activity levels for the entire class and for each student. The first student in Fig. 26 was promoted to a higher class level after the midterm exam, so the author removed the student data from the course activity Excel data sheet (the Excel data download is provided by Blackboard) and re-mapped the graph to get Fig. 27, in which the horizontal axis represents the average number of hours of online participation by students in the first semester of the 2020 academic year every week (7 days, from Monday to Sunday), and the vertical axis represents numbered students in the class. The average online participation time of the entire class was 15.36 hours per week. Through such data analysis, the teacher can compare the activity levels of students in different classes at the same level in the same grade, which can be of great help when it comes to designing teaching activities and teaching models.

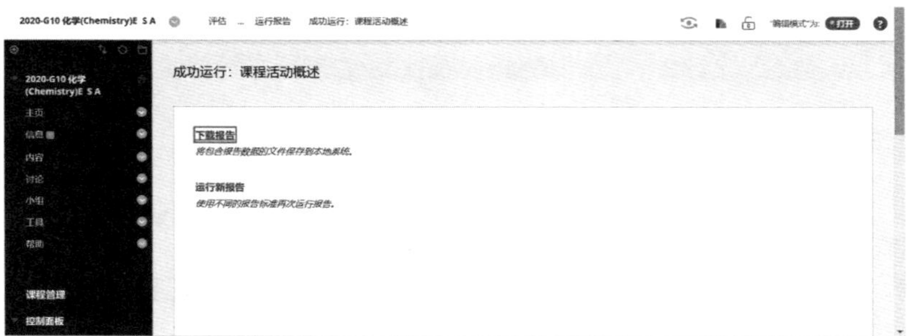

Figure 25 Downloading the Overview Report of Students' Course Activities

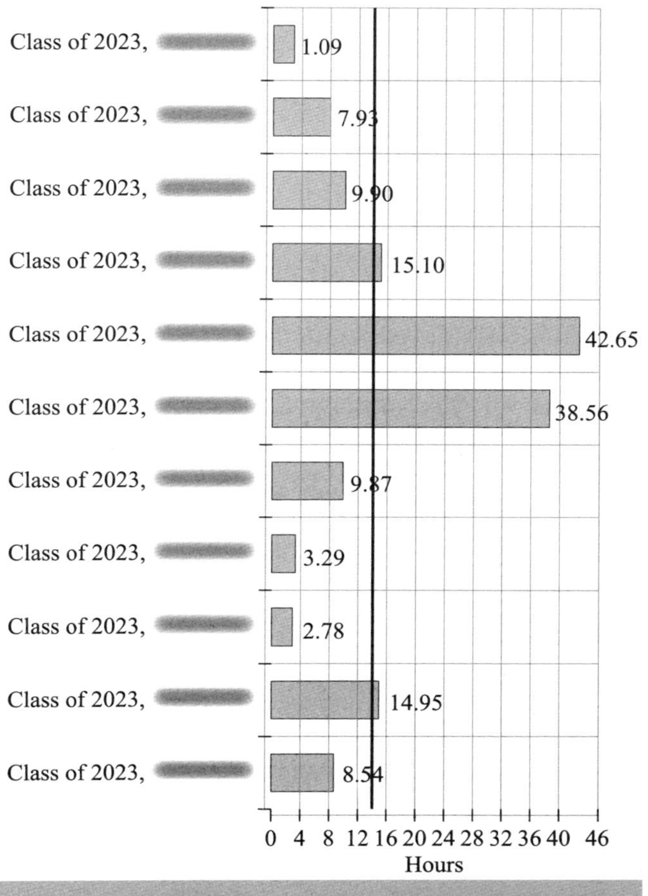

Figure 26 Overview Graph of Students' Course Activities

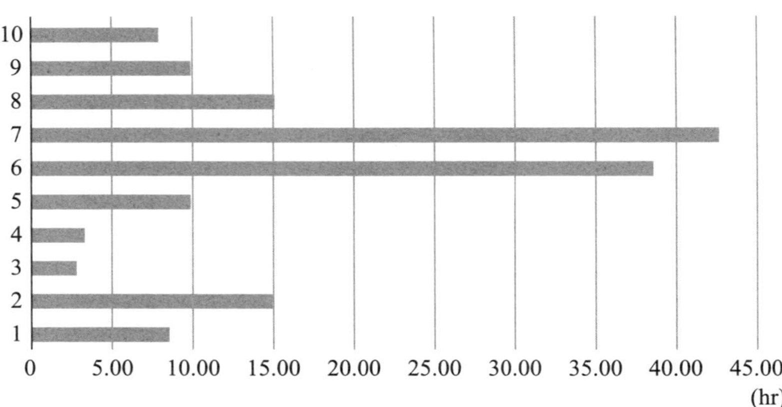

Average weekly course activity time (hr) of students in 10S Chemistry HLM class in 2020-I semester

Figure 27 Overview Graph of Students' Course Activities after Removing the Data of a Promoted Student

3. The application of Blackboard in the personalized guidance of students

From the average weekly activity time of the course, student A with the most logged time, 42.65 hours, achieved a score of 71 in the final examination of the semester, which is much lower than the average score of the class, and a midterm score of 88, which is only one point higher than the average. Why did the student who seemed to spend the largest number of hours in online learning fail to succeed in his academic performance? In this case, it is necessary for the teacher to make a personalized analysis of the students' learning in order to give accurate suggestions and guidance. The individual course overview provided by Blackboard (Fig. 28) can help the teacher analyze the reasons for the failure of the student's academic performance.

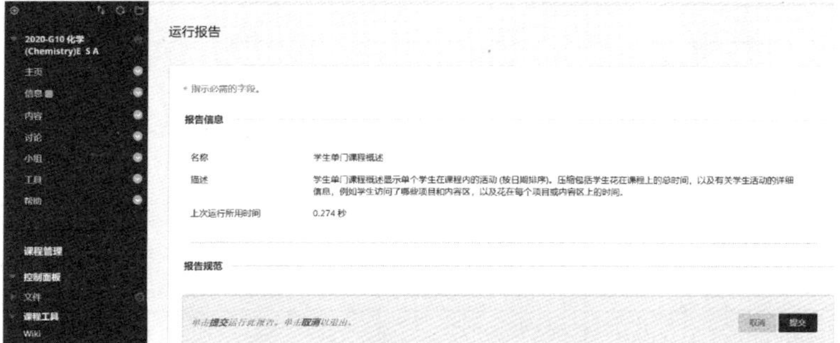

Figure 28 Running the Overview Report of Single Course for Students

From the course overview of Student A (Table 8), it can be seen that although A spent a long time doing online activities, there are few active items. Most of the online learning content was not completed by student A, and the time A spent on reviewing items is almost 0. In contrast, although student B's average weekly online activity time was only 15.10 hours, the activity items in their performance report cover all aspects of the course (Table 9), so B achieved good academic results (94 in the midterm exam, and 97 in the final exam). Therefore, the comprehensive and personalized online assessment report provided by Blackboard can help teachers better understand the learning situation of students, and therefore carry out targeted suggestions and guidance.

Table 8 Overview of Student A's Chemistry Course

Item Name and Type	Total Time Spent in Hours	Number of Times Accessed	Initial Access Date / Time
7.3 Activity Content Folder	0.75	3	Sep. 16, 2020, 10:37 AM
Being a Great Teacher Activity for 8.2 Content Folder	0.50	2	Oct. 20, 2020, 9:59 PM

(continued)

Item Name and Type	Total Time Spent in Hours	Number of Times Accessed	Initial Access Date / Time
Christmas Review Content Folder	0	1	Dec. 29, 2020, 9:46 PM
Content Content Folder	15.49	56	Sep. 9, 2020, 11:15 PM
Monthly Calendar Assignment	1.07	3	Dec. 29, 2020, 9:46 PM
PPT Content Folder	10.76	22	Sep. 9, 2020, 11:17 PM
Online Self-learning Materials for 7.1 Content Folder	0	1	Jan. 2, 2021, 7:31 PM
Self-learning Materials Prepared for Flipped Classroom Content Folder	7.75	6	Dec. 7, 2020, 6:34 PM
Assignment Content Folder	0	3	Oct. 9, 2020, 9:12 PM

Table 9 Overview of Student B's Chemistry Course

Item Name and Type	Total Time Spent in Hours	Number of Times Accessed	Initial Access Date / Time
7.3 Activity Content Folder	0	1	Sep. 26, 2020, 9:03 AM
Activity Instruction Item	0.08	2	Oct. 19, 2020, 4:51 PM
Chapter 8 PPT Item	0	1	Oct. 12, 2020, 5:30 PM

(continued)

Item Name and Type	Total Time Spent in Hours	Number of Times Accessed	Initial Access Date / Time
Chapter 8 & amp; 9 Review Item	0	1	Dec. 28, 2020, 5:13 PM
Christmas Review Content Folder	0.70	1	Dec. 27, 2020, 5:13 PM
Content Content Folder	6.84	26	Sep. 16, 2020, 10:39 AM
Library Activity Item	0.22	3	Sep. 14, 2020, 7:23 PM
Midterm Reflection Survey	0.18	1	Nov. 15, 2020, 5:39 PM
Molecule Models Project Item	0.27	1	Nov. 20, 2020, 4:23 PM
Monthly Calendar Assignment	1.25	4	Dec. 29, 2020, 5:30 PM
PPT Content Folder	5.17	9	Sep. 16, 2020, 10:40 AM
Polar Molecules Self-learning Materials Item	0	1	Nov. 20, 2020, 4:23 PM
Project Deadline: 2020/10/10 Item	0.02	3	Sep. 17, 2020, 5:21 PM
Online Self-learning 7.1 Video 2 Item	0	1	Sep. 5, 2020, 11:20 AM

(continued)

Item Name and Type	Total Time Spent in Hours	Number of Times Accessed	Initial Access Date / Time
Self-learning about 7.1 Item	0	1	Sep. 5, 2020, 11:20 AM
Self-learning about 8.3 & amp; 9.2 Item	0	1	Dec. 5, 2020, 2:53 PM
Self-learning Materials Prepared for Flipped Classroom Content Folder	0.16	2	Dec. 7, 2020, 6:13 PM
Self-learning PPT 9.1–9.3 Item	0	2	Dec. 5, 2020, 2:52 PM
Self-learning Practices Item	0.06	1	Sep. 5, 2020, 11:21 AM
Chapter 8 Review Item	0	1	Nov. 26, 2020, 6:09 PM
Common Compounds Project Item	0	1	Nov. 20, 2020, 4:23 PM
Intermolecular Force Review Item	0	1	Jan. 6, 2021, 5:10 PM
Lab Report 12/16 Item	0	1	Dec. 10, 2020, 6:46 PM

(continued)

Item Name and Type	Total Time Spent in Hours	Number of Times Accessed	Initial Access Date / Time
Assignment Content Folder	0.01	3	Dec. 11, 2020, 4:10 PM
元素周期律第一课时作业 Item	0	1	Sep. 26, 2020, 8:10 AM
公开课 PPT Item	0	1	Dec. 10, 2020, 6:43 PM

Looking back on the hybrid learning practice carried out this semester, the teacher still had many more features to explore in the application of Blackboard: for example, Blackboard discussion boards, logs, blogs, and Wikis are all tools for interactive teaching, which could be used to continue the inquiry from in-class to after-class, thereby completing an interactive cycle of learning from before to during and after class. In addition, the self-evaluation and mutual evaluation functions provided by Blackboard could also be used to promote interaction between students. In the teaching design for the second semester, the author will devote herself into extending the interactive mode after class and make full use of the interactive function of Blackboard to carry out teaching, and further improve students' learning effectiveness.

1.6 Research Conclusions and Recommendations

1.6.1 Research Conclusions

1. Through extensive case collection, experiments, surveys in

the HLM experimental class, and data analysis, the research team has summarized the prototype of the HLM classroom teaching model and the online platform usage methods. The team has identified four learning modes in hybrid learning (see Fig. 6) and various teaching models (see Fig. 7), which are practical and provide strong guidance.

2. While there is no compelling evidence indicating that hybrid learning methods necessarily surpass traditional approaches, the exam results from the experimental hybrid learning class demonstrate learning outcomes comparable to those of regular classes. Furthermore, hybrid learning substantially enhances the problem-solving abilities and self-directed learning of students. However, its impact on knowledge and skill proficiency remains uncertain due to individual variations. The efficacy of hybrid learning is largely contingent upon the instructional and organizational aptitude of educators. To optimize outcomes, teachers should continue exploring and developing technology-anchored teaching approaches and meticulously designing hybrid learning curricula. In brief, hybrid learning is best suited for students with robust self-directed learning proficiencies, as students with inferior self-directed learning skills may produce less than optimal results. However, if students' self-directed learning abilities are encouraged, hybrid learning will provide a valuable opportunity for improving their self-learning skills.

3. At the level of school administration, enhancing teachers' training, sharing, and intensive promotion of digital platform usage can effectively encourage teachers to actively use online platforms and employ TPACK. When the school community realizes the advantages of hybrid learning for professional growth and personalized learning,

more teachers and students who are interested will participate in hybrid learning. Three promotion strategies can be put into practice: (1) Start small, expand big. Initially, every department in SHSID assigned a Blackboard coordinator; subsequently, HLM experimental classes were introduced. (2) Enhancing training. In our practice at SHSID, basic training led by external experts was initially provided, followed by peer-sharing sessions, with peer-sharing being particularly critical. (3) Promoting through research. In our practice at SHSID, teachers conducted thorough analysis and research on their experiences with hybrid learning, and drafted research articles that prompt active exploration of hybrid teaching methods. The aim of these three strategies has been to foster a lasting environment for hybrid learning, utilizing the Blackboard platform.

1.6.2 Suggestions

1. Overall Strategy for Implementing Hybrid Learning: The prompt adjustment of strategies is essentially based on the self-study situations of different students. In the beginning, a more structured approach with layered guidance and focused learning should occupy approximately three-quarters of the class time. As the project progresses, this time can be reduced to two-thirds or even half. For secondary school students, the limit for layered guidance and focused learning within hybrid learning is likely to be half of the class time.

2. Specific Operational Aspects of Implementing Hybrid Learning: Profound and practical designs and implementations of pre-class tasks and in-class activities are necessary. Only through these can

teachers organically combine personalized learning with competency-based learning. Teachers should genuinely engage students in the learning process, strengthening their active inquiry and construction of knowledge. This process helps students expand their knowledge, abilities, and interests within an interactive learning environment, ultimately nurturing lifelong learners with the ability to continue self-learning. The classroom models of hybrid learning, as well as a mode of learning that leverages digital platforms, summarized in this research can serve as guiding examples for implementing hybrid learning.

3. Technical Aspects of Implementing Hybrid Learning: Utilize and further develop the robust statistical, incentive, and other learning features of online platforms. These features create more learning resources for students and provide teachers with more efficient teaching conditions.

1.7 Research Prospects

1.7.1 Continuing with the Experiments and Practices of Hybrid Teaching Experimental Classes

It is a transitional period from the dual-directional autonomous selection of students and teachers to teacher declaration (as mentioned earlier, with certain objective conditions), where students automatically enter the corresponding class mode. Concerns have arisen about the increased possibility of the most proactive and least proactive students selecting experimental classes, leading to worries that the experimental results might not represent the most natural state. The school is in the process of expanding its subject offerings, moving away from a singular focus on natural sciences towards the inclusion of humanities and language studies. Additionally, foreign teachers are being brought in to facilitate experimental class teaching and contribute to a more diverse cultural background that enhances hybrid learning. Specifically, during the 2021 academic year, the school assigned 9 teachers to conduct hybrid learning experiments, of which two were foreign teachers. Moreover, a significant number of teachers have gradually integrated hybrid learning into their conscious practices. Since the academic year 2022, the active exploration and implementation of hybrid learning using digital platforms in various subjects have become a regular requirement in teaching.

1.7.2 Strengthening Teacher Training in Hybrid Learning Methods

Enrich and modify the summarized classroom models of hybrid learning. Based on this objective, the school will enhance teachers' training, creating more high-quality written and electronic resources. This will establish a stronger foundation for transforming the teaching paradigm. The transformation will be reflected in reconstructed learning spaces, redesigned teaching and learning processes, and changes in the supply of teaching resources, among other aspects. "A single spark can start a prairie fire." It is hoped that the publication of this book can inspire more teachers to proactively and effectively use digital platforms for hybrid teaching, and transform hybrid teaching in the digital context into their own teaching consciousness.

References

[1] Bai, L., & Shen, H. Research on the Teaching Model of Information Technology and Curriculum Integration Based on the Blackboard Platform [J]. Journal of East China Normal University (Natural Sciences), 2015(3), 94–98.

[2] Qi, H., & Fu, Z. Empirical Study on Hybrid Teaching Mode of College English Supported by Blackboard Platform [J]. Journal of Xi'an International Studies University, 2007(9), 84–87.

[3] Li, M., & Li, Y. TPACK: A New Framework for Integrating Teacher Professional Knowledge with Technology [J]. Heilongjiang Researches on Higher Education, 2008(4), 74–77.

[4] Liu, S. Research Hotspots and Progress of SAMR Model [J]. Journal of Jilin College of Engineering and Technology, 2018(11), 91–93+96.

[5] He, K., & Wu, J. Research on Teaching Models of Information Technology and Curriculum Integration — Connotation and Classification of Teaching Models [J]. Modern Educational Technology, 2008(7), 5–8.

[6] He, K., & Wu, J. Research on Teaching Models of Information Technology and Curriculum Integration — "Transmission and Reception" Teaching Model [J]. Modern Educational Technology, 2008(8), 8–13.

[7] He, K., & Wu, J. Research on Teaching Models of Information Technology and Curriculum Integration — "Inquiry" Teaching Model [J]. Modern Educational Technology, 2008(9), 5–10+27.

[8] He, K., & Wu, J. Research on Teaching Models of Information Technology and Curriculum Integration — "Research-based Learning" Teaching Model [J]. Modern Educational Technology, 2008(10), 8–14.

[9] He, K., & Cao, X. Research on Teaching Models of Information Technology and Curriculum Integration — "WebQuest" Teaching Model [J]. Modern Educational Technology, 2008(11), 5–12.

[10] He, K., & Liu, C. Research on Teaching Models of Information Technology and Curriculum Integration — "Just-in-Time Teaching (JiTT)" Model [J]. Modern Educational Technology, 2008(12), 9–13.

[11] Li, F. Theoretical Basis and Instructional Design of Hybrid Learning [J]. Modern Educational Technology, 2016(9), 18–24.

第二章　基于数字化平台的混合式教学的全生态展示
Full Ecological Presentation of Hybrid Teaching Based on Digital Platforms

使用数字化平台进行教学时，我们需关注两大核心问题。一是必须提升学生的主观能动性，这就要求教师提升线上学习平台的趣味性，以此激发学生积极参与的热情，从而有效调动他们的主观能动性。二是需要提高教师在评价、教学、交流等环节的工作效率，以优化教学流程。

When using digital platforms for teaching, we need to focus on two core issues. First, it is essential to enhance students' self-motivation. This requires teachers to make online learning platforms more engaging, thereby stimulating students' enthusiasm to actively participate and effectively mobilizing their intrinsic motivation. Second, we need to improve teachers' efficiency in evaluation, teaching, and communication processes so as to optimize the teaching workflow.

数字化平台并非仅仅是一个资料存储器，它蕴含了众多有助于教学的"宝藏"功能。平台上的互动功能，如讨论区、在线问答、成就激励徽章等，为学生、教师及学生之间提供了实时交流的桥梁，极大地促进了知识的共享和思维的碰撞。同时，数字化平台还为教师配备了强大的课程管理工具，使得教师可以便捷地上传课件、布置作业、组织考试等，显著提高了教学管理的效率。

A digital platform is not merely a repository of resources; it contains numerous "treasure trove" functions that aid teaching. Interactive features on the platform, such as discussion forums, online Q&A, and achievement badges, provide a bridge for real-time communication among students, teachers, and peers, greatly promoting knowledge sharing and intellectual exchange. Additionally, the digital platform equips teachers with powerful course management tools, enabling them to easily upload course materials, assign homework, and organize exams, significantly improving the efficiency of teaching management.

本章将详细阐述如何利用数字化平台的各项功能，以提供解决上述两大核心问题的具体操作方式与方法，供读者参考和实践。这些方法和案例不仅具有理论价值，更可以直接应用于基于数字化平台的混合式教学中，助力教师更好地实施教学计划，提升学生的学习体验。

This chapter will detail how to utilize the various functions of the digital platform to provide specific operational methods and approaches to address the aforementioned core issues, which are for readers' reference and practice. These methods and cases not only have theoretical value but can also be directly applied to hybrid teaching based on digital platforms, helping teachers better implement teaching plans and enhance students' learning experiences.

2.1 常规课堂应用 Application in Class

2.1.1 常规教学 Regular Class

学科 Subject	数学 Math	年级 / 水平 Grade / Level	9S+/12 IB SL	教师 Teacher	姜慧慧 Jiang Huihui
主题 Topic	Blackboard 平台辅助教学的案例分析 Case Analysis of Blackboard Platform Assisted Teaching				
类别 Category	单元教案 Unit Plan		课时数 Number of Periods		6

教学计划背景分析 Lesson Plan Background Analysis

需要进行线上授课时，Blackboard 平台成了学生和教师手中的沟通利器。Blackboard 平台在特殊时期有无可替代的功能性，不言而喻。国际部学生对于科技手段辅助教学较为熟悉，大多有能力和资源按照要求完成教师在 Blackboard 平台上布置的任务，同时，也能够及时收到教师以电子形式传输的反馈。

When there was no way to have face-to-face classes, which made it difficult to teach and learn, the Blackboard platform became a communication tool for students and teachers. The irreplaceable functionality of the Blackboard platform in special times is self-evident. International students are familiar with technology assisted teaching and most have the ability and resources to complete tasks assigned by teachers on the Blackboard platform according to their requirements. At the same time, it also helps them to receive feedback from teachers in electronic form.

教学目标　Teaching Objectives

内容教学目标 Content Objectives	Blackboard 或其他技术如何支持内容目标的实现？ How does Blackboard or Other Technology Support the Content Objectives?
按时按量完成教学计划，并能够及时根据教学反馈对教学节奏进行调整。 Complete the teaching plan on time and be able to adjust the teaching pace based on the teaching feedback.	Blackboard 平台能够便捷高效地帮助教学目标的实现，增加了师生互动频率，并使得教学任务布置和教学结果反馈更加及时准确。 The Blackboard platform can conveniently and efficiently help achieve teaching objectives, increase the teacher-student interaction, and make assignment allocation and teaching result feedback more timely and accurate.
核心素养教学目标 Competency Objectives	**Blackboard 或其他技术如何支持核心素养目标的实现？ How does Blackboard or Other Technology Support the Competency Objectives?**
批判性思维 Critical thinking	相对有效地让学生利用课后时间对于所学内容进行思考，如在 Blackboard 上布置长期预习和复习作业以及讨论板作业。 It is relatively effective in allowing students to use their after-school time to reflect on the content they have learned. For example, teachers can assign long-term preview and review assignments as well as discussion assignments on Blackboard.
合作意识和能力 Collaboration	学生能够及时有效地与同伴进行学术交流，如教师在 Blackboard 上布置讨论板作业，让学生之间进行互动留言讨论。 Students can engage in timely and effective academic discussion with peers. Teachers can assign discussion board assignments on Blackboard, which allows students to have interactive messages and discussions.

教学过程 Teaching Process

教学分成课前、课中和课后三个阶段，并且这三个阶段的教学设计融入了混合式学习模式所需要的前端分析、活动与资源设计、教学评价设计，如图 1① 所示。以下将对具体教学环节的实施流程作详细介绍。

Teaching is divided into three stages: before class, in class, and after class. And the teaching design of these three stages is integrated into the front-end analysis, activity and resource design, and teaching evaluation required for the hybrid learning model, as shown in Fig. 1. The following will provide a detailed introduction to the whole teaching process.

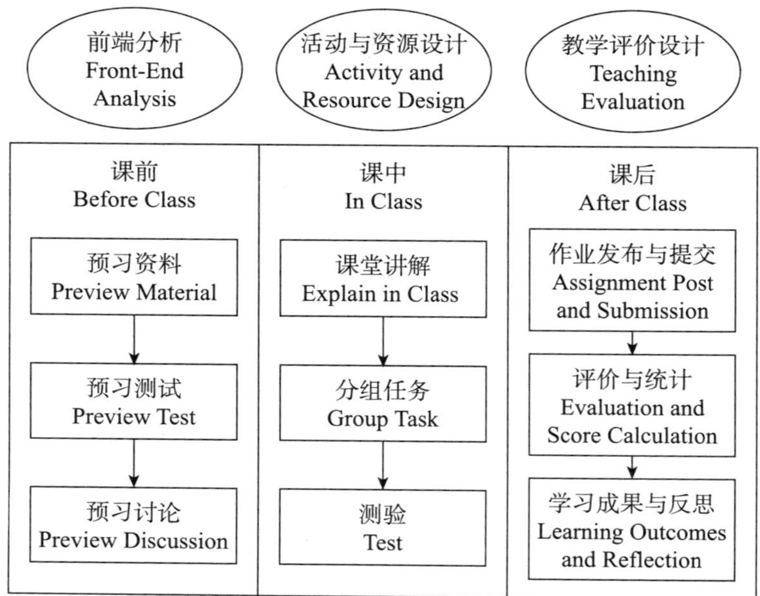

图 1 基于 Blackboard 平台的混合式教学实践流程

Figure 1 Hybrid Teaching Process Based on Blackboard Platform

① 为保证案例的完整性，便于阅读，案例中的图表均单独编号。——编者注

1. 课前 Before class

课前或者前一节课之后，任课教师会在 Blackboard 上发布预习资料，该资料可以以 Word 或者 PDF 的形式出现，也可以是教师自己关于本节课知识点的简短录课，甚至可以是网络上一段视频，用以解释本节课的教学内容。学生需要按照教师要求登录 Blackboard 下载并阅读预习资料，或者观看视频。教师在发布预习资料的同时，需要根据预习内容发布相应测试题，学生需要在完成预习阅读或者观看后根据自己的理解完成预习测试。通常教师会将测试题设置成选择题或简单填空题，以便于学生答题和系统自动批改。同时教师也需将测试设置成学生完成后可以立即得到批改反馈并能读到正确答案和分数的模式，因此学生在完成测试后，可以通过批改的分数进行自我回顾和反思。如果需要进一步了解学生在预习中所遇到的知识盲点或者想知道学生在预习测试完成后仍有疑问的难点，教师可以发布一个讨论板（Discussion Board），要求学生在完成测试后进入讨论板进行留言，或者对他人的疑惑进行解答。通过课前阶段的 3 个步骤，学生可以对本节课内容有所了解，并了解自身的疑惑点，在课上也就能够有针对性地对教师的讲解有所侧重地学习。同时，教师能够通过学生的预习测试结果及讨论板的问题和答案对学生学情有清楚的了解，也能够根据每位学生的具体测试结果了解学生的差异性，从而指导课上教学。具体案例如图 2。

Before one class or after the previous class, teachers will post preview materials on Blackboard. The materials can be in the form of Word or PDF textbooks, or they can be a brief recording of the knowledge points of this class by teachers themselves, or even a video on the Internet to explain the teaching content of this class. Students need to log onto Blackboard as required by teachers to download and read the preview materials, or watch the video. While releasing preview materials, teachers need to release corresponding test questions based on the preview content. Students need to complete the preview test based on their own understanding after completing the preview reading or watching. Usually, teachers set test questions as multiple-choice or simple "fill in the blank" questions for students, which, the system could automatically correct them. At the same time, teachers also need to set the test so that students can immediately receive feedback and read the correct answers and scores after completing the test. Therefore, students can review and reflect on the test papers after completing them. If teachers need to further understand the knowledge blind spots that students encounter during the preview or want to know the difficulties that students still have after completing the preview test, they can publish a discussion board that requires students leave a message or answer others' doubts. Through the three steps in the pre-class stage, students can have a pre-learning of the lesson content and realize their own doubts. In class, they can also focus on wherever the doubts happen. At the same time, teachers can also have a clear understanding of students' learning situation through the preview test results and discussion board questions. They can also understand students' differences based on the specific test results of each student, which is very helpful in guiding teaching in class. The specific case is shown in Fig. 2.

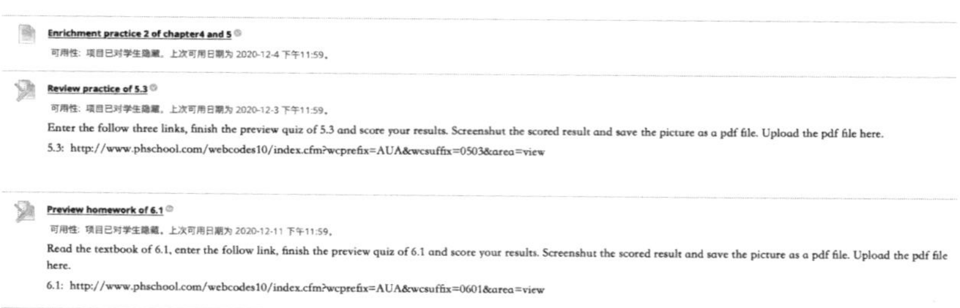

图 2 课前使用 Blackboard 进行预习或自我复习

Figure 2 Using Blackboard to Preview and Self Review

2. 课中 During class

在线下教学中，教师可以对课前学生在预习测试和讨论板的留言（图 3）中出现的共性问题进行集中讲解。如果是在无法实现面对面讲授的线上课程中，教师则可以将需要集中讲解的内容通过录课的形式上传到 Blackboard 平台以供学生解除疑惑。在根据课前阶段学生学习成果而实施个别化指导的过程中，线下指导无须多言，而线上指导也可以通过教师的差异化录课，并将录课通过 Blackboard 平台反馈给个别学生来实现差异化教学。同时，通过 Blackboard 平台可以分组和讨论。教师在教学过程中可以设计不同的话题小组，学生根据自身兴趣进行小组的注册，那么即便是线上的小组任务也可以简单地布置了。

During the offline teaching, teachers can focus on explaining common issues that arise from students' comments on preview tests and discussion boards (as shown in Fig. 3). If face-to-face teaching is not possible which is very common during online courses, teachers can upload the content that needs to be explained more to the Blackboard platform through recorded classes for students to resolve their doubts. In the process of implementing individualized guidance based on the learning of students in the pre-class stage, offline guidance could be conducted in a very traditional and convenient way, but online guidance can also achieve well through recording different videos by teachers and giving feedback to different student groups on the Blackboard platform. At the same time, students can be grouped and discussions can be conducted on the Blackboard platform. Teachers can design different topic groups, and students can register in groups based on their own interests. Thus, even online group tasks can be easily assigned.

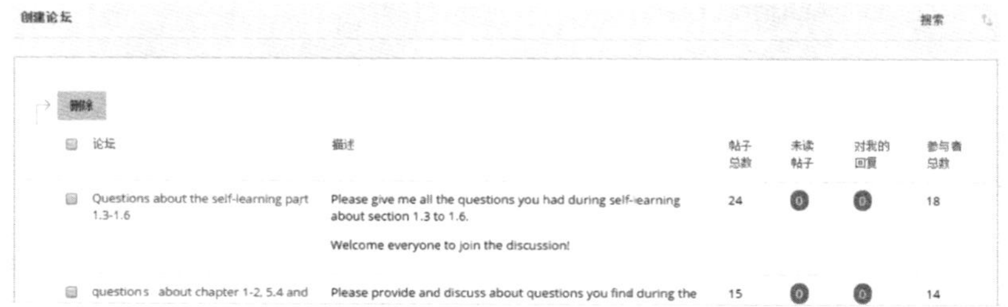

图 3　课前布置的 Blackboard 讨论板作业

Figure 3　Assignment on the Discussion Board of Blackboard

在无法面对面的线上教学中，Blackboard 满足了课堂测试的需求。教师通过提前在 Blackboard 上设置测试题或者上传测试卷，并且设置好测试时长和可用时间，让学生能够成功地进行课堂测试，并且自己能够通过网络进行考卷批改并及时将结果反馈给学生，而不必像传统教学模式中见面才能给出试卷的反馈。

During the online teaching, Blackboard meets the needs of class testing. Teachers can set test questions or upload test papers on Blackboard in advance, and set the test duration and available time to enable students to successfully conduct class tests. Teachers can also grade test papers online and provide timely feedback to students, instead of giving feedback only when students are back to class in the traditional class mode.

3. 课后 After class

由于 Blackboard 拥有强大的统计和评价功能，因此它毋庸置疑地成为线上教学时教师用于布置作业、批改作业和测试、统计学生作业分数和测试分数等的强大助手（图 4）。教师将之用于布置各种类型的作业，包括每日作业、长期作业和特殊课题作业。为了能够及时得到前一日学生学习情况的反馈，教师可以将交作业的时间设置为课后的当日晚上，学生扫描作业上传提交后，教师可以在

第二天上课前予以批改给予学生及时的反馈，也就能够在第二天上课前得到学生学习情况的信息。在第二天上课前，在学生记忆还新鲜时，教师能够及时将学生的知识漏洞填补完整，能够让学习过程更高效地进行。教师也可以通过设置阶段性的长期作业，让学生进行合理的时间规划和分配，并且一旦做好，及时提交，教师也可以及时批改返还，那么学生的学习进程就可以逐步展开。特殊作业，比如海报和视频，学生制作完成后可以随时上传，教师也可以随时下载并永久保存，省去了传统教学中只能通过面对面的 USB 传递文件这一费时费力的过程，也可以及时给予学生反馈，用以改进并更新。

Due to its powerful statistical and evaluation functions, Blackboard undoubtedly becomes a powerful assistant for teachers to assign and grade homework and tests, as well as compile students' scores during teaching (as shown in Fig. 4). Teachers can use it to assign various types of assignments, including daily assignments, long-term assignments, and special topic assignments. In order to receive timely feedback from students on their learning situation the previous day, teachers can set the deadline for submitting homework to the evening after class. Students can scan the homework and submit it on Blackboard, then teachers can grade them and provide timely feedback to students before class the next day, so that they can receive information on their learning situation before class. Therefore, before class the next day, when students have fresh memories, teachers can fill in students' knowledge gaps in time, which can make the learning process more efficient. Teachers can also set long-term assignments to allow students to plan and allocate their time reasonably. Once a student completes and submits the assignment on Blackboard, teachers can promptly grade and return it to the student. Special assignments, such as posters and videos, can be uploaded by students at any time and teachers can also download them at any time and permanently save them, which is much more efficient than transferring files through face-to-face USB in the time-consuming and laborious traditional teaching mode. Students can also receive timely feedback for improvement and updates.

图 4　作业测试分数统计

Figure 4　Statistics of Homework and Test Score

教学效果　Teaching Effect

Blackboard 平台在教学中的应用，大大提高了学生的学习效率。在 Blackboard 上进行认真的预习，使学生能够在课前充分热身，课上听课效率就会大大提高；按时完成作业并提交，使学生能够及时得到自己对于知识理解正确与否的反馈，让学生对于一些失误点进行及时的修正；课后在讨论板留言，将自己不懂或者不确定的问题提出来，教师就能够及时了解学生的知识盲点或者难点，课上调整教学，大幅改善教学效果。

Blackboard 打破了传统教学对于物理距离的限制，也突破了以往学生和老师之间的沟通障碍，让师生沟通不限于时间和距离。同时，也使教育形式多样化，上课可以用视频，作业可以交电子海报，让学生可以多方位、多角度消化知识，甚至创造自己头脑中的知识。学生普遍反映比较熟悉并且习惯 Blackboard 在日常教学中的辅助功能。

The use of the Blackboard platform in teaching has significantly improved students' learning efficiency. Engaging in thorough previews on Blackboard helps students adequately prepare before class, thereby enhancing their attentiveness during class. Timely completion and submission of assignments enable students to receive timely feedback, allowing them to rectify mistakes promptly. Furthermore, using the discussion board to post questions about unclear topics after class enables teachers to quickly identify students' knowledge gaps or difficulties, and adjust teaching strategies accordingly, thus greatly enhancing teaching effectiveness.

Blackboard transcends the constraints of traditional teaching regarding physical distance and communication barriers between students and teachers. It facilitates continuous communication and interaction between teachers and students, unrestricted by time and distance. Additionally, Blackboard supports diverse educational formats such as video-based classes and electronic posters for assignments. This enables students to assimilate knowledge from multiple perspectives and fosters their own understanding. Students generally report being familiar with and accustomed to the auxiliary functions of Blackboard in their daily learning routines.

学科 Subject	自然地理 Physical Geography	年级 / 水平 Grade / Level	G9/H	教师 Teacher	杨萌 Yang Meng
主题 Topic	ENSO 及其对全球气候和人类健康的影响 ENSO（El Niño-Southern Oscillation) and Its Impacts on Global Climate and Human Health				
类别 Category	单元教案 Unit Plan		课时数 Number of Periods		3

教学计划背景分析　Lesson Plan Background Analysis

学生在上个学期已对基本气象理论及现象有所了解，包括大气层及地表能量平衡，辐合及锋面等大气抬升机制，中纬度及热带气旋，等等。故而，他们已具备相应知识储备，在学习 ENSO 的成因及其全球影响时不应感到费力。

Last semester, students gained a good understanding of some basic meteorological concepts and phenomena, including Earth's atmosphere, energy balance at Earth's surface, atmospheric lifting mechanisms, mid-latitude and tropical cyclones, etc. Therefore, it should not be difficult for students to comprehend El Niño-Southern Oscillation and its consequential global impacts, as they have a reservoir of knowledge when it comes to inter-annual climate variability.

教学目标　Teaching Objectives

内容教学目标 Content Objectives	Blackboard 或其他技术如何支持内容目标的实现？ How does Blackboard or Other Technology Support the Content Objectives?

这三节课旨在帮助学生了解 ENSO 的特征、形成机制，以及它对全球气候和人类健康的影响。 These three lessons aim to help students understand characteristics and dynamics of ENSO, and its impacts on global climate and human health.	Blackboard 可用于发布作业、提供课外阅读或视频资料、分享自学心得等。遗失作业的可能因 Blackboard 趋于零。 Blackboard can be used for posting online assignments, providing extracurricular reading materials and video clips, sharing learning experiences, and reviewing before exams, etc., and makes it impossible for students to lose their worksheets.
核心素养教学目标 **Competency Objectives**	**Blackboard 或其他技术如何支持核心素养目标的实现？ How does Blackboard or Other Technology Support the Competency Objectives?**
批判性思维 Critical thinking	学生被要求自主在线研究“2019 年可否被称为厄尔尼诺或拉尼娜年？”并给出证据和解释。他们必须学会甄别资料来源及评估不同观点。这种思辨性活动使他们有机会检验自己对课堂上所授知识的理解并予以实践。 Students are required to do online research: Is 2019 an El Niño year or La Niña year, and why? They must identify credible sources and assess alternative viewpoints. This critical thinking activity gives them an opportunity to check and apply their understanding of knowledge taught in class.
合作意识和能力 Collaboration	上述自主在线研究需要至少两名学生协同完成，这促使小组成员分享所得、取长补短以及提高自我。 The online research above requires at least two students to work together collaboratively, which allows them to share ideas, learn from other group members, and build up their own capability.

数字素养 Digital literacy	鼓励学生在 Blackboard 上完成在线练习、阅读课外材料、分享学习经验以及考前复习。这类数字技术让学习方式更灵活机动。 Students are encouraged to use Blackboard for doing online exercises, reading extracurricular materials, sharing learning experiences and reviewing before exams. The digital technologies such as Blackboard lead to new and flexible ways of studying today.
全球视野 Global perspective	ENSO 对世界许多地区的气候、生态系统及人类健康有着不可忽视的影响：从根本上说，这是一个全球性问题。学生的全球化视野自然而然得到塑造。 ENSO has a strong influence on climate, ecosystems and human health over large parts of the world: It is a global issue at its very roots. Students acquired their global perspectives through learning it.

教学过程　Teaching Process

1. 课前准备 Before class

（1）在 Blackboard 上发布 ENSO 相关课外阅读资料、阅读网址（https://www.climate.gov/enso）内容以及观看短视频。学生必须在课前完成阅读及观看，并做笔记，写下要点及疑问。

All materials including extracurricular readings, contents on the relative website (https://www.climate.gov/enso) and video clips are posted on Blackboard. Students should preview these materials before class to develop a big picture of what will be covered. They also need to take down key points and whatever they feel confused about.

（2）在 Blackboard 上发布形式多样的作业，包括选择题、判断题、配对题或短答题等。图 1 仅展示了选择及短答两种题型。教师可以在线批注，以供学生随时查看。

A few different types of questions can be created on Blackboard such as multiple choice, true or false, matching, short answer, etc. Fig. 1 only shows two question types: multiple choice and short answer. Student work is graded online and the teacher's feedback can be read by students at any time.

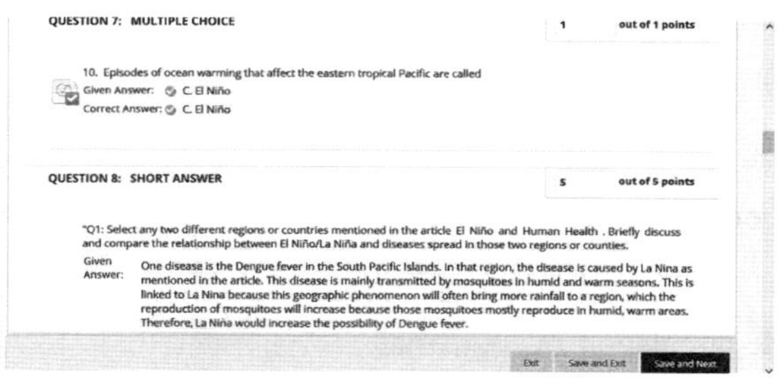

图 1

Figure 1

2. 课中阶段 During class

第一课时：本节课以教师讲授和分组讨论相结合的方式帮助学生了解赤道太平洋的厄尔尼诺 - 南方涛动现象。厄尔尼诺和拉尼娜是热带太平洋反复出现的一种温暖与凉爽交替的气候模式，即厄尔尼诺 - 南方涛动，简称 ENSO。学生将逐步深入了解这种特别的气候机制及其对太平洋两岸区域的影响。

First period: In this lesson, students learn about El Niño-Southern Oscillation (ENSO) in the Equatorial Pacific through lecturing and discussion. El Niño and La Niña are the warm and cool phases of a recurring climate pattern across the tropical Pacific — the El Niño-Southern Oscillation, or "ENSO" for short. Students will try to understand this unique climate dynamics and regional impacts that occur on both sides of the Pacific.

在讲解阶段，教师着重阐述赤道太平洋大气环流三种模式——正常模式、厄尔尼诺模式、拉尼娜模式的形成机制及区别（图 2）。在讨论阶段，学生分为两组，分别讨论 ENSO 对赤道太平洋西岸和东岸国家气候、农业以及渔业的影响和冲击，并作简短演讲。

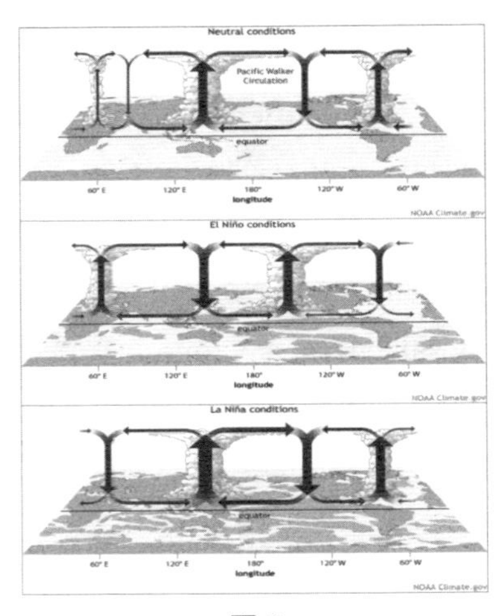

图 2
Figure 2

In the lecturing session, the teacher focuses on dynamics and differences among three modes of atmospheric circulation in equatorial Pacific: neutral mode, El Niño mode and La Niña mode (Fig. 2). During the discussion and presentation session, students are divided into two groups to discuss the impacts of ENSO on climate, agriculture, and fishery in countries on the western and eastern coast of the equatorial Pacific, respectively. Students need to share their ideas with group members, extract the key points and give short presentation in class.

第二课时：本节课旨在鼓励学生按照命题快速高效地在互联网上查找信息，加以判断和分析，并以自己的语言重新组织成文稿。学生自主在线研究的题目是："2019 年可否被称为厄尔尼诺年或拉尼娜年，以及为何这样认为？" 同时，还需讨论它们是否是 2019 年全球野火严重肆虐的主要原因。学生需自行寻找适用资料，记录来源，比较不同观点，阐述自己更倾向于哪一方，并在截止日期前将作业提交至 Blackboard（图 3）。观点相左的分析报告将在本节课中被展示，用于课堂辩论。当然，老师亦会在最后的点评阶段指出它们的不足之处，给出更确凿的证据，并选出最合理且符合事实的论点。

Second period: The main goal of this lesson is to help students develop digital skills by conducting an independent online research — “Is 2019 an El Niño year or La Niña year, and why?” They also need to discuss whether major wildfires around the world in 2019 were brought by El Niño/La Nina or not. Students will learn how to identify credible sources and assess alternative viewpoints. Students must list all sources of information that they’ve found on the Internet, provide an overview of other researchers’ work, make their own argument backed up by evidence, and then submit on Blackboard as an assignment before the deadline (Fig. 3). Reports with controversial ideas are selected for debating during the lesson in order to determine which side’s arguments seem more convincing. The teacher will put forward some suggestions or provide more supporting details at the end of the debate if necessary.

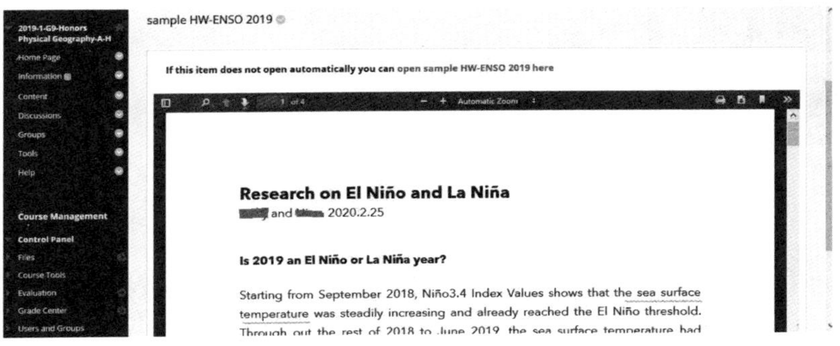

图 3

Figure 3

第三课时：本节课旨在帮助学生通过课外阅读拓展知识并培养兴趣。课外阅读亦有助于巩固及深化已学知识。《厄尔尼诺与人类健康》一文阐述了厄尔尼诺现象与全球自然灾害以及某些特定地理区域频发流行病可能存在的联系。这篇文章发布在 Blackboard 上（图 4），希望它能激发学生对世界及人类自身的思考。

Third period: This lesson is designed to help students expand the knowledge and cultivate interest through extracurricular reading. Carrying out extracurricular reading is also conducive to the consolidation and deepening of teaching content. “El Niño and human health” is a long article that explains how El Niño is linked to an increased impact of natural disasters globally, and how it is associated with an increasing risk of certain epidemic diseases in specific geographical areas where climate anomalies are related to the ENSO cycle. The article is posted on Blackboard (Fig. 4) and hopefully it can inspire students to think about the world and their own life.

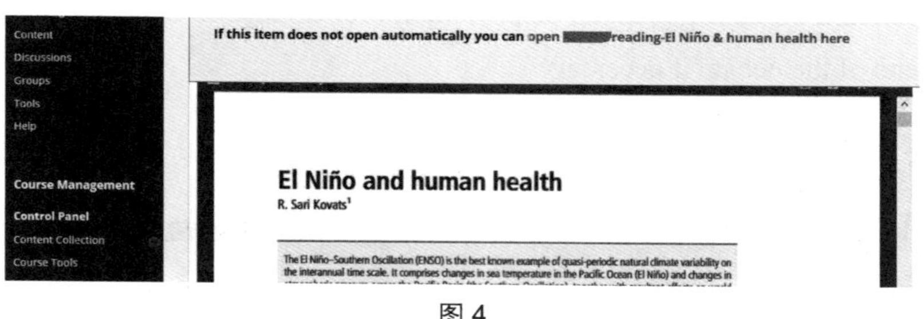

图 4

Figure 4

将班级分为几个小组，分别关注文章中不同地区的流行病，如非洲的裂谷热和澳大利亚的墨累河谷脑炎。每个小组需提交一份阅读摘要至 Blackboard，重点讨论厄尔尼诺与该区域流行病之间的关系（图 5）。每组还会在课中作简短演讲，与全班分享各自的案例。

The class is divided into a few groups that focus on epidemics in different areas mentioned in the article such as Rift Valley fever in Africa and Murray Valley encephalitis in Australia. Each group should write an abstract with bullet points to discuss the relationship between El Niño and regional epidemics, and upload on Blackboard as an assignment (Fig. 5). Each group will also present their case study during the lesson to share with the class.

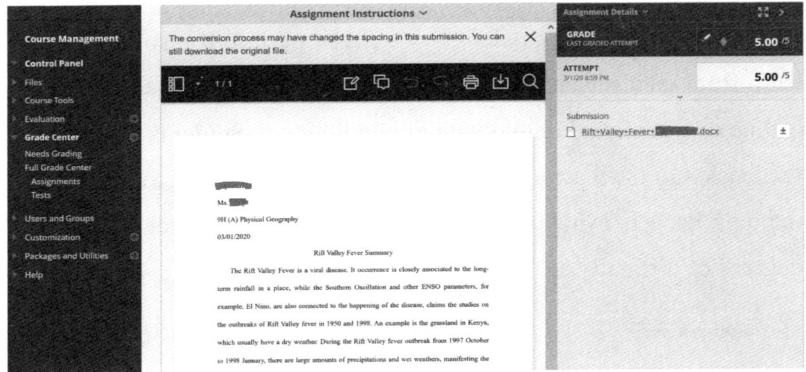

图 5

Figure 5

3. 课后阶段 After class

（1）作业分析：老师可以在 Blackboard 系统内对主观类题目进行批注与反馈（图 6），并选出优秀作业与全班同学分享。客观类题目会在系统里自动评分，其中出错率较高的问题则会在之后的课堂中统一进行讲解。

Students' work analysis: The Blackboard system allows teachers to grade subjective questions and provide specific feedback to students online (Fig. 6), and to select excellent assignments to share with all students in class. Objective questions are graded automatically and answers are scored based on the scoring option. Students' errors are collected and analyzed in class afterwards.

（2）测验及成绩分析：测验是评估学生阶段性学习效果和能力的手段之一，同时也是一个再学习的过程。本单元测验可以放在线上于设定时间内进行，亦可在线下完成。测验之后除了讲评外，教师还会从检验学生能力的准确度、难度、区分度等几个方面对该测试卷进行评估。

Quiz and result analysis: Quiz is a good method of measuring students' abilities or knowledge in a given period. It also helps them learn from their mistakes. The quiz can be printed on paper to be done offline or is assigned online with a time limit set. Students will receive feedback and the teacher will observe how they respond to it. Besides, the quiz itself is evaluated based on multiple criteria such as validity, degrees of difficulty and scale of differentiation.

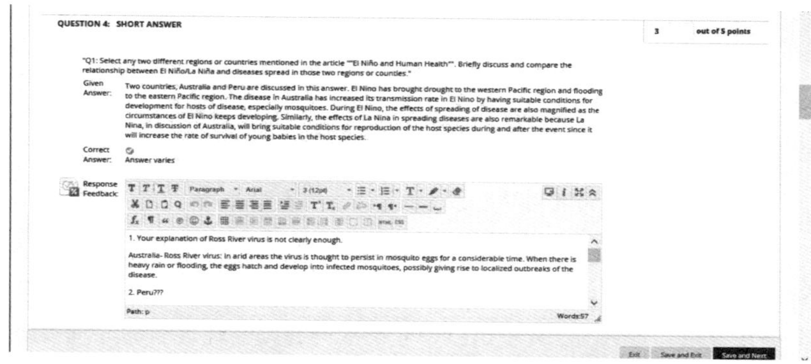

图 6

Figure 6

学生反馈与教学效果 Students' Feedback and Teaching Effect

在我们的混合式课堂里，学生的大部分课业在校内进行，而 Blackboard 等虚拟学习平台则用来完成课外阅读及写作等。与传统课堂相比，它为学生提供了更大的灵活性。

In our hybrid class, students complete most of their coursework on campus and use a virtual learning platform like Blackboard for other parts of the class such as extracurricular reading and writing assignments. It offers students more flexibility than in-person classes.

2.1.2 项目研究 Research Project Guide

学科 Subject	英语 & 世界语言 English & World Languages	**年级 Grade**	G12	**教师 Teacher**	沈晨荔 Shen Chenli
主题 Topic	毕业研讨会项目——全球化背景下的世界英语探索 Senior Project Seminar — Investigation of World Englishes Under the Background of Globalization				
类别 Category	单元教案 Unit Plan		**课时数 Number of Periods**		2

教学计划背景分析 Lesson Plan Background Analysis

自 2016 学年起开设毕业课题项目课程，毕业生可以在毕业前夕（5 月份）的两周时间内完成三选一（① 独立完成自己感兴趣的、经过老师批准的课题研究报告或创新小发明；② 申请校外工作实习；③ 参加学校老师研发的各项研讨会或讲座，然后独立完成书面研究），并在之后一周进行答辩和展示。

SHSID set up Senior Project Program in 2016. Students can choose one of the following three options in two weeks before graduation in May: independent research, internship or seminar-based research. They are required to give oral defense in the following week.

本文的案例为毕业课题项目课程中的第三类，即研讨会研究课程。

课程主要介绍"世界英语"的基本理论，并从社会学以及语言学的角度探索英语的不同变体，以及英语在不同地区的本土化发展和使用。

The case study is the third type of Senior Project, namely seminar-based research. The course mainly introduces the basic theories of "World Englishes", and explores the different varieties of English from the perspective of sociology and linguistics, as well as the localization development and the use of English in different regions.

2020 学年共有 21 名 12 年级学生报名学习该课程。学生常规英语课程水平不一，但普遍较高：21 名学生中，15 名 IB 英语文学学生，6 名 AP 英语语言学生。学生学习态度端正、主动积极、思维活跃，有流利的英语交际能力，并有一定的探究能力。学生之间熟悉，有合作基础。但本课题教师之前并非学生的任课教师，对参与学生不熟悉，如何在短短 2 课时内熟悉学生、实施教学计划并进行评价，有一定难度。本课程内容可以帮助来自不同国家和地区的学生了解现实中的英语多样性，了解并尊重不同的英语变体。

A total of 21 students in grade 12 signed up for the course in 2020. Among the 21 students, 15 are from IB (learning English Literature) and 6 are from AP (learning English Language & Composition). The students have fluent English communicative abilities and researching experience. They are familiar with each other and have the basis of cooperation. However, the teacher is new to the students. It is difficult to get familiar with the students, implement the teaching plan and evaluate them in just two class periods. The course content can help students from different countries and regions to understand the diversity of English in reality, understand and respect different English varieties.

教学目标 Teaching Objectives

内容教学目标 Content Objectives

1. 自主独立完成文献阅读和线上资料，查询了解“世界英语理论”。

Encourage independent literature reading and self-study research.

2. 结合实例，丰富全球意识，比较“英语变体”的异同。

Enrich the global awareness and compare and contrast “English varieties”.

3. 通过合作探究，完成一种英语变体的语言学角度的分析。

Facilitate collaboration to choose one type of English variety and complete analysis.

4. 口头及书面呈现小组成果，对项目完成情况进行自评与他评。

Develop both oral and written communicative ability.

Blackboard 或其他技术如何支持内容目标的实现？ How does Blackboard or Other Technology Support the Content Objectives?

课前阶段，利用 Blackboard 系统中发布的学术论文和视频等促进学生独立自主学习。这是课前文化知识储备的必要步骤。

Academic papers and videos are released on Blackboard in pre-class period. It encouraged students to do more independent work before class. This is a necessary step for students to get prepared for a seminar class.

线上自我评价和同伴评价实施有效率，帮助学生课后扩大阅读并理解学科要求。

The online self and peer evaluation function was more efficient and enables students to have a wider reading after class.

核心素养教学目标 Competency Objectives

批判性思维
Critical thinking

Blackboard 或其他技术如何支持核心素养目标的实现？ How does Blackboard or Other Technology Support the Competency Objectives?

学生能够利用语言表达文化含义，树立文化自信。

批判性思维 Critical thinking	At the forum, students are encouraged to express their understanding of the connotation of the core value system by means of the language.
合作意识和能力 Collaboration	Blackboard 的分组功能支持学生合作来完成项目。 Students are grouped in Blackboard system, which can support students in completing the project collaboratively.
数字素养 Digital literacy	促进学生在资源库中搜索相关学术文本信息的能力。 Students are encouraged to use the digital library to search for related materials.
全球视野 Global perspective	学生更全面地了解全球化背景下的不同英语变体的存在。 Students are able to know different English varieties, understanding the localization of English under the background of globalization.

教学过程 Teaching Process

1. 课前准备 Before class

（1）在 Blackboard 平台上发布通告，告知学生上课时间及教学计划。

Preparation notice is issued in Blackboard system to inform students of the schedule and teaching plan.

（2）在 Blackboard 系统中发布点对点调查信息，了解学生的本族语言背景和英语学习背景。

Survey is conducted to know students' native languages and

English learning background.

（3）在 Blackboard 系统中上传资料，资料主要包括来自 JSTOR 文库的相关文献以及相关大学研究的音频课程材料。

Some related materials including academic articles from JSTOR library and audio courses from universities are uploaded onto Blackboard for students to get familiar with the topic.

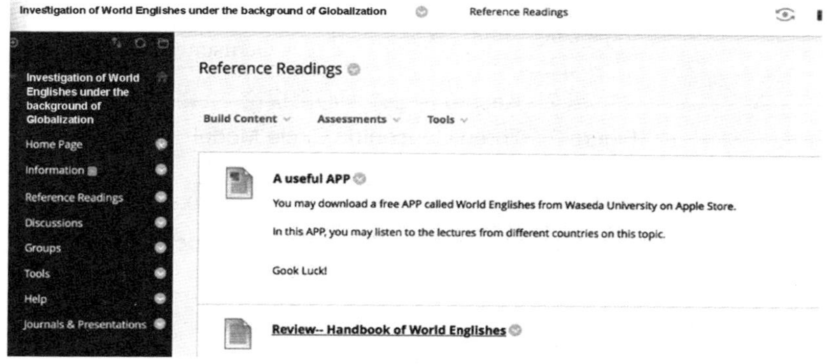

图 1　课前阶段 Blackboard 布置文献阅读任务一瞥

Figure 1　The Task of Literature Reading Before Class

2. 课中阶段：混合式激发讨论（共 2 课时）During class (hybrid discussion)

第一课时 First period

（1）老师激发学生回顾"世界英语"涉及的相关语言学词汇。

Students are motivated to review the relevant linguistic terms involved in "World Englishes".

（2）老师激发学生回顾已预习内容，以引出 Kachru（1985）"世界英语"理论形成的背景及主要框架。

Students are encouraged to review the previewed content, which leads to the background knowledge and the main framework of the formation of Kachru's "World Englishes" theory (1985).

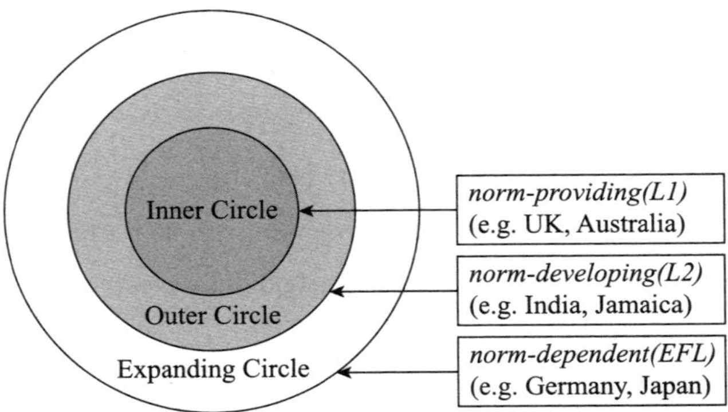

图 2　Kachru 的三个同心圆理论

Figure 2　Three Concentric Circle Model

（3）在 Blackboard 论坛中促进学生讨论以下话题。

Students were asked to answer the following open questions at Blackboard forum.

从道德角度看世界英语：

World Englishes from the ethical perspective:

从道德角度你对世界英语有什么看法？

What is your idea of World Englishes from the ethical perspective?

你愿意用英语分享你的身份信息吗？

Would you like to use English to share your identity?

你对世界英语有什么担忧吗？

What's your concern about World Englishes?

你会坚持所谓的标准英语吗？

Will you stick to the so-called standard English?

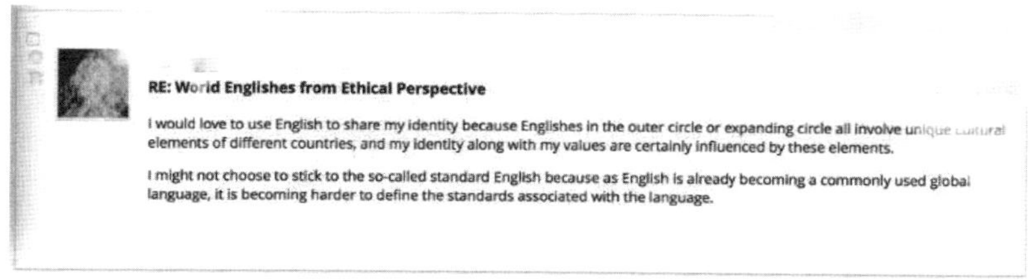

图 3　Blackboard 系统中学生参与论坛讨论

Figure 3　Students' Getting Involved in the Discussion at the Blackboard Forum

（4）教师带领学生了解三个同心圆、不同英语的例子及相对应的语言学知识。学生讨论并分组，选择确认分享的英语种类。同时教师在 Blackboard 上完成分组。（图 4）

During the lecture, students try to understand three concentric circles, examples of different English varieties and related linguistic theory. Students have a group discussion and quickly decide their interesting topics of English varieties which they would like to present in the next class. At the same time, teachers complete grouping them on Blackboard. (see Fig. 4)

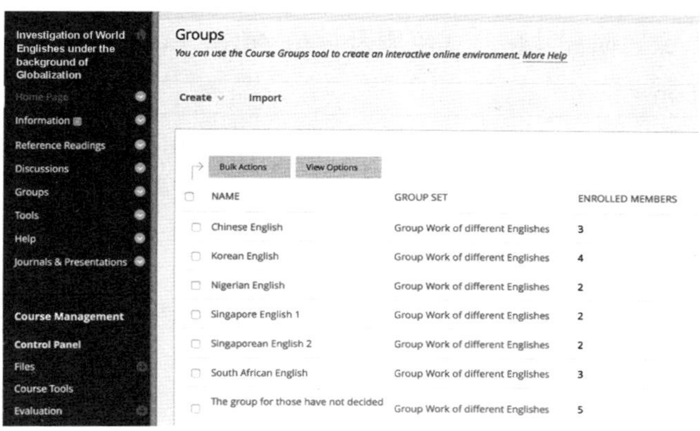

图 4　Blackboard 系统中的小组分工功能

Figure 4　Group Setting in Blackboard System

第二课时 Second period

（5）老师邀请同学介绍每组所确立的不同地区的英语。需要完成：a. 历史背景介绍；b. 确认同心圆的位置；c. 介绍英语变体的语言特点。每组结束后，其他组可提问题。

One speaker for each group was invited to give presentation of one type of English variety. The topic should at least cover the historical or social background of the area, the variety type in the circle model and the linguistic characteristics of the variety. After the presentation, each group is asked questions by other members in class.

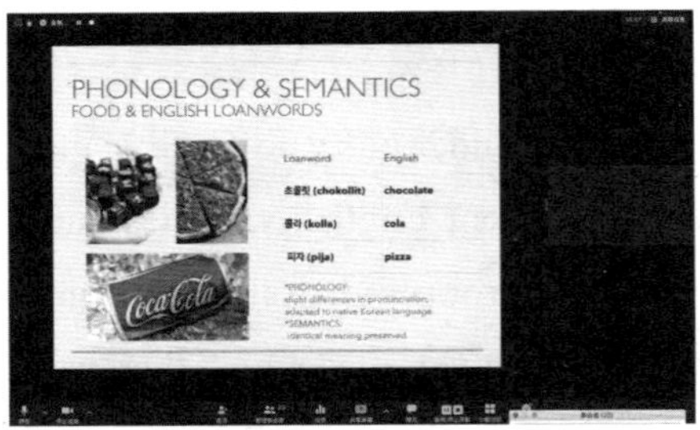

图 5　学生线上分享韩国英语一瞥

Figure 5　Students' Presentation of Korean English in Class

3. 课后阶段：混合式反思及评价 After class: reflection& evaluation

下图为作业及评价（图 6）。Assignments and evaluation are as below (Fig. 6).

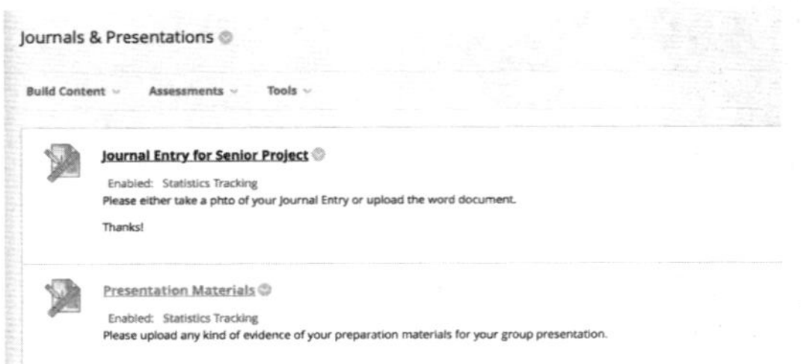

图 6　Blackboard 系统上该课程的作业收集

Figure 6　Assignments Collected in Blackboard System

（1）通过 Blackboard 上传个人作业及学习日志记录。（图 7）

Upload students' personal homework and journal. (Fig. 7)

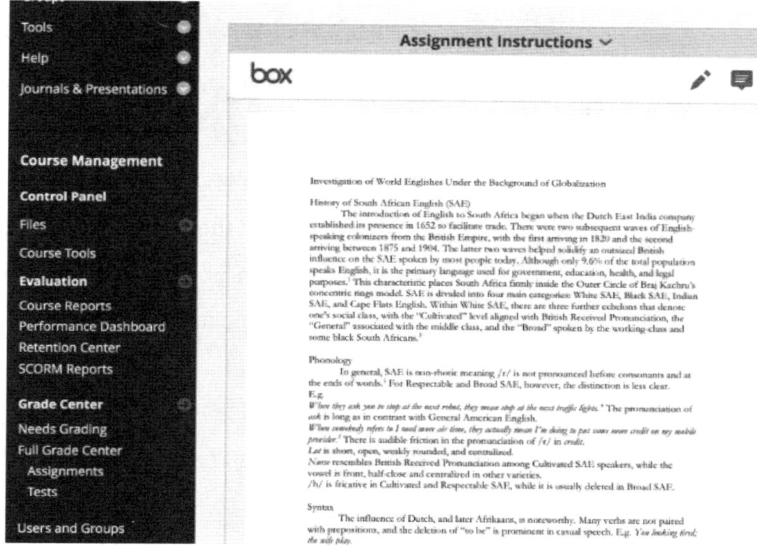

图 7　Blackboard 系统中学生上交的日志记录

Figure 7　Students' Journal Sample in Blackboard System

（2）通过 Blackboard 上传小组作业，做展示的书面材料。

Written work of group presentation uploaded on Blackboard.

（3）评价：在 Blackboard 上完成自评及他评。

Evaluation: Self-evaluation and peer evaluation on Blackboard.

学生反馈与教学效果　Students' Feedback and Teaching Effect

从学生的作业反馈及日记反思中可以看出，学生在短时间内完成了教学目标，在语言能力、学习能力、思维品质、文化意识 4 个维度的核心素养能力得到提升。

From the outcome in students' assignments and journals, we can see hybrid teaching can help cultivate students' abilities in four dimensions: language abilities, learning abilities, thinking quality and cultural awareness.

教师反思 Teacher's Reflection

本案例的混合式教学方式在一定程度上克服了短期项目课程本身课时有限、无法面对面交流以及师生间前期无沟通的弱点。混合式教学中 Blackboard 系统的使用，隐形延伸了课程教学时间。

The hybrid teaching method makes up for the time limitation of the short-term project. The Blackboard system extends the teaching time and solves the problem of lacking communication.

课程中前期的预习作业及课后的反思和评价，使得课程更加立体和完整。同时，混合式教学方式也拉近了师生间的距离和学生间的合作关系。Blackboard 系统的成绩记录方式，满足了个人和小组的提交作业的设置，也实现了自评和互评的设置。

The preview assignments before class and the reflection and evaluation after class make the course well-rounded and complete. At the same time, the hybrid teaching method also shortens the distance between the teachers and students and facilitates the cooperation between students. The records in Blackboard system not only meet the needs of individuals and groups to submit the assignments respectively, but also achieve the result of self evaluation and peer evaluation.

混合式教学是未来教学的发展方向，一个好的语言老师不应只是掌握平台技术，而应学会巧妙地把线上、线下教学游刃有余地结合在一起。

Hybrid teaching and learning is the direction of future learning style. A good language teacher should not only master the technology, but also skillfully combine online and offline teaching modes.

2.2 考试及测验 Tests and Results

2.2.1 学生在线评估 Online Evaluation

学科 Subject	中文 Chinese	Grade / Level 年级 / 水平		G11 / IB	教师 Teacher	戴明霞 Dai Mingxia
主题 Topic	学生在线评估 Online Evaluation		课时数 Number of Periods			1

核心素养目标 Competency Objectives

信息素养培养：学生经历了“线上测试”整个过程，从自己之前十多年所熟悉的“考试”形式突然调整为“线上评估”形式，感受到信息技术对每个人的影响，并体会到“信息技术”作为工具的力量。

Information literacy development: SHSID students have to quickly transfer from the traditional paper tests to online evaluation, which is an actual and authentic experience for everybody to feel the power of information technology.

探究性：学生首次接受新的测试方式时，通过从陌生到熟悉的探索过程，实践了探索和探究的必要技能，并在学习的过程中显示出独立自主性。

Inquiry practice: Online evaluation is new to students in the beginning. They have tried and explored, and finally they complete successfully. The whole process is a search for knowledge and students show their independence and inquiry spirit in the process.

教学计划背景分析　Lesson Plan Background Analysis

Blackboard 系统的目录里面有设置作业的大类。此作业的分类里，又下设测试、调查、作业、自评和互评四大板块。在日常的系统使用中，教师可以通过“设置作业”来布置、收发作业。

在线评估时，教师可以通过系统来收发考卷。Blackboard 有多种方式来设置考卷。本案例通过“设置作业”来收发考卷的方式，谈谈用 Blackboard 在中文课里进行在线评估的方法。

In Blackboard’s contents, there is an assignment function, which includes Test, Survey, Assignment together with Self and Peer Assessment. Teachers can use Blackboard Assignment to set, release and collect students’ homework. It can also be used as a tool to send out and collect the test papers. This case focuses on its assignment function of online evaluation in Chinese class.

教学过程　Teaching Process

1. 课前准备 Preparation

教师可以根据在线评估时长、在线评估特点、评估目标等设计合适的考卷。在 Blackboard 的 Assignments 里新建一个“作业”，并以附件形式上传考卷；然后设置好向学生开放的日期和时间（建议设置为在线评估当天、评估前的 5 分钟），以及答案提交的日期和时间段。

Teachers can design the test paper according to the time length as well as the characteristics and goals of online evaluation. Create a new assignment in the system and upload it as an attachment. Set the due date and delivery time (5 minutes earlier than the evaluation time is suggested).

2. 前期的模拟测试 Mock tests

（1）建议在第一次进行在线评估前，进行 1 或 2 次全过程的模拟（包括具体流程、摄像头位置、答卷扫描、测试批改等环节）。发现问题后，逐一确认、纠正和完善流程。

If it's the first time both for students and teachers to experience the online evaluation, one or two mock tests are suggested, which include the detailed procedures, camera position, answer sheet scanning and grading requirements. Then solve the problems which come up during the process.

（2）在通过 Blackboard 模拟提交 PDF 形式的答卷时，学生先后出现了以下问题：1）没有扫描软件；2）没有扫描完整的答卷（漏页）；3）软件问题，同名文档自动保存前一次的版本，导致学生提交错误文档。

Some problems come up when students submit their PDF answer sheets onto Blackboard: 1) No scanning software. 2) Not scan all the answer sheet (one or two pages are missing). 3) Students submit the wrong PDF file due to the scanning software automatically keeping the first version if they have the same file names.

3. 评估过程 Test procedure

教师通过在线会议软件（如 Zoom 等），以“画廊模式”观察每个学生的考试状态。

Teachers watch the students completing their tests by online meeting tools such as Zoom in its Gallery Mode.

4. 学生在 Blackboard 上提交答卷 Students' submitting answer sheets in Blackboard

虽然经过前两次的模拟，在正式测试的答卷提交过程中，还是出现了以下问题。

Though there are two mock tests in advance, there are still some problems when students submit their answer sheets in the formal evaluation period.

（1）网络拥堵。可能是同一时间近 1000 名学生在 Blackboard 上同时提交考卷，导致 Blackboard 拥堵，不少学生反映传不上去。

Network congestion. When about 1000 students submit their answer sheets almost at the same time, there might be a network congestion. Therefore, some students report to the teachers that they cannot submit successfully.

（2）教师提前设置的交卷时间，是到考试结束后 5 分钟内完成提交。由于上述（1）提到的原因，导致部分学生无法在指定时间内完成。班里 19 个学生中，12 名学生在 Blackboard 上顺利提交，5 名学生在 Blackboard 上显示“迟交”，2 名学生始终无法上传至 Blackboard。

The submission time the teacher has set is in 5 minutes after the test. Due to the Blackboard congestion, only 12 (out of 19) students submit their answers onto Blackboard on time, five submit but Blackboard shows late. Two are finally not able to submit their answers.

（3）启用备用方案。未能及时通过 Blackboard 上传答卷的学生，用备用方案（邮件或微信）来发送。

Plan B is prepared in advance. Those two students who are not able to submit their answers, quickly send out their answer sheets to the teacher either by email or by WeChat.

（4）学生通过微信接龙，确认答卷已全部提交。

Students need to confirm with the teacher about their submission by WeChat.

（5）教师清点收到的答卷数量。没有问题后，宣布测试结束。

The teacher checks the submission status. When all the answer sheets are received, the teacher announces the end of the test.

5. 下载和批改答卷 Download and mark the answer sheet

在 Blackboard 上有两种下载答卷的方式：一种是打包集体下载，另一种是在线逐一批改。考虑到有时使用网络 Blackboard 下载速度缓慢，教师一般操作如下：如果在学校批改，用第二种方式；如果在家批改，用第一种方式。

There are two ways for teachers to download the answer sheets. One is to package all the answer sheets and then download; the other is online one-by-one grading. Due to occasional Blackboard download limitations, if the paper is planned to be marked at home, downloading the package is preferred. If it is to be marked at school, on-line grading is the first choice.

6. 批改结果反馈给学生 Evaluation feedback to students

（1）如果采用逐一在线批改的方式，教师可以在相应区域输入每个学生的评语和成绩，学生也可以及时看到反馈。

If teachers choose the Blackboard on-line grading, they can write comments and scores in a bar, and the students can see them promptly.

（2）批改痕迹。如果学生书写时错别字比较多，那么老师最好能在学生答案中留下批改痕迹。有些教师，通过购买“手写板”等设备，轻松实现了这个功能。如果教师没有手写板，以下两个方法则不需要借助外部工具：

Marking Signs. Most of G11 Chinese students have a problem with Chinese characters writing. The best way to remind them of their writing mistakes, is to show them the correct ways. Some teachers use the Write Pads to realize it. If teachers do not have a writing pad , the following methods can be used.

1）微信的“截图”功能。把答题中有错误的地方截图，并用微信截图自带的“打框”或“加字”功能标注出来后，通过微信发给相应学生。

Screenshot in WeChat. Make a screen capture when there is a writing mistake, then circle the mistake with WeChat tools, and input the correct writing in the text box. Send this screenshot to the students.

2）PDF 编辑功能。学生答卷是以 PDF 格式下载的。教师打开 PDF 后，可以通过 PDF 自带的“插入”—“随意画”，或“插入”—“批注”方式，在答卷上留下批改痕迹。操作完成后，保存 PDF 即可。

Edit in PDF. The answer keys are downloaded in the form of PDF files. Teachers can open the file, mark the papers by “insert drawings” or write down comments by “insert a comment”, and then save the files.

优劣势分析 Strengths and Weaknesses

优点：Strengths：

1. 能提前上传测试卷 / 作业，在指定时间开放给学生，并让学生在指定时间内上传。学生是否上交、是否延误，在 Blackboard 界面上一目了然。

Blackboard Assignment function can release the files to all the students in a specific time, and students can submit their work before the due date. Teachers can collect all the assignments on Blackboard and easily see who is late or who fails to submit.

2. 测试 / 作业分数、评语能通过 Blackboard 平台让学生一一看到，不用借助第三方工具。

Students can see the evaluation results and comments promptly on Blackboard after teachers input the scores and comments.

3. 测试 / 作业的具体要求、相关文档、成绩都自动保存在

Blackboard 平台中，需要时可导出。

Requirements, files and grades of the assignment are automatically kept on Blackboard. All of them can be exported when needed.

不足之处：Weaknesses：

1. 教师在家登录 Blackboard，有时会无法下载学生作业，或只能下载一部分。如果有机会改善，那是最好。

Some teachers might have difficulties in downloading students' assignments at home. If this limitation can be overcome, it will be more convenient.

2. 如果需要以后长期使用 Blackboard 来收发测试卷 / 作业，并留下批改痕迹，还是要考虑使用手写板等设备。

If the school decides to use Blackboard as a long-term tool to send out and collect assignments or test papers, for keeping all the correction marks, a writing pad is highly recommended to teachers.

3. 若有大量学生短时间内集中提交作业的情况，需要提前考虑 Blackboard 平台拥堵的状况，准备并采取第二套方案，或是用延长提交时间节点等方法来做好应对。

If a large number of students need to submit their files at the same time, there might be a network jam. Plan B should be prepared in advance, or a longer submission time is allowed.

学生反馈　Students' Feedback

1. 在课程进行到第 2 周的时候，班级里曾做过一次问卷调查。其中一问是关于线上提交作业的方式。在 17 份有效问卷中，3 个学生选择了 Blackboard，14 个学生选择了"微信小程序"。

Two weeks after carrying out the course on Blackboard, the teacher makes a survey in class. On the basis of 17 valid questionnaires, when being asked which platform you prefer to submit the homework, 3 students choose Blackboard and 14 choose the WeChat Homework Recording Applet.

2. 期中考试时，学生用 Blackboard 收发在线评估卷的配合度普遍较好（估计是经过近 2 个月的使用，对 Blackboard 这个平台更加熟悉）。

In the midterm exam, which is two months after the online teaching, students are familiar with Blackboard, which is the only formal platform in SHSID online education period. When SHSID decides to use Blackboard to send and collect evaluation papers instead of the traditional way in the classroom, students are quite easy to accept the transformation.

3. 在线评估中，学生按规定统一使用 Blackboard 来下载考卷，总体接受度也是比较好的。只是在提交上传答卷时，出现了上文说的一些小状况。

Students also get used to Blackboard when receiving and submitting their papers. Some problems come up as mentioned above.

教师反思 Teacher's Reflection

1. Blackboard 收发作业功能，总体来说还是比较便捷的。之前由于 Blackboard 登录经常不稳定，尤其是觉得 Blackboard 不是一个必要的工具，为了省去“摸索新事物”的时间，我没有去大量主动接触 Blackboard，比较可惜。

Blackboard assignment function is convenient. Due to the previous instability of Blackboard logging environment, I haven't spent much time on Blackboard, which makes my Blackboard journey start later than other teachers.

2. 层出不穷的新工具，如以前耳熟能详的电子邮件、微信，到现在的 Blackboard，以及一些微信小程序，给我们的日常教育教学都会带来很多便捷。每个人要保持“好学之心”，与时俱进。

In the current society with rapid development of science and technology, there are plenty of new tools, such as e-mail, WeChat, Blackboard, WeChat applets as well as other apps and software. They are playing more and more important roles in the daily teaching and learning process. Everybody should keep on learning and be unafraid to move with the times.

3. 决定使用在线评估后，校方为师生均提供了详细的指导。在向学生推广在线评估时，虽然预计小部分学生可能会碰到各种问题，但学生对新事物的接受度还是比较高的。

When SHSID decides to use online evaluation as an option, detailed guidance has been provided both for teachers and students. It is common sense that there must be some difficulties when trying something new, but our students get used to new things pretty soon.

4. 线上评估中的课外语篇的“阅读理解”，学生无法用笔在文本上做各种标记，且文本和阅读题目之间要通过电脑上下翻页来实现，对学生的阅读和答题速度都造成一定的影响。教师在设计题目、题量时要考虑到这些因素。

The forms of online Reading Comprehension Section should be improved. One problem is that students have difficulties in underlining or circling some key words in the online evaluation. Another problem is that students need to switch from the text page to the question page many times, which is inconvenient to students. These two factors need to be carefully considered when teachers design the online Chinese evaluation.

2.2.2 上传 PDF 考卷，减少逐题输入工作量

Upload PDF Exam Papers, Reduce Manual Input Effort

教师 / 学科 Teacher / Subject	刘姗 / 数学 Liu Shan / Mathematics
简介 Descriptions	直接上传整张考卷（PDF 格式），减少逐题输入的工作量 Uploading the entire PDF test paper significantly reduces the effort required for manually entering the questions one by one
推荐使用场景 Recommended Usage Scenarios	标准化的测试，或最后答案以数字为主的测试，可直接上传试卷的 PDF 版本。为简化批改过程，可以设置为填空题形式，学生回答最终答案，将答题过程作为附件另外上传。若学生手写答案上传为 PDF 或 JPG 格式，可搭配 iPad 和 Apple Pencil 进行线下批改（参考 2.2.5） For standardized tests or questions with numerical answers, teachers can directly upload the PDF version of the test paper. To expedite grading, the test can be presented with fill-in-the-blank questions. Students then submit their detailed solutions and upload them as supplementary attachments. If students submit handwritten answers in PDF or JPG format, grading can be conducted offline with the aid of an iPad and Apple Pencil (refer to 2.2.5)

教学过程 Teaching Process

1. 创建测试 Create a test

课程工具→测试、调查和题库→测试→构建测试，输入测试名称

和说明。

Course tools → Tests, Surveys, and Pools → Test → Build a Test, enter the test name, description and instructions.

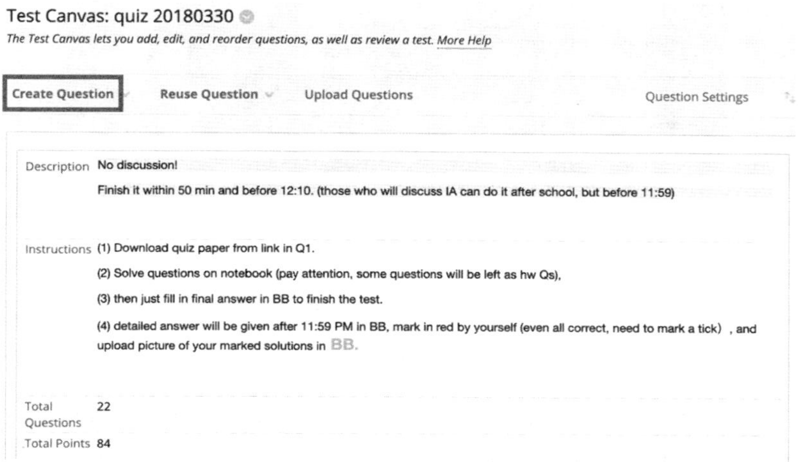

Test Canvas: quiz 20180330

The Test Canvas lets you add, edit, and reorder questions, as well as review a test. More Help

Create Question　Reuse Question　Upload Questions　Question Settings

Description	No discussion! Finish it within 50 min and before 12:10. (those who will discuss IA can do it after school, but before 11:59)
Instructions	(1) Download quiz paper from link in Q1. (2) Solve questions on notebook (pay attention, some questions will be left as hw Qs), (3) then just fill in final answer in BB to finish the test. (4) detailed answer will be given after 11:59 PM in BB, mark in red by yourself (even all correct, need to mark a tick) , and upload picture of your marked solutions in BB.
Total Questions	22
Total Points	84

图 1

Figure 1

2. 上传整张试卷的 PDF 文件 Upload the PDF version of the complete test paper

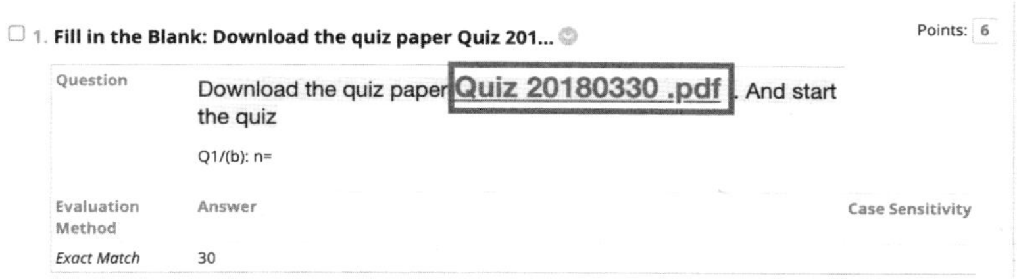

1. **Fill in the Blank: Download the quiz paper Quiz 201...**　Points: 6

Question	Download the quiz paper Quiz 20180330 .pdf . And start the quiz Q1/(b): n=	
Evaluation Method	Answer	Case Sensitivity
Exact Match	30	

图 2

Figure 2

3. 后续题目为填空题形式，要求学生填写正确答案 For the following questions, ask students to answer in the form of filling in the blank

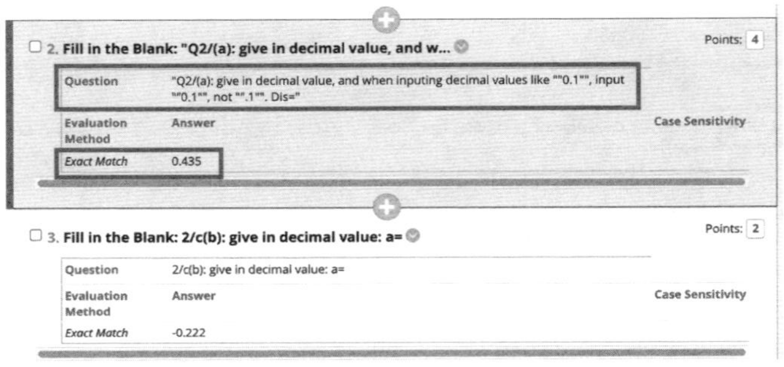

图 3

Figure 3

4. 发布测试，设置尝试次数、开始和结束时间 Release the test, and set the number of attempts, timer and valid time period

Multiple Attempts

Allow Unlimited Attempts

Number of Attempts 2

Score attempts using Highest Grade

Force Completion

Once started, this test must be completed in one sitting.

Set Timer

Set expected completion time. Selecting this option also records completion time for this test. Students will see the timer option before they begin the test.

50 Minutes

Auto-Submit

OFF ON

***OFF:** The user is given the option to continue after time expires.*

***ON:** Test will save and submit automatically when time expires.*

Display After 03/30/2018 11:08 AM

Enter dates as mm/dd/yyyy. Time may be entered in any increment.

Display Until 03/30/2018 11:59 PM

Enter dates as mm/dd/yyyy. Time may be entered in any increment.

*Click **Submit** to edit options for this test. Click **Cancel** to quit.* Cancel Submit

图 4

Figure 4

5. 设置考试后标准答案可见 Upload mark scheme and make it available to students after the test

创建内容→项目→上传详细答案→设置学生可见时间（下课后）。

Build Content → Item → Attach the file → Set time restriction for students to view (after class).

Attached files

File Name	Link Title	File Action	
quiz 20180330 answer (2002 May hl p1) (1).pdf	quiz 20180330 answer.pı	Create a link to this file	Mark for removal

STANDARD OPTIONS

Permit Users to View this Content ◉ Yes ○ No

Track Number of Views ○ Yes ◉ No

Select Date and Time Restrictions ☑ Display After 03/31/2018 01:00 AM
Enter dates as mm/dd/yyyy. Time may be entered in any increment.
☐ Display Until
Enter dates as mm/dd/yyyy. Time may be entered in any increment.

Click **Submit** to proceed. Cancel Submit

图 5

Figure 5

6. 依据答案，学生自批解题过程，另建链接让学生上传自批内容 Students self-assess their problem-solving process based on the provided answers and upload their self-assessment content via a dedicated link

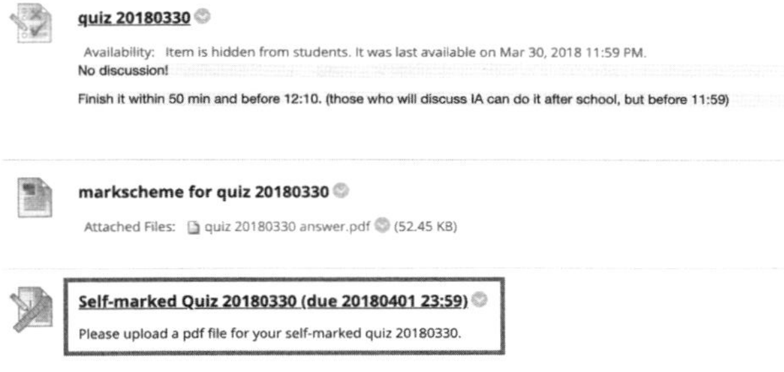

图 6

Figure 6

教师点评 Teacher's Comments

一方面，系统只能直接批改选择题和填空题这类答案唯一的题目；另一方面，数学有大量公式输入，为了节省学生答题时间，只要求在线提交最后答案。这样可以同时提高教师在线设置考卷以及学生在线答题的效率。具体答题过程可以另建一个链接，让学生课后先自己核对过程和答案，然后扫描，上传自批的内容，这也是增强学生学习自主性的一种方式。Blackboard 的成绩中心还能进行答题分析，帮助教师快速定位错误率高的共性题目，以便对全班进行讲解。

On one hand, the system can only directly grade questions with unique answers, such as multiple-choice and fill-in-the-blank questions. On the other hand, to save students' time on answering, for mathematical questions with complex formula inputs, only the final answers are to be submitted online. This approach simultaneously enhances the efficiency of teachers in setting up exams and students in taking them online. Additionally, a separate link can be provided for students to review their problem-solving process and answers after class, and then students scan and upload their self-assessment content. This serves as a way to enhance students' autonomous learning abilities. Moreover, the Grade Center on Blackboard offers an answer analysis function, which assists teachers in quickly identifying common questions with high error rates and explaining to the entire class.

2.2.3 答题数位精度控制 Set Answer Range for Calculation Questions

教师 / 学科 Teacher / Subject	吴晨 / 数学 Wu Chen / Mathematics

（续表）

简介 Descriptions	计算题精度要求和对应答案的精度设置 Set answer range for calculation questions
推荐使用场景 Recommended Usage Scenarios	答案中存在估算或者保留有效数字的简答题 Short-answer questions with answers in estimation or retaining valid numbers

教学过程 Teaching Process

1. 明确答题要求 Set instructions

考试信息中，举例说明答案表达标准、需要达到精度，强调数字大小写的差异等。

In the test information, examples are given to explain the instructions, such as the precision needed, the importance of the capitalization of numbers, etc.

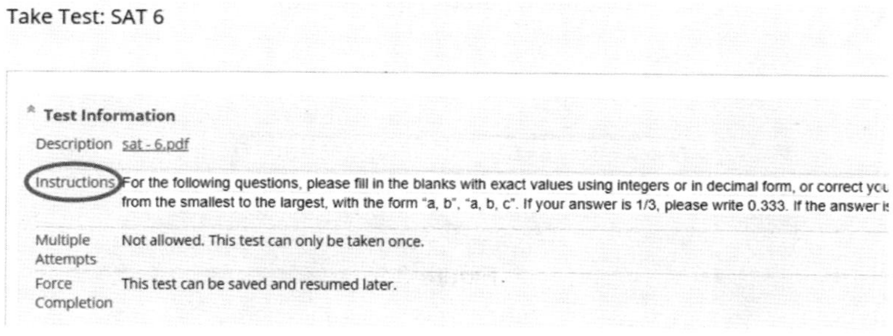

Take Test: SAT 6

Test Information

Description sat - 6.pdf

Instructions For the following questions, please fill in the blanks with exact values using integers or in decimal form, or correct you from the smallest to the largest, with the form "a, b", "a, b, c". If your answer is 1/3, please write 0.333. If the answer i

Multiple Attempts Not allowed. This test can only be taken once.

Force Completion This test can be saved and resumed later.

图 1

Figure 1

2. 计算填空题答案精度设置 Set model answers and answer ranges

情况一：答案为整数、简单分数或对应小数，依据测试要求输入答案，系统批改取准确值。

Situation 1: The answer is an integer, a simple fraction or corresponding decimal. Enter the answer according to the test instructions, and the system will grade the answers according to the accurate value.

18. **Calculated Numeric: Q18: 18**

Question	18
Answer	5.5
Answer range +/-	0

图 2

Figure 2

情况二：答案有多位小数，估算可近似，系统批改取范围值。

Situation 2: The answer has approximation, so the system grades according to a small range value.

19. **Calculated Numeric: Q19: 19**

Question	19
Answer	4.333
Answer range +/-	0.01

图 3

Figure 3

情况三：一定范围内均为正确答案，系统批改取范围值。

Situation 3: The correct answer is a range, so the system grades according to the answer range.

例题 Sample question：Line l passes through the origin and point (3，k)，where $4 < k < 5$. What is one possible value for the slope of line l?

正确答案为 1.333 ~ 1.667，设定标准答案为 1.5 ± 0.167。

The correct answer is 1.333 ~ 1.667, so the teacher sets the model answer as 1.5±0.167.

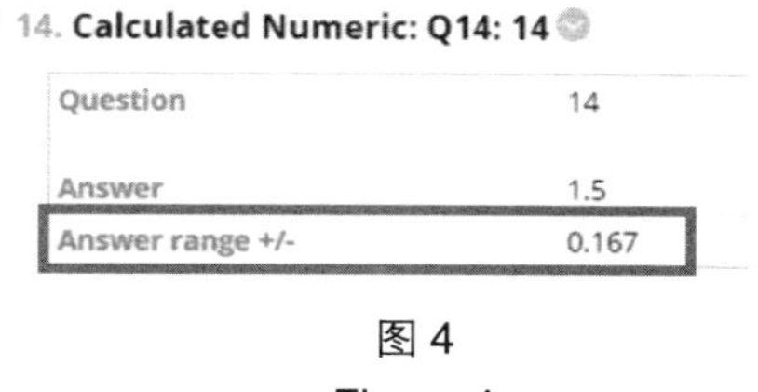
14. Calculated Numeric: Q14: 14

Question	14
Answer	1.5
Answer range +/-	0.167

图 4

Figure 4

3. 建议 Suggestions

数学中还可以使用 Calculated Formula 类型问题，锻炼学生输入数学表达式作为答案的能力，精确表达数学语言。若需文字、图片、音频、视频等多媒体形式作答，可使用 File Response。

Calculated Formula Type of questions in math exercises can be used to provide the students with opportunities to practice answering in formula. Creating questions of File Response would allow students to answer in paragraphs, photos, audio, videos or other multimedia forms.

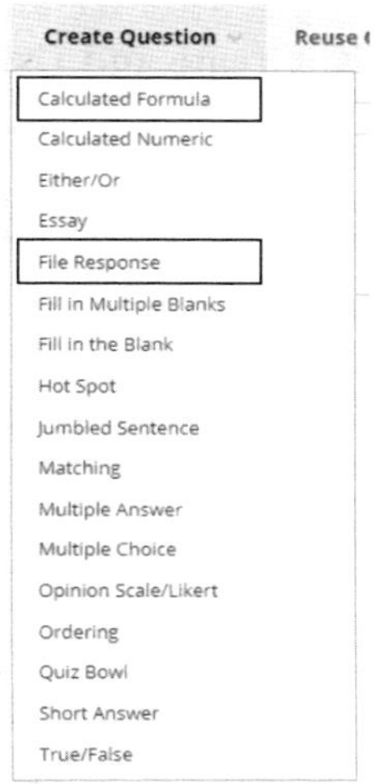

图 5

Figure 5

图 6

Figure 6

教师点评 Teacher's Comments

数学学科准确设置答案范围，避免系统误判，高效使用系统自动批改功能。在线测试形式多样，建议多加尝试匹配不同测试需求。

Blackboard can allow math teachers to accurately set the answer range to avoid system misjudgments, so auto-grading can be achieved. Blackboard can also support multimedia forms of submissions, which could match different testing needs.

2.2.4 创建使用题库 Create and Use Pool/Question Banks

教师 / 学科 Teacher / Subject	曾琼玉，李泳池 / 生物 Zeng Qiongyu, Li Yongchi / Biology
简介 Descriptions	作业题库的建立及应用 Build and use question banks (pools)
推荐使用场景 Recommended Usage Scenarios	平行班共享题库 Share pools between parallel classes

教学过程 Teaching Process

1. 新建或导入题库，标记题库信息 Build/Import the question bank and label the information

建立题库：课程管理→测试、调查和题库→题库。

Build the Pools Page: Course Management → Tests, Surveys, and Pools → Pools.

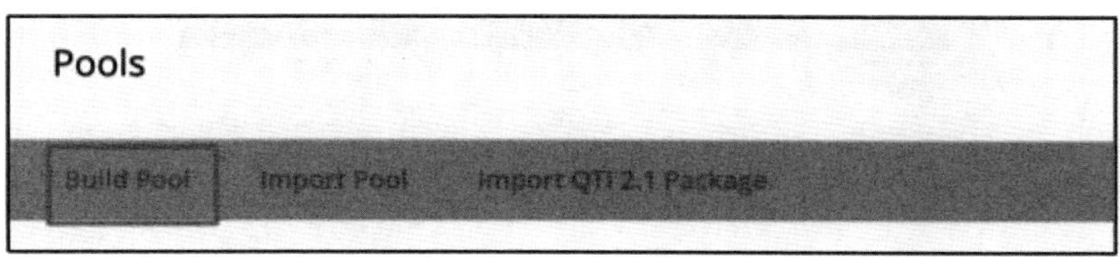

图 1
Figure 1

Pool Information

* Indicates a required field.

POOL INFORMATION

* Name　SAMPLE TEST POOL

Description

Paragraph　Arial　3 (12pt)　Mashups　HTML CSS

Path: p　Words:0

图 2
Figure 2

导入题库。If a Pool package exists, click the Import Pool to import it.

图 3

Figure 3

2. 创建题目 Create questions

图 4

Figure 4

可单道题目在线编辑录入。

A single question can be edited and input.

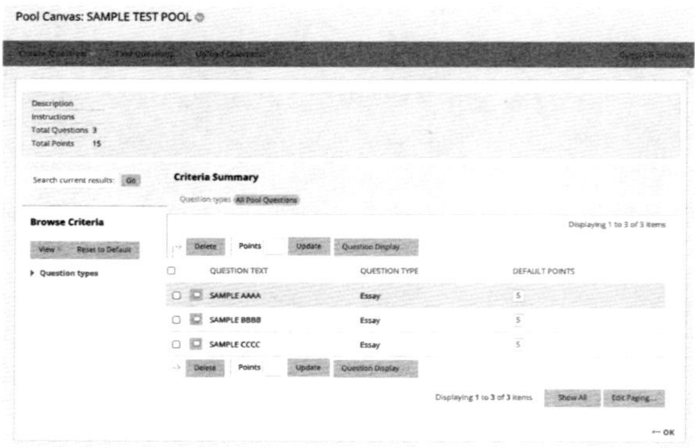

图 5

Figure 5

录入完成，点击 OK 完成题库建立。

After all questions have been added to the pool, click OK to submit.

3. 使用题库 Use the Pool

新建测试。Create a test.

图 6

Figure 6

选择题库中题目：重复使用问题→查找问题。

Choose questions in the bank: Reuse Question → Find Questions.

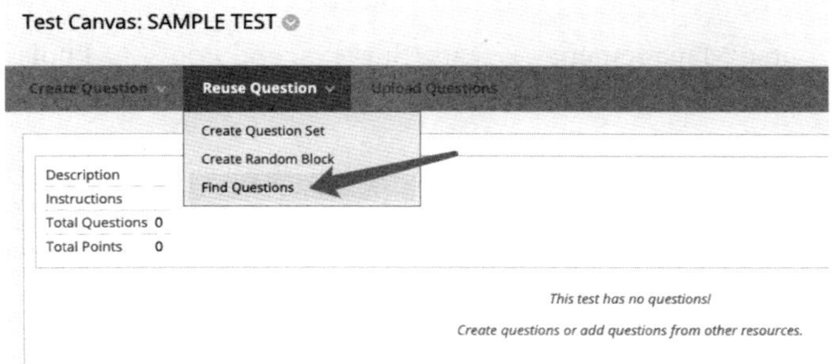

图 7

Figure 7

选中所有需要的题目，点击提交。

Check the questions needed and submit.

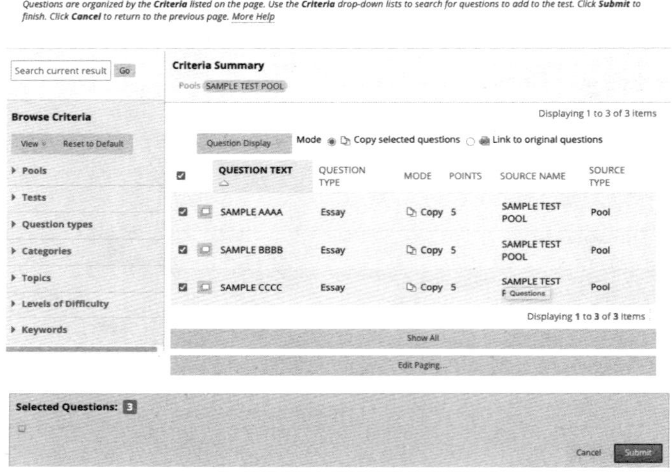

图 8

Figure 8

后续和创建普通测试步骤相同。

The following steps are the same as creating a regular test.

4. **修改或导出题库** Edit or export the Pool

课程管理→测试、调查和题库→题库

Course Management → Tests, Surveys, and Pools → Pools

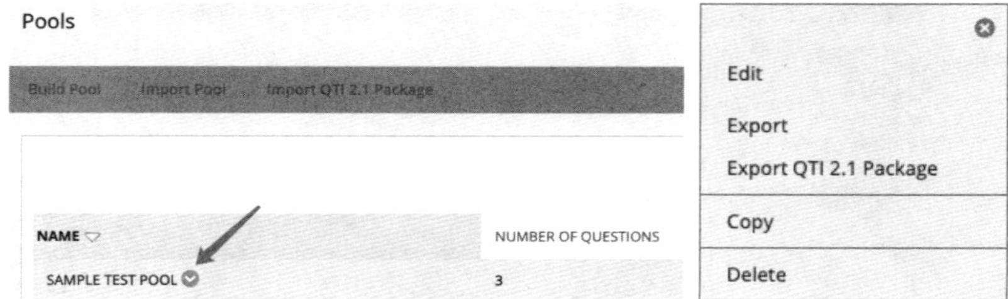

图 9

Figure 9

教师点评　Teacher's Comments

建立题库优势：

1. 重复使用的题目，只需录入一次，减少录入工作量。

2. 平行班保持一致，平行班老师之间可以协作共享题库。

3. 可根据章节和课题来导入问题。不同问题可以标记难度或关键词，方便查找。

4. 快速建立新的作业或者测试。

Advantages for teachers to use the Pool tool in a Blackboard classroom:

1. Pools can reduce the workload since each question needs to be created/imported only once. Then, those questions can be reused.

2. Teachers of the same subject teaching parallel classes can create a test bank together and share it.

3. Multiple pools can be established based on chapters or topics. Every question in the pools can be classified by different factors, such as levels of difficulty and keywords.

4. Questions can be easily found when creating a homework assignment or test.

2.2.5　无纸化线下批阅试卷 Download Scanned Tests in Bundles and Grade with Digital Tablets

教师 / 学科 Teacher / Subject	吴雯倩 / 物理 Wu Wenqian / Physics
简介 Descriptions	批量下载测试，使用数位板或 iPad 等其他电子设备辅助批改

（续表）

简介 Descriptions	Export whole package of free response homework to other electronic devices for paperless grading
推荐使用场景 Recommended Usage Scenarios	简答题批改需要标注，标注和反馈中包含图画、公式等 Grade with comments including graphics or formulas

教学过程 Teaching Process

1. 匹配学生名字和系统默认用户名，下载文件名以用户名命名 Match students' names with usernames, download the filenames and rename them

冻结系统默认用户名，匹配学生名字和用户名。

Freeze students' ID as a reference to students' names.

课程管理→评分中心→完整成绩中心→选中对应学生和学号

Click Course Management, Grade Center, then Full Grade Center. Select corresponding students and match with their ID.

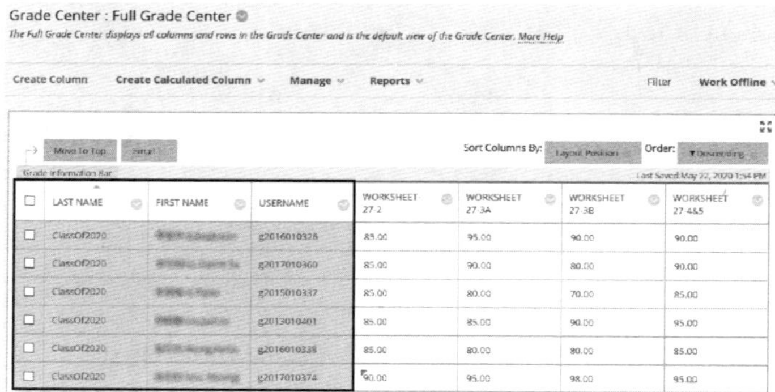

图 1

Figure 1

固定学生账号在表格前端。

Free students' ID in the front of the chart.

管理→列组织→拖拽用户名一行至冻结区

Click Manage, next Column Organization, then move the username to freezing area.

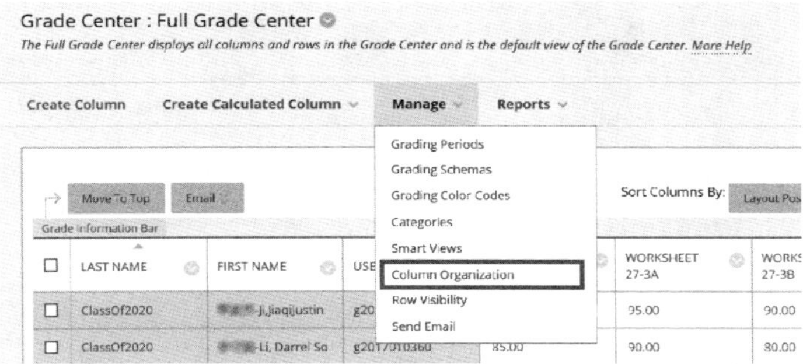

图 2

Figure 2

图 3

Figure 3

2. 批量下载，更易进行非文字性标注，拓展 Blackboard 标注功能 Batch download facilitates digital grading, which extends the function of Blackboard

点击"作业文件下载"，下载文件。

Click "Assignment File Download" , and download the files.

Grade Center : Full Grade Center

The Full Grade Center displays all columns and rows in the Grade Center and is the default view of the Grade Center.

Create Column　Create Calculated Column　Manage　Reports

Move To Top　Email　Sort Colu

Grade Information Bar　Click for more options

☐	LAST NAME	FIRST NAME	USERNAME	WORKSHEET-27-2	WORKSHEI 27-3A
☐	ClassOf2020	Ji,JiaqiJustin	g2016010326	85.00	95.00

图 4

Figure 4

图 5

Figure 5

选中对应学生。Select corresponding students.

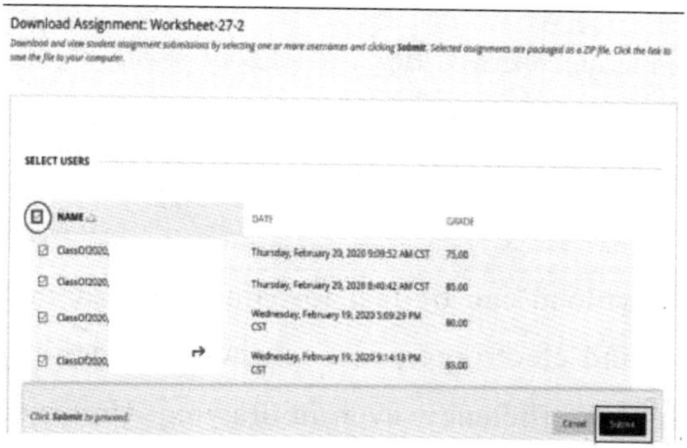

图 6

Figure 6

下载文件名包含学生学号，以便确认学生名称。搭配 iPad 和 Apple Pencil 更容易实现非文字性标注。

The file names contain the students' ID, easily for the teacher to match their names. Using a handwriting tool along with a tablet makes the digital grading much easier.

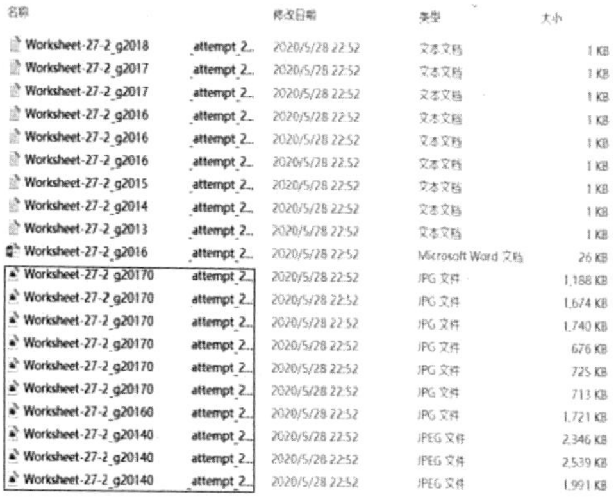

图 7

Figure 7

教师点评　Teacher's Comments

特定学科批量下载速度更快，搭配数位板、iPad、电子笔可以提高批改效率，并且可以实现画图等其他 Blackboard 在线批改无法实现的功能，与线下纸质批改效果类似，更好地给学生提供反馈，但需要投入设备。

Batch download can be fast for some specific subjects. With tablets, iPad, and electronic pens, teachers can achieve paperless grading with high efficiency, even in drawing. However, electronic devices are needed for the grading part.

2.2.6　Blackboard 在线批改及试卷分析功能 Automatic Grading of Online Tests and Result Analysis

教师 / 学科 Teacher / Subject	刘晓雪，李乐军 / 物理 Liu Xiaoxue, Li Lejun / Physics
简介 Descriptions	选择题和简答题的成绩统计和答题情况分析 Score and answer analysis for multiple choice questions and short-answer questions
推荐使用场景 Recommended Usage Scenarios	快速查阅学生易错题和整体完成情况 Quickly check up the error-prone questions and the entire completion

教学过程　Teaching Process

1. 选择测验 Choose a test

成绩中心→完整成绩中心

Grade Center → Full Grade Center

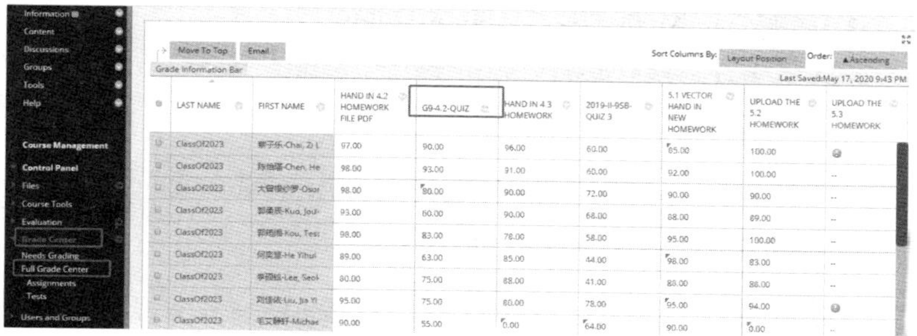

图 1
Figure 1

2. 根据答题情况判断题目难度 Analyze the difficulty of each question according to the class performance

结果分析→项目分析

Result Analysis → Item Analysis

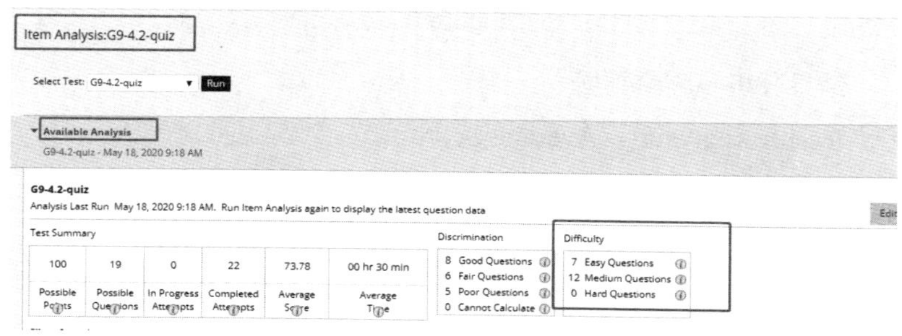

图 2
Figure 2

了解测试题难度，根据答题情况将其分为简单、中等和困难，同时了解答题用时、平均分。

Based on the class performance, the questions are divided into 3 types: easy, medium, and hard. The teacher can rearrange the question order and select certain questions for future use.

3. 单题分析 Analysis of each question

（1）查看选择题错题的人数和百分比。

结果分析→项目分析

Check up the number of wrong answers as well as the percentage. Click Result Analysis, then Item Analysis.

Question:

A 5.0 μC charge is placed at the 0 cm mark of a meter stick and a -4.0 μC charge is placed at the 50 cm mark. At what point on a line joining the two charges is the electric field zero?

	Answers	Total	Top 25%	2nd 25%	3rd 25%	Bottom 25%
	A) 1.4 m from the 0 cm mark	1(5.89%)	0	1	0	0
	B) 2.9 m from the 0 cm mark	4(23.53%)	0	0	3	1
	C) 3.3 m from the 0 cm mark	1(5.89%)	0	0	0	1
☑	D) 4.7 m from the 0 cm mark	11(64.71%)	6	2	2	1

Legend

◆ Review recommended ⁂ Questions might have changed after deployment ★ Not all submissions have been graded (QS) Question Set (RB) Random Block

图 3

Figure 3

结果分析→测验数据

Result Analysis → Average Score

图 4

Figure 4

（2）比较学生的简答题答案。

Compare the short answers in the class.

结果分析→测验数据

Result Analysis → Average Score and Given Answers

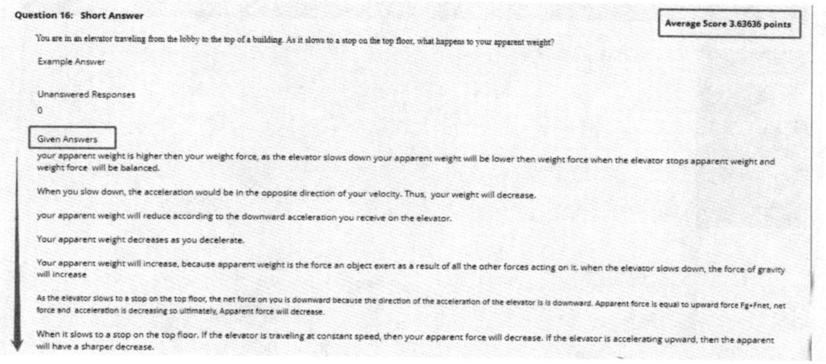

Question 16: Short Answer　　**Average Score 3.63636 points**

You are in an elevator traveling from the lobby to the top of a building. As it slows to a stop on the top floor, what happens to your apparent weight?

Example Answer

Unanswered Responses

0

Given Answers

your apparent weight is higher then your weight force, as the elevator slows down your apparent weight will be lower then weight force when the elevator stops apparent weight and weight force will be balanced.

When you slow down, the acceleration would be in the opposite direction of your velocity. Thus, your weight will decrease.

your apparent weight will reduce according to the downward acceleration you receive on the elevator.

Your apparent weight decreases as you decelerate.

Your apparent weight will increase, because apparent weight is the force an object exert as a result of all the other forces acting on it. when the elevator slows down, the force of gravity will increase

As the elevator slows to a stop on the top floor, the net force on you is downward because the direction of the acceleration of the elevator is is downward. Apparent force is equal to upward force Fg+Fnet, net force and acceleration is decreasing so ultimately, Apparent force will decrease.

When it slows to a stop on the top floor. If the elevator is traveling at constant speed, then your apparent force will decrease. If the elevator is accelerating upward, then the apparent will have a sharper decrease.

图 5

Figure 5

4. 查看整体试卷难度分析 Check up the list of difficulty levels

了解各题目难度，便于合理安排题目顺序。

Get to know the difficulty scale of the questions based on the class performance and rearrange the order if necessary next time.

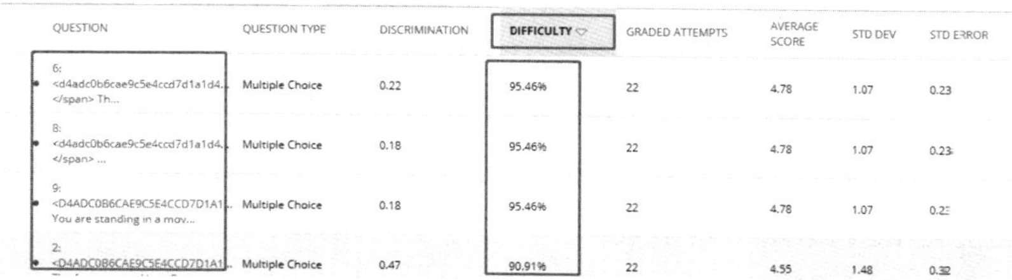

QUESTION	QUESTION TYPE	DISCRIMINATION	DIFFICULTY	GRADED ATTEMPTS	AVERAGE SCORE	STD DEV	STD ERROR
6: <d4adc0b6cae9c5e4ccd7d1a1d4... </span> Th...	Multiple Choice	0.22	95.46%	22	4.78	1.07	0.23
8: <d4adc0b6cae9c5e4ccd7d1a1d4... </span> ...	Multiple Choice	0.18	95.46%	22	4.78	1.07	0.23
9: <D4ADC0B6CAE9C5E4CCD7D1A1... You are standing in a mov...	Multiple Choice	0.18	95.46%	22	4.78	1.07	0.2[illegible]
2: <D4ADC0B6CAE9C5E4CCD7D1A1...	Multiple Choice	0.47	90.91%	22	4.55	1.48	0.32

图 6

Figure 6

5. 了解全班尝试次数 Look up the total number of attempts

结果分析→测验数据

Result Analysis → Test Statistics

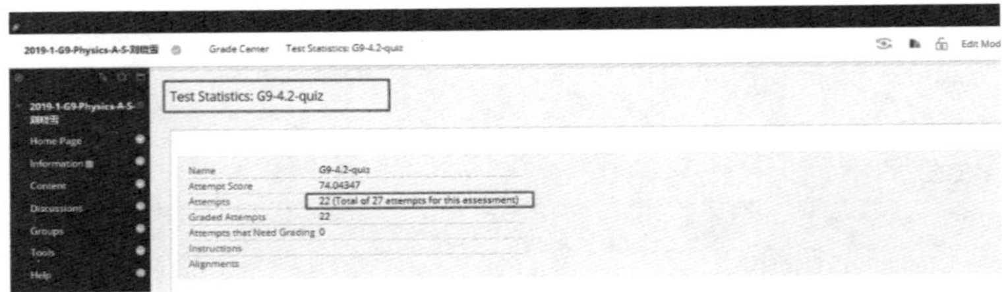

图 7

Figure 7

教师点评　Teacher's Comments

1. 老师根据测验数据可方便地进行题目难度、答题情况分析，方便未来测验调整题目顺序或难度。

Teachers can get a good understanding of the difficulty scale of each test and the feedback of students' real scores through test analysis, which is convenient for the specific adjustment of the next designed test.

2. 老师向学生分析测验数据，便于学生理解易错点和易混淆选项，以此对症下药，提高理解能力。

Teachers can analyze and share some of the test data with students, so that students can understand their true level and understand in which aspects they need to improve.

2.3　课题 Case Studies of Course Projects

2.3.1　英语文学播客 English Literature Podcast

教师 / 学科 Teacher / Subject	Ashleigh Fox，沈晨荔 / 英语 Ashleigh Fox，Shen Chenli / English

（续表）

使用的 Blackboard 功能 Blackboard Functions	外链融合其他多媒体资料 Blackboard linked to other multimedia platforms
教学内容 Content	詹姆斯·乔伊斯的《都柏林人》文学分析： Literary analysis of James Joyce's *The Dubliners*: • 学生学习乔伊斯的短篇系列《都柏林人》。 Students were studying Joyce's collection of short stories *The Dubliners*. • 理解乔伊斯作品暗含的深意以及这些寓言故事的背景。每一篇文本都需要学生理解作者如何揭示殖民主义，以达到对现代主义的进一步理解。 Students are required to understand Joyce's underlying message and the background of the allegories. For each text the students grapple with the modernist text to find what aspect of the colonial experience is revealed within the text.
教学目标 Teaching Objectives	• 提高学生思辨能力 To improve critical thinking ability • 帮助学生找到段落和章节之间的联系，形成连贯的阅读思维 To encourage students to form inter-textual connections • 鼓励学生之间多沟通交流，分享想法 To encourage communication among students • 练习分析性写作能力 To practice analytical writing • 鼓励学生自我反思，进一步完善自己的想法 To encourage students to self-reflect and refine their thinking

教学过程 Teaching Process

教师首先布置播客作业，给出《都柏林人》的简介（图 1），明确章节目标和作业要求，明确学生在听播客中需要关注的重点和回答的问题。

The teacher first assigned the podcast assignment, together with an overview of *The Dubliners* (Fig. 1), the chapter objectives, assignment requirements, as well as the key points to be focused on and the questions to answer.

The 'Dubliners' Debrief: Podcast Series

Nominate one person from each of your groups to upload the podcast to a blog post page. Be sure to specify who is in your group and which of Joyce's stories you decided to cover!

The initial post should include:

- the audio file of your podcast
- the short summary of your story typed in the box
- the list of questions that you were using to guide your podcast discussion

You will then be required to respond to 2 other podcast groups! Listen to the groups discussion and try to add or further the connections to your own story or another story that we have covered in class. Forge connections! Add to the discussion! Each of you will receive a mark for your contribution to the other podcasts discussions so please make sure to say more than "Well said" or "I like your podcast"!

12H English
Ms. Fox
Mr. Haig **Due: 10/03/2020**

'Dubliners' Debrief

This unit we have been exploring some of the major images and themes in James Joyce's collection of short stories. Joyce's stories, while featuring different characters and storylines, build on each other to paint a picture of Ireland at the time. You are now hosting a podcast show wherein you discuss your thoughts, understandings, questions and insights of various literary works. This week you are going to be discussing one of James Joyce's short stories with your listeners!

Remember that a podcast is a casual conversation! It is meant to be organic and easy going, so embrace the weird silences and the awkward interpretations! Everyone in your group needs to be heard on the conversation when you hand in the podcast file and no the 'interviewer' is not an appropriate title! Make sure that each person shares their thoughts with the listeners!

ASSIGNMENT:
Part I – 10 points

- Your group will choose one of the short stories from James Joyce's collection *that has not been studied yet in class*. Read the story... actually though, read it!
- Write a brief summary of the story that you will read at the beginning of your podcast so that the listeners have an idea of what's going on.
- You need to devise a list of 3-5 discussion questions that will be submitted with your final product.
    - Considerations:
        - What are the characteristics of the narrator of this story? How old is he? What is he looking for or going after? ("An Encounter"- adventure, "Araby" - the sister)
        - Based on what you know about Joyce's use of characterization to comment on the state of Ireland, what do you think that he is trying to say through the characters in this story?
        - How does Joyce use color to communicate his ideas?

Part II – 10 points

- Record a 10-15-minute podcast including the following elements:
    - Podcast intro & Greeting
        - Come up with a name for your podcast & record a quick greeting (can be a song or an intro standard recording to say what your podcast is about)
        - Welcome your listeners and introduce the content for the episode
    - Introduce the content
        - Summary of the story (again keep it short!)

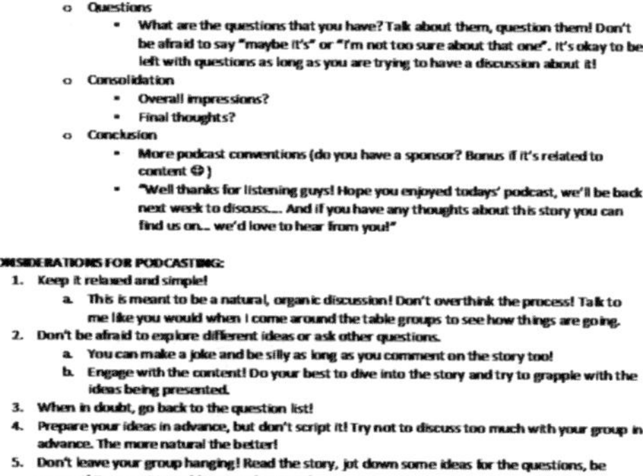

- Questions
  - What are the questions that you have? Talk about them, question them! Don't be afraid to say "maybe it's" or "I'm not too sure about that one". It's okay to be left with questions as long as you are trying to have a discussion about it!
- Consolidation
  - Overall impressions?
  - Final thoughts?
- Conclusion
  - More podcast conventions (do you have a sponsor? Bonus if it's related to content ☺)
  - "Well thanks for listening guys! Hope you enjoyed todays' podcast, we'll be back next week to discuss.... And if you have any thoughts about this story you can find us on... we'd love to hear from you!"

CONSIDERATIONS FOR PODCASTING:

1. Keep it relaxed and simple!
   a. This is meant to be a natural, organic discussion! Don't overthink the process! Talk to me like you would when I come around the table groups to see how things are going.
2. Don't be afraid to explore different ideas or ask other questions.
   a. You can make a joke and be silly as long as you comment on the story too!
   b. Engage with the content! Do your best to dive into the story and try to grapple with the ideas being presented.
3. When in doubt, go back to the question list!
4. Prepare your ideas in advance, but don't script it! Try not to discuss too much with your group in advance. The more natural the better!
5. Don't leave your group hanging! Read the story, jot down some ideas for the questions, be present! Be a positive addition to the team!

图 1 《都柏林人》简介、播客要求和需要回答的问题

Figure 1 Brief Introduction of *The Dubliners*, Considerations for Podcasting, and Task Outline

学生每人需要听两个其他同学的播客，学生自由分组完成播客。在这个作业里，学生有机会听到其他同学的理解，加强和同学之间的沟通和互相学习。课堂时间有限，无法全部讲完书本内容，学生在播客中对《都柏林人》中的15个小故事可以有更多的时间进行了解，对整个殖民过程、个体认识的衰退和消亡有更全面的了解。全班共同努力，达到对本书的整体化的理解。

Each student needs to listen to podcasts of two other classmates, and students are free to form groups to complete the podcasts. In this assignment, students have the opportunity to hear their peers' interpretations, which can enhance communication and promote mutual learning among classmates. Due to limited class time, not all content from the book *The Dubliners* can be fully covered. Through podcasts, students can spend more time understanding the 15 short stories and gain a more comprehensive understanding of colonization, and decay and loss of identity. Through collaborative efforts, the entire class achieves a holistic understanding of the book.

一周的时间内，学生很好地完成了自己的播客。教师在此过程中时刻关注学生的进度，提醒学生对自己另外两个同学的播客提出有效的帮助和建议。教师同时在 Blackboard 上发布评分标准，帮助学生根据评分标准完成自己的播客（图 2）。

Within one week, students successfully completed their own podcasts very well. Throughout this process, the teacher closely monitored students' progress, reminding them to provide effective help and suggestions for the podcasts of their other two classmates. Simultaneously, the teacher posted grading criteria on Blackboard to assist students in completing their own podcasts according to these criteria (Fig. 2).

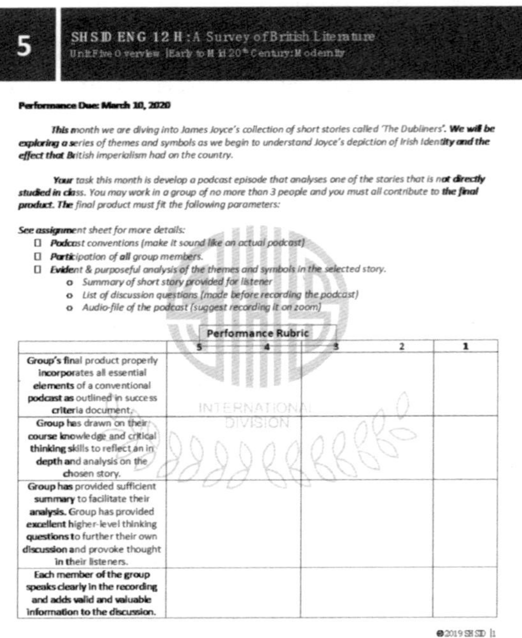

5

SHSID ENG 12H: A Survey of British Literature

Unit Five Overview | Early to Mid 20th Century: Modernity

Performance Due: March 10, 2020

***This** month we are diving into James Joyce's collection of short stories called 'The Dubliners'. **We will be exploring a** series of themes and symbols as we begin to understand Joyce's depiction of Irish Iden**tity and the effect that B**ritish imperialism had on the country.*

***Your** task this month is develop a podcast episode that analyses one of the stories that is n**ot directly studied in cla**ss. You may work in a group of no more than 3 people and you must all contribute to **the final product. The** final product must fit the following parameters:*

***See assignme**nt sheet for more details:*

- □ ***Podca**st conventions (make it sound like an actual podcast)*
- □ ***Parti**cipation of **all** group members.*
- □ ***Evide**nt & purposeful analysis of the themes and symbols in the selected story.*
  - o *Summary of short story provided for listener*
  - o *List of discussion questions (made before recording the podcast)*
  - o *Audio-file of the podcast (suggest recording it on zoom)*

Performance Rubric

	5	4	3	2	1
Group's final product properly **incorporates** all essential **elements** of a conventional **podcast as** outlined in success **criteria** document.					
Group has drawn on their **course knowledge** and critical **thinking sk**ills to reflect an in **depth and** analysis on the chosen story.					
Group has provided sufficient **summary** to facilitate their **analysis.** Group has provided **excellent** higher-level thinking **questions t**o further their own **discussion a**nd provoke thought in their listeners.					
Each member of the group speaks clearly in the recording and adds valid and valuable information to the discussion.					

图 2　教师发布的播客评分标准

Figure 2　Grading Rubric of the Podcast Series

教师同时发布了学生对于其他同学播客的评分标准，便于学生按照标准条条对应，给同学建议和帮助（图 3）。

The teacher also posted grading criteria for students to evaluate their classmates' podcasts, helping them to provide suggestions and assistance according to the criteria (Fig. 3).

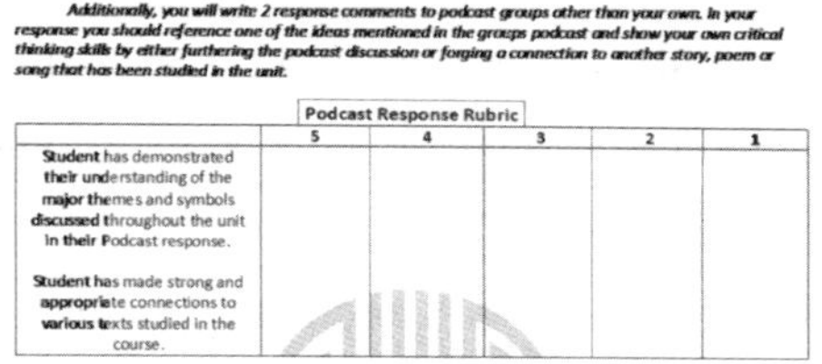

Additionally, you will write 2 response comments to podcast groups other than your own. In your response you should reference one of the ideas mentioned in the groups podcast and show your own critical thinking skills by either furthering the podcast discussion or forging a connection to another story, poem or song that has been studied in the unit.

Podcast Response Rubric

	5	4	3	2	1
Student has demonstrated **their** understanding of the **major** themes and symbols **discussed** throughout the unit **in their** Podcast response. **Student has** made strong and **appropriate** connections to **various texts** studied in the course.					

图 3　教师发布的学生播客互评标准

Figure 3　Grading Rubric for Peer Evaluation

最后，学生会收到老师对播客的评价和反馈，以及对其参与同学互评的评价，如图 4 所示。

Finally, students will receive the teacher's evaluation and feedback on the podcasts, as well as their participation in peer evaluations of other classmates, as shown in Fig. 4.

Well done gentlemen! You engaged very honestly with this text. Though you had a strong analytical argument, I love that you weren't afraid to express when you were unsure with a concept. Good work exploring the themes of death and paralysis and rooting your discussions in textual evidence. You also did well to pick up on the change in narration of this story as it does rely less on a 'stream of consciousness' than some of the other stories in the collection.

Additionally, the comments that you left on peer podcasts were very well done! You did well to provide examples and build to the conclusion of Joyce's main argument: "England always wins". Good job!!

Podcast = 19/20
Responses = 5/5

图 4　老师对学生播客的评价以及对学生互评的参与度的评分

Figure 4　The Teacher's Feedback on the Podcast and Students' Response to Their Classmates' Podcast

学生反馈　Students' Feedback

学生反馈令人印象深刻，他们能够很好地将 15 个故事互相联系，讨论分析意见不同的话题，加深对文章的分析和认知，播客也体现了学生极高的参与度和积极性。以下各图为学生反馈的意见截图，总体反馈良好。

Students' responses were impressive and showed a careful consideration of the themes and symbols as they forged connections between the allegorical stories. Students were encouraged to challenge ideas that they did not agree with and engage with the discussion of specific elements in the podcasts.

Saturday, March 14, 2020 9:47:45 PM CST

I really liked your connection to Great Gatsby and all, but about the point where you talk about Gallaher only bragging about his riches and all during the entire talk and how that relates to the wastefulness in Gatsby, I sort of have to disagree. In the story, we can see how Gallaher and Chandler talk about success in life. Chandler does see Gallaher's life as a success, because he does what he wants to do in a free life, but Gallaher certainly also views Chandler's life as a success, because Chandler is settled well with his family. It's just matter of preference. So Gallaher did talk about Chandler's success and congratulated him, not always just bragging about himself and his success. I just wanted to point this out. Great discussion nonetheless though!

Tuesday, March 17, 2020 5:35:01 PM CST

The reason why little Chandler thinks Paris is an immoral city might also be his jealousy. He is jealous about Gallaher's success, and starts regretting not leaving Ireland when he was younger. Because he cannot change the past, he wants to prove that he is also a success now in Ireland, and that his choice to get married and have a stable family in Ireland is not wrong. He wants to find some fault in the outside world that justifies him not leaving Ireland when he had the chance.

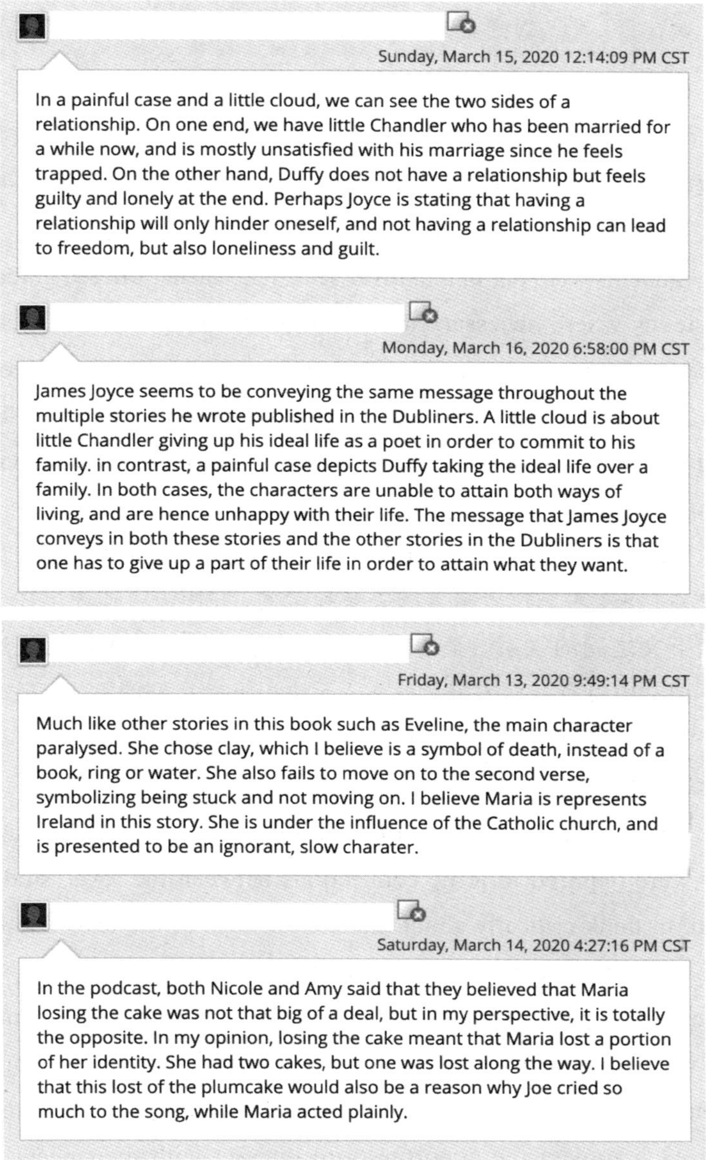

Sunday, March 15, 2020 12:14:09 PM CST

In a painful case and a little cloud, we can see the two sides of a relationship. On one end, we have little Chandler who has been married for a while now, and is mostly unsatisfied with his marriage since he feels trapped. On the other hand, Duffy does not have a relationship but feels guilty and lonely at the end. Perhaps Joyce is stating that having a relationship will only hinder oneself, and not having a relationship can lead to freedom, but also loneliness and guilt.

Monday, March 16, 2020 6:58:00 PM CST

James Joyce seems to be conveying the same message throughout the multiple stories he wrote published in the Dubliners. A little cloud is about little Chandler giving up his ideal life as a poet in order to commit to his family. in contrast, a painful case depicts Duffy taking the ideal life over a family. In both cases, the characters are unable to attain both ways of living, and are hence unhappy with their life. The message that James Joyce conveys in both these stories and the other stories in the Dubliners is that one has to give up a part of their life in order to attain what they want.

Friday, March 13, 2020 9:49:14 PM CST

Much like other stories in this book such as Eveline, the main character paralysed. She chose clay, which I believe is a symbol of death, instead of a book, ring or water. She also fails to move on to the second verse, symbolizing being stuck and not moving on. I believe Maria is represents Ireland in this story. She is under the influence of the Catholic church, and is presented to be an ignorant, slow charater.

Saturday, March 14, 2020 4:27:16 PM CST

In the podcast, both Nicole and Amy said that they believed that Maria losing the cake was not that big of a deal, but in my perspective, it is totally the opposite. In my opinion, losing the cake meant that Maria lost a portion of her identity. She had two cakes, but one was lost along the way. I believe that this lost of the plumcake would also be a reason why Joe cried so much to the song, while Maria acted plainly.

图 5

Figure 5

教师点评 Teacher's Comments

优点：Advantages:

学生在播客项目中表现出极大的主动性和主人公意识。教师仅需提供方向和指引，帮助学生利用所学知识和方法参与和投入创作，将文学作品拆解和分析，创造了自己的作品。

Students were put in the driver seat. The teacher offered guidance and focus where necessary, but throughout this process it was the students who were responsible for their own learning. This proved to be a particularly effective method with this group of students. They used their knowledge of the themes and symbols to deconstruct one of the stories on their own.

在此过程中，学生表现了高度的思辨能力，很好地将全书前后文联系起来，考虑作者暗含的关系和隐喻，并用语言描述出体会到的上下文之间的联系。播客也给了每个学生很好的平台去表达自己。课堂中总有一些安静的学生，无法积极参与到课堂中，播客使每个学生有平等的机会发出自己的声音，并且在相对放松的环境和同学进行互动。

Students had a high level of critical thinking and engagement. As they were required to forge connections between the texts, students began to think critically about the relationships of the texts and how they could best articulate the connections that they made. Every student had a platform to speak. In the online classroom environment, it is not uncommon for some students to stay quiet and not engage as much as they would in the physical classroom. This assignment gave each student the opportunity to interact with their peers in a meaningful, academic way while still affording the quieter students the opportunity to speak in a non-threatening setting.

缺点：Disadvantages:

播客对网络要求较高。15 分钟的播客，学生需下载整个音频或者全程联网才可完成作业，网络不稳定的情况下会比较困难。

One issue with this process is that it relies heavily on a strong Internet connection. The podcast files were required to be roughly 15 minutes in length, and students had to keep connected with the Internet or download these files. For some students this was not an issue, while others who had a very slow connection speed resulted in a much longer process to get their work done.

另外一个主要的问题是提交截止日期。学生有两周时间完成自己的播客，以及额外一周来听自己同学的播客并加以反馈，有一组同学没有按时完成，最后老师不得不延长截止日期。未来在长期项目作业中，教师可能需要强制规定截止日期，保证学生按时完成项目，避免同学的互评环节的分数受到影响。

Another issue with this assignment was the submission deadlines. While students were given 2 weeks to complete their podcasts and an additional week to post and write responses, one group did not meet these deadlines. In the future, the teacher could resolve this issue by enforcing a hard deadline for the podcast submission and giving students a week beyond that to write their comments. This would ensure that students have a larger scope of work to choose from and that all of the podcasts are evaluated.

2.3.2 化学家庭实验 Chemistry Experiments at Home

学科 Subject	化学 Chemistry	年级 / 水平 Grade / Level	G10/ S+	教师 Teacher	杨敏 Yang Min
主题 Topic	化学反应 Chemical Reaction				
类别 Category	单节课教案 Single Lesson Plan		课时数 Number of Periods		1

教学计划背景分析 Lesson Plan Background Analysis

作为化学的核心概念之一，化学反应为学生理解物质如何相互作用并转化为新物质提供了一个基础认知框架。在教学设计的过程中，教师所面临的一个挑战是如何引导学生通过简单且安全的动手实验，以探究化学反应，体验化学变化。结合数字化平台，学生们可以分享、讨论他们的实验设计、实验探索以及结论反思，从而在互动、合作的环境中发展学科兴趣，促进科学探究，并由此突破课堂范围的局限性，达到对知识的深度理解和实际应用。

As one of the core concepts in chemistry, chemical reaction provides a foundational cognitive framework for students to understand how substances interact and transform into new substances. In the process of designing their instruction, teachers face a challenge of guiding students through simple and safe hands-on experiments to explore chemical reactions, allowing them to experience chemical changes. Leveraging digital platforms, students can share and discuss their experimental designs, explorations, and reflective conclusions, which can help foster disciplinary interest and promote scientific inquiry in an interactive and collaborative environment. As a result, they can transcend the limitations of the classroom, achieving a deeper understanding and practical application of knowledge.

教学目标　Teaching Objectives

- 理解化学反应的过程和本质

Understand the process and essence of chemical reactions

- 能够辨别不同类型的化学反应，掌握它们的特点

Be able to differentiate between different types of chemical reactions and understand their characteristics

- 掌握化学反应方程式的书写

Master the writing of chemical equations

- 掌握离子反应方程式的书写

Master the writing of ionic equations

教师利用 Blackboard 来实现自主探究过程的引入和成果搜集，并且借助 Blackboard 来分享学生的实践成果，让他们有一个互动、讨论和分享的平台，促使他们积极地、主动地参与学习过程，从而通过亲身实践和探索来理解、掌握学习内容。

The teacher uses Blackboard to introduce the process of independent inquiry and collect outcomes, and utilizes it to share students' practical achievements, providing them with an interactive platform for discussion and sharing. This encourages them to actively and proactively participate in the learning process, thereby understanding and mastering the learning content through hands-on practice and exploration.

教学过程　Teaching Process

首先，作为探究活动的引入，教师将课前任务上传 Blackboard（图 1），鼓励学生利用家庭物品来设计、实施家庭实验。教师要求学生遵守实验室的安全规则，在实验的过程中用相机记录并通过

Blackboard 提交实验视频。

Firstly, as an introduction to the inquiry activity, the teacher uploaded the pre-class assignment on Blackboard (Fig. 1), encouraging students to utilize household items to design and conduct family experiments. The teacher instructed students to follow laboratory safety rules, record the experiment with a camera during the process, and submit the experiment video on Blackboard.

图 1　家庭实验任务

Figure 1　Assignment of Family Experiment

为了促进学生之间的交流合作，教师通过 Blackboard 随机分组功能（图 2）创建了 4 个合作小组，每组 3 个学生，鼓励他们将探究过程写成科学实验报告分享在 Blackboard 的博客上。教师还要求学生在报告中加入化学反应方程式和离子反应方程式（如果有），以敦促他们找出每种相关家庭材料的物质成分和化学式。分享的过程也是一个自评和互评的过程：教师对学生的报告进行点评，学生之间相互评论、完善和补充。

To facilitate communication and collaboration among students, the teacher employed Blackboard's random enrollment feature (Fig. 2) to create four collaborative teams, each comprising three students. They were encouraged to document their inquiry process in the form of scientific experiment reports and share them on the Blackboard blog. Additionally, the teacher requested students to incorporate chemical equations and ionic equations (if applicable) in their reports, prompting them to identify the substances' compositions and chemical formulas within each relevant household material. The sharing process also included self-assessment and peer assessment: The teacher provided feedback on students' reports, and students engaged in mutual commenting, refining, and supplementation.

图 2　利用 Blackboard 随机分组

Figure 2　Random Enrollment Group Setting on Blackboard

在学生们完成所有任务之后，教师与每个小组一一回顾和讨论 Blackboard 博客上的书面报告和点评，帮助他们进一步反思并提升科学探究和表达能力。

After students had completed all tasks, the teacher reviewed and discussed the written reports and comments on the Blackboard blog with each group individually. This process aided them in further reflection and enhanced their scientific inquiry and communication skills.

学生反馈与教学效果 Students' Feedback and Teaching Effect

结果表明，学生在探究过程尤其是实验设计方面提出了一系列的设想。学生 A 以蜡烛燃烧过程的化学变化为研究点，发现蜡烛熄灭之后点燃蜡烛的烟可以使蜡烛复燃（图 3），并对其中的原因进行探索；学生 B 针对醋和小苏打混合产生的化学反应制作了配有字幕的精美视频来呈现整个过程（图 4）；学生 C 则对柠檬和小苏打之间的化学变化产生兴趣，用视频记录了实验过程（图 5）。

The results indicate that students proposed a range of ideas during the inquiry process, particularly in experimental design. Student A focused on the chemical changes during the combustion of a candle, discovering that igniting the smoke of an extinguished candle could reignite it (Fig. 3) and explored the reasons behind it. Student B created a visually appealing video with subtitles showcasing the entire process of the chemical reaction between vinegar and baking soda (Fig. 4). Student C, on the other hand, developed an interest in the chemical changes between lemon and baking soda, documenting the experimental process in a video (Fig. 5).

图 3 火焰沿着烟迹重新点燃了蜡烛

Figure 3 The Flame Reignites the Candle along the Smoke Trail

图 4 配有字幕的醋和小苏打实验视频

Figure 4 Subtitled Video of Vinegar and Baking Soda Experiment

图 5 柠檬和小苏打实验

Figure 5 Lemon and Baking Soda Experiment

学生完成实验后，在 Blackboard 博客里分享了他们的实验报告和所学所得，汇总见表 1。博客作为一种开放性分享的方式，使得同组学生可以通过续写、补充说明来完善实验报告，不同组学生可以互评并纠错，教师也可以加入其中对学生的实验报告进行点评。

After completing the experiments, students shared their experiment reports and findings on the Blackboard blog, which were summarized in Table 1. As an open sharing platform, the blog allows students within the same group to refine experiment reports through additions and clarifications, enables students from different groups to peer-assess and correct one another, and allows the teacher to provide feedback and comments on students' experiment reports.

表 1 部分学生的博客及其对应的知识、能力和学科核心素养的培养
Table 1 Selected Students' Blogs and the Cultivation of Corresponding Knowledge, Skills, and Core Competencies

化学反应 **Chemical Reactions**	学生在 Blackboard 博客上的部分实验报告 **Experiment Reports on the Blackboard Blog**	知识、能力和学科核心素养的培养 **Cultivation of Knowledge, Skills and Core Competencies**
小苏打和醋 Baking soda and vinegar	我将醋和小苏打作为反应物混合，并在反应过程中观察到气泡。乙酸与碳酸氢钠反应形成乙酸钠和碳酸是复分解反应。由于碳酸不稳定，它会继续分解为 H_2O 和 CO_2，这就是两种原料混合时会形成气泡的原因。 I mixed vinegar and baking soda as reactants and observed bubbles during the reaction. Acetic acid reacts with sodium bicarbonate to form sodium acetate and carbonic acid which is a double replacement reaction. Since carbonic acid is unstable, it continues to decompose into H_2O and CO_2, which is why bubbles form when the two reactants are mixed. 根据信息检索，我发现反应物之一的乙酸有很多用途，比如白醋可以用来清洁我们穿的 T 恤衫。在我的实验中，化学反应并不那么剧烈。这是因为普通的家用调料醋没有那么强：我们在厨房中使用的每 100g 醋中只有 5.5g 乙酸。	知识：描述化学变化，辨别化学反应的类型，书写化学反应方程式和离子反应方程式。 Knowledge: Describe chemical changes, identify types of chemical reactions, write chemical reaction equations and ionic equations. 能力：文献搜索，化学语言和表达，科学方法——发现问题，提出假设，设计并进行实验验证，得出结论，实验报告撰写。

（续表）

化学反应 Chemical Reactions	学生在 Blackboard 博客上的部分实验报告 Experiment Reports on the Blackboard Blog	知识、能力和学科核心素养的培养 Cultivation of Knowledge, Skills and Core Competencies
小苏打和醋 Baking soda and vinegar	Based on the information search, I found that acetic acid, one of the reactants, has many uses: white vinegar, for example, can be used to clean the T-shirts we wear. In my experiment, the reaction wasn't that drastic. This is because regular household spice vinegar is not that strong: It only has 5.5g of acetic acid per 100g of vinegar we use in the kitchen. 化学反应方程式： Chemical reaction equation: $NaHCO_3\ (aq) + CH_3COOH\ (aq) \rightarrow CO_2\ (g) + H_2O\ (l) + CH_3COONa\ (aq)$ 完整的离子反应方程式： Complete ionic equation: $Na^+\ (aq) + HCO_3^-\ (aq) + CH_3COOH\ (aq) \rightarrow CO_2\ (g) + H_2O\ (l) + CH_3COO^-\ (aq) + Na^+\ (aq)$ 离子反应方程式： Ionic equation: $HCO_3^-\ (aq) + CH_3COOH\ (aq) \rightarrow CO_2\ (g) + H_2O(l) + CH_3COO^-(aq)$	Skills: Literature Search, Chemical Language and Expression, Scientific Method – Finding Problems, Formulating Hypotheses, Designing and Conducting Experimental Verification, Drawing Conclusions, Writing Experimental Reports. 学科核心素养：宏观辨识与微观探析，证据推理与模型认知，科学探究与创新意识，科学精神与社会责任。 Core competencies: Macro identification and micro analysis, evidence reasoning and model cognition, scientific inquiry and innovation awareness, scientific spirit and social responsibility.

（续表）

化学反应 Chemical Reactions	学生在 Blackboard 博客上的部分实验报告 Experiment Reports on the Blackboard Blog	知识、能力和学科核心素养的培养 Cultivation of Knowledge, Skills and Core Competencies
小苏打和柠檬 Baking soda and lemon	小苏打和柠檬之间的化学反应主要是小苏打和柠檬酸之间的反应，因为柠檬中柠檬酸的含量超过 20%。 The chemical reaction between baking soda and lemon is mainly between baking soda and citric acid because the amount of citric acid in lemon is more than 20%. 观察与分析：在实验过程中，当我向 20ml 柠檬汁（柠檬酸：$C_6H_8O_7$）中加入 20g 小苏打（$NaHCO_3$）时，出现气泡，这意味着产生了一些气体。另外，从这两种物质之间反应的嘶嘶声中，我认为它们两者都是活泼的。此外，我可以看到此反应产生了一些液体，经过分析我认为是水。 Observation&analysis: During the experiment, when I added 20 g of baking soda ($NaHCO_3$) to 20 ml of lemon juice (citric acid: $C_6H_8O_7$), bubbles appeared, which meant that some gas was produced. Also, from the hiss of the reaction between these two substances, I think they are both active. Also, I can see that this reaction produces some liquid, which after analysis I think is water.	

（续表）

化学反应 Chemical Reactions	学生在 Blackboard 博客上的部分实验报告 Experiment Reports on the Blackboard Blog	知识、能力和学科核心素养的培养 Cultivation of Knowledge, Skills and Core Competencies
小苏打和柠檬 Baking soda and lemon	化学反应方程式： Chemical reaction equation: $3NaHCO_3\ (aq) + C_6H_8O_7\ (aq) \rightarrow 3CO_2\ (g) + 3H_2O\ (l) + Na_3C_6H_5O_7\ (aq)$ 化学反应方程式的文字表达式： Literal expressions for chemical reaction equations: 碳酸氢钠 + 柠檬酸→柠檬酸钠 + 水 + 二氧化碳 Sodium bicarbonate + citric acid → sodium citrate + water + carbon dioxide 完整的离子反应方程式： Complete ionic equations: $3Na^+\ (aq) + 3HCO_3^-\ (aq) + C_6H_8O_7\ (aq) \rightarrow 3CO_2\ (g) + 3H_2O\ (l) + 3Na^+\ (aq) + C_6H_5O_7^{3-}\ (aq)$ 净离子反应方程式： Net ionic equation: $3HCO_3^-\ (aq) + C_6H_8O_7\ (aq) \rightarrow 3CO_2\ (g) + 3H_2O\ (l) + C_6H_5O_7^{3-}\ (aq)$	
蜡烛燃烧 Candle burning	化学反应方程式的文字表达式： Literal expressions for chemical reaction equations: 石蜡 + 氧气 $\xrightarrow{\text{点燃}}$ 二氧化碳 + 水 paraffin + oxygen → carbon dioxide + water	

（续表）

化学反应 Chemical Reactions	学生在 Blackboard 博客上的部分实验报告 Experiment Reports on the Blackboard Blog	知识、能力和学科核心素养的培养 Cultivation of Knowledge, Skills and Core Competencies
蜡烛燃烧 Candle burning	化学反应方程式（示例）： Chemical reaction equation: $2C_{20}H_{42} + 61O_2 \rightarrow 40CO_2 + 42H_2O$ 完全和净离子反应方程式：由于该反应是燃烧反应，不在水溶液中发生，因此无法用完全和净离子反应方程式表示。 Complete and net ionic equations: Since this reaction is a combustion reaction and does not occur in an aqueous solution, it cannot be expressed in terms of complete and net ionic equations. 实验设计：该实验是一个相对简单的实验，但因为该实验涉及火，因此需谨慎，注意实验安全。 Experimental Design: This experiment is a relatively simple experiment, but because it involves fire, caution should be taken to ensure experimental safety. 实验材料：一盒火柴，石蜡蜡烛。 Materials: A box of matches and paraffin candles. 实验过程：首先点燃蜡烛，再将其吹灭，然后在烟雾升起时，将点燃的火柴放到烟雾中。火焰将跟随烟雾的踪迹重新点燃蜡烛（图 3）。	

（续表）

化学反应 Chemical Reactions	学生在 Blackboard 博客上的部分实验报告 Experiment Reports on the Blackboard Blog	知识、能力和学科核心素养的培养 Cultivation of Knowledge, Skills and Core Competencies
蜡烛燃烧 Candle burning	Procedure: The candle was lit, then blown out, and then the lit match was placed into the smoke as the smoke rose. The flame will follow the trail of smoke to relight the candle (Fig. 3). 实验总结：该实验证明了石蜡燃烧的燃烧反应。实验显示了蜡的高度可燃性，蜡是一种在所有物质状态下都能够完全燃烧的碳氢燃料。即使是气态形式，火焰也可以通过碳氢化合物气体分子的燃烧，沿着烟道重新返回烛芯。 Experiment summary: This experiment demonstrates the combustion reaction of paraffin burning. Experiments have shown the high flammability of wax, a hydrocarbon fuel capable of complete combustion in all states of matter. Even in gaseous form, the flame can re-enter the wick along the flue by the combustion of hydrocarbon gas molecules.	

教师反思　Teacher's Reflection

化学学科中的探究是一种科学方法的体现，它包括引入、概念化、通过实验来实现的研究论证以及根据实验结果完成的结论和讨论。Blackboard 是一个信息传递、交流和学习的工具，对学生而言不仅仅是一个数字化平台，更像一个构建于现实之上的学习社区，将很多个学生的学习成果融合在一起，让学生们在互动的氛围内调动自主学习和探索的积极性。如图 6 所示，为提高在线学习的效率，教师将在线教学与 Blackboard 的使用进行结合以构建支持探究式学习的过程。

In chemistry, inquiry is a manifestation of the scientific method. It involves introduction, conceptualization, research supported by experimentation, and drawing conclusions and discussions based on experimental results. Blackboard serves as a tool for information dissemination, communication, and learning. For students, it is not just a digital platform; rather, it resembles a learning community built upon reality, amalgamating the learning outcomes of numerous students. This allows students to harness their enthusiasm for autonomous learning and exploration within an interactive atmosphere. As shown in Fig. 6, to enhance the efficiency of online learning, the teacher integrates online teaching with the use of Blackboard to establish a process that supports inquiry-based learning.

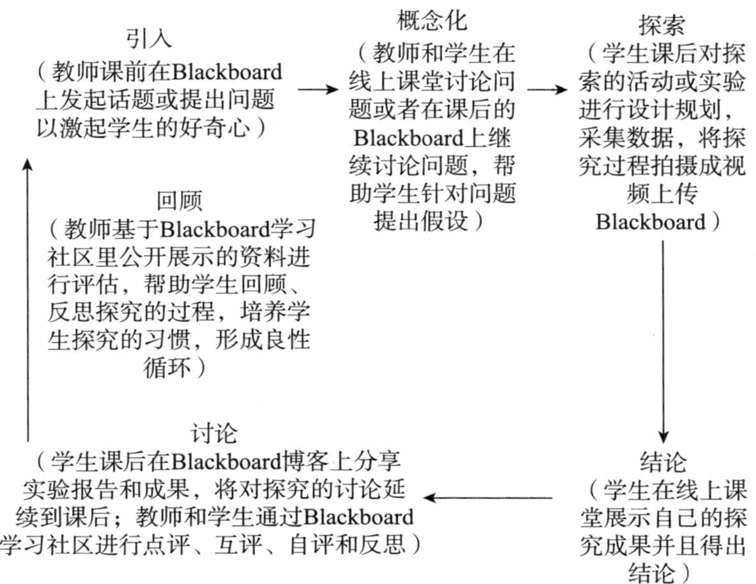

图 6　使用 Blackboard 进行探究式教学设计

Figure 6　Using Blackboard for Inquiry-Based Teaching Design

2.3.3　种子萌发的因素 Factors Influencing Seed Germination

教师 / 学科 Teacher / Subject	周成博，顾颖 / 生物 Zhou Chengbo, Gu Ying / Biology
使用的 Blackboard 功能 Blackboard Functions	作业，讨论板 Assignment，Discussion board

（续表）

教学内容 Content	调查各种因素如何影响种子发芽，通过开展课题，让学生为学习影响种子萌发的因素做更好的准备。 Investigating how various factors affect seed germination, students are better prepared for studying the seed germination process through conducting projects.
教学目标 Teaching Objectives	• 理解种子萌发需要的条件 Understand what factors are required for seed germination • 理解不同植物的种子需要不同的萌发条件 Understand that seeds of different plants require different conditions to germinate • 学习设计并开展对照实验 Learn to design and conduct a controlled experiment • 学习分析解释对照实验的结果 Learn to analyze and interpret results from a controlled experiment

教学过程 Teaching Process

1. 老师在课堂上讲解这个课题，有关这个课题的详细内容在课后被放在 Blackboard 上，方便学生随时查阅 The teacher explains the project in class. The file including details of the project is posted on Blackboard after class, so that students could check later

上传文件：进入课程主页→点击“作业”（若没有此链接，可以新建一个或点击内容→建立内容→文件）

Post a file: Course Home Page → Click Homework (If there isn't this link, create a new one or click Content → Build Content → File)

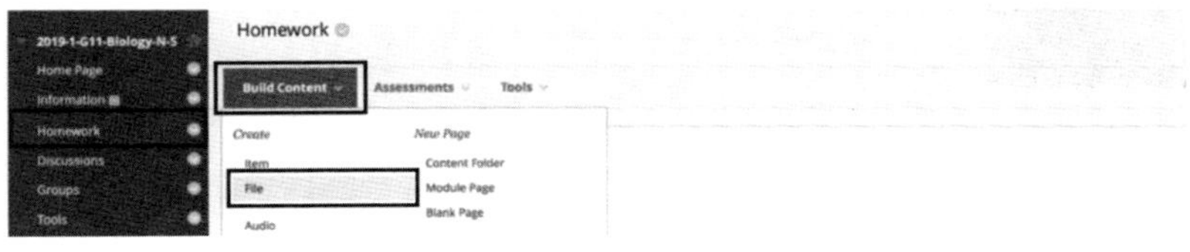

图 1

Figure 1

输入名称→浏览“我的电脑”→选择文件→提交

Input Name → Browse My Computer → Select the file → Submit

* Name: Seed germination project

Color of Name: Black

* Find File: Browse My Computer | Browse Course

Selected File: File Name: Seed germination project_g2014010189_attempt_2020-05-22-14-29-28_Real_World_Biology_Reproduction_in_Plants_Editable 2.pdf

File Type: PDF

Select a Different File

Cancel | Submit

图 2

Figure 2

2. 老师布置作业来检查学生的进度和实验结果 The teacher creates assignments to check students' progress and results

创建作业：进入课程主页→点击“作业”→评估→作业

Create assignments: Course Home Page → Homework → Assessments → Assignment

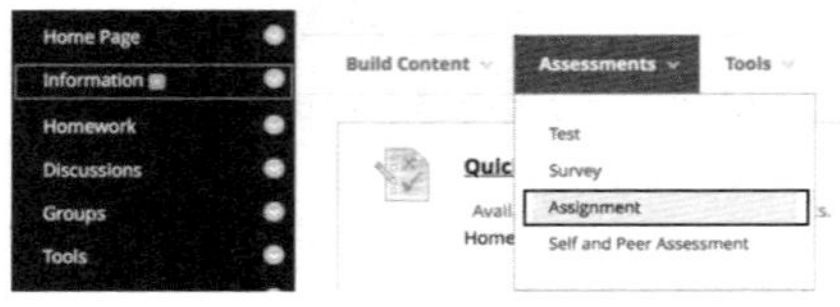

图 3

Figure 3

输入名称→输入说明

Input Name → Input Instructions

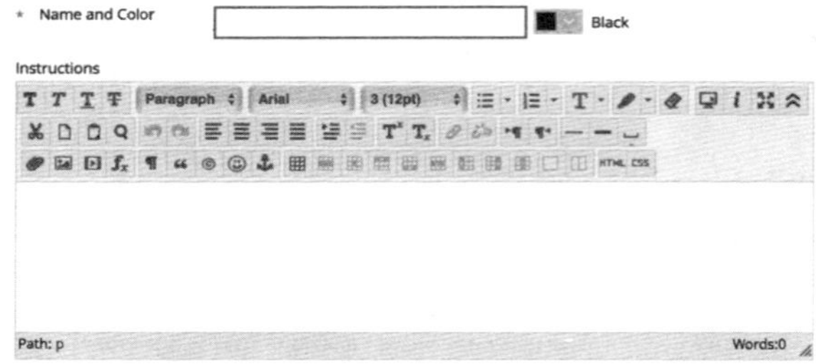

图 4

Figure 4

附加文件：浏览“我的电脑”→选择文件

Attach a file (if needed): Browse My Computer → Choose the file

ASSIGNMENT FILES

Attach Files　Browse My Computer　Browse Course

Attached files

File Name	Link Title	File Action	Item's Alignments	
Seed germination project_g2012010579_attempt_2020-05-24-20-26-37_Real_World_Biology_Reproduction_in_Plants_Editable.pdf	Seed germination project_g2	Create a link to this file	Add alignments to content	Do not attach

图 5

Figure 5

设置截止日期和分值：

Set Due Dates and Points Possible:

DUE DATES

Due Date

GRADING

Points Possible

图 6

Figure 6

作业包括撰写研究假设、设计实验、报告课题进展和提交课题报告。

The assignments include creating a hypothesis, setting the experiment, reporting progress, and submitting project reports.

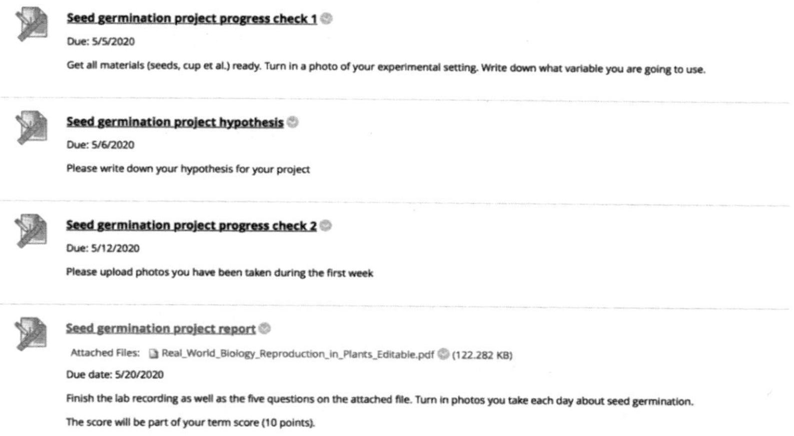

图 7

Figure 7

3. 学生开展课题 Students carry out the project

学生选择一种种子和一种因素，通过阅读课本和在线搜索自学找出该因素对种子萌发的影响。根据所查阅的资料，学生撰写研究假设。教师通过 Blackboard 检查学生的假设是否合理。接着，学生设计一个实验。教师通过 Blackboard 检查学生的实验设计是否合理。学生准备好所有的材料并进行实验。教师通过 Blackboard 检查学生的实验设置是否合理。学生每天拍照记录实验进展。教师通过 Blackboard 检查种植后一周的图片和课题报告中的所有图片。实验最后，学生完成课题报告并将其放在 Blackboard 上。期末报告由老师评分。

提交作业：进入课程主页→家庭作业→点击相应的链接

Students choose a type of seeds, and then learn factors which affect seed germination by themselves. Students choose a factor and figure out how that factor affects seed germination by reading the textbook and searching online. Based on what they've learnt, students form a hypothesis. The hypothesis is checked by the teacher through Blackboard. Students then design an experiment. The experimental design is checked by the teacher through Blackboard. Students prepare all materials and set the experiment. The experimental setting is checked by the teacher through Blackboard. Students take pictures every day to record their project progress. The pictures taken one week after the planting as well as those in the final report are checked by the teacher through Blackboard. Students complete the project report and submit it onto Blackboard. The final report is graded by the teacher.

Submit assignments: Enter Course Home Page → Homework → Click the corresponding assignment link ("Seed germination project progress check 1")

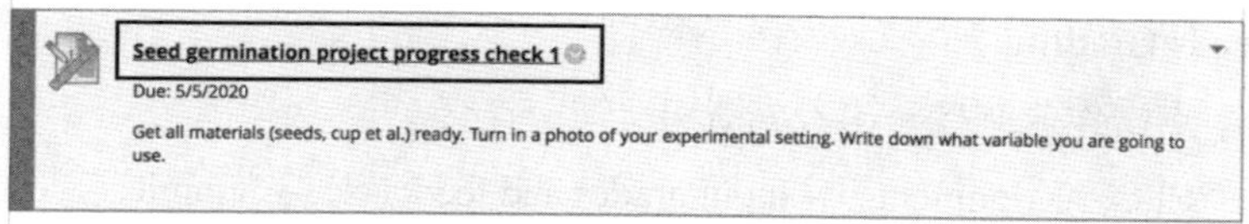

图 8

Figure 8

提交→写下要提交的内容→浏览我的电脑→附加要求的图片或文件

Write Submission → Write down the required text → Browse My Computer → Attach required photos or files

图 9

Figure 9

4. 教师在课题期间提供反馈 The teacher provides feedback during the project

教师给学生的作业评分，给他们反馈意见，以便他们进行必要的修改。

The teacher grades students' assignments and gives them feedback so that they could make necessary revisions.

批改作业：进入课程主页→批改中心→需要批改

Grade assignments: Enter Course Home Page → Grade Center →

Needs Grading

点击作业链接→输入成绩和反馈→提交

Click Assignments → Input grades and feedback → Submit

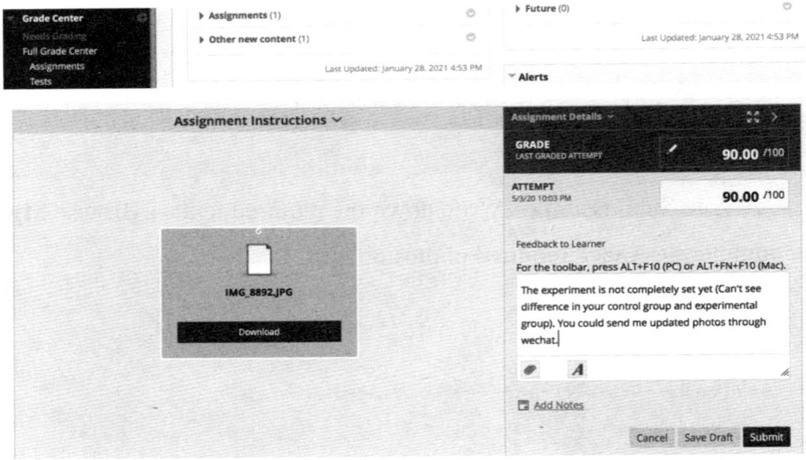

图 10

Figure 10

5. **学生修改作业并提交课题报告** Students revise their work and submit their project reports

6. **创建班级数据** Build a class data set

在所有同学都完成课题后，大家一起创建班级数据。

This is done after everyone finishes their project.

（1）教师创建论坛：进入课程主页→讨论→创建论坛→输入名称和描述

The teacher builds a forum: Enter Course Home Page →Discussions → Create a Forum → Input names and descriptions

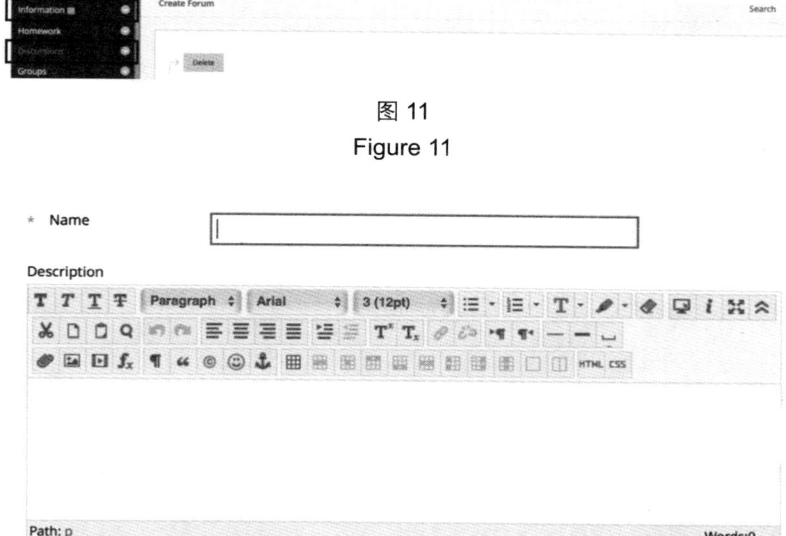

图 11
Figure 11

图 12
Figure 12

选择帖子评分。Check Grade Threads.

Viewing Threads/Replies
Standard View
Participants must create a thread in order to view other threads in this forum.
Grade
No Grading in Forum
Grade Discussion Forum: Points possible: 0
Grade Threads

图 13
Figure 13

选择允许作者编辑自己发布的帖子，然后提交。

Check Allow Author to Edit Own Published Posts and then Submit.

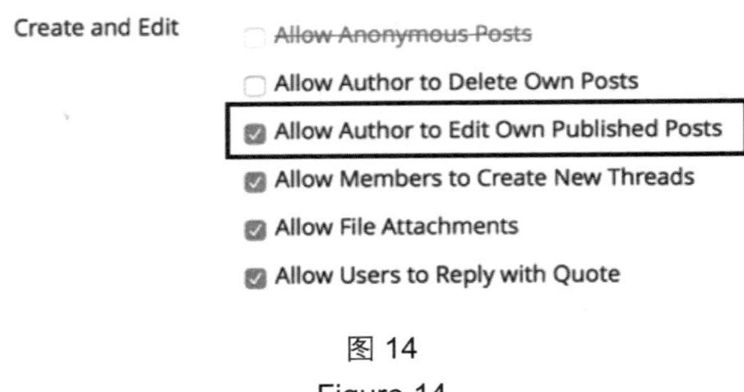

图 14
Figure 14

（2）教师创建一个帖子，以便学生可以在其中共享实验数据：进入课程主页→讨论→点击之前创建的链接→创建帖子→主题→输入主题→信息→输入信息→浏览“我的电脑”→从你的电脑中选择文件→提交

The teacher makes a thread so that students can share their data in it: Enter Course Home Page →Discussions → Click the link that was built (“seed germination project data sharing and discussion”) → Create a Thread → Subject → Input the subject and message →Input the message → Browse My Computer → Select the file from the computer → Submit

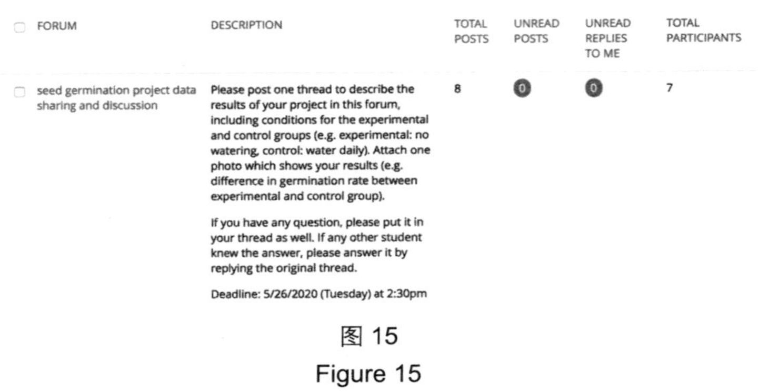

图 15
Figure 15

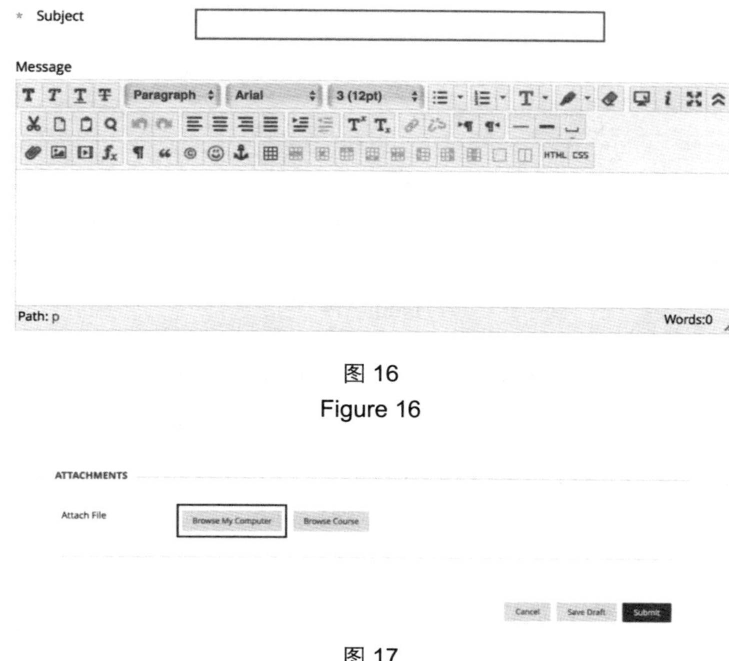

图 16
Figure 16

图 17
Figure 17

（3）学生通过回复老师的帖子进行数据分享：进入课程主页→讨论→点击论坛链接→点击帖子链接（图 18 中的“Sample”）→回复

Students reply to the teacher's thread to allow data sharing: Enter Course Home Page →Discussions → Click the forum link → Click the thread link → Reply

图 18
Figure 18

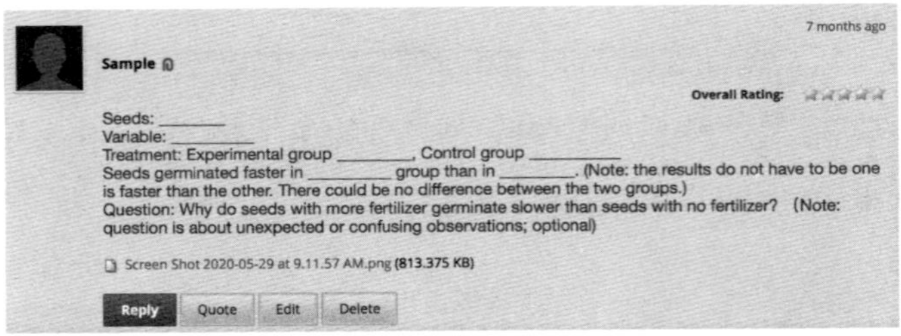

图 19

Figure 19

（4）在信息中输入课题结果→浏览“我的电脑”→选择文件→提交

Input project results in Message → Browse My Computer → Select the file from the computer → Submit

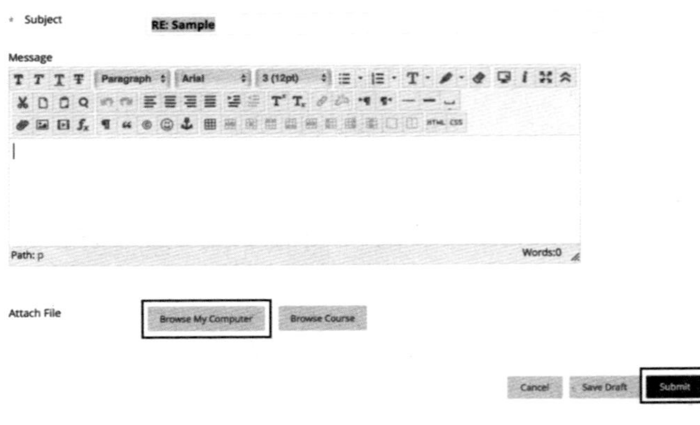

图 20

Figure 20

（5）老师和学生可以点击“回复”回复其他人的帖子，如果他们想讨论结果或提供建议。

Teachers and students could click “Reply” to others’ post, if they would like to discuss the results or offer suggestions.

7. 课堂讨论 Classroom discussion

学生用全班的数据进行课堂讨论，总结他们从这个课题中学到的内容。

Students use the data from the entire class for a classroom discussion, summarizing what they have learned from this project.

8. 实验过程 Experimental process

实验假设：在开始实验之前，学生需要有他们的假设，即对他们所选择的因素对种子发芽影响的预期。为了做出他们的假设，他们需要对某些因素如何影响种子发芽作一些研究。

Hypothesis: Students need to have their hypothesis, that is their expected effect of their chosen factor on seed germination before they start their experiment. In order to make their hypothesis, they need to do a bit research on how certain factors affect seed germination.

Hypothesis :

The mint seeds in the variable group will grow shorter than the mint seeds in the control group.

Reason :

This hypothesis was made because water is one of the most important material to allow plants grow. Water allow the plant to continue photosynthesis and allow them to survive and grow. By treating the plants with less water, they might grow slower. The two groups are both placed in the same setting, same amount and kind of soil, and the same cup. The only different is they receive different amount of water. Since the variable group of seeds only receive 25ml, which is half of the control group, they might grow shorter than the control group of seeds. This is a testable hypothesis by observing the height of each plants within the experiment period.

图 21

Figure 21

实验设计：图 22 展示了一个很好的实验设计，除了一组种子是预浸的，而另一组没有预浸之外，对照组和实验组其他的条件都相同。

Experimental design: Fig. 22 shows a good example of

experimental design. The student made the controlled and experimental groups the same except that one group of seeds are presoaked and the other group is not.

图 22　学生 1 的实验图片

Figure 22　Experimental Picture of Student 1

相比之下，图 23 展示了一个需要修改的实验设计。这位同学没有考虑种子萌发所需的基本条件（如水），因此两组种子都不会发芽。此外，该同学也不理解他应该用因素来进行测试，他未了解并不是因为种子不同，而是因为两组的环境因素不同导致了实验结果。因此教师提供及时的反馈非常重要。

In contrast, Fig. 23 shows an example that needs to be revised, because the student didn't consider the basic conditions for seed germination (e.g. water). As a result, his seeds will never germinate. In addition, the student is also confused about the factor which he should test: It is not because of different seeds but an environmental factor. Therefore, it is essential for the teacher to provide feedback in time.

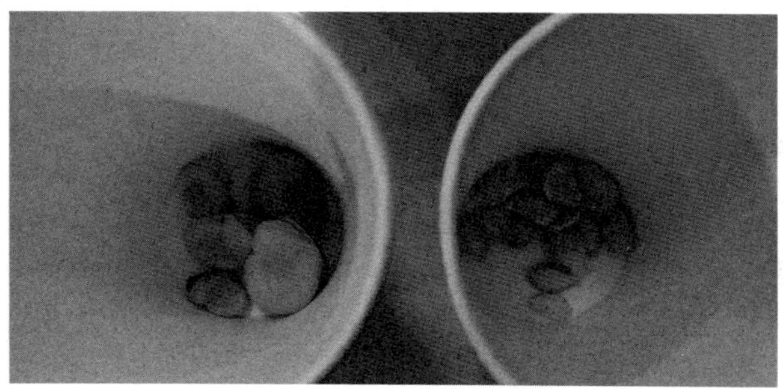

图 23 学生 2 的实验图片

Figure 23 Experimental Picture of Student 2

图 24 中，通过给学生反馈，教师避免了由于学生对评价标准的误解和实验设计知识的不足而导致课题失败。

By giving students feedback (Fig. 24), teachers could help students avoid failure in projects due to misunderstanding of the rubrics and lack of experimental design knowledge.

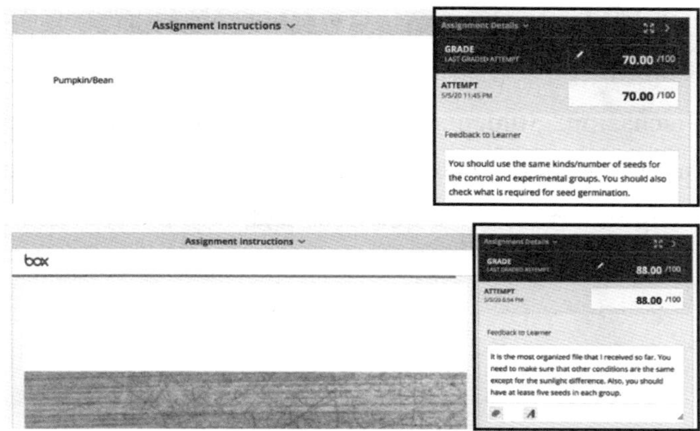

图 24 教师对两个学生设计的反馈

Figure 24 Feedback to Students

讨论和论坛：Discussions and Forum:

分享数据：学生需要以文本和照片的形式输入他们的课题结果。

为了使结果易于阅读，老师设置了一种格式，让学生能够以统一的格式输入并获取数据。

Sharing data: Students need to input their results of their projects in the form of texts as well as photos. In order to make the results easy to read, the teacher set a format on how to submit the results so that students could submit their data in a uniform way.

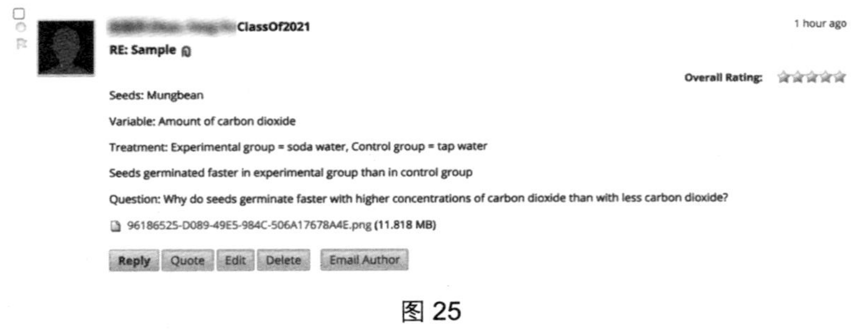

图 25

Figure 25

讨论：如果学生对自己的结果感到困惑，他们也可以发布问题。老师和其他学生可以帮助回答这些问题，并在论坛上进行讨论。

Discussion: Students could also post questions if they are confused about their results. The teacher as well as other students could help to answer these questions and have a discussion in the forum.

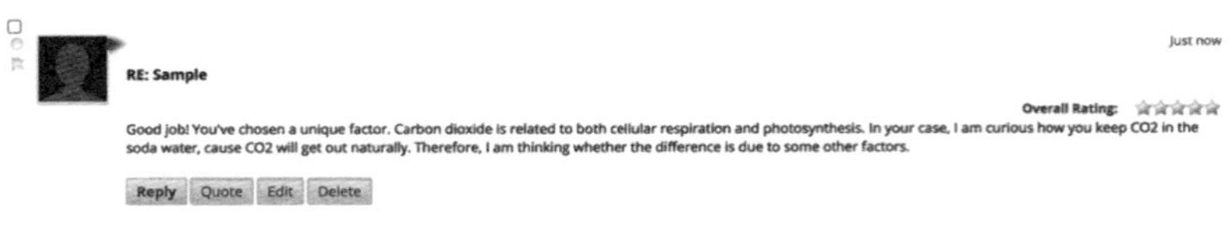

图 26

Figure 26

教师点评 Teacher's Comments

使用 Blackboard 使整个过程变得方便：1. 即使当天没有课，学生也能提交作业和得到反馈。2. 学生可以将自己的数据保存在 Blackboard 上，稍后用于完成报告，而不用担心数据丢失。3. 教师不需要收集和总结整个班级的数据。学生可以很容易地在论坛上阅读同学的实验结果，为课堂讨论作准备。

Advantages: 1. Students can submit assignments and get feedback even when there is no class that day. 2. Students can keep their data on Blackboard, which they will need to finish the report later, without worrying about losing their data. 3. Teachers don't need to collect and summarize the data for the whole class. Instead, students could easily read their classmates' results on the forum, preparing for the discussion in class.

出现的问题：1. 当网速慢时，上传图片可能会非常慢。因此，我们需要使用别的方式完成进度检查。2. 平台可能存在不稳定因素。

Disadvantages: 1. When the Internet is not working properly, uploading images could be extremely slow. 2. The platform may not be as stable as expected.

可能的改进：1. 设置作业能够不限次数重复提交，让同学们能够提交更改过的作业。2. 实验设计可以在准备好所有材料前提交，因为准备材料会花费大量时间，学生可能会因为材料不齐而晚交实验设计。

Possible improvements: 1. Allow students to submit assignments with unlimited attempts, so that they can turn in their revised work on Blackboard. 2. Experimental design could be collected before all materials are ready, because getting materials takes time, which can delay the submission of experimental design.

2.3.4 对课题进行互评 Peer Evaluations of Project Presentations

教师 / 学科 Teacher / Subject	戴雩文 / 物理 Dai Yuwen / Physics
使用的 Blackboard 功能 Blackboard Functions	调查 Survey
教学内容 Content	项目展示 Project presentation
教学目标 Teaching Objectives	• 展示自己与合作者们在寒假完成的有关物体运动的物理研究报告 Present the physics projects about mechanics which were finished by different groups of students during the winter vacation • 班级每位学生按照项目互评表评价其他组的课题报告，并进行记录 Every student needs to assess the work of other groups according to the criteria and mark scheme on the handouts and record their evaluation on the handouts in class • 每位学生在 Blackboard 上按照课堂上所记录的评价分数完成对其他组的评价调查 Every student needs to finish the Peer Assessment Survey on Blackboard after class

教学过程　Teaching Process

1. 布置课题 Assign the project

布置学生课题时，在给学生的书面要求中明确提出：课题分数中有 10% 是学生自己对其他同学的评价（图 1），20% 是其他同学对自己课题的评价。这样，让学生重视自己在课题展示中的表现，并在其他同学做展示时认真倾听方便打分。

When the project is assigned, the teacher informs the students that the peer assessments to (10%) and from (20%) other students in the class are included in the overall project score (Fig. 1). Hence students would value their performance as well as other students' work.

2) The project score is composed of

Your assessment for other students*	10%
Other students' assessment for you *	20%
Teacher's assessment	70%
Total	100%

图 1　课题布置要求中对互评的要求

Figure 1　Peer Assessments to and from Other Students

2. 课题展示课 Project presentation class

课题展示课当天，老师下发纸质版本的课题评价分数记录表。记录表里有如何评价其他组表现的基本评分标准和用于记录分数的评分表格（图 2）。学生分组作展示，每一个学生都必须介绍一部分他们的工作。当一个小组做完课题的演讲后，班级其他学生就这个组课题的具体细节进行提问。答辩环节之后，班级其他同学按照评分表格进行记录和打分（图 3）。

The teacher gives assessment record handouts to the students in the project presentation class. The criteria and the mark scheme are listed (Fig. 2). Students present their projects in groups. Every student is required to introduce a part of their work. Students ask questions about more details of the project after the presentation of each group. Then they record the score in the handouts in class (Fig. 3).

Assessment of your Presentation Your Name ____________

a. Whether the student(s) simply read the words from the ppt?______

2. No 1. Fair 0. Yes

b. Whether the students' voice is loud enough for the others to hear?_____

2. Yes 1.Fair 0. No

c. Whether the presentation is interesting or not?____________________

2. Very interesting 1. Interesting 0. No

d. Whether the presentation is clear or not?_______________________

2. Very clear 1. Clear 0. No

e. Whether there are any mistakes in the presentation or not?____________

2. All correct 1. Some mistakes (1-3 mistakes) 0. Many mistakes (more than 3 mistakes)

Total:__________________/10

Group No./ Topic/members of this group	Total score
Group 1:	
Group 2:	
Group 3:	
Group 4:	
Group 5:	
Group 6:	

图 2 课题互相评价标准和记录表格

Figure 2 Peer Assessment Record Handout

图 3 学生分组做课题展示并在记录表格上评分

Figure 3 Students' Doing Presentations in Groups and Giving Scores

3. 在 Blackboard 上创建学生互评分的链接 Build the peer assessment survey link

在项目展示课后，教师进入 Blackboard 系统，在相应的班级网页

里的“评估”中选择“调查”。(图 4)

After the project presentation class, the teacher enters Blackboard system and chooses “Survey” from “Assessment” on the Blackboard page. (Fig. 4)

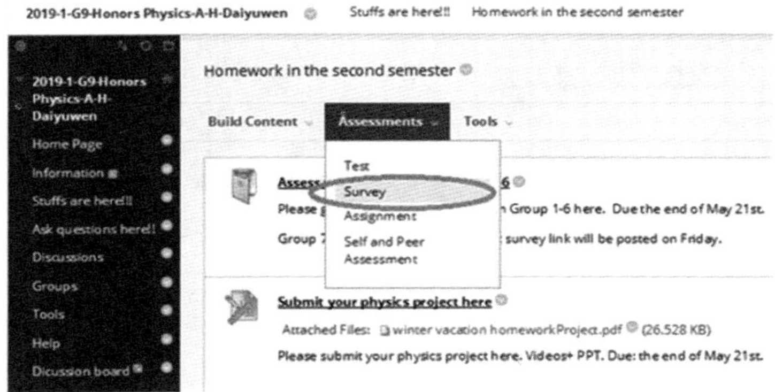

图 4

Figure 4

在弹出的界面中点击创建。(图 5)

Click Create button. (Fig. 5)

图 5

Figure 5

在调查信息界面输入这个调查的主题和主要指示，点击右下角的提交按钮。（图 6）

On the page of Survey Information, type in topics, introductions, and instructions. Click Submit. (Fig. 6)

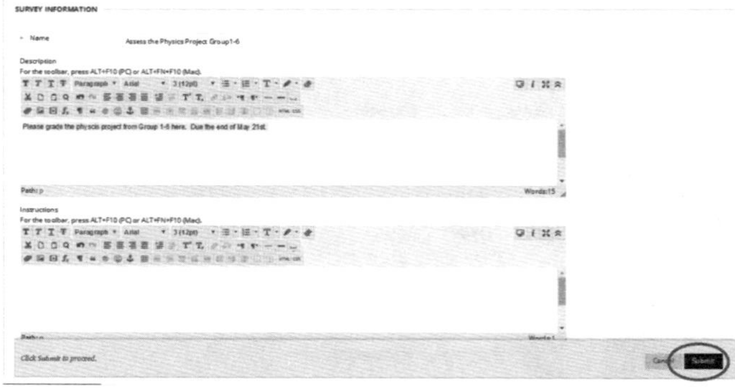

图 6

Figure 6

在接下来出现的新界面中点击创建问题按钮旁的下拉菜单中的 Opinion Scale/Likert，再点击右下角的 OK 按钮，创建问卷型题目。（图 7）

Click the arrow beside the Create Question button and choose “Opinion Scale/Likert”. Click OK. (Fig. 7)

图 7

Figure 7

按照课题打分的要求，创建每一个问卷问题。如图 8，是一道给第一组打分的问题。标题上写“第一组”（Group 1）。具体的题目内容就告诉学生这是给第 1 组打分，第一组有哪些成员，最高分是 10 分，最低分是 1 分。为此教师选择了 10 个选项，分别代表了从 1 分到 10 分的分数档次。公平起见，打分制度不允许学生给自己组打分，所以如果打分的学生是第一组的，那就要求学生直接选择第 11 个选 项 NA。

Create each question according to the requirements of the project scoring. As shown in Fig. 8, the first group is scored based on this question, which is entitled “Group 1”. The highest score is 10 points, and the lowest score is 1 point, so the teacher sets up 10 choices. For the sake of fairness, students are not allowed to score his or her own group, and therefore the students in the first group are asked to choose the 11th choice – NA.

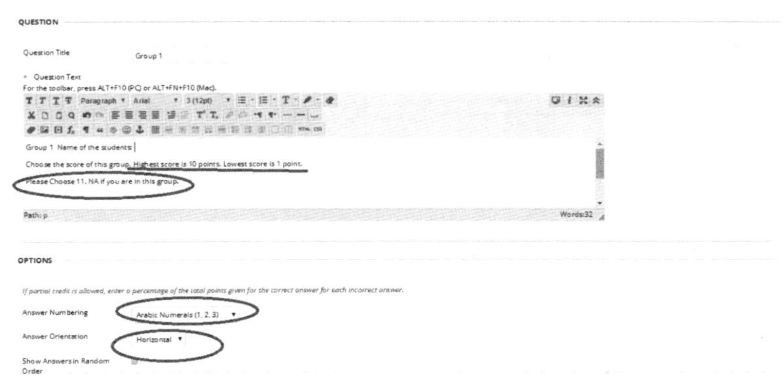

图 8 评分问卷设置

Figure 8 Setting up the Grading Questionnaire

选项答案数量按照课题的评分情况设置为 11 个选项，不同的评分要求也可以设置为其他数量的选项。每个选项对应一个分值，第 11 个选项代表 NA。将每个选项的内容填写好，最后点击右下方的“提交”。（图 9）

Set up 11 choices on the Number of Answers page (it's up to the rating requirements). Each choice matches a number and 11th is NA. After completing each choice, click Submit. (Fig. 9)

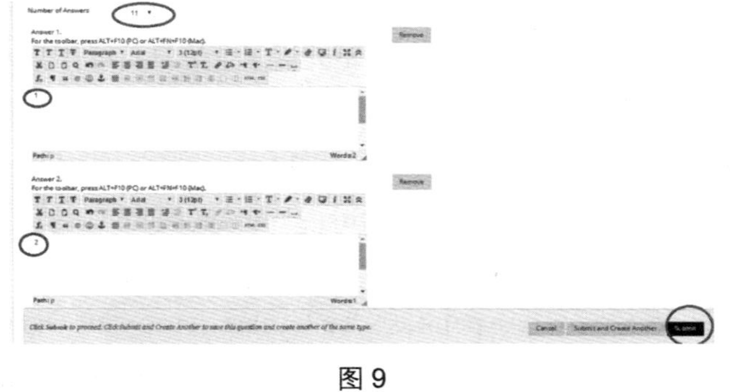

图 9

Figure 9

第一组的评分题如图 10 所示。

Here is the survey set up by the teacher for the first group. (Fig. 10)

图 10　给第一组评分的问卷问题

Figure 10　Questions for the First Group to Be Scored

如果一个班级有很多个组，一道一道分别创建这些评价题比较费时间，这里可以运用 Blackboard 上的一个功能，复制原来已经创建好的第一道题，然后稍作修改，那么一个班级的 survey 评价题就能很快完成。点击已经建立好的问卷评价题的右侧下拉箭头处，在出现的下

拉菜单框中选择复制。(图 11)

If there are many groups in a class, teachers can use the copy function to save time. Click the arrow beside the question for Group 1 and choose Copy. (Fig. 11)

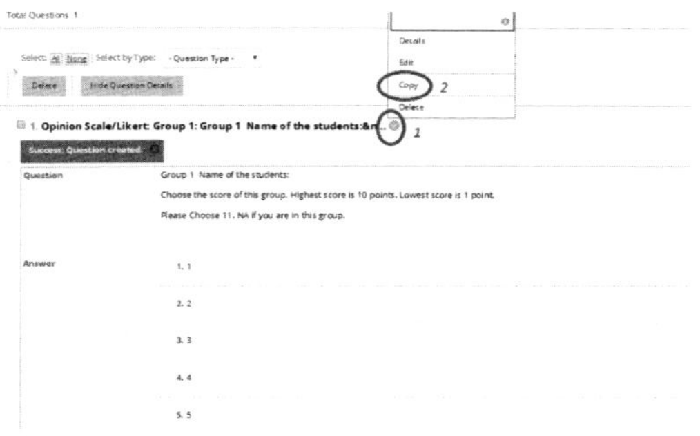

图 11

Figure 11

接下来会出现第一道问卷题的复制版，只要作适当的更改，就变成了针对第二组的评价了。注意，这个时候问题文本里面有 Copy of ... 的字样，需要手动去掉。(图 12)

Make some changes to the copied version of the Group 1 survey question so that they become a survey question for Group 2. Notice that the words “Copy of” appear in the copied version. Be sure to delete them. (Fig. 12)

图 12

Figure 12

当所有组别的问卷题目都设置完成后，点击右下角的 OK 按钮，问卷题库就设置好了。（图 13）

When all the survey questions have been set up for all the groups, click OK. The survey question bank is now ready. (Fig.13)

图 13
Figure 13

在新界面中选择自己刚刚设置好的问卷题库，再选择提交。（图 14）

Click the survey question bank just established on this page and click Submit. (Fig. 14)

图 14
Figure 14

在接下来的 SURVEY INFORMATION 里作一些适当的设置。比如，在开始问卷前向学生显示问卷信息这个选项可以选中，在新窗口打开问卷可以选 Yes，也可以选 No，设置好截止日期等项目后选择提交，问卷就完成了。学生可以在他们的终端看到这个问卷并填写他们的评价。（图 15）

Adjust the settings on the SURVEY INFORMATION page. Click Submit. Students can see the survey link in their account and they can start grading other students' project. (Fig. 15)

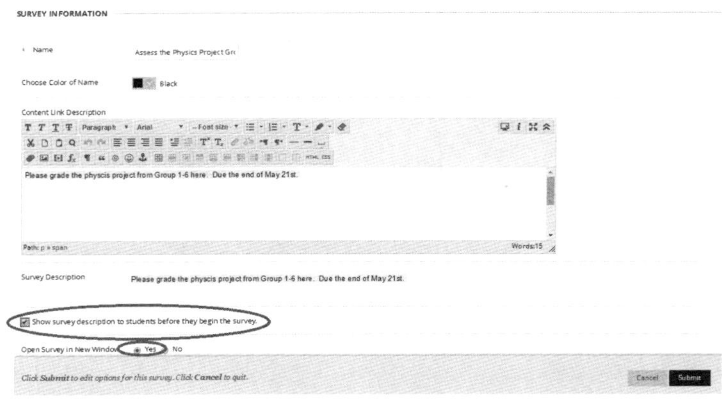

图 15
Figure 15

以下三张图（图 16—图 18）为问卷在学生页面的显示情况。

Here are the students' versions of the survey page. (Fig. 16–18)

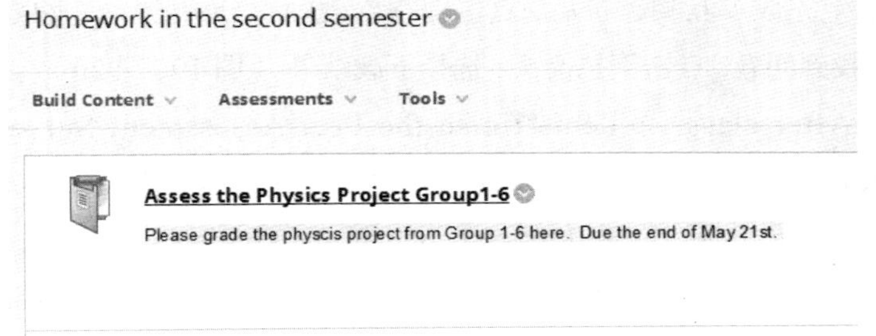

图 16
Figure 16

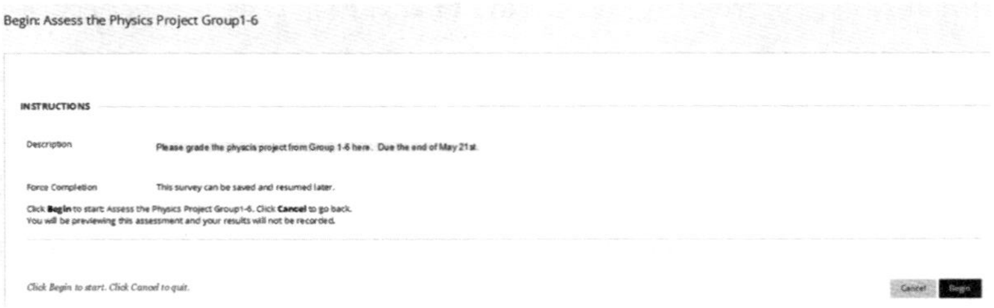

图 17

Figure 17

图 18

Figure 18

课后，学生回家后在 Blackboard 系统上按照上课记录的评价情况，在教师设定的截止日期前完成问卷，完成对其他组的互评表格。当学生完成了互相评价后，点击课程管理→评分中心→完整成绩中心，找到问卷，点击下拉箭头，选择下载结果。（图 19、图 20）

After class, students finish the Peer Assessment Survey on Blackboard before the deadline. After the students finish their assessment, open the full grade center in the Grade Center of Course Management. Click the arrow beside the survey (Fig.19&20). Choose Download Results.

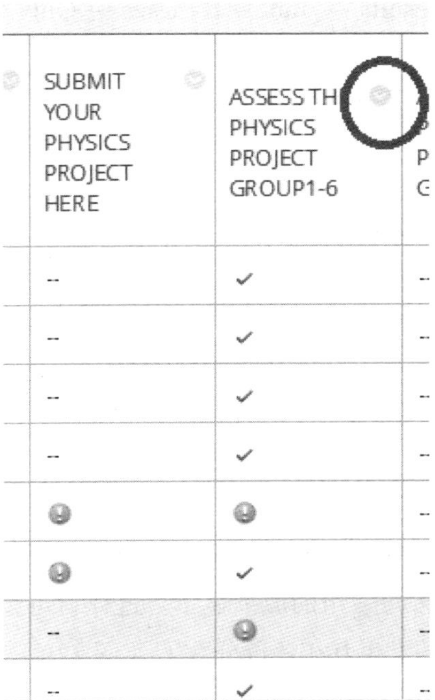

图 19

Figure 19

图 20

Figure 20

下载结果→选择格式与结果→选择仅有效用户尝试来下载→右下角点击下载（图 21）

Download Results → Tab → By User → Only Valid Attempts → Submit (Fig. 21)

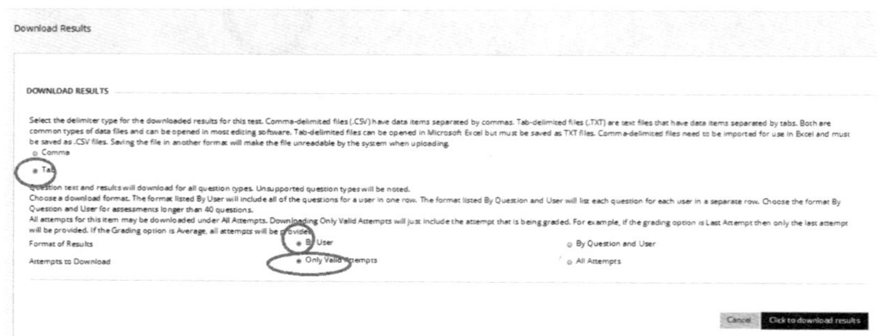

图 21

Figure 21

如此就可以下载一个 Blackboard 生成的数据表格，将所有学生的互相评价结果按每一组的成绩显示。这样就可以直接在 Excel 里操作获得每一组的学生互相评价分数了。（图 22）

An excel table can be downloaded. In the table, the assessment scores from each student and each group are listed and teachers can calculate the peer assessment scores now. (Fig. 22)

Question	Question	Answer 1	Question	Question	Answer 2	Question	Question	Answer 3	Question	Question	Answer 4	Question	Question	Answer 5	Question	Question	Answer 6
Question	Group 1:	9	Question	Group 2:	8	Question	Group 3:	10	Question	Group 4:	NA	Question	Group 5:	8	Question	Group 6:	10
Question	Group 1:	9	Question	Group 2:	9	Question	Group 3:	10	Question	Group 4:	NA	Question	Group 5:	9	Question	Group 6:	10
Question	Group 1:	8	Question	Group 2:	7	Question	Group 3:	NA	Question	Group 4:	7	Question	Group 5:	6	Question	Group 6:	8
Question	Group 1:	10	Question	Group 2:	9	Question	Group 3:	10	Question	Group 4:	NA	Question	Group 5:	10	Question	Group 6:	9
Question	Group 1:	9	Question	Group 2:	10	Question	Group 3:	NA	Question	Group 4:	8	Question	Group 5:	8	Question	Group 6:	9
Question	Group 1:	10	Question	Group 2:	9	Question	Group 3:	10	Question	Group 4:	NA	Question	Group 5:	9	Question	Group 6:	10
Question	Group 1:	10	Question	Group 2:	10	Question	Group 3:	10	Question	Group 4:	10	Question	Group 5:	10	Question	Group 6:	10
Question	Group 1:	9	Question	Group 2:	10	Question	Group 3:	10	Question	Group 4:	10	Question	Group 5:	NA	Question	Group 6:	9
Question	Group 1:	9	Question	Group 2:	10	Question	Group 3:	10	Question	Group 4:	10	Question	Group 5:	NA	Question	Group 6:	9
Question	Group 1:	8	Question	Group 2:	8	Question	Group 3:	NA	Question	Group 4:	9	Question	Group 5:	7	Question	Group 6:	9
Question	Group 1:	NA	Question	Group 2:	10	Question	Group 3:	10	Question	Group 4:	10	Question	Group 5:	9	Question	Group 6:	10
Question	Group 1:	10	Question	Group 2:	10	Question	Group 3:	10	Question	Group 4:	10	Question	Group 5:	9	Question	Group 6:	NA
Question	Group 1:	9	Question	Group 2:	9	Question	Group 3:	10	Question	Group 4:	10	Question	Group 5:	10	Question	Group 6:	9

图 22

Figure 22

教师点评　Teacher's Comments

优点：Advantages:

传统纸质版互相评价分数的收集，需要老师手动制作表格，依次输入学生互相评价的分数，费时费力，还容易出错。如果有学生遗失了评价表格，还需要老师通知该学生，重新打印发给他，他再重新填写，老师再手动输入。学生如果对于评价有不同的想法要更改原来评价的分数也很困难。Blackboard 系统的评分中心为数据采集和统计提供了便捷的平台。教师可以直接在系统里建立问卷链接，将评价选项输入，规定时间让学生在进行完项目展示后提交对其他组的评价结果。老师通过 Blackboard 直接获得评价结果的数据，并进行统计。这样节省了时间和人力，也避免了可能的出错环节，同时方便了教师和学生。

It is a very time-consuming task to collect the peer assessment scores from the paper handouts and input the data into the computer for analysis. Furthermore, teachers may make mistakes as they input the numbers into the computer. In addition, when students lose the paper handout or want to change the scores they submitted, it takes more energy and time. Blackboard provides a more convenient way of collecting these peer assessment scores. Teachers can build a survey link and gather the data they need with ease.

缺点及后续可改进之处：需要花时间进行问卷题目设置。另外，Blackboard 上有互评功能，可以结合具体课题情况进行使用。

Disadvantages and improvements: Extra time should be spent to build the survey questions. A peer assessment function is also available on Blackboard. Teachers could choose to use the function when necessary.

2.4 拓展教学 Others

2.4.1 师生交流与生生交流 Teacher-Student Communications and Peer Communications

教师 / 学科 Teacher / Subject	方翼，刘姗，张明欣 / 数学；廖辉 / 生物 FangYi, Liu Shan, Zhang Mingxin / Mathematics; Liao Hui / Biology
简介 Descriptions	师生通过 Blackboard 不同渠道进行交流 Teacher-student communications and peer communications on Blackboard
使用的 Blackboard 功能 Blackboard Functions	博客，讨论板，调查问卷 Blog, discussion board, survey

教学过程 Teaching Process

1. 博客 Blog

在课程结束以后，教师可以利用 Blackboard 的博客功能，让学生对本节课所学知识进行总结。在博客里教师可以编辑并修改学生发布的内容，与学生协同合作，完善学生的知识系统，并且及时修正学生的错误认知。学生之间也可以互相评论，探讨问题。

After class, the teacher can use the blog function on Blackboard to ask students to summarize the content in class. After students post their understandings, the teacher can edit and make corrections to make sure the materials are well understood. The students can also communicate with each other for further discussions.

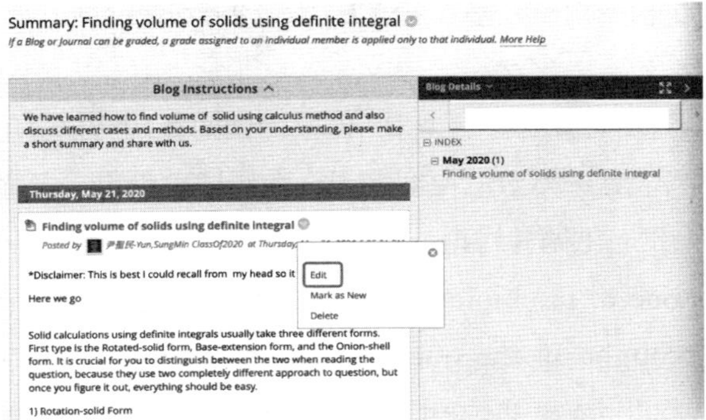

图 1　建立博客，加强师生联系

Figure 1　Creating a Blog to Strengthen Teacher-Student Connections

2. 讨论板一对一沟通 One to one communication on the discussion board

学生在讨论板上留言自己觉得困难之处，老师回复进行有针对性的指导。

Students can leave comments on what they feel hard. After the teacher receives the comment, he/she can provide corresponding guidance toward that specific topic.

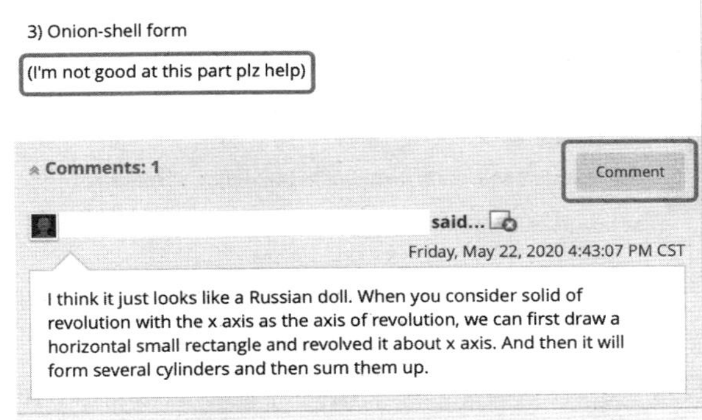

图 2　讨论板学生留言和教师回复

Figure 2　Students' Posts and Teachers' Replies on the Discussion Board

3. 讨论板一对一到多人沟通 Extend the discussion to the entire class

生物课上，以“动物行为学”以及测试的范围为例，几个同学问“动物行为学”这一章节的内容是否会在测试中出现。老师鼓励学生在讨论板上发布主题并讨论。

After one of the biology class about animal behaviors, several students brought up the question whether the content of animal behavior would be in the test, and if yes, how much percentage will be in the test. After being notified of this message by Blackboard, the teacher could star his answer, so the entire class would know 60% of the test would be about animal behaviors.

THREAD	AUTHOR	STATUS
Animal Behavior is included in the online assessment	国际部	Published

图 3　讨论板上有关“动物行为学”的帖子

Figure 3　Posts on “Animal Behaviour” on the Discussion Board

学生回复：“动物行为学占多大的比例呢？”

Students replied: So how much will it be in the range?

国际部

RE: Animal Behavior is included in the online assessment

so how much will it be in the range?

图 4

Figure 4

通过设置，Blackboard 上会发送邮件提醒老师有新的回复，老师进一步回复学生提问。

Through the settings, Blackboard will send email notifications to teachers about new replies, allowing teachers to further respond to students' questions.

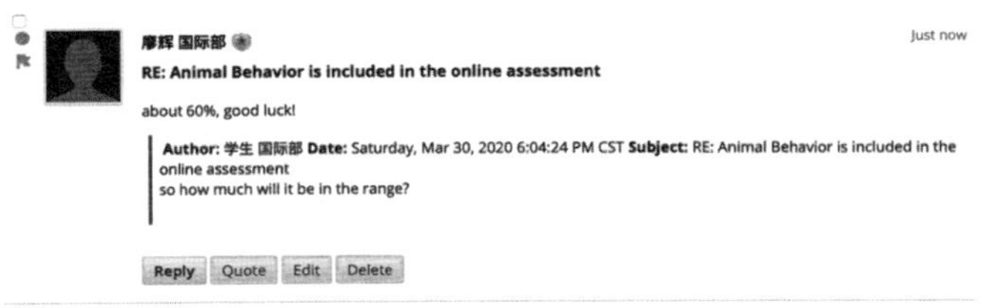

图 5
Figure 5

为了让所有学生都知道关于考试中“动物行为学”的占比，教师可以对回复加星标，并引用之前同学的问题，展现完整对话，这样所有同学都能明确地知道，这次网上测试，动物行为学的占比大约是60%。讨论区还支持文件（图像、视频、音频等的上传）。当教师或学生发现有趣的视频，可以使用支持大型视频传输的讨论区。学生可以一边欣赏视频一边在讨论主题下回复感想，十分方便。这也极大地提高了课堂的教学效率，并且让知识内容不再局限于书本上的简单文字，拓展阅读和拓展视频可以极大丰富、充实学生的课外知识。

To ensure all students are aware of the proportion of "Animal Behavior" in the exam, teachers can star the replies and cite students' previous questions to display the complete conversation. In this way, all students can clearly understand that "Animal Behavior" comprises approximately 60% of this online test. The discussion board also supports file uploads (images, videos, audio, etc.). When teachers or students find interesting videos, WeChat might not support large video transfers, but the discussion board can. Students can watch the video while responding with their feelings and thoughts under the discussion topic, which is very convenient. This greatly enhances classroom teaching efficiency and expands knowledge beyond the simple text in textbooks. Extended reading and videos can significantly enrich and supplement students' extracurricular knowledge.

4. 调查问卷 Survey

教师在学期结束前在 Blackboard 上发布了关于自学模式的一个问卷（图 6）。教师通过问卷收集学生反馈，了解课程情况，便于后续对课程做出调整。

At the end of the semester, the teacher posted a survey about self-study approaches to collect feedback from the students (Fig. 6). The teacher can understand more about the students' performance and make changes accordingly for future classes.

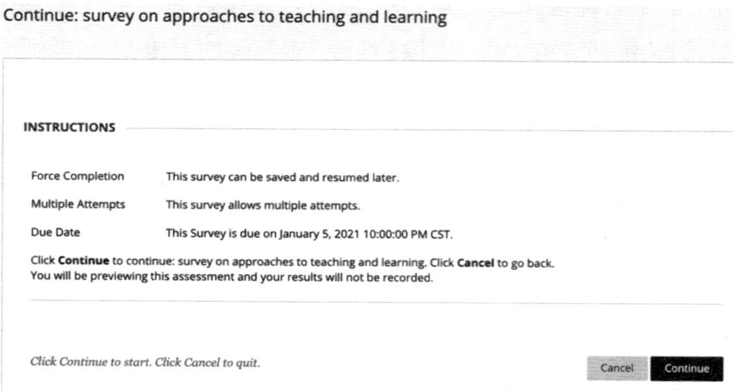

Continue: survey on approaches to teaching and learning

INSTRUCTIONS

Force Completion	This survey can be saved and resumed later.
Multiple Attempts	This survey allows multiple attempts.
Due Date	This Survey is due on January 5, 2021 10:00:00 PM CST.

Click **Continue** to continue: survey on approaches to teaching and learning. Click **Cancel** to go back.
You will be previewing this assessment and your results will not be recorded.

Click Continue to start. Click Cancel to quit.

Cancel Continue

图 6 教师发布问卷收集学生对于自学模式的反馈

Figure 6 The Survey Published by the Teacher to Collect Students' Feedback on Self-study

从学生的反馈来看，所有学生都对自学这种模式报以积极的态度。一个学生说道：“虽然自学有时会很费时，但它大大提高了我在数学课上的理解力。由于我已经事先阅读了材料，我对当天的主题有了一个基本的想法，让我的学习过程更快。”问卷还邀请学生就自学是否有效培养了他们的学习能力，以及对各类自学问题的适应度和喜好度进行了评分。结果显示在图 7 中。

From the students' feedback, teachers can find that all students have a positive attitude towards self-study. One student mentioned, "Although self-study can sometimes be time-consuming, it has greatly improved my understanding in math class. Since I have already read the materials beforehand, I have a basic idea of the day's topic, which makes my learning process faster." The questionnaire also invited students to rate whether self-study effectively cultivated their learning abilities, as well as their adaptability and preference for various self-study issues. The results are shown in Fig. 7.

• 绝大多数学生认同自学对于培养他们的学习能力，尤其是自我控制能力有着积极作用。

Most students show positive feedback on their self-study skills, which help cultivate their learning capabilities, and self-control abilities in particular.

• 超过半数的学生喜欢探究式的问题以及要求“用你自己的例子进行说明”的题目。他们认同尝试这些题目有助于加深他们的思考。

More than half of the students prefer exploratory questions and those that require "explain with your own example". They believe that attempting these questions helps deepen their thinking.

• 对于预习中超出大纲的内容，持正面和反面观点的学生比例基本相当。

For content beyond the syllabus during previews, the proportion of students with positive and negative views is roughly equal.

• 接力题是新题型。虽然所有学生都看过题目，但仅少数几个学生选择尝试。除了大多数持中立态度的学生，剩下的学生中喜欢的多于不喜欢的。

Relay questions are a new type of question. Although all students have seen the questions, only a few choose to attempt them. Among the remaining students, those who like the questions outnumber those who do not, with most students remaining neutral.

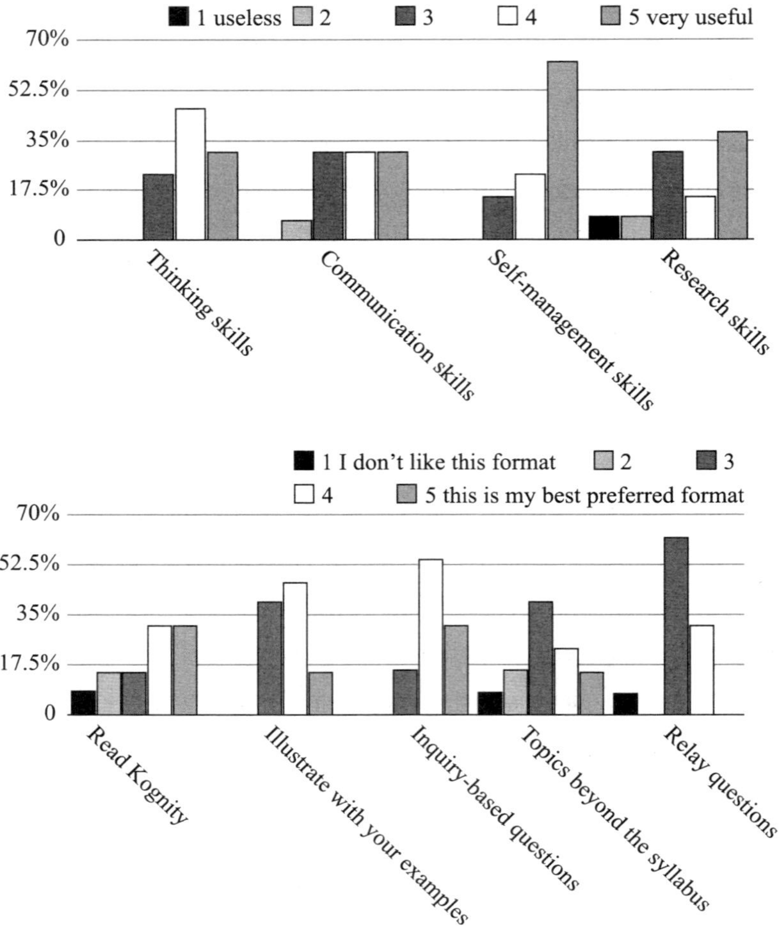

图 7 学生关于自学反馈的结果统计

Figure 7 Statistics on Students' Feedback Regarding Self-study

5. 利用日记进行反思 Journals for reflection

在学生的学习过程中，学会反思，学会总结经验，对他们以后的学习有着很重要的作用。会反思的学生更能找到自己的优缺点。借助 Blackboard 平台的日记功能，可以让学生与老师单独进行线上的学习总结与反馈。

Reflection is an important part of the learning process, which helps the students to identify their strengths and weaknesses. With the journal function on Blackboard, students could communicate with the teacher through journals.

具体布置方法如下：

内容→工具→日记，然后可以设置新的日志或链接到已有日记。

By clicking "Content → Tools → Journals", students can create new journals or links to an existing journal.

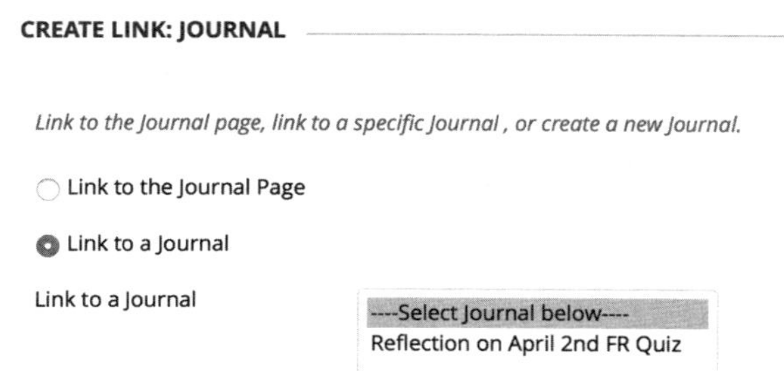

图 8 日记的设置

Figure 8 Setting a Journal

设置好后，可在课程工具栏中（“自评与他评”的下方）找到日记，查看学生的反思，并可加上教师的反馈。

On the menu bar, the teacher could find the journal under "self-evaluation and peer evaluation" and provide some feedback.

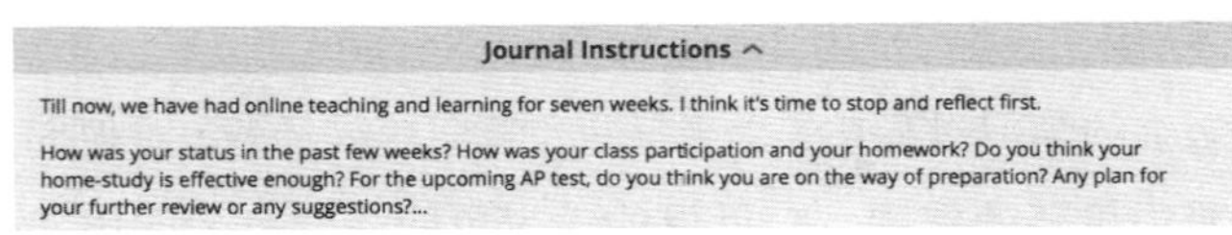

图 9 日记样例

Figure 9 A Journal Sample

根据学生完成的日志，教师可以给出反馈和建议。

The teacher can give feedback and advice according to students' journals.

Studying online is defenitely not as effective as studying in the classroom. There are way too many distractions and other things to do. Rumors about when school starts and about changes of the AP test have also made me anxious and restless. Because I have more time to do my homework, I have been spending more time on problems and thus my speed has decreased. This led to me not having enough time to finish the frq quiz last week. From now on, I will try to think faster when doing homework, and give myself a time limit for the questions I know how to solve.

Comments: 1 Comment

张明欣 国际部 said...

Monday, April 6, 2020 3:48:58 PM CST

Practice makes perfect. After you take enough practice and figure out every concept, there is no need to worry.

图 10 学生反思及教师反馈

Figure 10 A Student's Reflection and the Teacher's Feedback

教师点评 Teacher's Comments

Blackboard 讨论区是个比较好的收集学生问题的工具（微信上的问题非常容易被错过）。事实上，讨论区是个经典的网络论坛系统，对活跃氛围有着重要的作用。然而，Blackboard 讨论区的实时性却不如线上会议室或聊天软件的那么高，即帖子一般情况下不会在发出去以后立刻得到回复。基于 Blackboard 平台开展学生自主学习与同伴学习，可以不受时间、空间等因素的限制，让学生的学习在一定程度上更加具有自主性。特别是讨论区和作业互评，学生会在同伴的刺激下（如赞同意见、纠正错误等）更有学习动力。教师可以根据学生在讨论区的留言更好地掌握学生的认知情况，调整教学计划或教学方法。所以无论对于教还是学，利用这一信息技术平台，总体是有利的。

The discussion board is a good tool for collecting students' questions (on WeChat it's very easy to miss out) and also a classic online forum system, which plays an important role in enlivening the atmosphere but lacks the real-time nature compared to online meeting rooms or chat software. Self-directed learning and learning with peers on Blackboard can be free from the limitations of time, space and other factors. In particular, the discussion board and peer evaluation make students more motivated to learn. Teachers can better grasp students' learning situations and adjust the teaching plan or teaching methods. Therefore the platform in general is advantageous for teaching and learning.

2.4.2　成就激励 Achievement Motivation

教师 / 学科 Teacher / Subject	李泳池 / 生物 Li Yongchi / Biology
简介 Descriptions	Blackboard 平台的成就功能储备了一些经典的鼓励奖章，就像打游戏中过关了会得到星星或者糖果。奖章让学生在线上的学习也能有打游戏一样的喜悦感和不断完成任务的驱动力 The achievement feature of the Blackboard platform is equipped with some classic encouraging badges, similar to earning stars or candies in video games upon completing levels. These badges provide students with a sense of joy and a continuous drive to accomplish tasks in their online learning experience, akin to the satisfaction derived from gaming

（续表）

使用的 Blackboard 功能 Blackboard Functions	成就激励 Achievement motivation

教学过程 Teaching Process

在课程左侧任务栏点击课程工具→成就

Click on the course tools in the left sidebar, then select Achievements.

图 1

Figure 1

选择“创建成就”并输入预习任务。Blackboard 有三种成就模式可供选择：“强制完成”设置课程要求必须完成的任务，针对需要鞭策的学生或者全班同学都要完成的任务；“重要事件”可以设置一些有难度的任务，激励想要挑战的学生；“自定义”可以自己定义更高难度的任务。这里选择课程完成类型，布置学生自学 5.1 并且完成作业，全部完成后会获得成就。

Select "Create Achievement" and input the task for the pre-class preparation. Blackboard offers three achievement modes to choose from: "Course Completion" sets tasks that are mandatory for course requirements, suitable for students who need encouragement or tasks that everyone in the class must complete; "Milestone" for significant events allows teachers to set challenging tasks to motivate students seeking challenges; "Custom" lets teachers define tasks with higher difficulty levels. Choose the Course Completion type, assign students to self-study section 5.1, and complete the assignment. Upon completing all the requirements, students will receive the achievement.

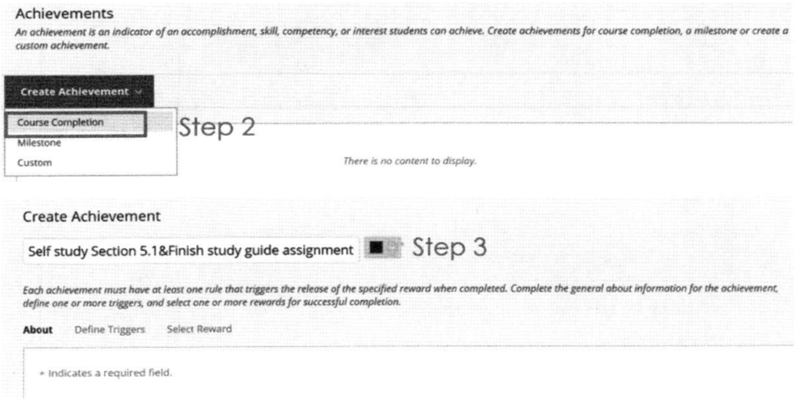

图 2

Figure 2

"创建成就"设置为想要学生预习的内容，需要事先上传课件作为预习内容，也就是"成就位置"。上传成功后，选择浏览，找到课件所在的文件夹。然后在右下角选择定义触发条件。

Set the "Achievement Location" to the content that the teacher wants students to preview, which requires uploading presentation materials as the pre-class content, that is, the achievement location. After a successful upload, choose to browse and locate the folder where the materials are stored. Then, in the bottom right corner, select to define the triggering conditions.

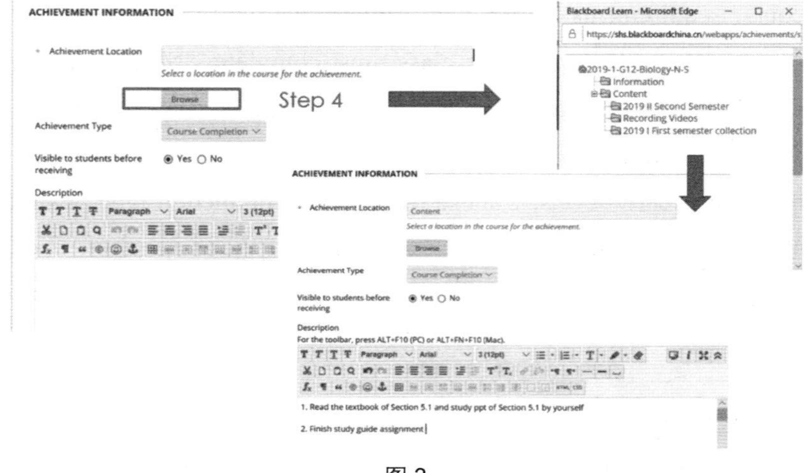

图 3

Figure 3

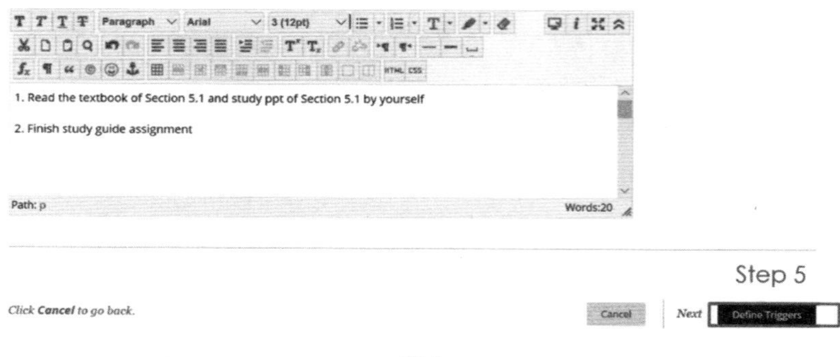

图 4

Figure 4

首先，必须输入规则名称。其次，可以设置学生必须完成的截止日期。奖励颁给在规定时间内完成任务的学生。

First, enter the rule name. Next, set the deadline by which

students must complete the task. Rewards are given to students who complete the task within the specified time frame.

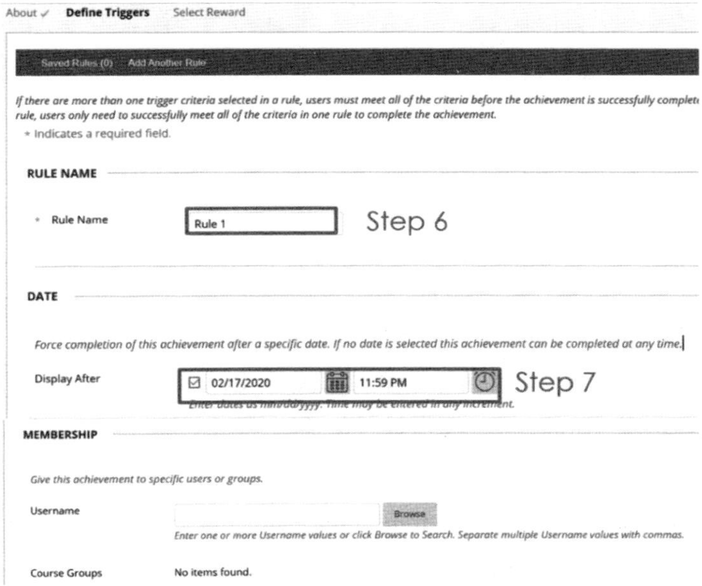

About ✓ Define Triggers Select Reward

Saved Rules (0) Add Another Rule

If there are more than one trigger criteria selected in a rule, users must meet all of the criteria before the achievement is successfully complete rule, users only need to successfully meet all of the criteria in one rule to complete the achievement.

* Indicates a required field.

RULE NAME

* Rule Name Rule 1 Step 6

DATE

Force completion of this achievement after a specific date. If no date is selected this achievement can be completed at any time.

Display After 02/17/2020 11:59 PM Step 7

MEMBERSHIP

Give this achievement to specific users or groups.

Username Browse

Enter one or more Username values or click Browse to Search. Separate multiple Username values with commas.

Course Groups No items found.

图 5

Figure 5

在成绩栏，教师可以添加对应于这个预习章节的作业，检验学生是否真正有效地预习了这些内容。可以设置得分或者正确率高于60%获得奖励。得分的高低可以区分任务要求难度的高低。

In the grade section, teachers can add assignments corresponding to this preview section to check whether students have effectively previewed the content. Teachers can set scores, and receiving a “reward” can be contingent on achieving a score or accuracy rate above 60%. The scoring system can differentiate between the difficulty levels of the task requirements.

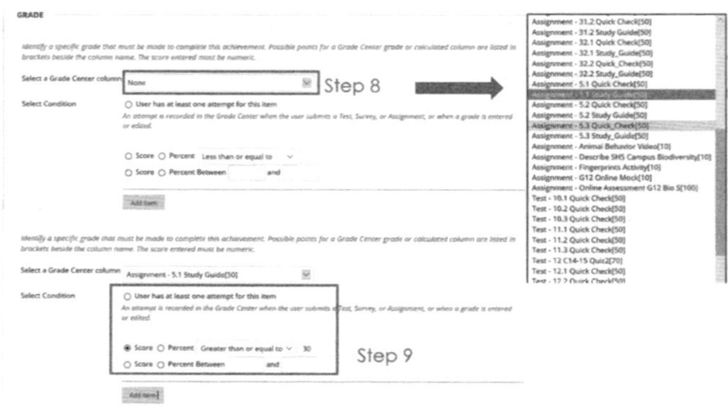

图 6

Figure 6

紧接着教师在颁奖者名称中输入信息，可以是班级名称、教研组名称或者老师自己的名字。接着设置奖章的有效期。

Next, the teacher enters information in the “Issuer Name”, which can be the class name, the teaching group name, or the teacher’s own name. Then, set the expiration period for the badge.

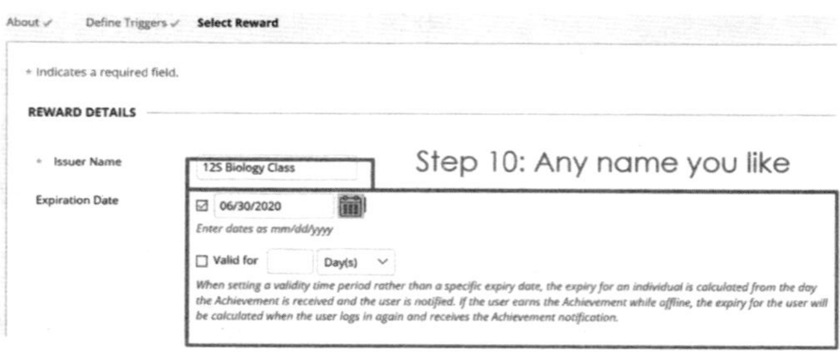

图 7

Figure 7

完成证书模板选择，可以从 3 个中任选喜欢的 1 个。

After completing the certificate template selection, teachers can choose any one of the three options that they like.

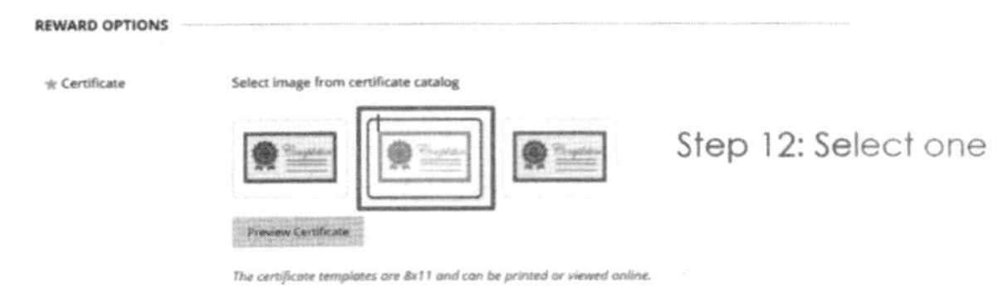

图 8

Figure 8

可以选择平台中的奖励图标来鼓励学生。不满意这些奖章的话，Blackboard 也支持自定义上传自己制作的或者收藏的个性化奖章。最后点击“保存和退出”完成所有设置。

You can choose reward icons on the platform to encourage students. If you are not satisfied with these badges, Blackboard also supports customizing by uploading personalized badges that you have created or collected. Finally, click Save and Exit to complete all the settings.

图 9

Figure 9

学生反馈 Students' Feedback

下面图 10 中的这位同学学习态度十分认真，不仅完成了预习的任务获得了奖章，还完成了其他作业和其他活动的项目，因此获得了相应的奖章。

This student in Fig. 10 has a very diligent attitude towards learning. Not only did she complete the pre-class tasks and receive a badge, but she also finished other assignments and participated in additional activities, earning corresponding badges as well.

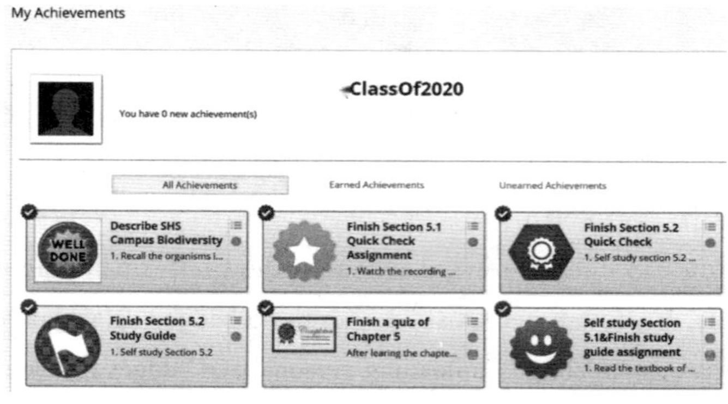

图 10

Figure 10

教师点评 Teacher's Comments

为什么学习或者完成作业对学生来说吸引力不大呢？怎样做才能对学生有吸引力呢？在完成学习任务的同时，给予学生类似游戏中可视化的奖励是一种可以尝试的办法，Blackboard 的“成就”功能是一个比较好的解决方法。学生每完成一个学习项目便可以拿到一枚奖章，奖章越多，成就也就越多，学习带来的幸福感就越强。“成就”功能的设置不仅适用于学生的预习任务，也可以鼓励学生完成作业，或者设置具有一定挑战的任务，让学生在学习中也有游戏中欲罢不能的感觉，闯完一关还想闯下一关，渴望不断升级。如此，在欢乐中学到了知识，提升了学习能力。

Why is learning or completing assignments not very appealing to students? And how can it be appealing? Providing students with visual rewards while completing learning tasks similar to those in games is one approach to try. Blackboard's "Achievements" feature is a good solution to this. Students can receive a badge for each completed learning task, and the more badges they earn, the more achievements they accumulate, increasing the sense of happiness derived from learning. The "Achievements" feature is not only suitable for encouraging students to complete preview tasks but can also motivate them to finish assignments or tackle challenging tasks. In this way, students can experience an irresistible feeling similar to the desire to advance to the next level in a game, continuously seeking to upgrade their achievements. Learning in joy enhances knowledge acquisition and improves learning abilities.

2.4.3 时间管理 Time Management and Notifications

教师 / 学科 **Teacher / Subject**	徐白葶，吴晨 / 数学 Xu Baiting, Wu Chen / Mathematics
简介 Descriptions	1. 提高时间管理与规划能力 Improve the ability of time management and planning 2. 强化学生对教科书的阅读与自学能力 Strengthen students' reading and self-learning ability of textbooks 3. 激发学生更广泛的学科兴趣 Stimulate students' interest in a broader range of subjects

（续表）

使用的 Blackboard 功能 Blackboard Functions	维基，日历，公告 Wikis, calendar, announcements

教学过程 Teaching Process

首先，教师布置演讲的任务，聚焦学生兴趣，让学生可以以个性化的方式进行自学、展示。同时，提供学校校历安排，让学生可以整体考虑学期安排，包括社团活动、考试复习等。

First of all, the presentation tasks were assigned, which focused on students' interests and aimed to help them self-study and present in a personalized way. Simultaneously, the school calendar arrangement was provided so that students could consider the semester arrangement as a whole, including club activities, examination review, etc.

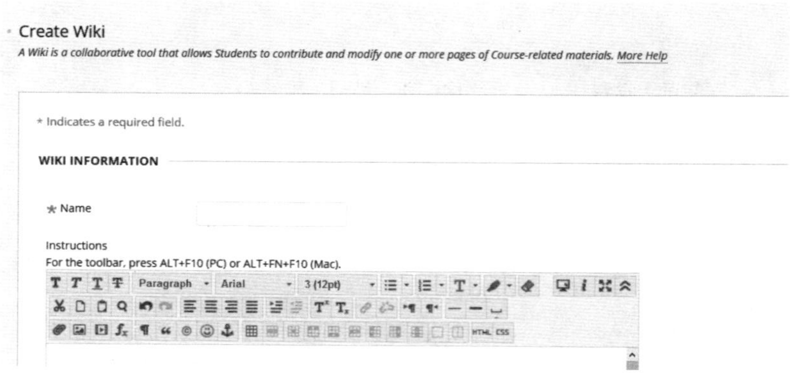

图 1
Figure 1

1. 创建预约演讲的维基页 Create Wikis for presentation

进入维基创建页面，输入预约演讲日的具体要求。

The requirements for the presentation booking are as follows.

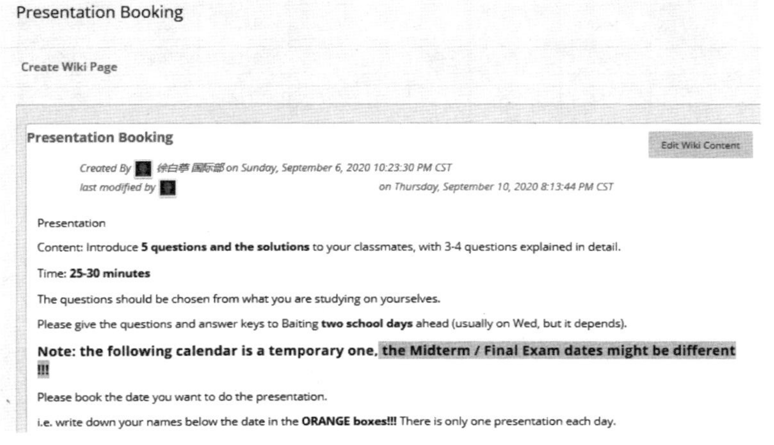
Presentation Booking

Create Wiki Page

Presentation Booking

Edit Wiki Content

Created By 徐白亭 国际部 on Sunday, September 6, 2020 10:23:30 PM CST
last modified by on Thursday, September 10, 2020 8:13:44 PM CST

Presentation

Content: Introduce **5 questions and the solutions** to your classmates, with 3-4 questions explained in detail.

Time: **25-30 minutes**

The questions should be chosen from what you are studying on yourselves.

Please give the questions and answer keys to Baiting **two school days** ahead (usually on Wed, but it depends).

Note: the following calendar is a temporary one, the Midterm / Final Exam dates might be different !!!

Please book the date you want to do the presentation.

i.e. write down your names below the date in the **ORANGE boxes!!!** There is only one presentation each day.

图 2

Figure 2

2. 编辑校历 Mark the school calendar

编辑学校校历，以不同的色彩标记，如红色为期中、期末考试时间。学生根据自己的情况、安排，合理决定展示日的时间。规定不允许修改他人的预约时间，遵循先到先得的规则。

The school calendar was marked with different colors, such as red for midterm and final examinations, and orange for available dates for presentations. According to their situations and arrangements, students could reasonably decide the time of the exhibition day. Students were not allowed to modify others' appointment times. This followed the first-come-first-served rule.

周次	日	一	二	三	四	五	六
一	9/1	9/2	9/3	9/4	9/5	9/6	9/7
二	9/8	9/9	9/10	9/11	9/12	9/13	9/14
三	9/15	9/16	9/17	9/18	9/19	9/20	9/21
四	9/22	9/23	9/24	9/25	9/26	9/27	9/28
五	9/29	9/30	10/1	10/2	10/3	10/4	10/5
六	10/6	10/7	10/8	10/9	10/10	10/11	10/12
七	10/13	10/14	10/15	10/16	10/17	10/18	10/19
八	10/20	10/21	10/22	10/23	10/24	10/25	10/26
九	10/27	10/28	10/29	10/30	10/31	11/1	11/2
十	11/3	11/4	11/5	11/6	11/7	11/8	11/9
十一	11/10	11/11	11/12	11/13	11/14	11/15	11/16
十二	11/17	11/18	11/19	11/20	11/21	11/22	11/23
十三	11/24	11/25	11/26	11/27	11/28	11/29	11/30
十四	12/1	12/2	12/3	12/4	12/5	12/6	12/7
十五	12/8	12/9	12/10	12/11	12/12	12/13	12/14
十六	12/15	12/16	12/17	12/18	12/19	12/20	12/21
十七	12/22	12/23	12/24	12/25	12/26	12/27	12/28
十八	12/29	12/30	12/31	1/1	1/2	1/3	1/4
十九	1/5	1/6	1/7	1/8	1/9	1/10	1/11
二十	1/12	1/13	1/14	1/15	1/16	1/17	1/18

图 3

Figure 3

3. 学年计划与反思 Year plans and reflection

学生完成预约后，教师将展示日在“日历”功能中放入对应日期，以便学生随时查询。与此同时进行的是学年数学学习计划的任务布置（图 4）。具体学期规划要求细化到周计划。学生根据自己的能力、校历安排、可能的社团时间提交学期规划。

After the students' completing the appointments, the dates were copied to the Blackboard calendar. Thus the students can query it at any time. Another task was assigned almost at the same time. Students were required to write their year plans.

Year Plan for Math Study Draft

Attached Files: Year Plan for Math Study.docx (27.938 KB)

Please complete the form attached, and save as a pdf file

Filename: **student name_year plan_draft.pdf**

Then submit.

图 4　教师第一次布置的数学学习计划任务

Figure 4　Math Learning Plan Task Assigned by the Teacher for the First Semester

并非所有学生可以 100% 完成计划。在经过一个月的学习后，教师给出了第二次计划提交任务（图 5）。旨在让学生进行有价值的反思，能够对自己的能力有进一步的认知，认真修改自己的计划。

However, not all students could complete their plan. After one month's study, the students were required to revise the draft and submit a second plan with their reflections. The purpose was to enable students to have a valuable reflection, to have a further understanding of their ability, and to modify their plans seriously.

Year Plan 2.0 and Reflection

Attached Files: Year Plan for Math Study and reflection.docx (25.496 KB)

Now it is time to do reflection over the first month.

Did you complete your monthly goal set at the beginning?

Do you want to revise your study plan for the rest of the school year?

How about the school course content, do you want to spend more time on the 10H school course review?

Etc.

The reflection can be anything that you want to tell yourself and record down.

Requirement:

1. Revise your year plan
2. Complete the new column "reflection" for Sep.
3. Submit a PDF file.

图 5　教师第二次布置的数学学习计划任务和反思

Figure 5　Requirements for the Second Year Plan of Math

与此同时，新的任务也在源源不断地出现在 Blackboard 系统中，如撰写数学科普文（图 6）。

At the same time, new tasks were continually appearing in the

Blackboard system, such as writing a Math explainer. (see Fig.6)

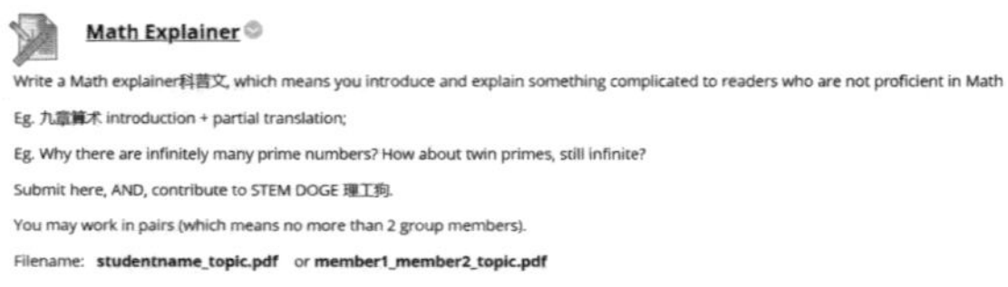

图 6　教师布置的科普文章要求

Figure 6　Requirements about Math Explainer

4. 日历功能 Blackboard calendar

随着 10 年级课程内容的增多，部分学生开始对作业、项目、学习计划等的截止日期记忆混乱。于是，教师开始使用 Blackboard 的“日历”功能。所有的日常作业、预习题目截止日期均被编辑入日历系统（图 7）。

With the increase of complexity in Grade 10 academic journey, some students began to be confused about the deadlines. Therefore, Blackboard calendar was called for help. All daily assignments and the deadlines of preview tests were edited into the calendar system. (see Fig. 7)

图 7　Blackboard 日历界面——9 月份的安排

Figure 7　Blackboard Calendar Interface — Schedule for September

教师既在 Blackboard 上布置常规作业，也在课堂内宣讲布置。其后，当学生习惯于“日历”的存在，教师不必在课堂内布置作业，而是以月为单位提前在“日历”上设置所有任务的时间节点。学生可以提前安排预习、作业、复习的时间。教师鼓励学生提交“早鸟”作业。学习过程中，教师的去中心化进一步加强。可以想象，如果教师因故缺席课堂，学生依然能够清楚地知道学习进度。

Teachers initially assign regular homework both on Blackboard and in class. As students become accustomed to the calendar feature, teachers no longer announce homework in class but instead schedule all tasks in advance on the calendar on a monthly basis. Students can then plan ahead for previewing, assignments, and reviewing. Teachers encourage students to submit “early bird” assignments. This decentralized approach in the learning process further strengthens. It’s conceivable that even if a teacher is absent from class for any reason, students can still clearly track their learning progress.

对于学年计划，有的学生态度不够认真，学生 A 粗略给出了月计划（图 8）；有的学生认真周密，如学生 B 精确给出了周计划，罗列了许多内容（图 9）。无论原始计划如何，学生的反思、改进都能让他们不断认识自我。

Some students treat the year plan seriously, while some are not. But for whatever types of students, their constant reflections could make them know more about their potentials and abilities.

Please make your monthly plan based on your goal(s).

Month	Weekly Plan	Notes	Reflection
Sep 2020	Enhance in-course contents and skills & Self-study Calculus	For in-course contents, review by doing the questions on the note packet and questions on extra review packets. For self-studying Calculus, go through half to one chapter every	I originally planned to enhance in-course contents and skills and prepare for AMC. For in-course contents, I did many questions on the note packet and extra review packets. However, for preparation of AMC, I only did questions from and studied in the Math Club. However, I also self-studied one chapter of the textbook for Calculus. This makes me change my weekly plan from preparing for AMC every month before the competition date to studying Calculus and preparing for AMC alternately, so I can have more impetus to do self-study. Also, I should try to spend

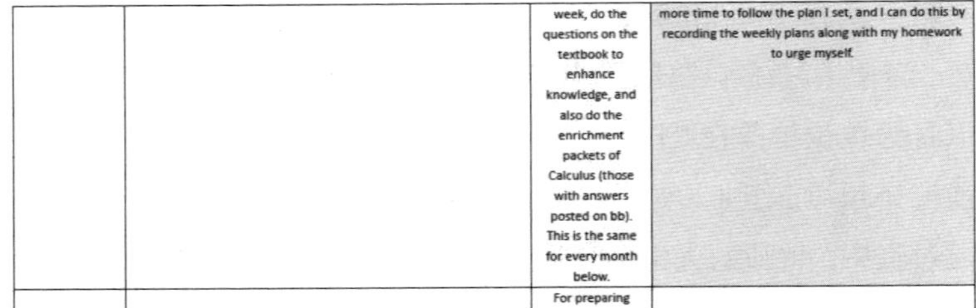

		week, do the questions on the textbook to enhance knowledge, and also do the enrichment packets of Calculus (those with answers posted on bb). This is the same for every month below.	more time to follow the plan I set, and I can do this by recording the weekly plans along with my homework to urge myself.
		For preparing	

图 8 学生 A 对 9 月份学习情况的反思

Figure 8 Student A’s Reflection on the Learning Situation in September

Reflection for September.
In this month, besides finishing the school courses, it is clear how previewing and reviewing chapters are important in learning math. In addition, I decided to participate in the AP calculus test, therefore, adding on to other competition preparation, study and exercise for calculus is also needed.

My Plan for Math Study

2020 Sep – 2021 Jun

Name :

Goal:

☑ Enhance the in-course contents and skills

☐ Study some mathematics contents beyond the course, such as *Calculus, Linear Algebra*.
I will use the textbook Precalculus, Calculus, Linear Algebra to study.

☑ Prepare for the contest / competition, for example AMT.
Please write it down AMC (American), AMC (Australian), Math League, AP Calc BC.
The registration will open in october (month), the competition dates are around February
I can get materials from AMC club, math League group chat

Please make your monthly plan based on your goal(s).

Month	Weekly Plan (AMC 10)	Weekly Plan (Math League)	Notes
Sep 2020	[illegible]	[illegible]	[illegible]

图 9 学生 B 对 9 月份学习情况的反思

Figure 9 Student B’s Reflection on the Learning Situation in September

“日历”功能在试验了两个月后，学生已经可以做到在正确的日期提醒教师收取相应的作业。学生已经非常习惯每日查询。学生 C 还自豪地说，他把日历导入手机，方便查看。同时，随着教师和学生之间的互动、了解加深，日历也不仅仅是作业布置工具，更是一种交流媒介，如提醒二十四节气、提醒节假日、祝愿元旦快乐等。

After two months of experiment on the Blackboard Calendar, students can remind the teacher to collect the corresponding homework on the correct date. Students are very used to the daily inquiry. Student C was so proud to say that he imported the calendar into his mobile phone for easy viewing. With more interactions between the students and the teacher, the calendar is not only a tool for homework assignment but also a way to communicate such as reminding the holidays.

章节测试安排，包括考试时长、开始和结束的具体时间、范围、要求等都是学生最常问又容易遗忘的内容，在公告中发布，并且可以通过电子邮件提醒，避免了老师和同学反复沟通及出现误差（图 10）。公告也可以很好地指向课程某一其他环节，方便查询和链接所需的内容（图 11）。

Test information on Blackboard sometimes could be hard for students to remember, including the length, starting and ending time, covered topics and requirements. The teacher can post an announcement on the course home page or set to email the students to avoid miscommunications. The announcements can easily be found and direct the students to the page they need to be at.

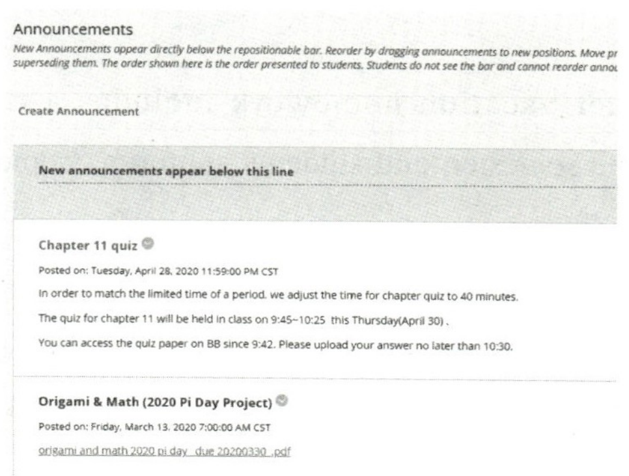

图 10　Blackboard 显示的课程公告和截止日期提醒
Figure 10　Course Announcements and Deadline Reminders Displayed on Blackboard

Feb. 25 G9 Geometry Study Task

1. Complete the noteschapter8-notes-ans-8.1&2.pdf of 8.1&8.2.

2. Preview tests 8.1-8.3

图 11 Blackboard 上特定项目的公告，明确学习任务和时间

Figure 11 Announcements on Blackboard for Specific Projects Clearly Outlining Learning Tasks and Deadlines

教师点评 Teacher's Comments

1. 日历功能可以反其道而行。学生有权限添加“个人”事项。下学期的学期数学学习规划，可以尝试让学生直接添加在日历功能内。

The Blackboard calendar can improve the efficiency of communication. Also, the Blackboard calendar can be used in reverse. Students can take advantage of the calendar to add “personal” items to help schedule their term plan for the next semester.

2. 寒假作业包括对本学期的反思与总结，学生第三次提交“学期规划”。

The winter vacation homework includes a reflection and summary of the semester, and students submit a “semester plan” for the third time.

2.4.4 新旧课程共享文件 Share Files When Teaching the Same Course

教师 / 学科 Teacher / Subject	赵奇玮 / 数学 Zhao Qiwei / Mathematics

（续表）

简介 Descriptions	重开相同课程时，直接成批导入之前的课程内容 Import the previous course content in batches while reopening the same course
使用 Blackboard 功能 Blackboard Functions	导出存档课程，导入压缩包 Import zip files from the existing course

教学过程　Teaching Process

1. 导出压缩课程文件 Export the materials

课程界面→压缩包和实用工具→导出 / 存档课程

Course interface → Compressed package and utility → Export / Archive the course

图 1

Figure 1

选择导出压缩包。

Select Export Compressed File.

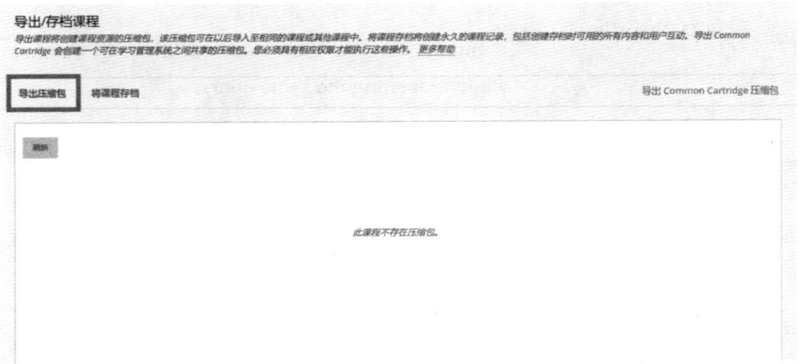

图 2

Figure 2

在主页寻找“源课程 ID”，输入 ID（范例：51943）。

Find “Source Course ID” on the page and input the ID.

图 3

Figure 3

选择课程材料，并提交。

In “Select Course Materials” section, select the content to export and click "Submit".

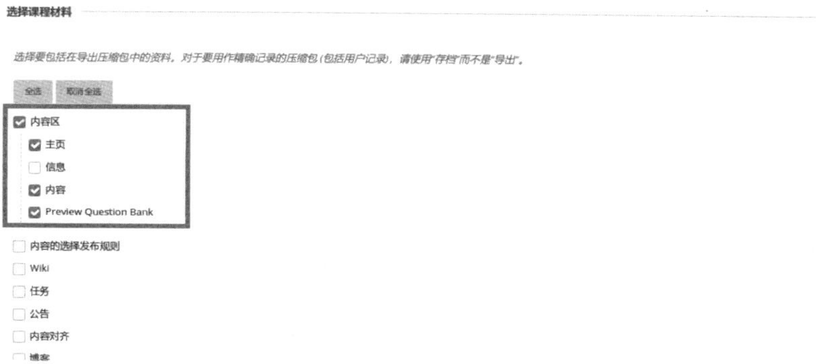

图 4

Figure 4

进入"成功"界面，等待系统完成导出操作。

Enter the Success Interface and wait for the system to complete operation.

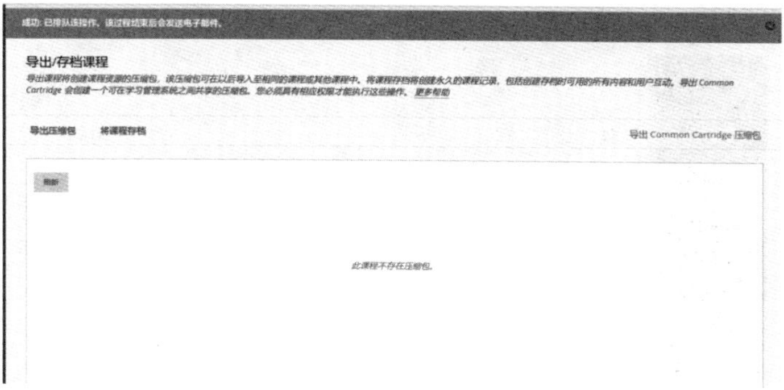

图 5

Figure 5

系统完成后，会通过电子邮件发出提醒。再次进入"压缩包和实用工具"菜单，"导出 / 存档课程"中出现了刚刚导出的课程内容压缩包，包含导出时的 ID 号码。点击并下载该课程包。

After the export completes a notification email will be sent. Then the exported package can be downloaded from the "Export / Archive the Course" page.

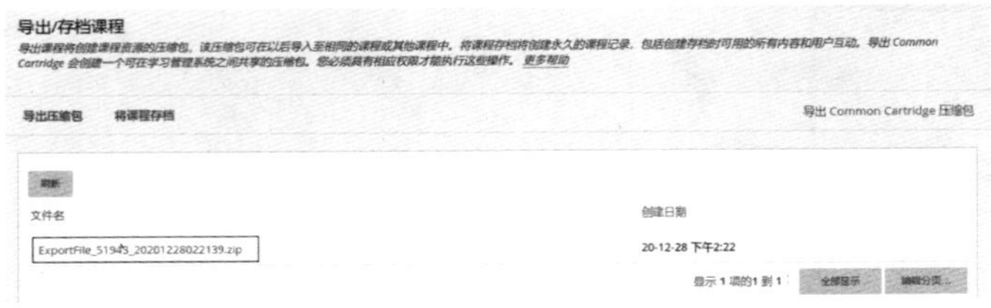

图 6
Figure 6

2. 将压缩课程文件导入新课程 Import the compressed file to the new course

课程界面→压缩包和实用工具→导入压缩包 / 查看日志

New course interface → Compressed files and utilities → Import the package

图 7
Figure 7

选择压缩包，浏览“我的电脑”，上传前一步下载的文件。

Select the zip file, browse My Computer and upload the previous downloaded file.

选择复制选项

目标课程 ID　47741

选择压缩包

单击浏览以找到课程压缩包

上传大型压缩包可能需要较长时间。

选择压缩包　浏览"我的电脑"

选择课程材料

选择要包括的资料。要从存档压缩包重新创建课程（包括用户记录），请使用"恢复"而不是"导入"。

全选　取消全选

内容区

图 8

Figure 8

上传完毕后，导入文件自动保存在新课程文件夹内。

After uploading, the imported files would automatically be saved into the new course files.

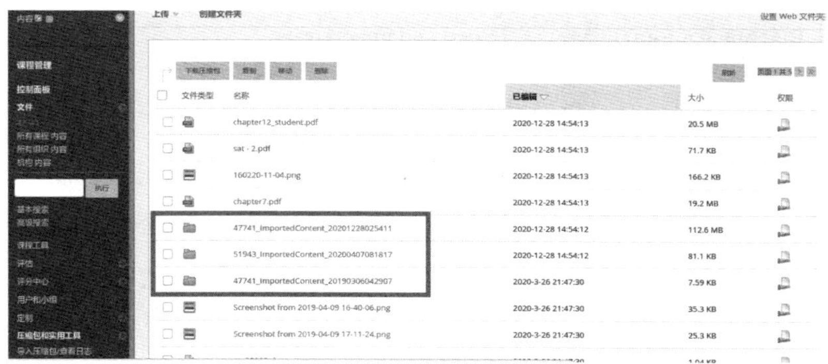

图 9

Figure 9

教师点评　Teacher's Comments

课程资料迁移有利于提高效率，也有利于资料和经验的累积，做到新旧迭代、去粗存精，便于课程建设和教师成长。

Easy transfer of course materials to a new course brings great convenience to teachers. Moreover, such transfer may help teachers refine their course design and build up teaching proficiency.

2.4.5 共享测验 Share Tests Among Different Teachers in the Same Course

教师 / 学科 Teacher / Subject	刘姗 / 数学 Liu Shan / Mathematics
简介 Descriptions	导出试卷为 zip 文件，在其他课程中导入，平行班共享 Test papers can be made by one teacher and then shared among parallel classes
使用 Blackboard 功能 Blackboard Functions	导出 / 导入测试 Export and import tests

教学过程 Teaching Process

1. 导出已有试卷为 zip 文件 Export test papers into a zip file

进入课程，选择工具栏中“测试、调查和题库”，点击“测试”，选中要导出的测试，点击小三角，点击“导出”，系统直接导出一个 zip 文件。

Test，Surveys and Pools → Tests → Export as a zip file.

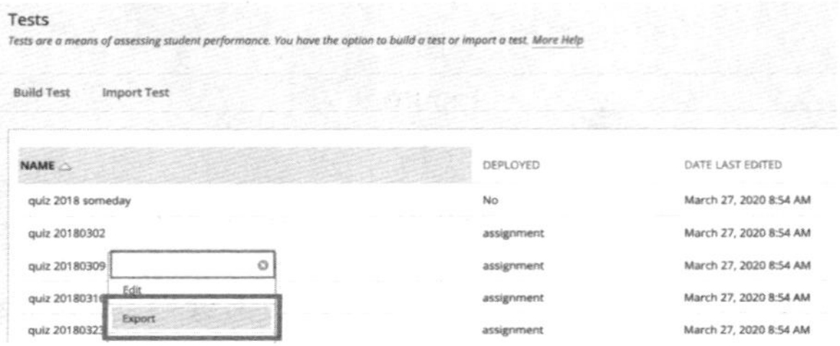

图 1

Figure 1

2. 其他老师导入 Import the test papers

进入要导入的课程，选择工具栏中的测试、调查和题库→测试→导入测试→浏览“我的电脑”，选中该 zip 文件，提交立即完成导入。之后，教师按常规完成后续发布测试的流程即可。

Test, Surveys and Pools → Tests → Import Test → Browse My Computer → Select the zip file → Submit

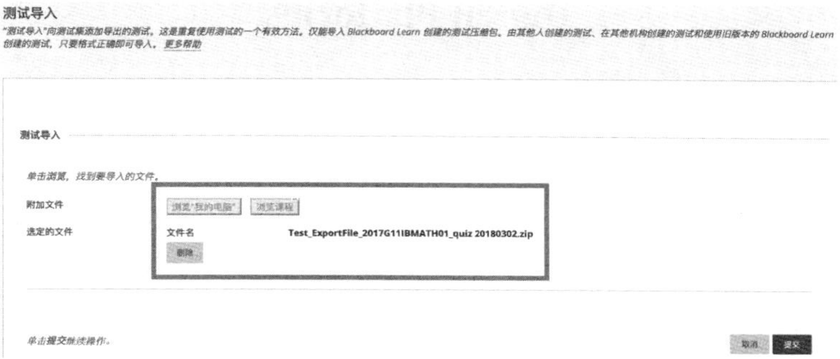

图 2
Figure 2

教师点评　Teacher's Comment

一位教师完成在线试卷制作与设定，通过简单的导出与分享，平行班其他教师可直接使用或略作修改后使用，如此合作可提高工作效率。

One teacher crafts and configures online exam papers, and then via a straightforward export and sharing process, other teachers in parallel classes can directly utilize these papers or make minor adjustments before using them. This collaborative approach greatly enhances work efficiency.

第三章　基于数字化平台的混合式教学的全链条案例
A Full-Chain Case of Hybrid Teaching Based on Digital Platforms

如果在各个教学环节都能够实现对数字化平台的创造性利用，学习将真正实现没有时空的边界。为此，教师不仅需要耐心打磨教学计划，还需要让教学思想和对学情的掌握与数字化平台功能的使用有机融合，从而提高教与学的效率。

If creative utilization of digital platforms can be achieved in various teaching stages, learning will truly break free from the constraints of time and space. Therefore, teachers need not only to carefully refine their teaching plans but also to organically integrate their teaching ideas and understanding of students' situations with the functionalities of digital platforms, thereby improving the efficiency of teaching and learning.

本章提供了不同学科在教学环节的全链条上将数字化平台与教学需求妥善结合的实施案例，按照实施时间的先后顺序（课前、课中、课后）进行组织，凸显了数字平台对于教学的辅助作用。同时，每个案例列举了实施后的学生反馈或者教师点评，以期对未来的教学和更好地利用数字化平台的功能有所启发和借鉴。

This chapter provides implementation cases where digital platforms are appropriately integrated with teaching requirements across the full chain of teaching stages of different subjects. It is organized based on the sequence of implementation time (before class, during class, after class), highlighting the supportive role of digital platforms in teaching. Additionally, each case presents students' feedback or teachers' comments after implementation, aiming to inspire and provide references for future teaching and better utilizing the functionalities of digital platforms.

3.1 上课前 Before Class

3.1.1 理科预习：实验安全学习准入 STEM: Students' Finishing the Lab Safety Education Course as the Prerequisite

教师 / 学科 Teacher / Subject	陈琳 / 化学 Chen Lin / Chemistry
使用的 Blackboard 功能 Blackboard Functions	发布文件、视频、互动游戏、作业 Upload files, videos, and interactive games, and post assignments
教学内容 Content	观看实验安全视频，完成相关作业及测试，完成实验预习、实验报告上传及反馈 Watch the experimental safety videos, complete related work and tests, complete experimental preview and upload experimental reports and feedback
教学目标 Teaching Objectives	让学生充分利用 Blackboard 平台的各个功能，更好地实现实验安全学习和日常实验的完成 Let students use the various functions of the Blackboard platform to achieve a better experimental safety learning and complete experimental operations

教学过程　Teaching Process

1. 课前实验安全学习 Lab safety education course

介绍上海中学化学实验室→上传“安全须知视频”，要求学生观看。

Introduce the chemistry lab at SHSID. Require the students to watch the lab safety video by SHSIDers.

1. Lab Safety Video by SHSIDers

Please watch the following videos and know more about our school's labs.

Q1: Where's our schools' chemistry lab?

Q2: List three general operations from the video.

图 1　实验安全视频和预习问题

Figure 1　Chemistry Lab Video and Preview Questions

介绍化学实验室常规安全规则 → 上传“美国化学学会（ACS）实验室安全视频”和“实验室安全歌曲视频”，要求学生观看。

Introduce general lab safety rules. Require the students to watch lab safety videos by ACS and the lab rule song video.

2.Lab safety(ACS)

Watch the video and determine whether the following operations are true or false:

1. We can wear open shoes or sandals in the lab.
2. It is permissible to have drink or food in the lab.
3. You should avoid wearing contact lenses in the lab.
4. Keep all combustible materials away from open flames.
5. We can touch chemicals with our hands.
6. Carry glass tubing, especially long pieces, in a horizontal position to minimize the likelihood of breakage and to avoid stabbing anyone.
7.We can place dry chemicals directly on balance pans.
8.We should wash our hands before we leave the lab.
9. A same spoon can be used to remove all kinds of different solid chemicals during experiement.
10. We can pipet small amounts of liquid very accurately by mouth.
11. We should check labels on containers twice to make sure we use the right chemical and of the correct concentration
12. When using the eyewash, you should flush eyes and eyelids with water or eye solution for just 3 minutes.
13. Containers should never be left too close to the edge of the bench.
14. You can leave a lit bunsen burner unattended if you need to do something else in the lab.
15. You should never leave your bags in passways

图 2　ACS 实验安全视频和判断正误预习问题

Figure 2　ACS Lab Safety Video and True or False Preview Questions

课上讲解实验安全要点，将要点幻灯片上传至同一文件夹，将学生需要复习的问题上传为作业，将回复作业作为进入实验室的条件之一。

In class, explain the key points of experimental safety. Upload the PPT to the folder, set the questions that students need to review, and upload them as the assignment. The reply to the assignment task is one of the requirements for entering the laboratory.

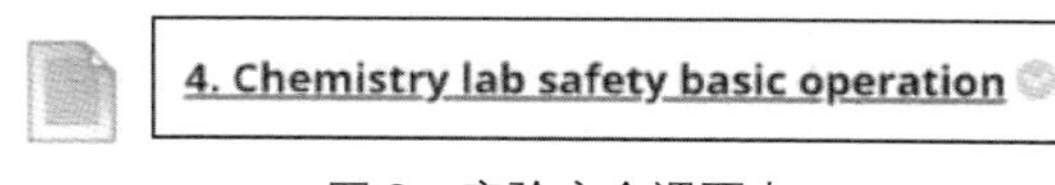

图 3 实验安全课要点

Figure 3 Lab Safety Key Points

要求学生在课堂上签署“实验安全规则条约”，并使用作业功能让学生浏览原文件以便复习。

Require the students to sign the “Safety Contract” and upload the document as an assignment so they can review after class.

5. Safety Contract

Please read and sign the safety contract.

Reply to the signed contract as answers to this assignment.

You are not allowed to enter the lab without signing the contract.

图 4 实验安全规划知情书

Figure 4 Safety Contract

2. 在后续课堂中，将预习的实验室安全内容和教学、课后作业融合 During class, incorporate the preview contents into the class activities and assignments

上传实验操作小游戏，在课时允许的情况下在课堂中演示，利用小游戏让学生指出错误操作或者实验室潜在危险。由于时间限制，另一个小游戏可以课下完成，swf 文件可直接点击，用网页打开。

Upload lab safety mini-games, demonstrate them in the classroom when the class time allows, and use mini-games to let students point out wrong operations or potential dangers in the laboratory. Students can also complete them by themselves. Due to time constraints, another mini-game can be completed after class. The swf file can be opened with a webpage.

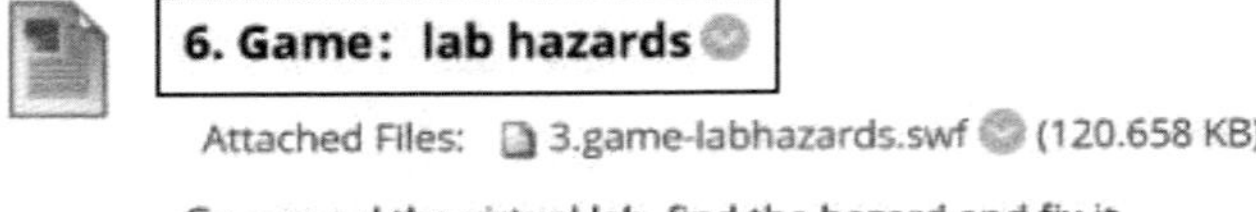

图 5　实验小游戏检验预习成果

Figure 5　Mini-games for Checking Preview Efficiency

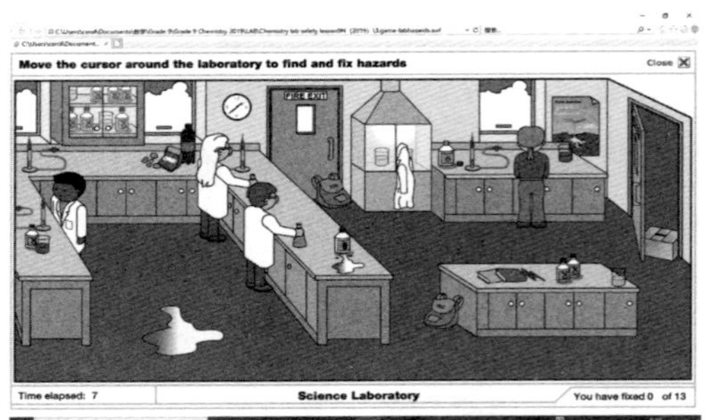

图 6　实验安全模拟游戏界面

Figure 6　Finding the Mistakes in the Lab Through Mini-games

要求学生在阅读《美国化学学会中学化学实验室安全指南》的同时，关注常用化学仪器的名称和用途。

Remind students to use *American Chemical Society: Guidelines for Chemical Laboratory Safety: in Secondary Schools* (P45–51 Instrument names and their purposes) to memorize names and uses of some commonly used instruments.

ACS satety guideline(P45-51)

Attached Files: 6. acs-secondary-safety-guidelines（P45-51仪器名称用途）.pdf (1.513 MB)

Please read the ACS safety guideline and memorize the Basic Laboratory Glassware and Equipment on pages 45-51. There'll be a quiz on some important equipment and their usage.

图 7 ACS 实验安全规则全文及常用仪器

Figure 7 ACS Safety Guideline and Instruments

上传第一次实验的实验流程并布置预习任务，回复该作业作为预习成果。实验结束后，再次上传完成好的实验报告。

Upload the experiment report of the first experiment and arrange the preview tasks. Students need to reply to the assignment as the proof of the preview. After the experiment, upload the completed experimental report again.

8. Basic operations in chemistry lab

Attached Files: 8. Lab 1..docx (453.279 KB)

Please read the instructions and preview the steps for each part.

Part I. Preparing NaCl solution

Part II. Remove solution by pipet (Demonstrated by the teacher)

Part III. Using Bunsen burner to heat up the solution

Part IV. Mixing solutions in test tubes

Reply the finished lab report as answers to this assignment.

图 8 第一次实验的报告预习作业

Figure 8 First Lab Report and Preview Assignment

在指定时间内完成“实验安全在线小测试”从而完成实验安全考核。

Complete the lab safety assessment on time.

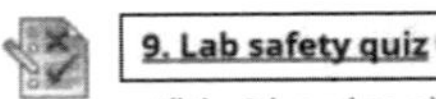

-All the 9th graders, please finish the Lab safety quiz online **by Oct. 21.**

-There are 25 questions,15 true or false and 10 multiple choices, in the quiz. Finish them with in 30 minutes.

-If you don't finish the quiz on time, it will affect your placement result and term score.

图 9　实验安全在线小测验

Figure 9　Lab Safety Assessment

学生反馈　Students' Feedback

1. 学生可以系统地学习实验安全规则和操作，同时保证所学信息的趣味性和科学性。另外，通过学长拍摄的实验室视频实际了解了学校的实验室位置和应急处理设施的位置。

Students could learn experimental safety rules and operations systematically, with interesting and scientific information. In addition, students learned more about the location of the school's laboratory and emergency treatment facilities through laboratory videos taken by seniors.

2. 用作业和小测试的方式检验学习成果，比简单阅读规则更加令人印象深刻。

Homework and quizzes were used to check learning results, which are more effective than simply reading the rules.

3. 学生希望有更多机会进入实验室并参与实验安全教育视频的拍摄。

Students hoped to have more opportunities to enter the laboratory and participate in the making of lab safety education videos.

教师点评　Teacher's Comments

1. 视频文件的引导性问题一定要设置得有针对性，引导学生认真观看视频并回答。

The guiding questions of the video file must be set up to guide students to watch the video and answer them seriously.

2. 可增加讨论板：关注实验安全，找一些与实验安全事故相关的新闻分享给学生，从而引发学生的重视，并让学生感受实验安全问题就在身边，或分享讨论常见的错误操作，让学生从一开始就养成良好的实验基本操作习惯。

The module "discussion board" could be added: Pay attention to experimental safety. Share some news of experimental safety accidents to attract students' attention and let them be aware of the importance of safety problems. Share and discuss common mistakes. Develop good basic experimental operation habits from the very beginning.

3. 某些学生自己拍摄的视频中也存在不符合规定的小错误，可以作为反面教材。

There are also minor errors in the videos taken by some students, which can be used as "teaching materials", too.

4. 实验预习阶段，提供更多有针对性的操作演示视频。

Provide more targeted operation demonstration videos as preview tasks.

5. 找一些较好的在线模拟实验室，让学生先熟悉操作过程。

Find some better online simulation lab apps to let students get familiar with the operation process.

3.1.2 理科预习：回答预习问题，自动浏览答案及答案分析 STEM: Students Answer Preview Questions Followed by Automatic Posting of Solutions and Analyses

教师 / 学科 Teacher / Subject	袁姝怡 / 数学 Yuan Shuyi / Mathematics

（续表）

使用的 Blackboard 功能 Blackboard Functions	测试，成绩中心 Test, Grade Center
教学内容 Content	正弦定理 Law of sines
教学目标 Teaching Objectives	• 掌握正弦定理的内涵与外延 Get the hang of law of sines • 熟练运用正弦定理来解三角形 Adeptly solve triangles with law of sines • 熟知三角形唯一性的判定 Be familiar with “ambiguous case” and the number of solutions in solving triangles • 引入并拓展广义正弦定理 Introduce extended law of sines • 从不同的证明方法中领略数学“条条大路通罗马”的魅力，并构建与其他知识点的关联 Experience the beauty of Math in the sense of “All roads lead to Rome” with different proving methods

教学过程 Teaching Process

1. 课前预习作业和自动批改 Preview exercise and automatic grading by Blackboard

提前布置学生阅读材料（图 1），并发布预习练习题（图 2、图 3），提交后自动批改并给出正确答案，供学生检验成果，并记录预习中遇到的困惑。

Assign reading materials in advance (Fig. 1) and publish preview exercises (Fig. 2&3). After submitting the answers, students are able to be graded automatically. Then they can view the correct answers to check their quality of preview and record their questions related.

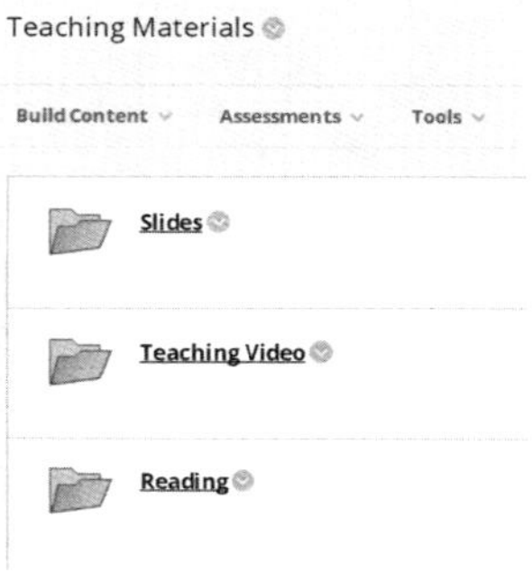

Teaching Materials
Build Content Assessments Tools
Slides
Teaching Video
Reading

图 1 阅读材料
Figure 1 Reading Materials

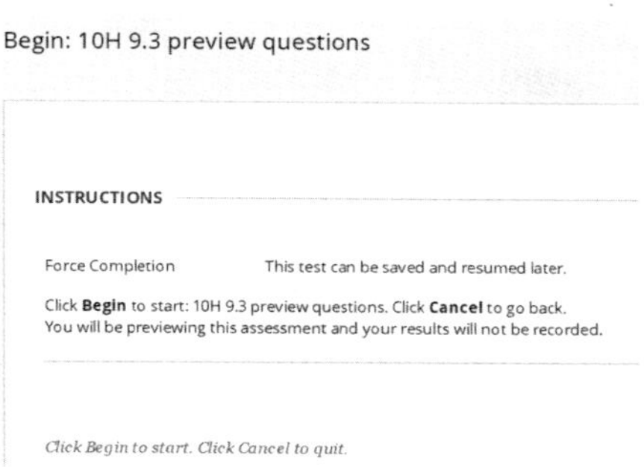

Begin: 10H 9.3 preview questions
INSTRUCTIONS
Force Completion This test can be saved and resumed later.
Click **Begin** to start: 10H 9.3 preview questions. Click **Cancel** to go back.
You will be previewing this assessment and your results will not be recorded.
Click Begin to start. Click Cancel to quit.

图 2 预习练习题
Figure 2 Preview Exercise

Test Information
Description The Law of Sines
Instructions Please read the textbook page 345 - 347
Multiple Attempts Not allowed. This test can only be taken once.
Force Completion This test can be saved and resumed later.
Question Completion Status:
QUESTION 1 10 points Save Answer
In triangle *ABC*, which of the following must be true?
A. cos A / a = cos B / b
B. sin B / b = sin C / c
C. tan C / c = tan A / a
D. sin A / sin B = b / a

图 3 预习练习题举例
Figure 3 Preview Exercise Example

分析学生的预习题得分情况（图 4），利用项目分析（图 5）查看每个选项的正确率（图 6），总结学生的常见错误和疑问。

The teacher can have an idea of students' weak points from their preview performance (Fig. 4) and make the teaching plan accordingly. In "Item Analysis" (Fig. 5) the teacher can view the scoring of each question and focus on the analysis of low-scoring questions in class (Fig. 6). For example, the question in Fig. 6 has a scoring percentage of about 76%.

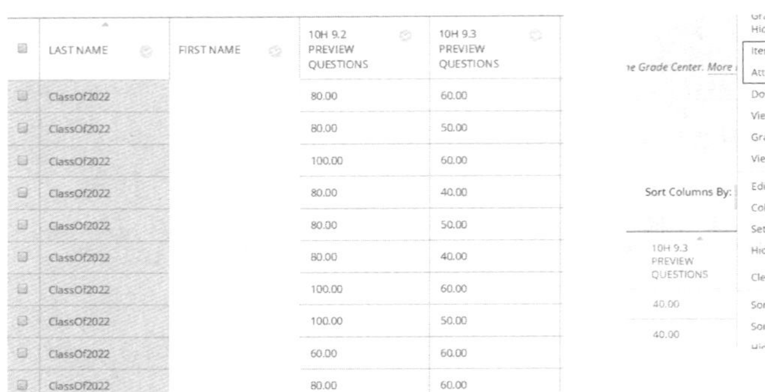

	LAST NAME	FIRST NAME	10H 9.2 PREVIEW QUESTIONS	10H 9.3 PREVIEW QUESTIONS
	ClassOf2022		80.00	60.00
	ClassOf2022		80.00	50.00
	ClassOf2022		100.00	60.00
	ClassOf2022		80.00	40.00
	ClassOf2022		80.00	50.00
	ClassOf2022		80.00	40.00
	ClassOf2022		100.00	60.00
	ClassOf2022		100.00	50.00
	ClassOf2022		60.00	60.00
	ClassOf2022		80.00	60.00

图 4　预习练习得分情况

Figure 4　Students' Score on the Preview Questions

图 5　项目分析

Figure 5　Item Analysis

图 6　平均分较低的题目举例

Figure 6　Example of Low-Scoring Question

2. 在后续教学中，课堂上教师对预习作业中的重难点进行讲解，课后学生对预习作业进行反思 During class, the teacher can focus on the difficulties and common mistakes from the preview questions, and after class students need to reflect and extend beyond the topic.

教师对从线上预习情况检测中总结的学生问题进行重点梳理。从学生测试统计数据中可以看到每题平均分，对平均分低的问题着重讲解。例如图 6 这题的平均分仅 7.6 分左右（满分 10 分），这是关于“大边对大角”定理的题目，虽然学生没有学过此定理，但他们可以从已有知识推导出。在课堂中带着学生推导后，顺势引出这个定理作为拓展。

Comb through the students' issues identified through the analysis of online pre-class preparation by teachers. From the statistical data of students' tests, the average score for each question is observed, with a particular emphasis on explaining questions with lower average scores. For example, in the graph above, the average score for this particular question is only 7.6 out of 10. This question pertains to the "side-length versus angle-size" theorem that the students haven't learnt yet but can derive from current knowledge. The teacher can derive the theorem together with the students in class and naturally introduce this theorem as enrichment.

课后上传课堂幻灯片总结本节内容，梳理知识点，穿插练习题。

The teacher also posted the slides after class to summarize the key points in the section and combed through the knowledge network.

图 7　上传幻灯片
Figure 7　Slides

图 8　内容总结
Figure 8　Summary

课堂时间来不及覆盖的细节和拓展内容可以录制成教学视频，供学生课后自行观看。

More details and extended content are posted on Blackboard in the form of videos recorded by the teacher.

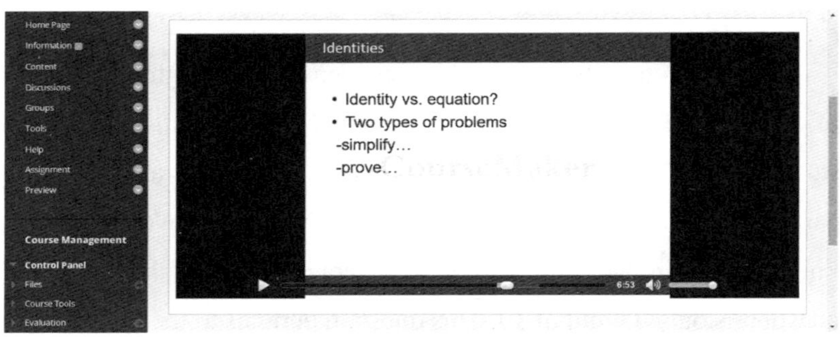

图 9 拓展内容

Figure 9 Extended Content

观看补充视频，回顾本节知识点，并完成课后练习。

The students can watch the video after class to review the content learnt in this section and finish the after-class exercise.

9.3 Exercise

Attached Files: 9.3 Homework H.pdf (93.631 KB)

1. Write down your answers on your exercise book/paper.

2. Upload it in pdf or jpg.

3. Check the solution key during Q&A sessions.

4. Correct your answers and upload the corrected version again.

The scoring will be based on both your first trial and correction. Correction matters!

图 10 课后练习

Figure 10 Exercise after Class

设置多次提交（图 11），练习讲解后可再次提交订正后的版本，教师可根据学生的笔记和订正情况获得反馈，如有笔记谬误或错误订正，及时纠正并再次强化。

Unlimited attempts are used for students to upload their corrected versions of the homework (Fig. 11). The teacher may view students' notes and corrections to decide if further clarification is needed.

Submission Details

If any students are enrolled in more than one group receiving the same assignment they will submit more than one attempt for this assignment. It may be necessary to provide these students with an overall grade for the assignment.

Assignment Type　◉ Individual Submission　○ Group Submission

Number of Attempts　Unlimited Attempts ▾

Score attempts using　Last Graded Attempt ▾

图 11　设置多次提交

Figure 11　Setting Unlimited Attempts

针对预习题中的问题，提出一个话题供学生课后讨论。如对预习题中错误率较高的题目进行深挖，让学生在讨论区思考该选择题中三个错误选项的反例（图 12），举例并上传分享给其他同学（图 13）。

Based on the preview exercise, the teacher has started a discussion on the common confusions. For example, a lot of students failed to get the right answer (Fig. 12). Students are encouraged to give counter examples for the three wrong choices so as to understand the question better (Fig. 13).

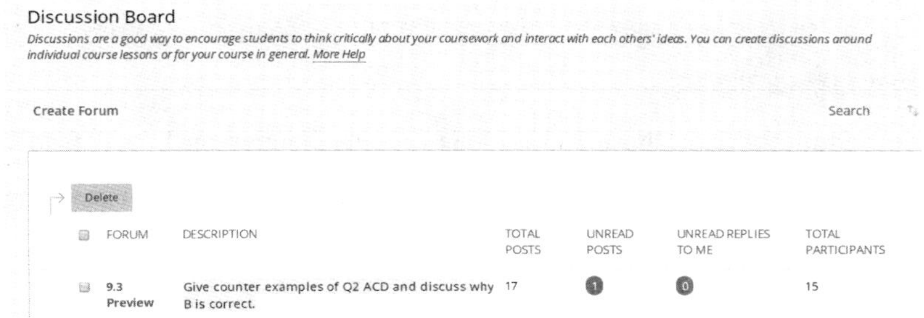

图 12　将错误率较高的题目设置成话题

Figure 12　A Discussion on a Preview Question

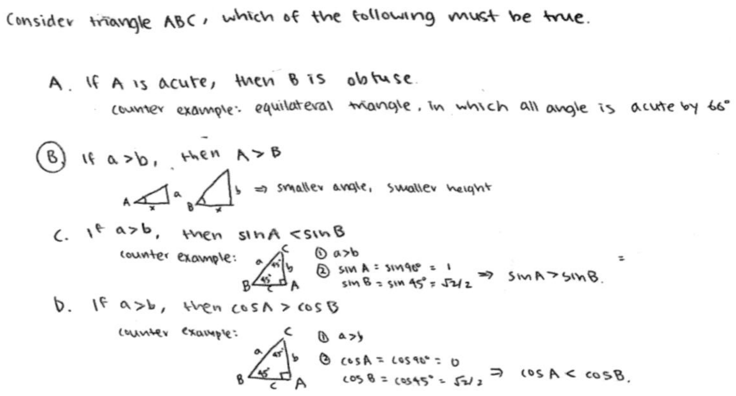

Consider triangle ABC, which of the following must be true.

A. If A is acute, then B is obtuse.
counter example: equilateral triangle, in which all angle is acute by 60°

(B) If a>b, then A>B
⇒ smaller angle, smaller height

C. If a>b, then sinA < sinB
counter example:
① a>b
② sin A = sin 90° = 1
sin B = sin 45° = √2/2 ⇒ sinA > sinB.

D. If a>b, then cosA > cosB
counter example:
① a>b
② cosA = cos 90° = 0
cos B = cos 45° = √2/2 ⇒ cos A < cos B.

图 13 学生 A 给出的反例

Figure 13 Counter Examples Provided by Student A

学生反馈 Students' Feedback

1. 学生反馈线上作业方式能及时收到 Blackboard 作业提醒，防止遗漏。

Students can be reminded of their homework timely.

2. Blackboard 上课件分门别类，易查询易获取。

All learning materials are well classified and easy to have access to.

3. 讨论板能畅所欲言，也能看到其他同学的想法，互相评论，创造浓厚的学习氛围。

Students can share their ideas on the discussion board freely while learning from others' ideas and thoughts, hence a rich learning atmosphere is created.

教师点评 Teacher's Comments

与传统课堂相比，引入信息平台的现代化课堂大大简化了诸多流程，优化了教学体验，提高了效率。但信息科技是否仅能做到这些？

是否会给整个教学模式和方式带来新的变革和可能性？这点值得教师在教学体验中不断摸索和总结。反过来说，对教学的评价最终还是要回归全局，信息科技不能被盲目尊为课堂的主导，为形式而抛弃教学的本质也是不可取的。

Compared with traditional classes, the modern class with the introduction of information platform simplified many procedures and optimized the teaching and learning experience. But is it the only thing that information and technology can do for us? Will information and technology bring about a revolution and new possibilities for the entire teaching mode and method? This is a question worth teachers' research and summary. On the other hand, whether or not the teaching is a success should be evaluated holistically. Information and technology should not be blindly regarded as the domination of modern class; it is not wise to put much more emphasis on the form than on the content.

3.1.3 文科预习：语言跟读 Language: Students Repeat after the Recordings to Learn the Pronunciation of a Language

教师 / 学科 Teacher / Subject	黄晓瑞 / 法语 Huang Xiaorui / French
使用的 Blackboard 功能 Blackboard Functions	作业 Assignment
教学内容 Content	法语数字和月份的表达 Numbers and dates in French

（续表）

教学目标 **Teaching Objectives**	• 学习法语中数字 1—20，做到会说、会听、会写 Learn numbers 1 to 20 in French and be able to speak, listen and write • 学习法语中 1—12 月，做到会说、会听 Learn January to December in French and be able to speak and listen • 将数字和月份相结合，学会法语中日期的表达法，做到能够说出大部分的日期 Combine numbers and months, and learn the expression of dates in French, in order to say most dates in French • 最终的学习目标是让学生在一个学期的学习之后，能够分组完成一部法语广告短片的拍摄。作品可以是对经典广告的模仿，也可以自行撰写原创脚本 The ultimate learning goal is that after a semester of study students will be able to collaborate in producing a short French advertising film, which can be an imitation of classic advertisements or a creation of an original script

教学过程　Teaching Process

1. 课前录音准备 Preparation and preview before class

上课前一周，在 Blackboard 平台上添加作业项目（视频链接，图 1），视频内容是法语中数字 1—20 的写法和读法（图 2），要求学生在课前观看并跟读模仿，布置课前作业。

One week before class, an assignment was set on Blackboard. A video link was sent to the students via Blackboard. The video content is about the spelling and pronunciation of French numbers 1 to 20.

Students were asked to watch it and listen to it repeatedly before class (Fig. 1 & 2).

Assignment 6

已启用：统计跟踪

Next week we are going to learn how to say some numbers in French.

Please learn the prononciation of 1~20 by yourselves in advance:

https://www.bilibili.com/video/BV1tW411C7Xo?from=search&seid=8504349826158730918

Then upload your own voice record in BB.

图 1　预习作业

Figure 1　Preview Assignment

法语数字1—20读法

图 2　法语数字 1—20 的视频

Figure 2　Video of French Number 1 to 20

要求学生在自行跟随视频模仿发音后，将自己最满意的一次朗读用电脑或手机录音，然后登录 Blackboard 找到本次作业入口，把音频文件上传提交（图 3、图 4）。

Students were required to follow the speaker in the video and imitate the pronunciation, and then record their most satisfactory reading voice and upload the audio onto Blackboard (Fig. 3&4).

图 3　学生利用手机或电脑自行录音

Figure 3　Students Recording Their Voice Using Cell Phones or Computers

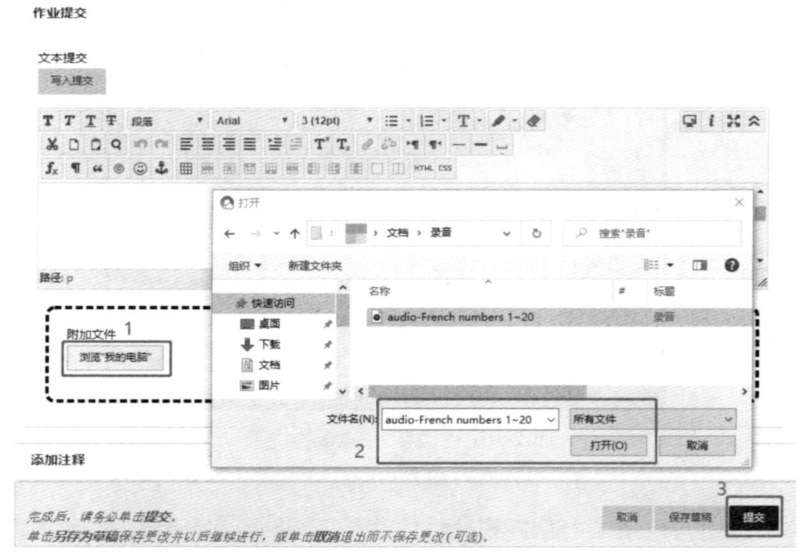

图 4　学生上传录音文件到 Blackboard

Figure 4　Students Uploading Their Audio Files to Blackboard

2. 课前录音在教学与课堂互动中的应用 Teaching and interaction during class

登录 Blackboard，把课前选择出来的读得较好的学生录音作业在上课过程中现场播放。这样可以起到鼓励学生、活跃课堂气氛、激发学生做作业热情的效果。图 5、图 6 为优秀作业的现场展示。

Before class, the teacher chose a good recording to play in class. The sharing of students' work can raise self-confidence, activate the classroom atmosphere, and stimulate enthusiasm of doing homework (Fig. 5&6).

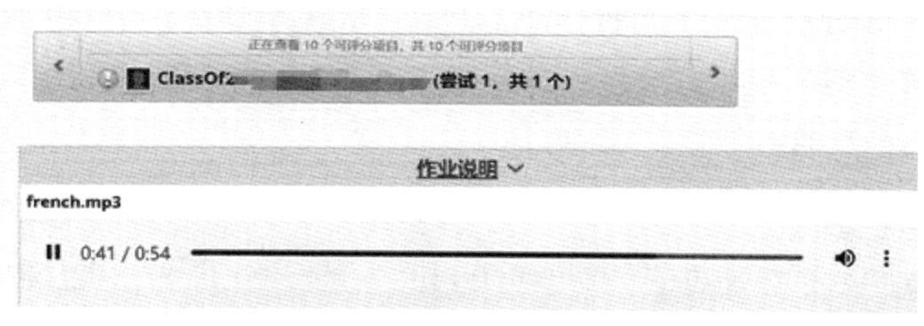

图 5　优秀作业展示（1）

Figure 5　Excellent Homework Display（1）

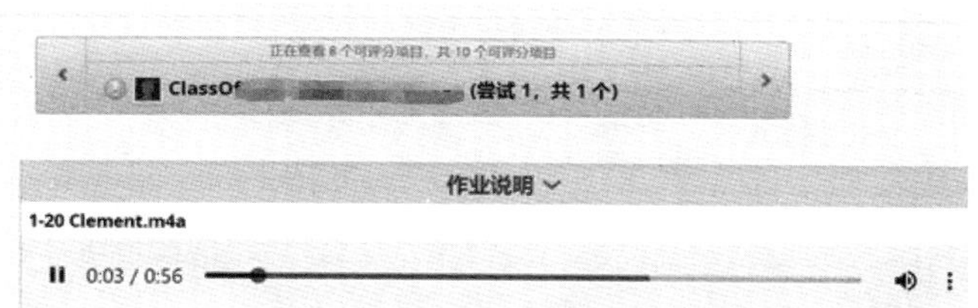

图 6　优秀作业展示（2）

Figure 6　Excellent Homework Display（2）

根据课前收集来的学生录音作业，提前了解哪几个词哪些地方的发音普遍存在问题，在课堂上可以有针对性地进行讲解，通过老师做示范、详细介绍口腔发音部位、类比其他词汇或语言的发音等方式，让学生加深理解，并反复跟读练习。

According to the students' recording assignments before class, the teacher could know in advance which words and pronunciations are hard to pronounce. Thus, the teacher can focus on the explanation and correction about them during class. Through the teacher's demonstration, detailed introduction of oral pronunciation parts, and analogies with other words or language pronunciation, students would understand and repeat the practice more easily.

3. 复习和课后作业的结合与巩固 Review and homework after class

在 Blackboard 上布置作业，让学生课后巩固数字 1—20 的读法，并跟着之前的视频再次进行自我练习；复习日期的表达法，用法语说说自己的生日。

The teacher assigns homework on Blackboard for students to review numbers 1 to 20 in French after class and follow the video for self-practice. The students also have to talk about their birthdays to review the expression of dates.

Assignment 7

已启用：统计跟踪

已附加文件：Leçon 5. LES NOMBRES ET LES DATES.pptx (450.737 KB)

1. Review how to say 1~20 in French, then do the little exercise following this video:

https://v.qq.com/x/page/v0390w6s0s7.html

2. Review how to say the 12 months in French, then try to express your own/ your parents/ your friend's birthday.

图 7

Figure 7

学生反馈 Students' Feedback

1. 学生的积极性被很好地调动起来。让学生自行朗读、录音，并且在课堂上进行播放，能够很好地让学生重视这项任务，全力以赴地完成，对知识点的掌握也在一次一次的自主练习中达到更好的效果。

The motivation of the students to learn is stimulated. Through recording and sharing the audio in class, the students have showed more efforts in the assignments and achieved better learning results.

2. 课堂气氛较为活跃。当自己或者好朋友的声音在课堂上被播放出来的时候，学生的注意力和兴奋程度都到达了顶点，进而会更加关注发音是否正确、是否标准。

The classroom atmosphere was more active. When students's recording was played out in class, their attention and excitement reached the peak, and they would pay more attention to whether the pronunciation is correct and standard.

教师点评 Teacher's Comments

学生对法语数字的构成逻辑有了更清晰和深刻的认识。学语言离不开枯燥的死记硬背，有趣的小视频能够用轻松的方式解读法语数字的复杂之处，让学生的印象更加深刻。

Students gained a more clear and profound understanding of the logic of French numbers. Learning a language is inseparable from the boring rote, but a fun little video in class could interpret the complexity of French numbers in a relaxing way, which made students more impressed.

优点：Advantages:

1. 在上课前就让学生提前接触需要反复模仿和练习的学习内容，可以提高上课效率，达到更好的效果，也让老师在课前就对学生容易出错的地方有所了解，课堂讲解时可以有的放矢。

Previewing the content which needs repeated imitation and practice in advance would improve the efficiency of the class and allow the teacher to know students' errors before class, so as to make the explanation more targeted in class.

2. 学生把自己的录音上传 Blackboard，会更有参与感和成就感，受到的压力也会比一对一私下发送给老师的更小。

Uploading their recordings onto Blackboard would give students more joy of participation and fulfillment, and it would also bring them less pressure than sending it one-on-one in private to the teacher.

后续改进：Disadvantages:

可以更多地使用讨论功能，增强学生彼此之间的交流与互动。例如可以课后开展讨论，让学生说说自己在数字发音、记忆、理解方面的问题和小技巧。课后作业的设置形式可以更加丰富多元，在学生水平进一步提高后可以尝试布置书面作业。

The discussion function on Blackboard can be used more to enhance the communication and interaction among students. For example, the discussion after class allows students to talk about their own problems or tips on numbers' pronunciation, memory and understanding. The after-class homework can be more diversified for further improvement.

3.1.4 文科预习：文本分析 Literature Pre-reading: Text Analysis

教师 / 学科 **Teacher / Subject**	张倩 / 中文 Zhang Qian / Chinese
使用的 Blackboard 功能 **Blackboard Functions**	上传材料，布置作业 Upload files, post assignments
教学内容 **Content**	鲁迅小说《孔乙己》《在酒楼上》 Lu Xun's novel *Kong Yiji*, *In the Restaurant*
教学目标 **Teaching Objectives**	• 更深入地了解鲁迅的生平及此对其创作的影响，认识"鲁迅气氛" Have a deeper understanding of Lu Xun's life and its influence on his creations, and understand the "Lu Xun atmosphere"

（续表）

教学目标 **Teaching Objectives**	• 了解小说分析的方法，特别是如何运用文学手段塑造文学形象 Understand the methods of novel analysis, especially how to use literary methods to shape literary images

教学过程　Teaching Process

1. 课前了解鲁迅生平和主要作品内容 Preview to get to know Lu Xun and his major works

创建预习任务：Blackboard 主界面→左侧菜单内容→创建预习任务并上传预习资料。请学生根据提供的预习资料（《呐喊·自序》《马上日记之二》《琐记》），结合网络资源，为鲁迅创造“热搜标签”（图 1）。

Creating a preview task: Main interface of Blackboard → Content → Create a preview task and upload reading materials (*Call* to *Arms (Author's Note), Immediate Diary No. 2, Trivial Notes*). The students are required to create a “tag” for Lu Xun along with other online resources (Fig. 1).

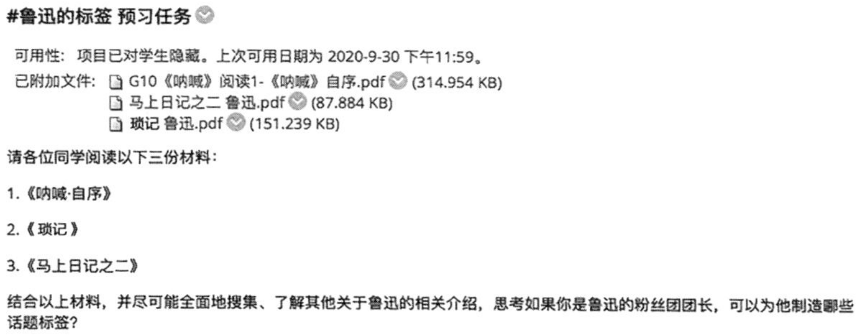

#鲁迅的标签 预习任务

可用性：项目已对学生隐藏。上次可用日期为 2020-9-30 下午11:59。

已附加文件：G10《呐喊》阅读1-《呐喊》自序.pdf (314.954 KB)
马上日记之二 鲁迅.pdf (87.884 KB)
琐记 鲁迅.pdf (151.239 KB)

请各位同学阅读以下三份材料：

1.《呐喊·自序》

2.《琐记》

3.《马上日记之二》

结合以上材料，并尽可能全面地搜集、了解其他关于鲁迅的相关介绍，思考如果你是鲁迅的粉丝团团长，可以为他制造哪些话题标签？

图 1　预习任务

Figure 1　Preview Assignment

阅读完资料后，布置预习问题，主要为基本信息类内容，包括：

A discussion thread for assignment is posted after each preview reading as shown in the "reading" section in Fig. 2, mainly to:

1. 概括小说情节；Summarize the plot of the novel;
2. 小说人物关系；Comb through characters' relationships;
3. 主要人物的形象特征；Know about the main characters' images;
4. 小说主题探索。Explore the novel themes.

要求学生在论坛上进行课前阅读讨论。梳理预习内容，明确教学重点。课后每次阅读都会发布另一个讨论帖子，让学生进行文学分析。学生们被要求应用他们在课堂上学到的方法进行修辞分析并与同学讨论，这样可以拓宽他们对上下文的理解，见图 2。

Ask students to have a pre-class reading discussion in the forum. Sort out the preview content and clarify the teaching focus. Another discussion thread is posted for each reading after class for literary analysis. The students are asked to apply the methods they have learned in class for rhetorical analysis and discuss with their classmates to broaden their understanding on the context as shown in Fig. 2.

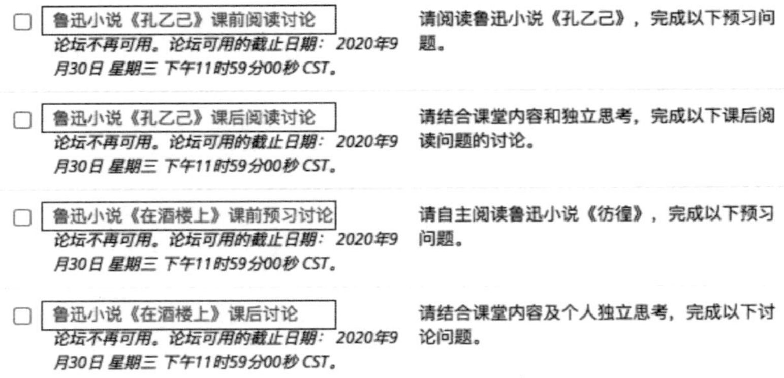

图 2 课前及课后的阅读讨论

Figure 2 Discussion Threads on the Reading Materials before and after Class

2. 课堂教学中，分别解读预习中的热搜标签，分享预习讨论 During class, interpret the preview "Tag" and discuss each tag with the novel content

在课堂教学中，请学生分组为鲁迅"贴标签"，解读给出的 24 条标签后，将标签贴在鲁迅头像周围，实现翻转课堂。

During class, students are asked to "label" Lu Xun in groups, interpret the 24 labels given, and place them around Lu Xun's portrait to realize a flipped class.

针对课前的预习讨论，详细讲解小说具体使用的分析方法和效果。

Based on the preview reading, the literary analysis methods and effects are introduced during class for students to discuss more details in the novel.

3. 课后作业，应用所学的小说分析方法，在讨论板上进一步分析，进行更多文学作品实操 After class, the Discussion Board was used for further literary analysis practice

课后，在讨论区中布置任务，请学生根据课堂上学习的分析小说的方法进行分析实践操作。使用讨论板可以方便学生之间相互学习交流（图 2），上传更多经典文学作品，加强应用（图 3）。

The teacher assigns tasks on the discussion board, asks students to analyze and practice with the method of analyzing novels they have learned in class. The discussion board enables students to have more peer discussion (Fig. 2) which facilitates their mutual learning (Fig. 3).

图 3 更多阅读相关讨论

Figure 3 Further Discussions on More Reading Materials

本学期文学文本的教学都使用类似的方式进行课前预习讨论和课后讨论交流，目前学生已经基本养成课前预习和课后思考的习惯。

Similar methods were used for the teaching of literary texts for pre-class discussion and after-class discussion this semester. At present, students have basically developed the habit of pre-class preparation and after-class reflection.

4. 课外阅读，迁移应用 Extracurricular reading

结合课堂学习的相关内容，迁移应用到鲁迅小说课外文本的阅读中（图 4）。从预习、课前讨论到课后讨论和课外阅读的思考，学生进行文字记录并讨论，能够直观感受到自己想法的变化，以达到对文学作品系统分析和思考加深的目的。

Students are expected to apply the relevant reading skills they have learned in class into the extracurricular reading of Lu Xun's novels (Fig. 4). From pre-reading and pre-class discussions to post-class discussions and reflections on extracurricular reading, students engaged in textual recording and discussions, which enable them to visually perceive changes in their thoughts. This approach aims to help students achieve a systematic analysis of literary works and have a deep thinking about literary pieces.

M1 课外阅读《呐喊·自序》《药》《风波》《故乡》

可用性：项目已对学生隐藏。上次可用日期为 2020-11-7 下午11:59。

已附加文件：G10《呐喊》阅读1-《呐喊》自序.pdf (314.954 KB)
G10《呐喊》阅读2-《药》.pdf (344.184 KB)
G10《呐喊》阅读3-《风波》.pdf (336.852 KB)

请在**9月30日**前，自主完成课外篇目（《呐喊·自序》《药》《风波》）的阅读，并思考以下问题。

《呐喊·自序》思考题：

1、请根据文章内容，简述鲁迅年轻时候的追梦之旅。

2、是什么事情让鲁迅对"救治国民"有了新的认识？

3、鲁迅弃医从文的原因是什么？请用原文的话来回答。

4、最初的文学梦遭遇挫败后，鲁迅所谓的"感到未尝经验的无聊"，指的是什么？

5、鲁迅对金心异所说的那番关于铁屋子的话，有什么深意吗？

6、小说集取名"呐喊"的原因是什么？

图 4　课外阅读
Figure 4　Extracurricular Readings

创建测试：Blackboard 主界面→左侧菜单内容→创建测试。测试可以检验学生课外阅读效果，方便教师提供反馈指导。

Test Creating: Main interface of Blackboard → Content → Create a test. Tests can check up students' extracurricular reading effect, and hence teachers can provide feedback and guidance.

M1《呐喊》课外阅读测试

可用性：项目已对学生隐藏。上次可用日期为 2020-10-11 下午11:59。

请完成M1课外阅读任务，并在**10月8日23:59**前完成测试。

图 5　创建测试
Figure 5　Creating a Test

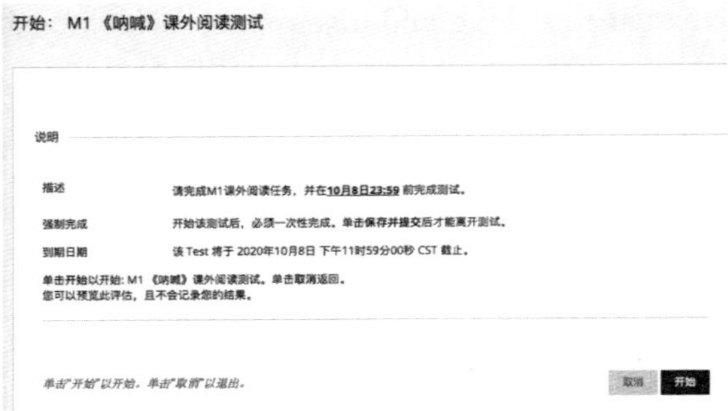

图 6　开始测试

Figure 6　Starting the Test

对客观题与主观题分别进行反馈。客观题学生在完成作答后可以第一时间得到反馈，准确及时（图 7）；主观题教师在人工批阅后可以更有针对性地对学生进行指导。试卷整合后，能够更全面地量化学生的学习效果，方便后续调整教学重点。

Through the test on Blackboard, the feedback for objective questions and subjective questions can be given separately. For objective questions students can get feedback immediately after they complete them, which is accurate and timely (Fig. 7); for subjective questions students can be provided with more targeted guidance after teachers' manual review. The integration of the test paper can more comprehensively quantify the students' learning effect and facilitate subsequent adjustment of the teaching focus.

图 7　课外阅读测试

Figure 7　Extracurricular Reading Test

学生反馈 Students' Feedback

1. 每节课的任务要求清晰直观，方便掌握预习、复习时间。

The task requirements of each lesson are clear and direct, and it is convenient to master the time for preview and review.

2. 在预习的时候教学重点突出，完成后有成就感。

students can grasp more during preview, and have a sense of accomplishment after completion.

3. 讨论区可以进行充分互动，特别是同学之间的交流，这有利于同学之间相互学习，共同进步。

The discussion board can be fully interactive, especially among students, which is conducive to mutual learning and common progress.

教师点评 Teacher's Comments

使用问题探究的方式组织教学，便于提高学生的问题意识及自三探究能力。通过教师反馈和学生间的交流，学生的批判性思维能力、逻辑表达能力都可以得到有效的锻炼与提高。以概念为主线进行的文学文本分析练习可以让学生尽早养成概念驱动式学习的习惯。

Organizing teaching through inquiry-based methods facilitates the enhancement of students' awareness of questioning and ability of independent exploration. Through teachers' feedback and students' interactions, abilities of critical thinking and logical expression can be effectively exercised and improved. Literary text analysis exercises centered around concepts can help students develop early habits of concept-driven learning.

优点：Advantages:

1. 在预习问题的引导下，学生的课前预习可以有的放矢，提高预习效率，并节约课堂时间，使课堂教学环节更加紧凑丰满。

Under the guidance of the preview questions, students' pre-class previewing can be targeted to improve their efficiency, thereby saving class time and making the classroom teaching more compact and full.

2. 在课堂教学过程中，可以从学生对预习问题的回答出发，既处理作业内容，又自然引入当堂课的教学内容，教学实施更加流畅。

In class, the teacher can start from the students' answers to the preview questions, and then naturally introduce the teaching content of the lesson. In this way can the teaching implementation be much smoother.

3. 在课后讨论中使用 Blackboard 讨论区，既清晰有效，便于统计参与人数，又能够让学生在网络环境中畅所欲言，将课堂带回家中，实现泛在学习。

Using the discussion board after class not only makes it easier to count the number of participants clearly and effectively, but also allows students to talk freely in an online environment and take the class home and realize ubiquitous learning.

4. 方便材料分发和作业收集。

It facilitates material distribution and homework collection.

5. 方便学生在线查看学习过程反馈，并将它保留为学习者的档案。

It is convenient for students to view the feedback of the learning process online and keep access to learners' files.

缺点：Disadvantages:

1. 虽然在线布置作业能够锻炼学生的思维能力和表达能力，但是对于汉语课程而言，汉字书写能力的练习相对不那么充分，如果不结合线下手写作业，一定程度上有碍学生汉字书写能力的提高。

While assigning homework online can enhance students' thinking and expressing abilities, for Chinese courses, the practice of writing skills is relatively inadequate. If not combined with offline handwritten assignments, it may to some extent hinder the improvement of students' Chinese character writing skills.

2. 在线作业的批改可以很好地保留总体反馈意见，但眉批、间批不便操作，不易实现更精细的反馈。

The correction of Blackboard homework can well retain the overall feedback, but it is inconvenient for the teacher to give feedback at the top of the pages and between lines, and it is not easy to achieve more refined feedback.

3.2 课堂中 During Class

3.2.1 将耗时长的课堂活动通过数字化平台延伸到课外 Extend Time-Consuming Classroom Activities to Extracurricular Hours Through Digital Platforms

教师 / 学科 Teacher / Subject	张明欣 / 数学 Zhang Mingxin / Mathematics
使用的 Blackboard 功能 Blackboard Functions	讨论板，维基 Discussion board, Wikis
教学内容 Content	抽样分布 Sampling distribution
教学目标 Teaching Objectives	通过一系列活动，理解并学会应用"中心极限定理" Through a series of activities, understand and learn to apply the "central limit theorem"

教学过程　Teaching Process

1. 课前阅读理解定义，并完成预习作业 Preview and pre-class activities

阅读教科书理解抽样分布的定义，以及抽样分布、总体分布与样本分布的区别。完成预习作业并在讨论板上进行讨论。

The students were asked to read the textbook, understand the definition of the sampling distribution, and the difference among sampling distribution, population distribution as well as sample distribution.

多人协同完成课前活动（图 1）：随机掷硬币 20 次，在维基上记录实验结果，全班共同完成样本比例抽样分布的原始数据的记录（图 2）。

Finish the pre-class activity in groups (Fig. 1): Toss a coin 20 times, record the results in Wikis, and contribute to the raw data collection of the sampling distribution as a whole class (Fig. 2).

HW on 12/3

1. Toss a coin 20 times, record the outcomes, and then finish the wiki.

Pay attention: **There are 3 wiki pages you need to fill in today.**

For convenience, you just need to toss a coin 20 times, record the outcome on the wikipage "Coin Toss of 20 Times"; Then seperate these 20 outcomes into two halves, and take them as two trials on the wikipage "Coin Toss of 10 Times". Similarly, the 20 outcomes can be used as 4 trials on the wikipage "Coin Toss of 5 Times".

If you don't have a coin, you can think of a replacement method that have two outcomes with equal chance and share your method tomorrow.

As a statistician, be honest and be sensitive to the data. Don't copy from others.

图 1　课前活动

Figure 1　Pre-class Activity

Name (Every student need to display 4 trials of outcomes)	Results of the Tosses (H for head and T for tail)	Proportion of heads in your five tosses in each trial (Use decimals to display)
Kevin	HTTHT	0.4
Kevin	THTTT	0.2
Kevin	THHTT	0.4
Kevin	HTTTH	0.4
Jasmine	THTTH	0.4
Jasmine	HTHHT	0.6
Jasmine	THTTT	0.2
Jasmine	HHHHT	0.8
Grace	THHHH	0.8
Grace	THHTT	0.4
Grace	TTHHH	0.6
Grace	HTHHT	0.6
Rebecca	HHTHT	0.6

图 2 学生活动部分结果

Figure 2 Partial Results of Students' Activities

2. 课堂解释与展示 In-class explanation and presentation by the teacher

集合所有同学的原始数据，选取不同数量的数据分别做出抽样分布（图 3）。教师通过活动结果展示，引导学生观察与比较分布图的形状、均值与离散程度，并引导学生得出结论：每次实验抛的硬币次数越多，分布图的离散程度越小。

Aggregate the raw data of all students and select different sample sizes to create sampling distributions respectively (Fig. 3). Through the presentation of activity results, guide students to observe and compare the shape (unimodal), the mean value (about 0.5) , and the variation of the distributions, and draw the conclusion: the more coins tossed in each trial, the smaller the variation of the sampling distribution.

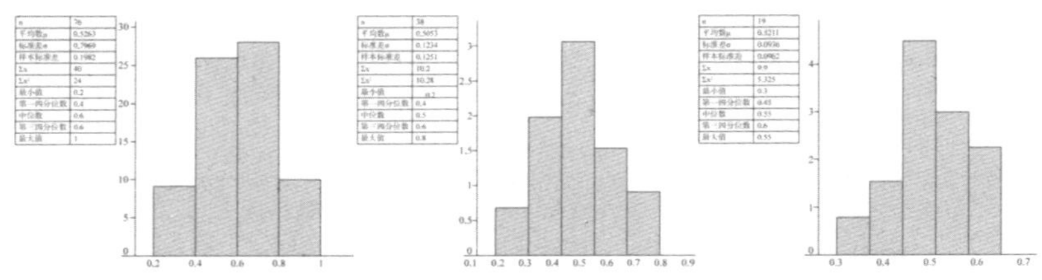

图 3　学生活动结果

Figure 3　Students' Activity Results

经过课堂上三个活动，学生掌握了什么是抽样分布以及样本比例和样本均值抽样分布的大致特点，从而总结出中心极限定理（从特殊到一般的过程）。

After three activities in the classroom, students have grasped the concept of sampling distribution, as well as the approximate characteristics of sampling distributions for sample proportions and sample means. As a result, they can summarize the central limit theorem, which is a process from specific to general.

3. 课后学生分组完成耗时较长的探索项目 After class, students work in groups to complete time-consuming exploratory projects

在介绍完中心极限定理后，学生需要更多的实践验证该定理或证明该定理，所以教师布置了小组合作项目，共 3 题，耗时较长，宜作为课后探索。第 1 题是对抽样方法中的一个活动进行回顾与再探究，需要列举所有可能的样本组合并展示样本均值的分布，对数字素养要求较高。第 2 题是对一个特殊的双峰总体分布所对应的样本分布的探究，可以用图形计算器或应用程序解决，对数字素养以及分析能力有一定要求。第 3 题侧重于对中心极限定理的证明与解释，需要一定的推导能力。学生可以自由选择队友并根据小组成员的长处选择一个题目，在一周内合作完成，并在 Blackboard 的小组多人协作写作文档中更新每天的成果。

After introducing the central limit theorem, students need more practical exercises to verify or prove the theorem. Therefore, the teacher assigned a collaborative group project consisting of three questions. Since it is time-consuming, it is suitable for exploration after class. The first topic is to review and re-explore an activity about sampling method, which needs students to list all possible sampling combinations and to display the distribution of all the sample means. This topic has high requirements for digital literacy. The second topic is to explore the sampling distribution for sample means corresponding to a special bimodal population distribution, which can be solved by graphic calculator or an applet and has certain requirements for digital literacy and analytical skills. The third topic focuses on the proof and explanation of the central limit theorem, which requires a certain ability of derivation. Students are free to choose their teammates and choose one topic according to the strengths of the group members. They can finish it in a week and update their daily results on the group Wiki page of Blackboard.

在这一周时间内，教师可以随时查看小组多人协作写作文档，了解完成进度，更重要的是可以发现问题，及时给学生指导。图 4 中，学生需要对 4 行 4 列的地块进行抽样，选择 4 块土地，一共有 1820 种可能的样本组合，数据量特别大。学生为了图方便，只是主观地选取 20 种组合，由此可以看出该学生在开始阶段并不清楚活动的真正意图。主观的选取也反映其统计学的素养还不够。

In this week, the teacher can check the group's Wiki page on Blackboard at any time to monitor the progress of the project. More importantly, the teacher can find out mistakes and give timely guidance to students. As shown in Fig. 4, students need to sample a 4×4 plot of land, selecting 4 plots in total, which results in a total of 1820 possible sample combinations and makes the data volume exceptionally large. For the sake of convenience, some students subjectively chose only 20 combinations, which indicates that, at the initial stage, they did not fully understand the true intent of the activity. The subjective selection also reflects that their statistical literacy is not sufficient.

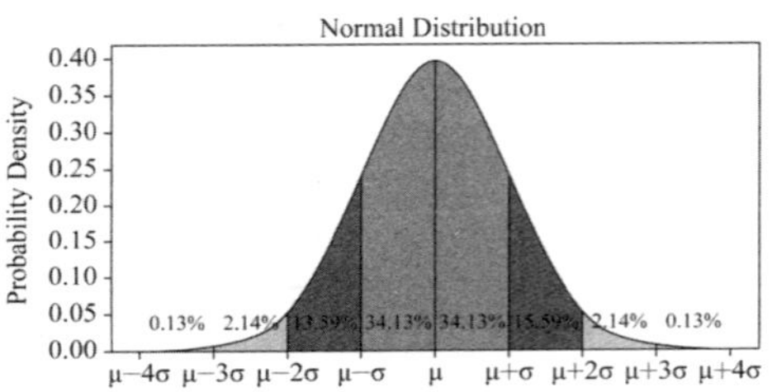

Prompt: Continue Corn Field Yield Problem, find the sampling distribution of each sampling method. (SRS, one from each horizontal row, one from each horizontal column)

20 set of data for each. first row is the number assigned for the field, second row is the data of yeild according to the field. (Question: Are there only 20 sets of data for each method?)

Data for SRS:

(5, 7, 8, 11), (14, 10, 8, 6), (3, 6, 13, 9), (1, 10, 9, 16), (5, 12, 1, 4),

(6, 15, 2, 8), (6, 7, 15, 14), (5, 13, 12, 15), (12, 14, 8, 1), (12, 13, 2, 14),

(13, 1, 4, 3), (10, 6, 5, 12), (8, 13, 9, 4), (6, 13, 3, 7), (4, 15, 16, 14),

(5, 8, 14, 15), (7, 13, 4, 16), (3, 2, 16, 1), (7, 5, 9, 1), (5, 10, 15, 13)

图 4　其中一个小组的第 1 版成果

Figure 4　First Version of Results from One of the Teams

另一个例子反映了学生的学术表达能力问题，这在图 5 中有所体现，教师指出了表达的不精确部分（加框部分）。教师可以通过这种协作写作活动逐渐提高学生的学术表达能力。

In addition, Fig. 5 reflected the problem of students' academic expression abilities, which can be gradually improved through this kind of collaborative writing activities on the group's Wiki page.

CLT states that as the sample size increases, the sampling distribution approaches the Normal model, so CLT is based on the sampling distribution model. (CLT is the theoretical basis of the sampling distribution model!)

For sampling distribution of proportions, Bernoulli Trials are applied since the model involves the probability of successes and failures, as illustrated in figure 18.1.

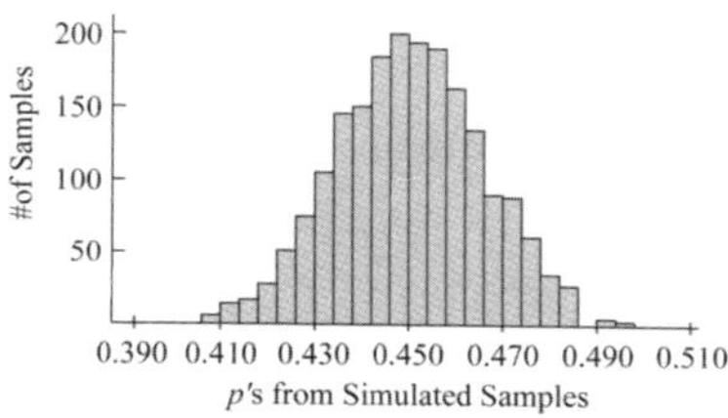

FIGURE 18.1
A histogram of sample proportions for 2000 simulated samples of 808 adults drawn from a population with p=0.45. The sample proportions vary, but their distribution is centered at the true proportion, p.

The mean and the standard deviation of sampling distribution of proportions are both derived from those of the binomial model(Bernoulli model).

Binomial: $P(x) = \binom{n}{x} p^x q^{n-x}$ $\mu = np$ $\sigma = \sqrt{npq}$

$\hat{p} = \frac{x}{n}$ $\mu(\hat{p}) = p$ $SD(\hat{p}) = \sqrt{\frac{pq}{n}}$

图 5 选择题目 3 的小组的第 1 版成果（第一部分）

Figure 5 First Version of Explanation from the Team Choosing Topic 3 (in Part 1)

The sample proportion(p-hat) is the number of successes divided by the number of trials, n, so the mean and the standard deviation of it are also divided by n. (Can you show the step clearly?)

Therefore, the sampling distribution of proportions must satisfy the assumption of Bernoulli Trials:
-There are only two possible outcomes (called success and failure) on each trial.

-The probability of success, denoted p, is the same on every trial, and

-The trials are independent.

Therefore, independence is necessary for CLT.

How about sample size assumption?

图 6 选择题目 3 的小组的第 1 版成果（第二部分）

Figure 6 First Version of Explanation from the Team Choosing Topic 3 (in Part 2)

一周后，学生进行课堂展示并解释项目，最终完善自己的结果，在 Blackboard 中的多人协作写作文档里呈现出小组项目成果，以下为 4 个小组的同学使用 3 个不同软件完成的最终成果和解释（图 7—图 10）。

After one week, students presented and explained their projects in the classroom, refining their results. The group project outcomes are presented in the collaborative writing documents on Blackboard. The following are the final results and explanations completed by students from four groups using three different software tools (Fig. 7 to Fig. 10).

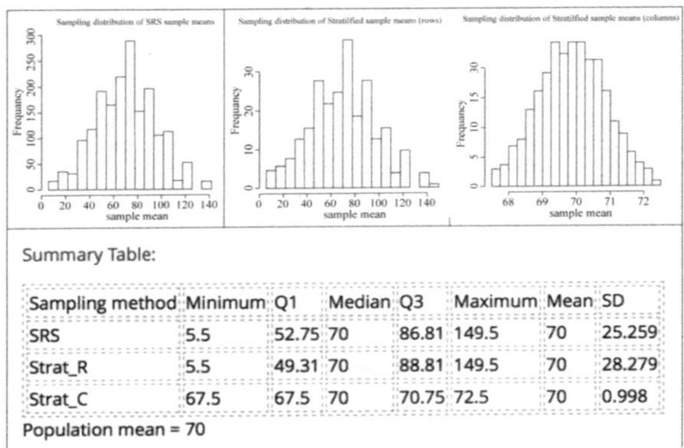

Summary Table:

Sampling method	Minimum	Q1	Median	Q3	Maximum	Mean	SD
SRS	5.5	52.75	70	86.81	149.5	70	25.259
Strat_R	5.5	49.31	70	88.81	149.5	70	28.279
Strat_C	67.5	67.5	70	70.75	72.5	70	0.998

Population mean = 70

图 7 第 1 个小组用 R 语言编程得到的题目 1 的结果

Figure 7 The First Team's Results of Topic 1 with R Programming Language

1. SRS

The 1820 possible combinations of corn yield are generated using visual basic programming, and the results are listed in the file below.

graph1 data.xlsx

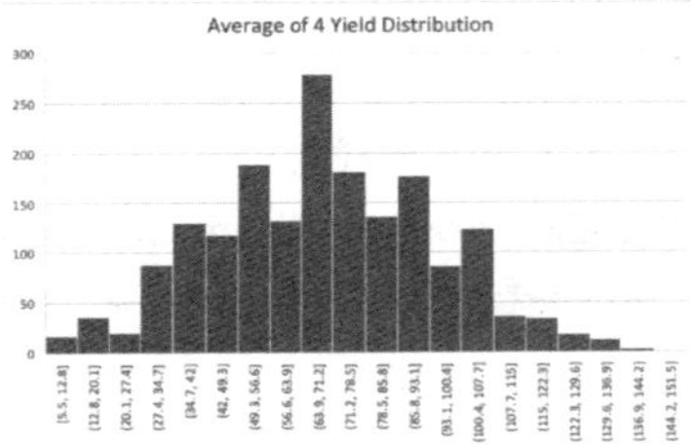

Average of 4 Yield Distribution

图 8 第 2 个小组用 VB 语言编程然后用 Excel 展示的题目 1 的部分结果

Figure 8 The Second Team's Partial Results of Topic 1, Using VB Programming to Calculate and Then Using Excel to Display

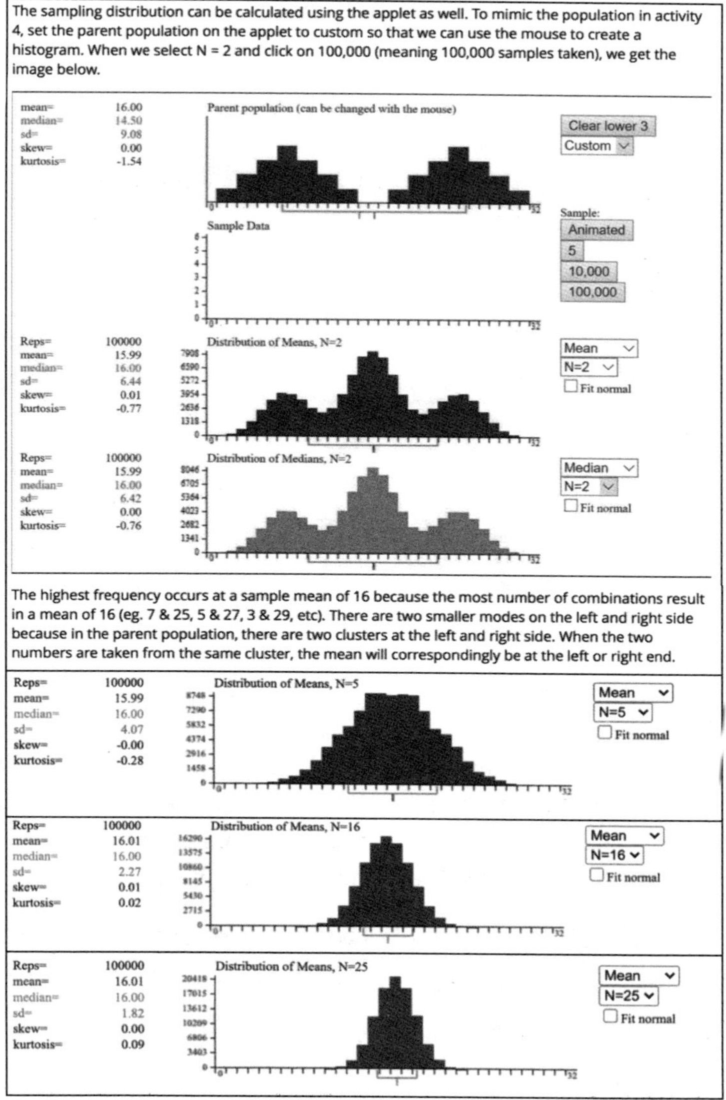

The sampling distribution can be calculated using the applet as well. To mimic the population in activity 4, set the parent population on the applet to custom so that we can use the mouse to create a histogram. When we select N = 2 and click on 100,000 (meaning 100,000 samples taken), we get the image below.

The highest frequency occurs at a sample mean of 16 because the most number of combinations result in a mean of 16 (eg. 7 & 25, 5 & 27, 3 & 29, etc). There are two smaller modes on the left and right side because in the parent population, there are two clusters at the left and right side. When the two numbers are taken from the same cluster, the mean will correspondingly be at the left or right end.

图 9　选择题目 2 的小组用应用程序探究的结果

Figure 9　Results that the Team Choosing Topic 2 Got with an Applet

Therefore, the sampling distribution of proportions must satisfy the assumption of Bernoulli Trials:
-There are only two possible outcomes (called success and failure) on each trial.

-The probability of success, denoted p, is the same on every trial, and

-The trials are independent.

Therefore, independence is necessary for CLT.

The Success/ Failure Condition states that a Binomial model is approximately Normal if there are at least 10 successes and 10 failures:

np>=10 and nq >=10

A Normal model, then, is a close enough approximation only for a large enough number of samples.

Therefore, a large sample size is necessary for CLT.

Sample Mean (Quantitative Data):

For quantitative date, the mean of sampling distribution equals the population mean, as shown in the following proof.

Let y be a single value. n= sample size, and N = population size

Based on the formula: $\bar{x}=\dfrac{x_1+x_2+\cdots+x_n}{n}$

→ sample mean = $\hat{y}=\dfrac{y_1+y_2+\cdots+y_n}{n}$

→ population mean = $\bar{y}=\dfrac{y_1+y_2+\cdots y_N}{N}$

- The total number of samples = NCn
- The number of samples that include a value $y=\dfrac{NCn\cdot n}{N}$, where $NCn*n$ represents the total number of values in all samples (including repeated values). It is divided by N because each value would be included in an equal number of samples if all possible samples are taken.

→ Mean of sampling distribution =

$$\frac{\hat{y}_1+\hat{y}_2+\cdots+\hat{y}_{NCn}}{NCn}$$

$$=\frac{\frac{y_1+y_2+\cdots+y_n}{n}+\frac{y_2+y_3+\cdots+y_{n+1}}{n}+\cdots\frac{y_{N-n}+\cdots+y_N}{n}}{NCn}$$

$$=(y_1+y_2+\cdots+y_N)\cdot\frac{NCn\cdot n}{N}$$

图 10　选择题目 3 的小组的部分解释与推导

Figure 10　Partial Explanation and Derivation from the Team Choosing Topic 3

探究项目完成后，教师在 Blackboard 上布置选择题练习，帮助学生加深理解。通过菜单中内容→创建测试，布置专题测试 A。学生完成测试后，利用项目分析功能，可看到总体完成情况与每道题目的完成情况，详见图 11。

After the completion of the inquiry project, the teacher assigned multiple-choice exercises on Blackboard to help students deepen their understanding. Specialized Test A is assigned by selecting “Content” in the menu and then choosing “Create Test”. By using the test-item analysis function of Blackboard, students can see the overall analysis and the completion of each question, which were shown in Fig.11 for details.

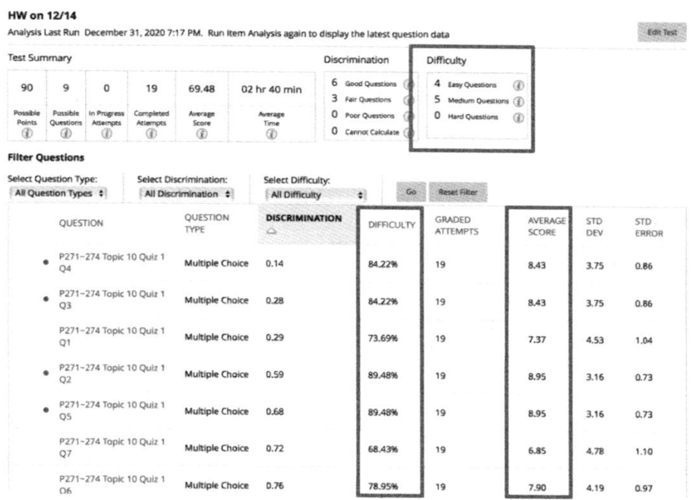

QUESTION	QUESTION TYPE	DISCRIMINATION	DIFFICULTY	GRADED ATTEMPTS	AVERAGE SCORE	STD DEV	STD ERROR
P271~274 Topic 10 Quiz 1 Q4	Multiple Choice	0.14	84.22%	19	8.43	3.75	0.86
P271~274 Topic 10 Quiz 1 Q3	Multiple Choice	0.28	84.22%	19	8.43	3.75	0.86
P271~274 Topic 10 Quiz 1 Q1	Multiple Choice	0.29	73.69%	19	7.37	4.53	1.04
P271~274 Topic 10 Quiz 1 Q2	Multiple Choice	0.59	89.48%	19	8.95	3.16	0.73
P271~274 Topic 10 Quiz 1 Q5	Multiple Choice	0.68	89.48%	19	8.95	3.16	0.73
P271~274 Topic 10 Quiz 1 Q7	Multiple Choice	0.72	68.43%	19	6.85	4.78	1.10
P271~274 Topic 10 Quiz 1 Q6	Multiple Choice	0.76	78.95%	19	7.90	4.19	0.97

图 11　测试 A 完成情况

Figure 11　Results of Test A

教师利用课堂时间分析了测试 A 后，再布置测试 B，由于题目与测试 A 类似，教师不再集中在课堂分析，而是邀请学生在 Blackboard 讨论板上进行分析，创设同伴学习的机会（图 12）。

After analyzing Test A in class, the teacher assigned Test B for more practice. However, because of the similarity between Test A and Test B, the teacher no longer focused on classroom analysis, but invited students to analyze the questions on the discussion board of Blackboard to create peer learning opportunities (Fig. 12).

图 12 学生在讨论板上对测试 B 题目的分析

Figure 12 Students' Analysis of Test B on the Discussion Board

学生反馈 Students' Feedback

总体来说，这次的教学设计还是比较成功的，学生也比较配合，课前与课后的活动设计有层次、有条理，通过课前—课中—课后的安排，由易到难，让学生通过活动循序渐进地理解并尝试证明中心极限定理，并在练习中学会运用该定理。在活动过程中学生虽然遇到一些问题，但他们有能力在教师适当指导后根据自己与组员的长处，合作解决问题。整个单元的设计有助于全面提高学生的各项素养。

Generally speaking, the teaching design was relatively successful, and the students were also relatively cooperative. The activity designs for pre-class and after-class were hierarchical and organized. Through the arrangements for pre-class, in-class and after-class, students can understand and try to prove the central limit theorem step by step, and then learn to use the central limit theorem in practice. Although students encountered some problems in the process of activities, they had the ability to solve the problems with their own strengths and team members' cooperation after the teacher's proper guidance. The design of the whole chapter is helpful to improve students' literacy in all aspects.

教师点评 Teacher's Comments

教师第一次尝试使用 Blackboard 的多人协作写作文档辅助教学。该功能有助于提高学生的合作、学术表达等能力。同时，教师通过合理的铺垫与设计，把以往在课堂上进行的活动安排在课前与课后，大大地缩减了课堂需要集中授课的时间。从授课到复习，在相同课时安排（大约 5 到 6 小时）的情况下，这次的章节设计时间跨度比较长。因为中间安排了学生的小组项目，整个章节教学前后跨越了两周时间（中间开启了新一个章节的授课），但学生多次经历了手脑并用的实践环节，对章节内容的理解更加深入。当然，多人协作写作文档的使用会受限于学生的配合程度，如果学生不能按时完成，会影响上课时师生集中点评的效率。另外，该单元设计最后布置了选择题检测教学效果。为了更好地进行时间纵向比较或平行班的横向比较，教师应该注意保存每个教学班的测验结果数据。

This is the first time that the teacher tried to use the Wiki page on Blackboard to assist teaching. The Wiki page on Blackboard helps to improve students' ability of cooperation, academic expression and so on. At the same time, through reasonable bedding and design, the teacher re-arranged the activities before and after class, which greatly reduced the time of centralized teaching. From teaching to review, in the case of the same total teaching periods (about 5 to 6 hours), the time span of this chapter design was relatively long. Because the students' group project had to be arranged in the middle, the teaching of the whole chapter spanned about two weeks (a new chapter had to be started in the middle), but the students had experienced the practice link of hand and brain for many times, so they had a deeper understanding of the chapter content. Of course, the application of Blackboard's Wiki page will be limited by the degree of cooperation of students. If students could not finish it on time, it would affect the efficiency of the teacher and students' centralized comments in class. In addition, multiple-choice questions were arranged to test the teaching effect in the end. In order to make a better longitudinal comparison of time or horizontal comparison of parallel classes, teachers should pay attention to saving the test results of each teaching class.

3.2.2 兼顾不同教学需求 Addressing Different Teaching Needs

教师 / 学科 **Teacher / Subject**	刘姗 / 数学 Liu Shan / Mathematics
使用的 Blackboard 功能 **Blackboard Functions**	测试 Test
教学内容 **Content**	根据学生的不同情况，安排学生完成阶段性自测和讨论内部评价（IB 课程的一种评价方式）这两个不同的任务 Tailoring to students' diverse situations, the teacher organizes students to complete self-assessments and conducts discussions on the internal assessment (an assessment type in the IB curriculum) as two separate tasks

（续表）

教学目标 Teaching Objectives	• 与个别有需要的同学讨论 IA Discuss internal assessment with the students one by one • 其他同学自主完成在线测试 Other students independently complete the online test

教学过程 Teaching Process

除了讨论 IA 的学生，其他同学课上自主在线使用 Blackboard 完成复习卷。

Apart from those who are discussing the IA, the other students will use Blackboard independently during class to complete the review quizzes online.

课前通过 Blackboard 菜单→测试→创建测试→上传考卷、上传答案→发布测试，设置测试的开始、结束时间和提交次数。具体可参考章节 2.2.2。由于数学有大量的公式输入，为节省时间，可直接将整张复习卷放到第一题，让学生下载（图 1）。

Before class, navigate the Blackboard menu: Course tools → Tests, Surveys, and Pools → Test → Build Test → Upload the quiz paper and its corresponding answer key → Assign the test, specifying the starting and ending times as well as the submission settings. For a detailed breakdown, refer to Section 2.2.2. Given the heavy reliance on mathematical formulas, to streamline the process, teachers can directly upload the entire review quiz paper in the first question, which allows students to download it directly (Fig. 1).

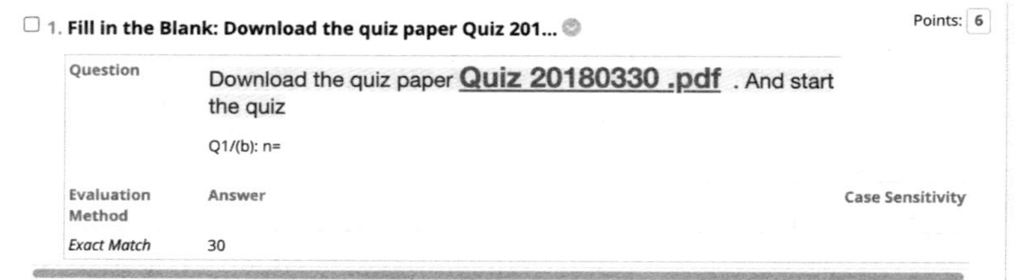

图 1　整张复习卷上传至第一题，以便下载

Figure 1　Upload Quiz Paper in Q1 for Easy Download

由于 Blackboard 的测试系统只能自动批阅填空题和选择题，解答题过程是无法自动批阅的，为了更快地让学生得到自动反馈，教师只要求学生按格式输入最后答案（图 2），过程部分则要求学生自批后上传。

Given that Blackboard's grading system is limited to automatically assessing multiple-choice and fill-in-the-blank questions, the teacher requests students to solely type their final answers in the designated blanks for free-response questions, facilitating prompt feedback (Fig. 2). Students will then self-grade, scan, and upload their elaborations for these questions onto Blackboard after class.

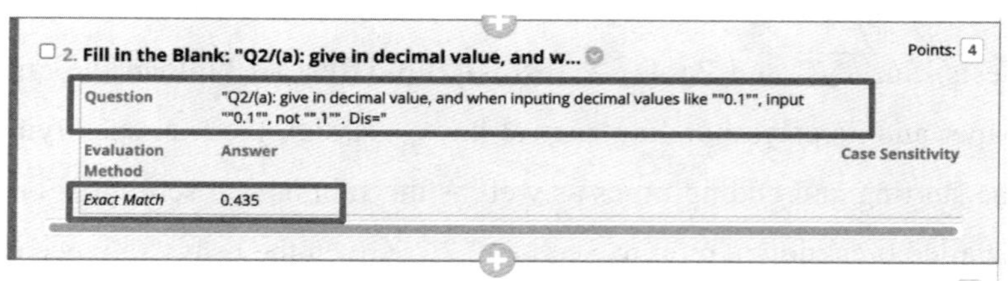

图 2　问答题均设置为填空题，其答案设置精准匹配

Figure 2　Free Response: Fill-in-the-Blanks with Precise Answers

课后学生自己核对过程和答案，教师通过成绩中心→项目分析，查看每道题的平均分，针对错误率高的题目，在下节课进行讲解（图 3）。

Students self-grade their tests, and teachers can access the

"Grade Center" to examine the average scores and the "Item Analysis" detailing the class average of each question. Based on the insights gained, the teacher will discuss common mistakes within the class and tailor the next lesson accordingly (Fig. 3).

图 3　项目分析：题目难度及平均分

Figure 3　Item Analysis: Difficulty & Average Score for Each Question

教师能看到每道题的正确率，点击每道题目，还能看到具体的答题情况。

The teacher can see the accuracy rate for each question as well as the specific answer details by clicking each question.

教师剩余的时间可以主要集中在针对部分学生的内部评价进行辅导。

The time left for the teacher can be mainly focused on guiding certain students in their internal assessments.

学生反馈 Students' Feedback

答案及时反馈，时间自由安排，学生的个性化学习需求在 Blackboard 平台上得到了很好的满足。同时，课堂上与教师进行内部评价讨论的学生，也可以利用课后时间，在 Blackboard 上完成原本应在课堂上完成的复习测试，从而了解自己的学习状况。

The prompt feedback on answers and flexible time management ensure that students' personalized learning needs are well met on the Blackboard platform. Furthermore, students who engage in internal assessment discussions with teachers in class can utilize their after-school hours to complete review quizzes originally scheduled for in-class time on Blackboard, which can enable them to gain a deeper understanding of their learning progress.

教师点评 Teacher's Comments

由于教学目的不同，班级被分为两部分：需单独讨论 IA 的个别学生和其他进行定期复习的学生。IB 学习内容跨度大，定期复习有助于学生温故知新。借助数字化平台，既减轻了教师的批改压力，又保证了教师对学生复习情况的了解，有效达成复习目的。若因为其他原因班级需要分层教学，当教师注意力在部分学生那边时，也可考虑利用 Blackboard 的自动测试功能落实另一部分学生的学习进展。当然，需要教师精心设计题目，以便充分借助科技的力量，快速进行判断。

Due to the varying teaching objectives, the class is divided into two groups: individual students requiring focused discussion on IA, and the others who undergo regular reviews. Given the extensive scope of IB learning content, regular reviews help students refresh their knowledge and gain new insights. Leveraging digital platforms alleviates teachers' grading pressure while ensuring their awareness of students' review progress, effectively achieving the purpose of revision. If the class necessitates differentiated teaching for other reasons, and the teacher focuses on a specific group of students, Blackboard's automated testing function to track the learning progress of the other group can be used. Of course, the questions need to be carefully designed by teachers who are expected to fully utilize the power of technology and make snap judgements.

3.2.3　分享最新科技新闻 Sharing the latest technology news

教师 / 学科 **Teacher / Subject**	马凯成 / 化学 Ma Kaicheng / Chemistry
使用的 Blackboard 功能 **Blackboard Functions**	作业，论坛，维基 Assignment, Forum, Wikis
教学内容 **Content**	有机化学概论 Introduction of organic chemistry
教学目标 **Teaching Objectives**	学生已经在之前“无机化学”章节中学习了化学键中共价键的概念。学生将学习有关有机化学的系统化和逻辑化的结构，主要包括：分子结构、命名规则、性质和应用等 Students have previously studied the concept of covalent bonds in the “inorganic chemistry” section. They will now learn about the systematic and logical structure of organic chemistry, including molecular structure, naming rules, properties, and applications

教学过程　Teaching Process

新课之前，教师精选部分典型问题发布在 Blackboard 论坛上，让学生熟悉新知识点，参与在线讨论。学生被随机分为 4 个小组（图 1），参与预习，搜寻和新课有机化学有关的话题，分享最新科技成果（图 2）。

Before class, the teacher has carefully selected some typical preview questions from the textbook and posted them on Blackboard Wikis to get the students familiar with the new topics and engaging in the online discussion. The students were divided randomly into 4 groups and expected to share the latest science and technology news (mainly on organic chemistry) during the first 10 minutes in class. Most of them have chosen topics highly related to the new chapter. The news was uploaded on Blackboard (Fig. 1&2).

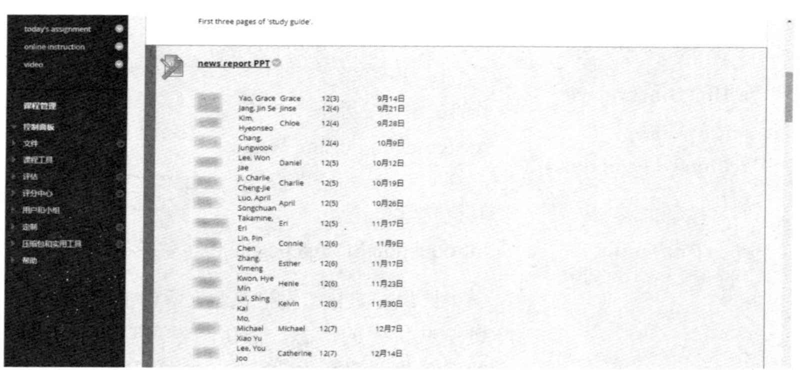

图 1　分组情况和新闻作业的展示

Figure 1　Group Information and Presentation

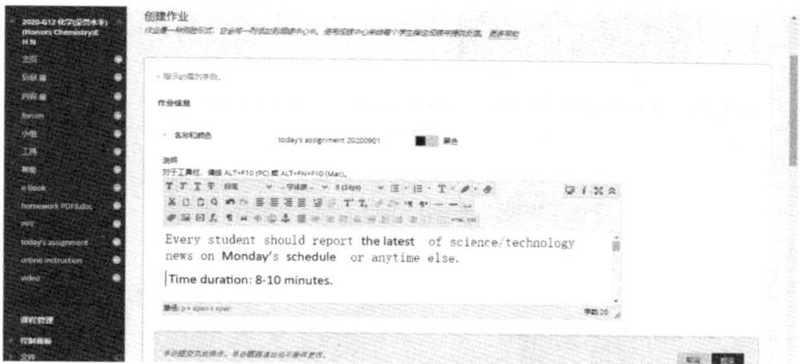

图 2　布置和所学知识有关的最新科技新闻的预习作业

Figure 2　Assignments of Sharing News on Technology about the New Chapter

每节新课的前 10 分钟，学生进行展示和分享。新闻作为作业上传至 Blackboard，老师提供简短反馈（图 3）。下图为同学们展示了有机化学在中国登月（图 4）、疫苗（图 5）、2020 年诺贝尔物理学奖（图 6）中的应用。

In the first 10 minutes of each new class, students presented and shared the news. News presentations, assigned as homework, were uploaded to Blackboard, and the teacher provided brief feedback (Fig. 3). The following images show students' presenting applications of organic chemistry in China's lunar exploration (Fig. 4), vaccines (Fig. 5), and the 2020 Nobel Prize in Physics (Fig. 6).

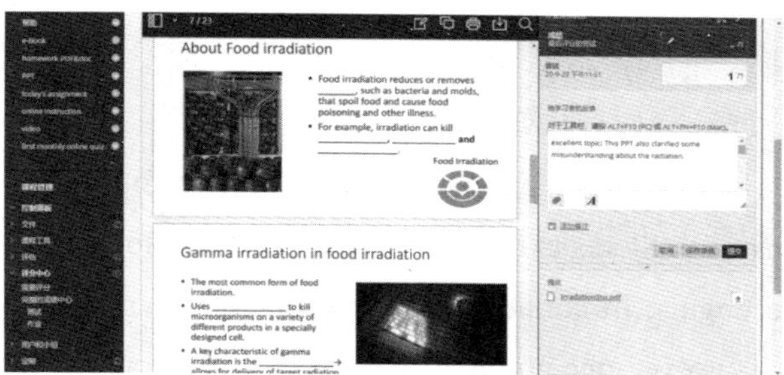

图 3　新闻分享和教师点评

Figure 3　Presentation of News and the Teacher's Comments

图 4　有机化学与中国登月

Figure 4　Organic Chemistry and China's Lunar Exploration

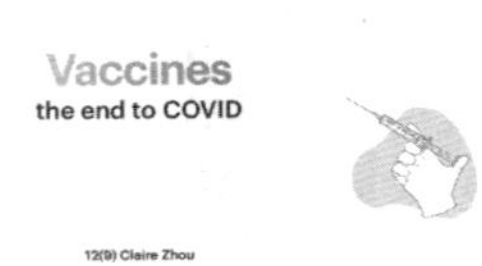

图 5　有机化学与疫苗

Figure 5　Organic Chemistry and Vaccines

图 6　有机化学与 2020 年诺贝尔物理学奖

Figure 6　Organic Chemistry and the 2020 Nobel Prize in Physics

学生反馈　Students' Feedback

4 组中有 3 个小组的学生能较好地遵循教师的要求。同学们一起预习、互助，并合作学习，取得了不错的学习成果。有一组学生在线学习参与度较低，学习成效也有待提高。（图 7）

Three out of the four groups of students can follow the teacher's instructions well. Students in these groups pre-study together, assist each other, and engage in collaborative learning, achieving good learning outcomes. However, one group of students has lower online participation, and their learning effectiveness needs improvement. (Fig. 7)

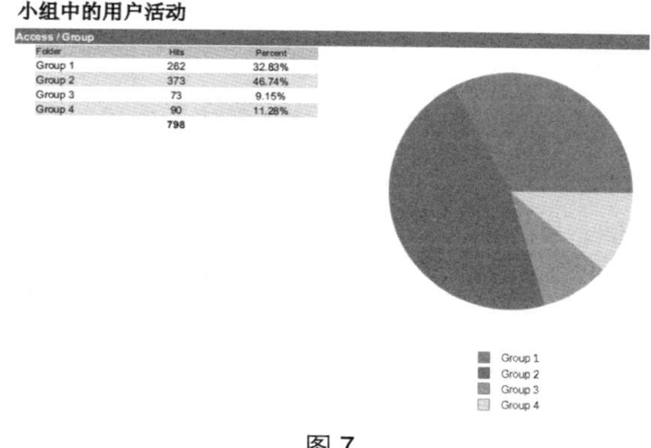

图 7

Figure 7

教师点评　Teacher's Comments

本单元设计是以 TPACK 和 UbD 两大理论相结合的混合式教学。TPACK 是教师基于教学经验和技术平台支撑遴选的教学内容，UbD 是动态化的教学设计与课程实践过程，两者均属于教师作为课程实践者对原有化学课程内容的“二次开发”。TPACK 为 UbD 提供技术保障，UbD 为 TPACK 提供实践和操作的可能。

This unit design is a hybrid teaching approach that combines the TPACK (Technological Pedagogical Content Knowledge) and UbD (Understanding by Design) theories. TPACK involves teachers in selecting teaching content based on teaching experience and technological platform support, while UbD is a dynamic instructional design and curriculum practice process. Both fall under the teacher's role as curriculum practitioners in the “secondary development” of the original chemistry curriculum. TPACK provides technological support for UbD, while UbD provides practical and actionable possibilities for TPACK.

1. Blackboard 论坛和维基功能

Blackboard Forum and Wiki Features

无论是论坛还是维基，都能及时向教师反馈学生预习的程度。以往的书面预习任务布置后，教师往往要过一两天，甚至隔了一个周末，才能收到反馈。到那时，再仓促修改或优化教学策略，效率就会大打折扣。在线平台的搭建，使得教师获得学生预习结果的时间大大缩短。只要明确任务的时间点，教师可以及时了解新课预习程度，并及时调整相应策略，设计新课，提高效率。从学生角度来看，也可以使他们具有一定的时间观念，做到不拖延、马上学、一起学。

Both forums and Wikis provide timely feedback to teachers on the extent of students' pre-study. In the past, after assigning written pre-study tasks, teachers often had to wait for a day or two, or even over a weekend, to receive feedback. Building an online platform helps teachers significantly shorten the time it takes to receive feedback on students' pre-study results. As long as the timing of the task is clear, teachers can promptly assess the pre-study level of the new lesson, adjust corresponding strategies, design the new lesson, and improve efficiency. From the students' perspective, it also helps them develop a sense of time, avoid procrastination and promote immediate and collective learning.

2. STEM 理念（STEM：科学、技术、工程和数学）

STEM Philosophy (STEM: Science, Technology, Engineering, and Mathematics)

12 年级平行班的最新科技类新闻的播报，是上中国际部化学课的传统项目，也是通过学校课程贯彻 STEM 教育理念的形式之一（STEM 理念既可以专门设立课程，也可以在课程中渗透，本教学设计是后者）。通过新闻和化学乃至科学的结合，可以让学生学以致用，并培养他们的信息素养、科学素养、全球视野及中国情怀，如嫦娥五号及疫苗研制等科技新闻可以与化学课堂进行融合。从教师专业发展角度看，这也是教师自己学习最新科学技术成果的一大契机，而这个时候师生的角色是互换的，也印证了“术业有专攻”及“弟子不必不如师”等古训。通过这一方式，可以实现教学相长，教师也提升了自己的科技视野，提高了自己的知识基础和水平，最终得益的是学生。

The reporting of the latest technology news in the parallel class of the 12th grade is a traditional project in SHSID's chemistry class. It is also one of the ways the school implements the STEM education philosophy through the curriculum (STEM philosophy can be established as a separate course or integrated into existing courses, and this teaching design belongs to the latter). Combining news with chemistry and even science can help students apply what they have learned and cultivate their information literacy, scientific literacy, and global perspectives with a Chinese context. For example, technology news such as Chang'e-5 and the vaccine development can be integrated into the chemistry classroom. From the perspective of teachers' professional development, this is also a great opportunity for teachers to learn about the latest scientific and technological achievements. At this point, the roles of teachers and students are interchangeable, confirming the ancient sayings such as “mastery comes from specialization” and “students need not be inferior to teachers”. Through this approach, teaching and learning can be mutual, and teachers enhance their technological perspectives while improving their knowledge base and level, ultimately benefiting students.

3.2.4 分组汇总，合作编辑 Group Projects and Students' Collaborations on Wikis

教师 / 学科 Teacher / Subject	Tyler Draper, 沈晨荔 / 英语 Tyler Draper, Shen Chenli / English
使用的 Blackboard 功能 Blackboard Functions	维基 Wikis
教学内容 Content	《人鼠之间》美国经济大萧条的历史和社会背景理解 The historical and social context of the book *Of Mice and Men*
教学目标 Teaching Objectives	• 分组搜集关于《人鼠之间》的外部资料 Group collection of external materials about *Of Mice and Men* • 分组利用维基整理和展示信息 Group organization and presentation of information using Wikis • 提供与本单元内容相关的资料，加强学生对本单元内容的主动参与性 Providing relevant material related to this unit to enhance students' active engagement with the content of this unit

教学过程 Teaching Process

教师将《人鼠之间》的内容分为 6 个主题，将学生分为 6 组。学生首先阅读对应主题的概论资料，然后在网络上寻找关于对应主题的外部学术资料，和小组成员一起，建立维基页，加深对本主题的探究，并且展示给同班同学。

The teacher listed 6 topics according to the content in *Of Mice and Men* and divided students into 6 groups. The students first took their time reading the introductions and searched for outside resources to build the basic ideas of the context, along with their group members to create a Wiki page to show their exploration of the topic to their classmates.

教师在 Blackboard 上发布如何制作维基页面的文件，首页公告维基的创建链接（图 1），学生点击之后可以根据说明完成维基页的创建（图 2）。

The teacher prepared a document that outlined how to create Wiki pages, and then posted this document and a link to the Wiki's main page (Fig. 1). Students could click the page and create a glossary of the key terms and link to outside resources (Fig. 2).

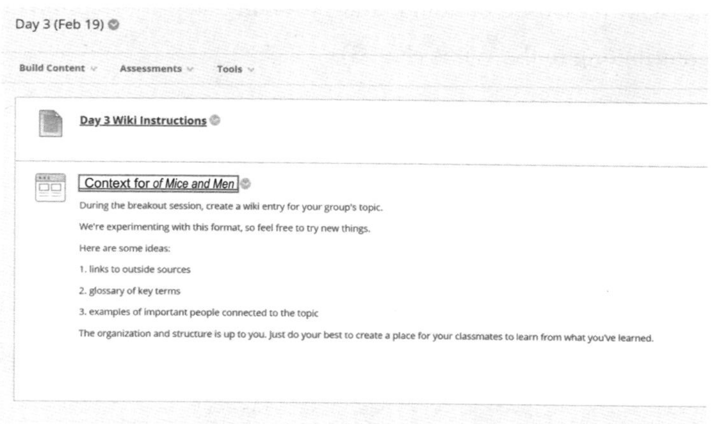

图 1 教师在 Blackboard 上创建的《人鼠之间》维基页的链接和要求
Figure 1 The Link and Requirements for the Wiki Page of *Of Mice and Men* Created by the Teacher on Blackboard

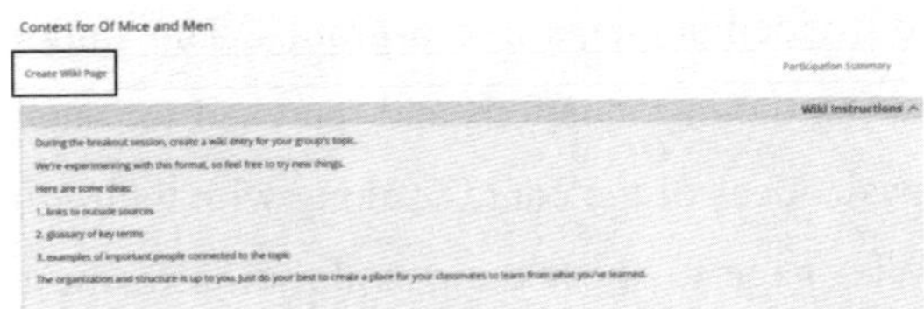

图 2　学生可点击进入，建立维基页，按要求分别制作标签并附上外部链接

Figure 2　Students Can Click to Enter and Create the Wiki Page, Then Create Tags and Attach External Links as Required

教师前一节课首先给出详细的步骤和文字描述，发布在 Blackboard 上：简单介绍维基，明确通过维基全班需要共同达成的目标，并且给出详细的维基建立步骤（图 3）。

In the former lesson the teacher had provided a document that did three main things: introducing what a Wiki is, explaining the purpose of the Wiki they'd be building, and providing step-by-step directions for contributing to the Wikis (Fig. 3).

Today, our main goals will be to better understand the context surrounding *Of Mice and Men* and to experiment with building wikis on Blackboard.

What is a wiki? It's basically a mini website that multiple people can edit and add to. For example, Wikipedia is an encyclopedia made fully of individual wikis. People can go on Wikipedia and edit the wikis as they please. Popular wikis on Wikipedia typically have a group of expert editors to fix any inaccurate additions, though.

What will we do for our class's wikis?

1. Form groups via Zoom for each of the 6 topics.
    a. If you're not in Zoom, I'll assign you to a group in WeChat, and you can catch up later.
2. In these groups, read the context sheet provided for your topic.
    a. These are very short and basic. You'll need more info in order to create a more robust wiki page, which leads us to…
3. Find online resources as a group to build knowledge about your group's topic.
    a. You may start on Wikipedia, but be sure to follow the reference links on Wikipedia to the actual articles. Although it's a decent place to get ideas, Wikipedia still isn't considered a reputable source for academic citations.
4. Go to our class Blackboard page, unit 5, day 3. Then, follow the link to get to the wiki. You'll see that I've included basic directions at the top. On the right side, I've made pages for each topic. To edit your group's page, simply click on your topic and then click edit wiki content.
    a. The content editor is a bit clunky, but do your best to experiment with the different options up in the toolbar.
    b. I'm not sure exactly how editing will work with multiple people in one wiki, so be patient and think of this as an experiment (i.e. it won't go perfectly the first time we try it).
5. If you miss the Zoom session, just be sure to hop on your group's wiki and make as many additions as you can before tomorrow.

图 3　教师关于外部资料搜集介绍和维基的简介

Figure 3　The Teacher's Guidance on Searching for External Materials and Overview of the Wiki Page

教师后期可通过 Blackboard 查看学生维基页的参与程度。学生编辑的字数、百分比、页数等会分别显示，便于教师及时了解和反馈学生的投入度。

In the later stages, the teacher can check the level of student participation in the creation of Wiki pages through Blackboard. Metrics such as the number of words edited, percentage completed, and page count will be displayed separately, allowing the teacher to promptly understand and provide feedback on the students' level of engagement.

NAME △	WORDS MODIFIED (NUMBER COUNT)	WORDS MODIFIED (PERCENTAGE)	PAGE SAVES (NUMBER COUNT)	PAGE SAVES (PERCENTAGE)
	8	0%	8	20%
	654	20%	3	7%
	241	7%	1	2%
	156	4%	3	7%
	465	14%	4	10%
	200	6%	1	2%
	510	15%	2	5%
	197	6%	9	22%
	102	3%	1	2%
	154	4%	2	5%

图 4　创建维基页学生参与度的反馈

Figure 4　Participation Rate of Creating Wiki Pages Generated by Blackboard

学生反馈　Students' Feedback

本活动中，学生以小组为单位，明确各自的分工，在班级的维基页面上添加了一页内容。老师鼓励他们将文本与图片 / 图形相结合，使页面更具吸引力和更有信息量。

The bulk of the students' responsibilities are described in the guideline document above and students worked in small groups to add a page to Wikis of the class. The teacher encouraged them to combine text and images/graphics to make their pages engaging and informative.

鉴于当时有些学生无法连接 Blackboard，分组工作变得十分必要。那些难以连接 Blackboard 的学生可以通过查找信息和图片来做出贡献，而那些能够顺畅连接 Blackboard 的学生则可以整理其他学生的发现并将它们上传到网站。

As some students were having trouble connecting to Blackboard at the time, working in groups was necessary. The students struggling with Blackboard could contribute by looking for information and images, while those who were having better connectivity to Blackboard could organize other students' findings and upload them to the site.

总体而言，各小组都完成了任务的主要目标。有些小组的表现尤为出色，他们制作的页面不仅引人注目，而且组织得井井有条。

Overall, the groups achieved the main targets of the task. Some groups went above and beyond by having especially eye-catching and/or well-organized pages.

教师点评 Teacher's Comments

优点：Advantages:

1. 通过层级目录构建内容资料便于随时查看。维基页把所有学生搜集的信息整理在同一页，便于学生查找，跟纸质资料相比不用翻页，不易遗漏。

A designated, digital repository for all this contextual information facilitated the retrieval of information throughout the unit. The Wiki kept all the information in one place, and students knew where to find it when they needed it. Oftentimes, useful information gets buried in notebooks. This Wiki sidestepped that problem.

2. 和传统的幻灯片展示相比，学生参与度明显增高。

Students' participation increased significantly, especially compared to the typical PPT approach to giving presentations.

3. 学生刚开始适应线上学习，维基页提供了一个相对来说压力较小的线上学习环境，便于学生使用 Blackboard。

Students were still adjusting to working online, so this provided a low-pressure opportunity to experiment with Blackboard.

4. 本次活动要求学生互相协作、共同完成，提升了同学间的友谊和团队合作能力。

This activity required students to collaborate with each other and complete it together, which enhances friendship and teamwork among classmates.

缺点：Disadvantages:

1. 对于教师来说，对学生外部学术资料的质量和准确性的把握有一定难度。

For the teacher, moderating the quality and accuracy of the information can be difficult.

2. 跟测试、需要评分的练习或者课堂作业相比，这项活动有些学生参与积极性不高。

Compared to a quiz, graded worksheet, or in-class assignment, an online activity like this allows some students to "hide" and shirk responsibility.

3.3 课后 After Class

3.3.1 重述概念，加深理解 Emphases of Key Points and Elaborations on Common Misunderstandings

教师 / 学科 **Teacher / Subject**	周成博，檀沐 / 生物 Zhou Chengbo, Tan Mu / Biology
使用的 Blackboard 功能 **Blackboard Functions**	维基 Wikis
教学内容 **Content**	生物分类 Classification and binomial nomenclature
教学目标 **Teaching Objectives**	• 加深学生对关键词和重点概念的理解 Deepen students' understanding of key terms/concepts • 及时找出并指正学生的理解误区 Find out and correct misunderstandings of key terms/concepts in time • 培养学生的创新能力 Bring out creativity in students

教学过程 Teaching Process

老师在 Blackboard 上创建学生制作并提交维基页的链接：

工具→维基→创建维基→输入标题→输入说明（这里输入制作维基页的说明和要求）

The teacher creates a link for students to make and submit their Wiki pages:

Tools → Wikis → Create a Wiki page → Input titles → Input instructions (Requirements for making a Wiki page)

图 1　Blackboard 维基页面

Figure 1　Steps on Blackboard to Create a Wiki Page

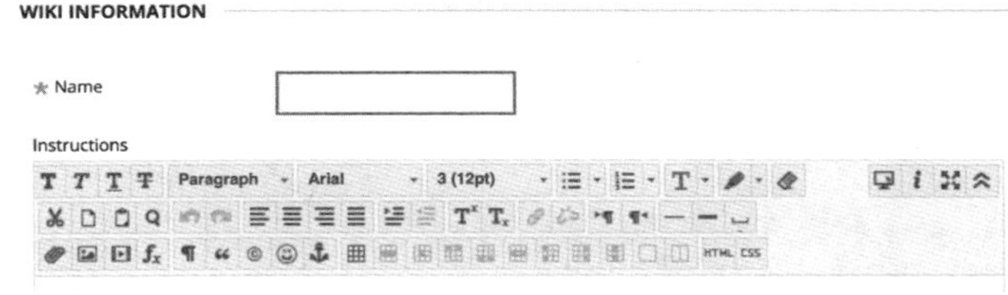

图 2　创建维基

Figure 2　Creating a Wiki Page

允许编辑（使学生可以创建自己的维基页）→提交

Open to Editing (so that students can create their own Wiki pages) → Submit

图 3　设置维基页的编辑设定

Figure 3　Setting the Options of Wiki Pages

分数：得分→输入满分→截止日期→设定截止日期→提交

Grade: Points possible → Input full points → Due Date → Set due date → Submit

WIKI SETTINGS

Grade Wiki

No grading

Grade : Points possible : 10

Show participants in "needs grading" status after every 1 Page Saved

Due Date 05/20/2020 11:59 PM

图 4

Figure 4

老师制作并提交维基页示例：

工具→维基→点击已经创建的链接

The teacher creates a Wiki page:

Tools → Wiki → Click the link that was created

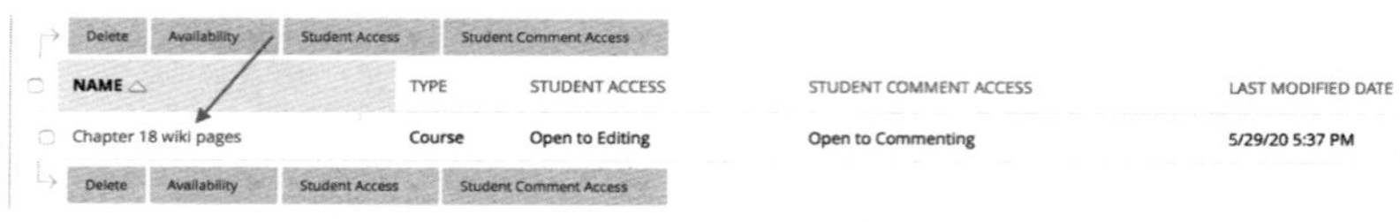

图 5

Figure 5

创建维基页面→输入名称（例如一个关键词或重要概念）→输入内容（维基页示例）

Create a Wiki Page → Input names (a key term/concept in this case)→ Input content (the sample Wiki page)

Chapter 18 wiki pages

Create Wiki Page

Participation and Grading

WIKI PAGE CONTENT

Name

Content

图 6

Figure 6

学生制作维基页的流程（参考老师制作示例的过程图）：

工具→维基→点击老师已创建的链接→创建维基页→输入维基标题→输入内容

Students create a Wiki page (the same as the above):

Tools → Wiki → Click the link which the teacher made → Create a Wiki Page → Input Wiki titles → Input content

老师和学生点评其他同学的维基页：

工具→维基→点击老师已创建的链接→点击想要浏览或评论的维基页→评价（在维基页的右下方）→输入评语

Comment on others' Wiki pages:

Tools → Wikis → Click the link which the teacher made → Click the Wiki page you would like to read and/or comment → Comment → Input comments

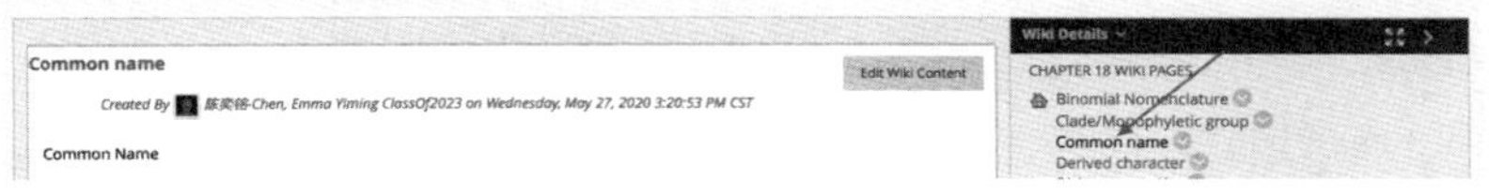

图 7

Figure 7

老师制作的维基示例页（图 8）能够让学生对制作维基页的要求更加明确。老师给出了与课本上定义不太相同的“双名法”的定义，也给出了图表和漫画的例子。这些示例告诉学生他们的作品应该让关键词或概念能更好地被理解以及更加有趣。

The example Wiki page (Fig. 8) created by the teacher helps students to have a clearer understanding of the requirements for creating Wiki pages. The teacher provides a definition of the “binomial nomenclature” technique that differs slightly from the textbook definition. Examples of charts and cartoons are also given by the teacher. These examples indicate to students that their work should make keywords or concepts better understood and more engaging.

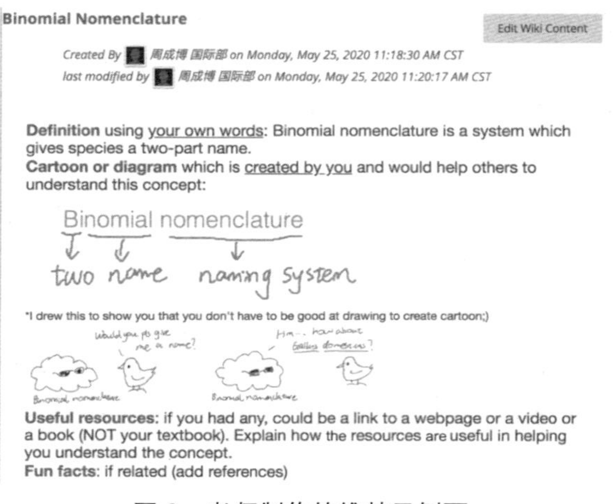

图 8 老师制作的维基示例页

Figure 8 Wiki Page Made by the Teacher

通过用自己的语言解释关键词或重要概念，学生展示了对该关键词或重要概念的理解。在以下例子中，学生给出了比示例更好的定义。图 9 中，学生清楚地描述了二叉式检索表是什么及如何运用。图 10 中，学生举了一个有趣的例子来创造情境解释概念。

By using their own words to explain a key term or concept, students show their understanding of them. As can be seen in the following examples, students did even better than the example the teacher gave. The first student described what a dichotomous key is and how to use it in a clear way (Fig. 9). The second student gave an interesting example to explain the concept (Fig. 10).

Dichotomous is a material that is used by scientists to help them identify the organisms. When identifying organisms, usually a dichotomous key contains several questions which should be answered in order to know the identity of the organism and when the question is answered, it will direct to the next question. In addition, the dichotomous key emphasizes the species' name with scientific names as they have their own unique scientific name.

图 9　学生对于二叉式检索表的解释和说明

Figure 9　A Student's Explanation on Dichotomous

Common Name

Definition: a common name of a taxon or organism is a **name in general use within a community**

For example, when we see a little cute cat, we will say "wuuuuu! This cat is so cute!!!", but not "wuuuu! This Felis Catus is so cute!!!". Common name is more acceptable by people, and use in daily life. But Common is also onfusing, as it vary among languages, from place to place. The same common name might be different animals, or different names might be the same animal.

图 10　学生对于俗名的解释和举例说明

Figure 10　A Student's Illustration on Common Name

学生还通过创作漫画或者类比来更好地解释关键词或概念（图 11、图 12），锻炼了自己的创造力。相比文字，漫画能够进行更直接的表达，通常也更令人印象深刻。在图 11 中，学生用简单易懂的漫画解释了不同的人在分类时会用到不同的特性。

By creating relevant cartoons or analogies, students tried to think what a better way would be to explain a key term or concept, thus got their creativity trained. Almost all students chose cartoons. Compared to the text, the cartoon is more straightforward in conveying information, and often more impressive, too. In the following example, the student used a simple yet efficient way to show that different people focused on different traits in classification (Fig. 11&12).

Traditional Classification is the **Linnaean Classification System**, which is based on **visible similarities and differences**.

The **problem** is that **different people focus on different traits** and we do not know **which trait is the most important one.**

There are three ways to classify these three creatures. We can focus on the number of eyes, the number of legs, or the color.

图 11　学生用漫画解释分类时生物特性的可见差异

Figure 11　Classifications Made by Students Through Cartoons

针对图表类的知识点，如进化分支图等，学生需要在原本知识点的基础上展开自己的理解。通过对图表的标注，教师能够看出哪些学生能够灵活运用知识点，将难懂的概念简易化。这些标注能够反映学生对重要图表的理解水平，教师也能从互相分析和评价里找出最适合学生理解的方法。图 12 展示了学生用图表来展示知识点框架。

For the knowledge points of diagram, such as evolution phylogenetic tree, students need to expand their understanding on the basis of the original points. According to those marked graphs and charts, the teacher can see which students can flexibly use knowledge points and simplify difficult concepts. These notes can reflect the students' understanding of the concept and help the teacher find out the most suitable method for their understanding through mutual analysis and comments (Fig. 12).

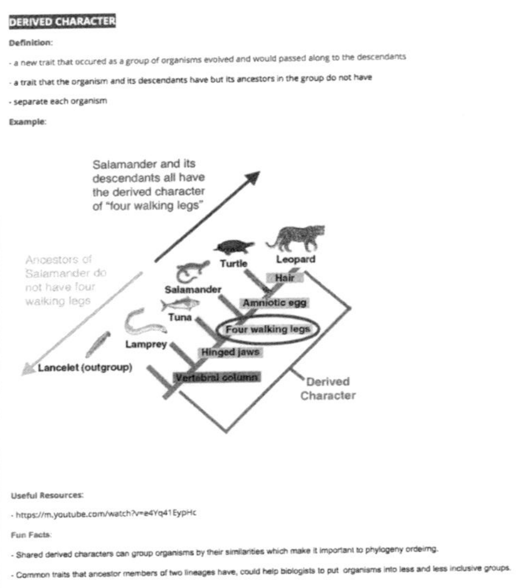

图 12　学生展示的知识点框架图

Figure 12　Knowledge Points Made by Students

同时，有些学生还分享了学习过程中发现的有用资源。这些资源可以帮助其他同学学习相关概念。在图 13 中，学生描述了一个有趣的例子来说明俗名会带来误解，她也分享了一个网站并且简单描述了网站内容，从而帮助需要学习资源的学生判断这个资源是否是他们想要的。

Meanwhile, some students shared useful resources for learning as well as fun facts, which should help students to memorize things easier. In the following example (Fig. 13), the student described an interesting case that common name might be misleading. She also shared a website and a brief description so that students who need the resources can determine whether they would like to use it or not.

Fun fact: CONFUSING COMMON NAME!!! Local name for Scapteriscus vicinus (a tawny mole cricket, scientific name) in south Georgia is "ground puppy." Puppy is actually a cricket that looks like a mole (a "mole cricket"), not a dog.

Useful Website: https://encyclopedia2.thefreedictionary.com/classification

This is not a website only talking about common names, it's a general idea of the whole classification system. There is a paragraph talking about the disadvantages of common names that help us to calrify why biologists use scientific name but not common name.

图 13 学生分享

Figure 13 Students' Sharing

维基页能够让老师及时发现学生对关键词或重要概念理解的误区（图 14）；学生能够改正自己的维基页，并展示理解误区是否还存在。

Wiki pages help teachers to identify students' misunderstanding of certain key term or concept and allow students to edit their pages to show whether they still have that misunderstanding (Fig.14).

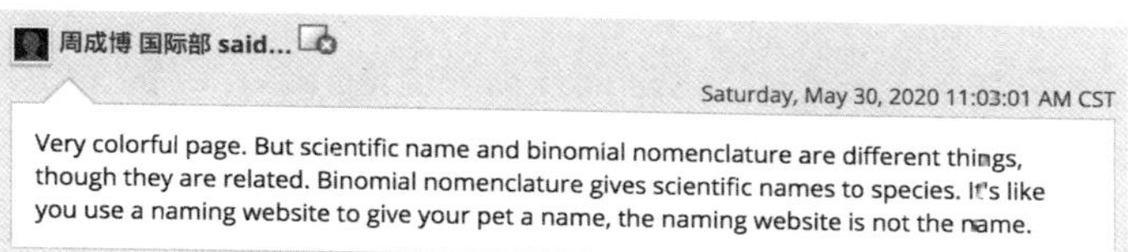

图 14 维基页教师点评

Figure 14 Teacher's Comments on Wikis

教师点评 Teacher's Comments

使用维基页的优势：

Advantages of using Blackboard:

1. 维基页使分享大家的创作更加方便。一旦维基页建立，老师和学生都能浏览并评论其他人的维基页。同时，老师的评语也能被所有同学看到，使其他没有做特定维基页却有相同理解误区的同学也能得到有用的信息。

It is easy to share via Blackboard. Once a Wiki page is created, everyone in class can view the page and comments. The teacher's comments also can be viewed by all students in class, so that a comment would be useful for students who didn't make a particular Wiki page but had similar misunderstanding.

2. 维基页让学生能根据老师的评语订正，也让老师能把握学生对概念理解的变化。

Wiki allows editing, making students able to change what they did according to the teacher's comments. The teacher can track progress in students' understanding of certain key term or concept.

使用过程中出现的问题：

Problems that appeared:

比起纸质版或 PPT，维基页制作不是那么方便。例如，调整的段落间距不能在页面上显现出来。另外，一些同学可能由于网络问题上传图片困难。

Using Wiki is not as convenient as making a poster or a PPT. For example, if space is changed between paragraphs, the change does not show up in the edited page. In addition, some students had trouble uploading figures to the Wiki page, probably due to Internet problems.

3.3.2 调动学生自主、有序复习 Motivating Students' Self-directed, Organized Review

教师 / 学科 Teacher / Subject	汤佩涵 / 数学，姚艳婕 / 物理 Tang Peihan / Mathematics, Yao Yanjie / Physics
使用的 Blackboard 功能 Blackboard Functions	创建文件夹、上传文件，讨论板，维基 Creating folders and uploading files, discussion board, Wikis
教学内容 Content	G12 A-Level 数学总复习与历届真题练习：光的衍射（光的波性） G12 A-Level maths exam review and past paper practices: Diffraction of light
教学目标 Teaching Objectives	• 学生们在复习课后进行自我反思，如果还有问题，可以通过 Blackboard 讨论板功能及时反馈 All the students should get involved in offline review sessions, do self-review on time and give feedbacks and raise questions on the discussion board • 为了提高学生对知识的理解力和复习的高效率，要求学生在每次真题讲解后进行订正，并以作业的形式上传 Blackboard 进行检查 To improve students' comprehension and review efficiency, students have to do correction on time after each past paper analysis and upload their correction as an assignment on Blackboard • 对于问题比较集中的章节，开设讨论板方便学生进行沟通以及相关题目分享 For hard topics, students share ideas and related questions on the discussion board

（续表）

教学目标 Teaching Objectives	• 让学生在 Blackboard 上找到复习材料以及额外练习 Enable students to find review-related materials and extra practices on Blackboard • 帮助学生巩固、积累所学知识点 Help students to consolidate and accumulate the knowledge points • 增进学生自主总结归纳的能力 Improve the ability of students to summarize independently • 提高学生考前复习的效率 Improve the efficiency of students' review before examinations

教学过程　Teaching Process

12 年级 A-Level 的同学已经完成了 A2 阶段纯数 MA03 部分的新课学习，距离大考还有为期一个月的复习阶段，这段时间的课堂主要进行总复习和历届真题练习，与此同时，将 Blackboard 系统运用于此，帮助复习，主要使用两个往年真题的文件夹以及讨论板（图 1、图 2）。

The A-Level students in G12 have just finished all the concepts required for A2 Pure Mathematics MA03 Examination. We plan to take a one-month overall review and past paper practice to get prepared for the coming MA03 Exam. There are 2 main folders created in the past and the discussion board for MA03 Exam Review (Fig. 1&2).

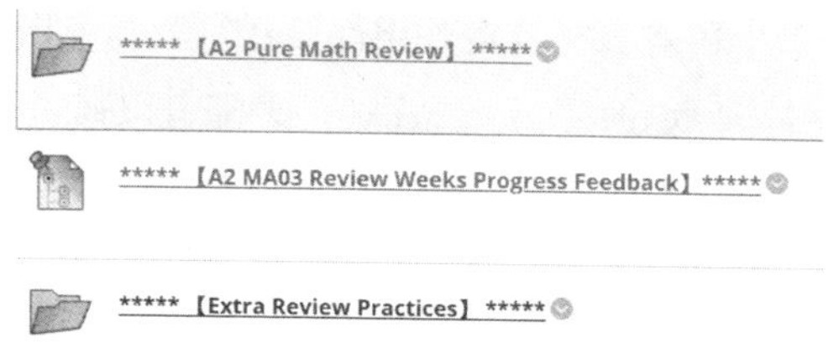

图 1　往年真题文件夹

Figure 1　Past Paper Folder

图 2　往年真题答案文件夹

Figure 2　Past Paper Mark Scheme Folder

真题练习在复习阶段是至关重要的。真题练习作为日常作业布置给学生，学生独立完成，并在老师批改讲解后进行订正。老师会把带有具体步骤和评分细则的答案上传到“Past Paper Solution”（图 3）这个文件夹，方便学生课后进行细节的检查和确认并完成订正。

Past paper practice is important and necessary in the review stage. Past papers are assigned as homework to the students. After the teacher's marking and analyzing, the solutions with detailed steps and marking details will be uploaded in the “Past Paper Solution” folder. Students can take their time to check the details for each question and do correction (Fig. 3).

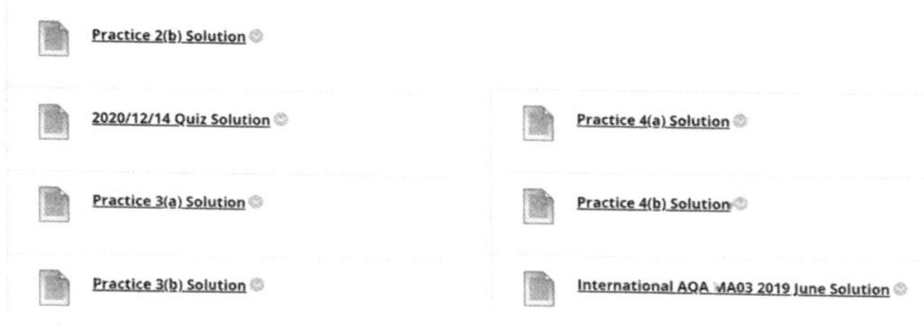

图 3　不同复习卷的答案上传范例

Figure 3　Detailed Solutions for Past Paper Questions

老师布置学生核对真题答案并用红笔在练习卷上做好订正，扫描成 PDF 格式上传到“Correction Check”。老师可以通过此渠道核实学生是否按时完成订正（图 4）。

The teacher asked students to check the solutions for past papers and do correction with a red pen on their papers directly, then scan the corrected questions as a PDF and upload them. And the teacher will check to see whether they have done correction on time. (Fig. 4)

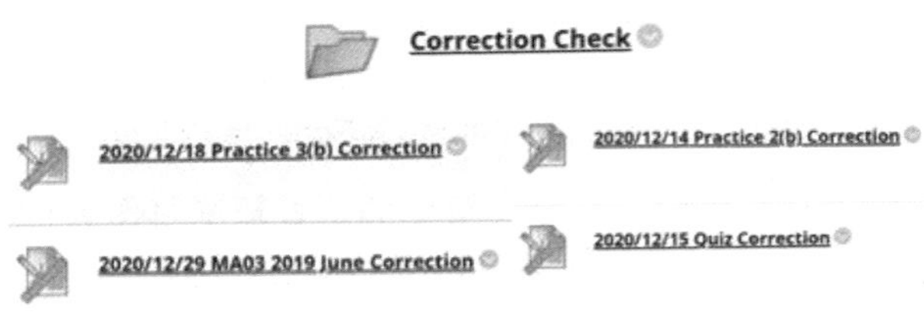

图 4　学生上传的真题答卷含订正扫描内容

Figure 4　Students' Uploading Solutions with Corrections

【A2 MA03 复习周进度反馈】讨论板

【A2 MA03 Review Weeks Progress Feedback】Discussion board

在第一个复习周后，老师在讨论板上建立了一个板块收集学生对于复习课的反馈以及他们想重点复习的章节和知识点（图 5），学生还需要大致描述自己的复习计划以及现阶段自评（图 6）。

After the first review week, the teacher creates a thread on the discussion board to collect feedbacks from students on review sessions and the area and topics that they would like to cover and emphasize more, as well as their own plan for the final review including a brief self-evaluation so far in A2 Pure Mathematics course (Fig. 5&6).

12/14/20 9:20 PM	Review Week 1 (12/7--12/13) Progress Feedback

图 5 老师在讨论板上收集学生关于复习的想法和建议

Figure 5 Discussion Thread on Difficult Topics Created by the Teacher

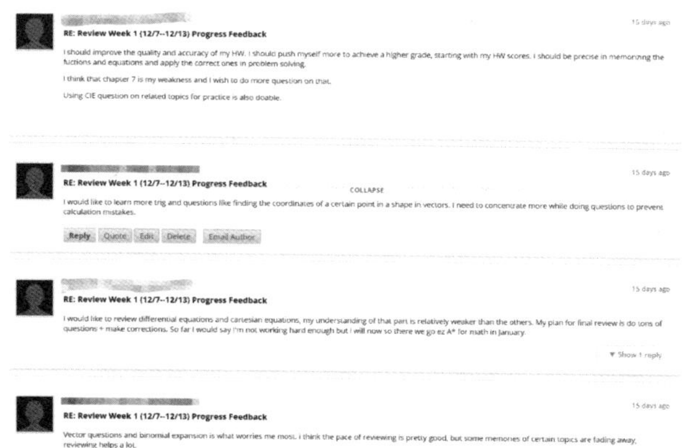

图 6 学生在讨论板上大致描述的复习计划和自评

Figure 6 Review Plans and Self-assessment Posted by Students

根据学生们的反馈，向量和微分方程是他们觉得最难的两个章节。为了加强练习，老师建立了两个讨论渠道（图 7）。

According to the feedback from students, vector and differential equations are the two hardest topics students would like to practice more on. The teacher then created another two threads, one for vector and one for differential equations (Fig.7).

DATE ▽	THREAD
12/20/20 10:42 PM	Review Week 2 (12/14--12/20) Differential Equations
12/20/20 10:38 PM	Review Week 2 (12/14--12/20) Vectors

图 7

Figure 7

学生需要分别就向量和微分方程各找一道难度和真题相似的相关练习题且不能是已经做过的题目，学生需要用插入图片的形式上传自己找到的题目以及具体的解题过程。以下为学生分享的一道关于向量的例题（图 8）和一道关于微分方程的例题（图 9）。

For each topic, students are asked to find a related question with the similar level of difficulty of past paper questions, write down the question as well as the answer with detailed steps, then scan it and reply by inserting the scanned picture. Here's one example of vectors (Fig. 8) and another example on differential equations (Fig. 9) shared by students:

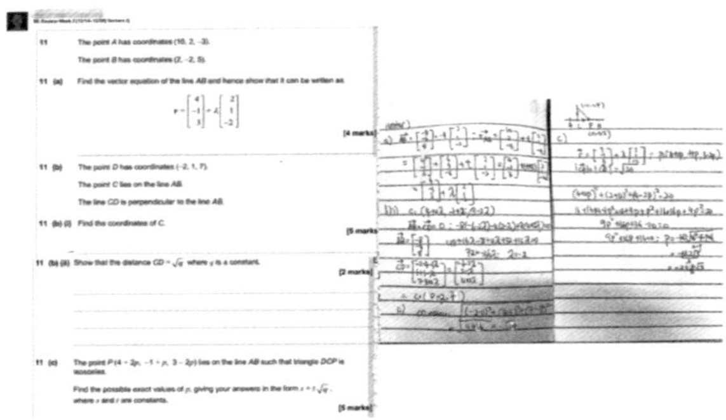

11 The point A has coordinates (10, 2, −3).

The point B has coordinates (2, −2, 5).

11 (a) Find the vector equation of the line AB and hence show that it can be written as

$$r=\begin{bmatrix}4\\-1\\3\end{bmatrix}+\lambda\begin{bmatrix}2\\1\\-2\end{bmatrix}$$

[4 marks]

11 (b) The point D has coordinates (−2, 1, 7).

The point C lies on the line AB.

The line CD is perpendicular to the line AB.

11 (b) (i) Find the coordinates of C.

[5 marks]

11 (b) (ii) Show that the distance $CD=\sqrt{q}$ where q is a constant.

[2 marks]

11 (c) The point $P(4+2p, -1+p, 3-2p)$ lies on the line AB such that triangle DCP is isosceles.

Find the possible exact values of p, giving your answers in the form $s+t\sqrt{q}$, where s and t are constants.

[5 marks]

图 8　学生分享的向量例题

Figure 8　One Example on Vectors Shared by a Student

图 9　学生分享的微分方程例题

Figure 9　One Example on Differential Equations Shared by a Student

【额外复习卷练习】【Extra Review Practices】

老师在这个文件夹里上传额外的练习卷来满足学生想要加强练习的需求。学生可以根据自己的掌握情况和时间来选择练习卷。学生完成练习后可以扫描答案发给老师进行批改、讲解和分析，有助于更充分地备考。

The teacher uploaded some extra past papers in this folder to meet the needs of students if they want to practice more at home. Students can choose the papers according to their ability and time availability. And once they have finished, scan the solutions and send them to the teacher for marking and analyzing so as to get better preparation for the final exam.

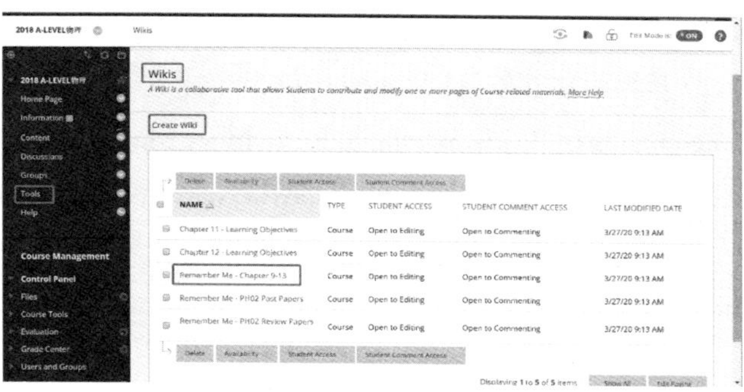

图 10

Figure 10

图 11

Figure 11

每份试卷指定一位学生主导该试卷的总结工作，其他学生配合进行修改。这部分的总结重点放在了班级总体错误较多的具体题目类型和相关知识点的联系上。这样做可以让学生对具体的题目进行有针对性的复习。

One student is assigned to lead the summary of each paper, and the other students will cooperate in the revision. The summary of this part mainly focuses on the specific types of questions in which students made more mistakes and related knowledge points. This allows students to conduct targeted reviews on specific topics.

【物理课堂使用维基进行章节和考前复习】【Chapter and pre–test revision with Wikis in physics lessons】

• 章节复习 Chapter review

1. 在维基界面建立条目：Remember Me →第 9—13 章

Create entries in Wikis interface: Remember Me → Chapter 9–13

2. 在该条目下按照章节建立每章的条目，例如：第 9—10 章，第 11 章。

Under this entry, establish the entries of each chapter: for example, Chapters 9&10, Chapter 11

3. 每章指定一位学生主导该章节的复习工作，其他学生配合进行修改。章节复习页面以知识点为顺序进行罗列。这样在复习的时候，逻辑性更强。

Designate one student to lead the review of one chapter, and the other students cooperate to revise it. Different from the preview part, the review pages of chapters are listed in the order of knowledge points. This is more logical when reviewing.

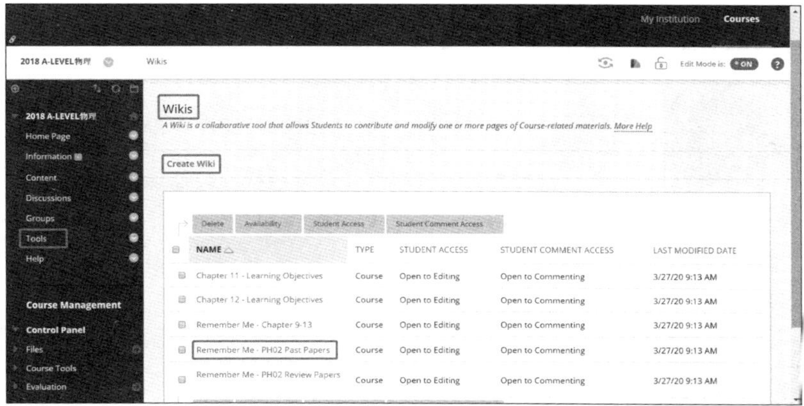

图 12 维基界面建立该次考试的对应条目

Figure 12 Establishing the Corresponding Entry for the Exam

- 考前复习 Pre-exam review

在维基界面建立与考试对应的条目（图 12）。例如：Remember Me-PH02 考卷。在该条目下按照不同试卷建立该试卷的页面（图 13），例如：样卷，2019 年 1 月考卷。每份试卷指定一位学生主导该试卷的总结工作，其他学生配合进行修改。这部分的总结重点放在班级总体错误较多的具体题目类型和相关知识点的联系上，方便学生对具体题目进行有针对性的复习。

In the Wikis interface, create the corresponding entry of this exam (Fig. 12): Remember Me-PH02 Past Paper. Under this entry, establish the entries of different test papers (Fig. 13): for example, Sample Paper, January 2019 Paper. One student shall be appointed to lead the summary work for each test paper, and the other students shall cooperate to modify it. The summary of this part mainly focuses on the connection between the specific types of questions and the relevant knowledge points hence to help the students review the specific topics.

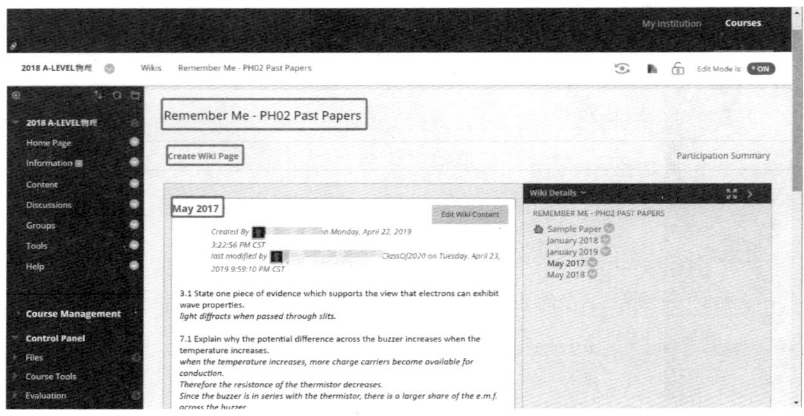

图 13 按照不同试卷建立页面

Figure 13 Create Wiki Pages for Different Test Papers

学生反馈 Students' Feedback

在复习阶段，线下复习课和线上 Blackboard 系统的结合，使得复习更加高效有序。讨论板的功能让同学们可以分享自己的想法，共享题目的功能也使他们获益，他们从各个渠道寻找相关练习题并自己手写答案进行分享。除此之外，坚持定期上传真题练习订正，核对老师上传的详细答案也成了学生们的一个习惯，订正巩固的环节对于复习阶段至关重要，将订正上传到 Blackboard 系统也方便老师随时查看检查。总体而言，Blackboard 系统的融入，使老师在分享资源的同时也跟进了学生的复习进度。

学生能够根据自己的需求自主进行预习和复习，提升了学习效率。不过，公式的输入不够便捷。

During the review session, the combination of offline review lessons and online Blackboard system makes the review more efficient and orderly. The function of the discussion board allows students to share their ideas and questions which is also very beneficial to students. They find relevant exercises in various ways and share their handwritten answers. In addition, it has become a habit of students to regularly practice, do correction, and check the detailed solutions uploaded by the teacher. Correction and consolidation are crucial during the review progress. Uploading corrections to the Blackboard system is also convenient for teachers to check at any time. In conclusion, the integration of the Blackboard system not only allows teachers to share resources but also follow up the review progress of students.

The students are able to prepare and review independently according to their own needs, which can improve the efficiency of learning. However, it is not convenient to input formulas on Blackboard.

教师点评 Teacher's Comments

Blackboard 系统融入教学，让老师和学生都感受到科技辅助教学的力量和作用，后续会尝试更多功能。

The Blackboard system has been integrated into teaching process. Teachers and students can feel the power of and gain benefit from the technology-assisted teaching, and will try more functions in the future.

优点：Advantages:

1. 利用维基功能，可以长期保存条目，并会同步到每个学生的系统中，不会过期和失效，方便学生随时针对自己的薄弱环节进行有效的学习。

With the Wiki function, entries can be saved for a long time and synchronized to each student's system without expiration or invalidation. It is convenient for students to study effectively on their own weak points at any time.

2. 维基功能可以进行集体编辑，方便学生之间互相修正。在很好地利用学生互相帮助的潜力的同时，提升了学生的总结能力和对学科本身的兴趣。

Wikis function can be used for collective editing, which is convenient for students to revise for each other. It not only makes good use of students' potential to help each other, but also improves students' ability of summing up and increases their interest in the subject itself.

3. 在维基页面上不同条目罗列非常清晰，方便学生找到自己需要的条目。

The list of different entries on Wikis page is very clear, which is convenient for students to find the items they need.

后续可改进之处：Improvements:

维基在输入、编辑文字时十分便捷，但是编辑大量的公式和符号十分困难。可以通过上传手写版本的照片来解决这个问题。

Wikis is very convenient for students to input the text, but hard to edit a large number of formulas and symbols. An alternative way is to upload handwritten formulas in the form of photos.

3.3.3 自评与互评 Self and Peer Evaluations on Internal Assessment Drafts

教师 / 学科 Teacher / Subject	陈丹青 / 经济 Chen Danqing / Economics
使用的 Blackboard 功能 Blackboard Functions	同学互评 Peer evaluation

（续表）

教学内容 Content	经济学科内部评价练习初稿的互评 Peer evaluation of economics internal assessment drafts
教学目标 Teaching Objectives	通过互评： Through peer assessment: • 了解 IA 的评分标准 Understand the marking criterion of IA • 应用评分标准评价 IA Mark IA by applying the criterion • 了解同伴和自己的 IA 中存在的问题 See the problems that exist in peers' works and their own work • 提升 IA 质量 Improve IA quality

教学过程 Teaching Process

1. 创建互评任务 Create a peer assessment assignment

点击评估→自评与互评

Click Assessments → Self and Peer Assessment

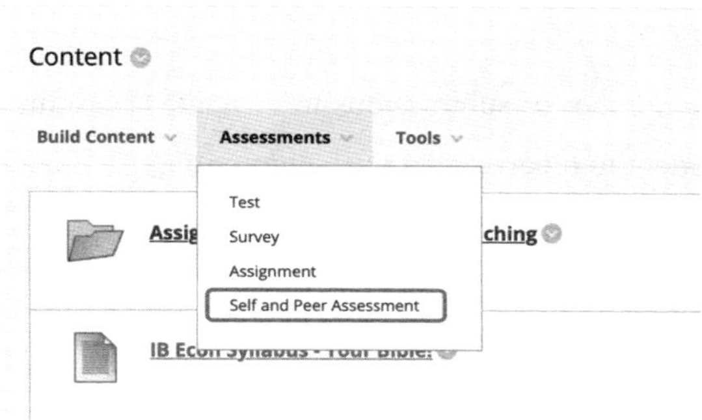

图 1 创建互评任务

Figure 1 Creating a Peer Assessment Assignment

设置提交开始与结束时间，并要求学生在截止日前提交自己的IA文章。

Set submission start date and end date, and ask students to submit their IAs before the due date.

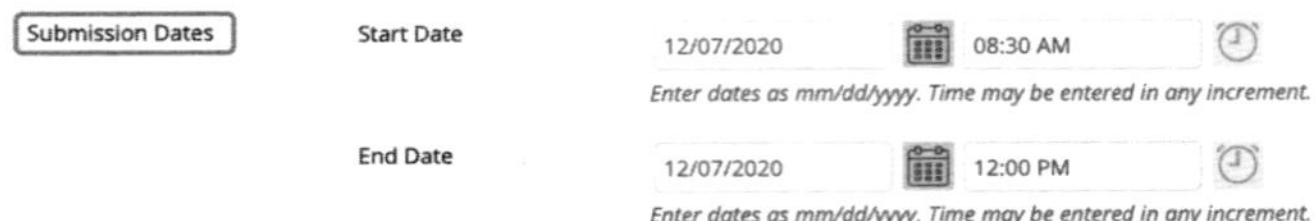

图 2　设置提交开始与结束时间

Figure 2　Setting Submission Start Date and End Date

设置互评开始及结束时间（互评开始时间必须在提交结束时间后）。

Set evaluation start date and end date (the start date must be after the submission end date).

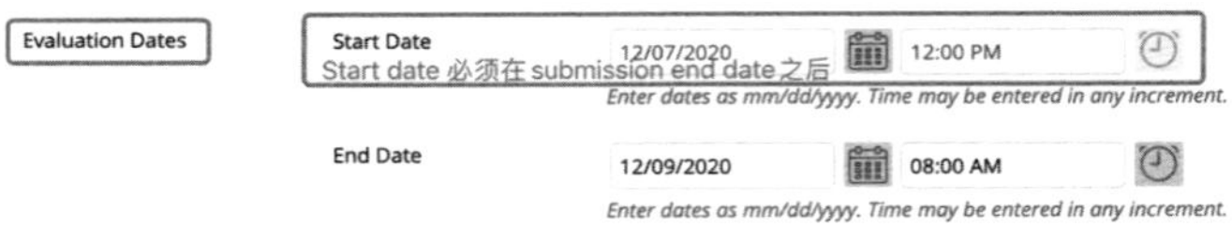

图 3　设置互评开始及结束时间

Figure 3　Setting Peer Evaluation Start Date and End Date

设置需要互评的数量（这里设置了每位同学只收到一篇其他同学的文章，所以为 1）。

Set the number of submissions to evaluate (Here the number 1 is for each student to receive only one submission.)

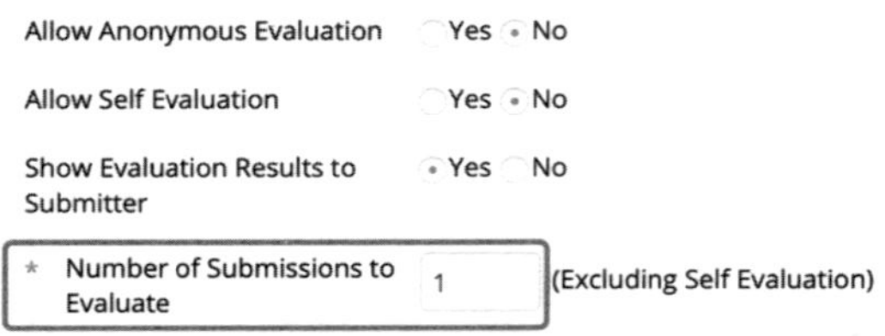

图 4　设置需要互评的数量

Figure 4　Setting the Number of Submissions to Evaluate

进入评估面板设置问题（由于需要让学生互评文章，因此设置的问题为上传文章）。

Go to Assessment Canvas and create questions. (As the goal is to let students view each other's work, the question created is to ask each of them to upload their IA essays.)

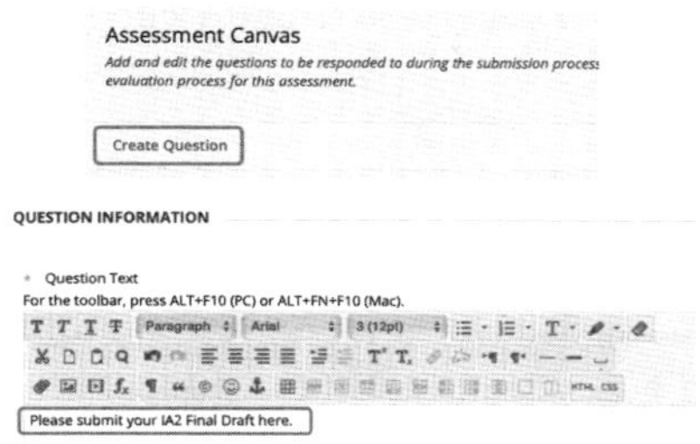

图 5 设定需要让学生完成的任务

Figure 5 Setting Tasks that Students Need to Complete

设置评价标准并赋分（此处设置的是内部评价的评分标准，赋予每项标准相应的分数，允许学生在打分同时附加评论）。

Create criteria and points for each criterion. (Here are criteria for internal assessments and points possible.)

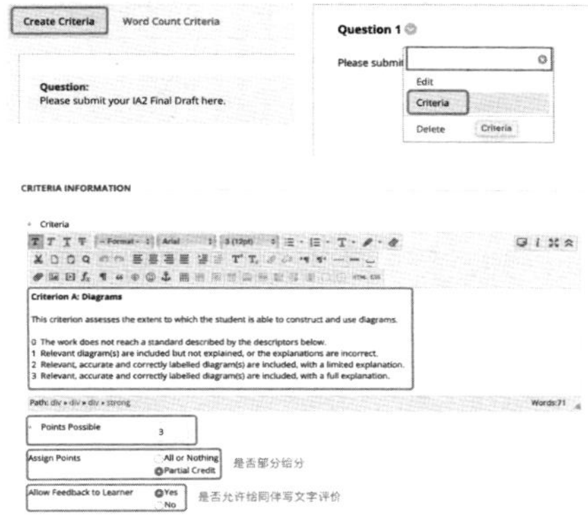

图 6 设置评价标准并赋分

Figure 6 Creating Criteria and Points for Each Criterion

2. 提交结束时间前，点击左下课程工具→自评与互评→查看提交，检查每位同学是否都已提交，未提交的同学将无法参与互评 Before the submission end date, check whether all the students have submitted. Otherwise those who did not submit cannot participate in peer evaluation in the next stage

点击左下角 Course Tools → Self and Peer Assessment → View Submissions

Click the left bottom Course Tools to find Self and Peer Assessment and click View Submissions.

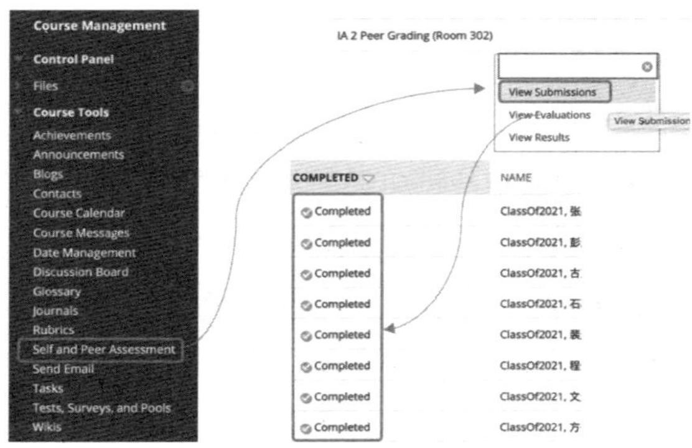

图 7 检查每位同学是否都已提交

Figure 7 Checking Whether All the Students Have Submitted

3. 互评开始时间后，学生开始线上互评 After the evaluation start date, students start to do the peer assessment online

互评开始时间一到，系统将自动给每位同学发送一篇其他同学的文章，学生在自己的账户中即可查看到需要评价的文章（点击预览可模拟学生端情况）。

When reaching the evaluation start date, the Blackboard system will automatically assign one essay to each student randomly. Students can see the essay that they need to evaluate in their accounts. (Clicking

Preview could allow teachers to simulate students' preview.)

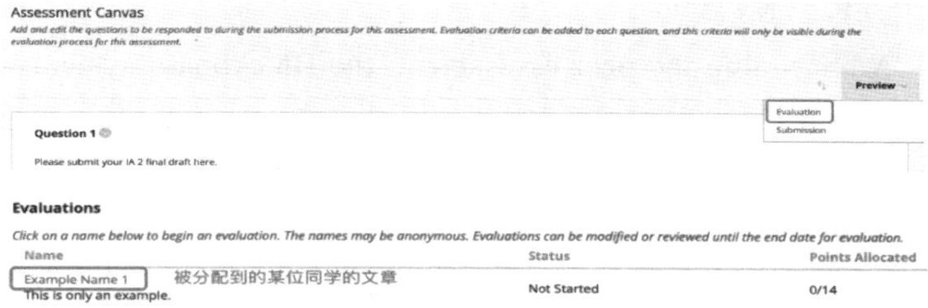

图 8 学生被分配到相应的互评任务

Figure 8 Students are Assigned the Peer Assessment Tasks

学生需要在互评结束时间前，阅读被分配到的文章，并根据标准输入分数，填写书面评论。

Students need to evaluate the essay that is assigned by the system and input the score according to each criterion and write feedback if necessary.

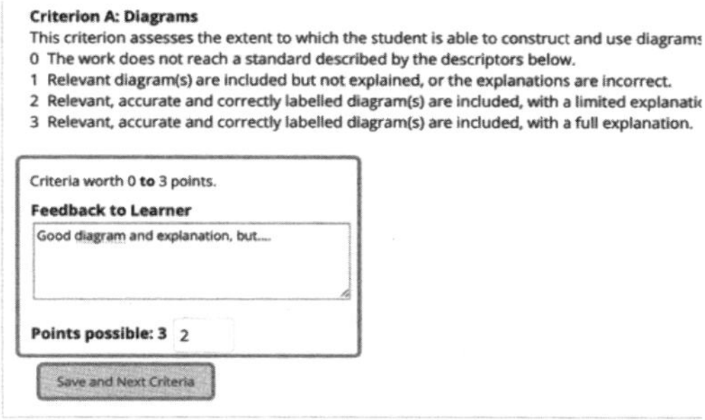

图 9 学生互评

Figure 9 Peer Assessment

4．互评结束时间后，发布互评结果，并进行线下交流 After ending the peer assessment, release the results and ask students to do offline face-to-face talk

互评结束时间后，系统将自动把分数和评价内容分别发送给每位学生，他们就能看到别的同学对自己文章的评价和分数，便于学生课后进一步进行线下交流。

After ending the peer assessment, the Blackboard system will automatically release the mark and feedback to each student so that they can see the comments and marks given by their peers.

教师也可查看互评结果与完成情况（点击课程工具→自评与互评）。

Teachers can also check up the evaluation results (by clicking Course Tool, finding Self and Peer Assessment and then clicking View Evaluations) .

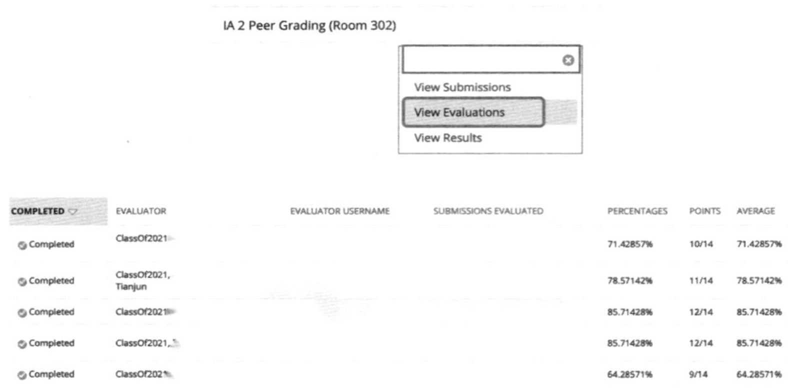

COMPLETED	EVALUATOR	EVALUATOR USERNAME	SUBMISSIONS EVALUATED	PERCENTAGES	POINTS	AVERAGE
Completed	ClassOf2021			71.42857%	10/14	71.42857%
Completed	ClassOf2021, Tianjun			78.57142%	11/14	78.57142%
Completed	ClassOf2021			85.71428%	12/14	85.71428%
Completed	ClassOf2021,			85.71428%	12/14	85.71428%
Completed	ClassOf202			64.28571%	9/14	64.28571%

图 10　互评结果

Figure 10　Peer Assessment Results

由于经济学科内部评价的特性，单纯的线上打分和简单的评价不能达到效果，因此在线下课堂中，教师让学生根据线上的配对，进行线下的面对面交流（40—60 分钟，分两轮进行，每位同学都需听取一次他人的评价，以及评价他人一次）。下图为班上实际进行的两轮分配。

Due to the feature of IA, online marking and brief written feedback cannot help teachers fully achieve the desired goals.

Therefore, students were asked to talk to each other to comment on each other's IA work according to the online pairing (two rounds in 40 to 60 minutes, with each student being commented once and commenting others once). The picture below is the two rounds of peer evaluation in class.

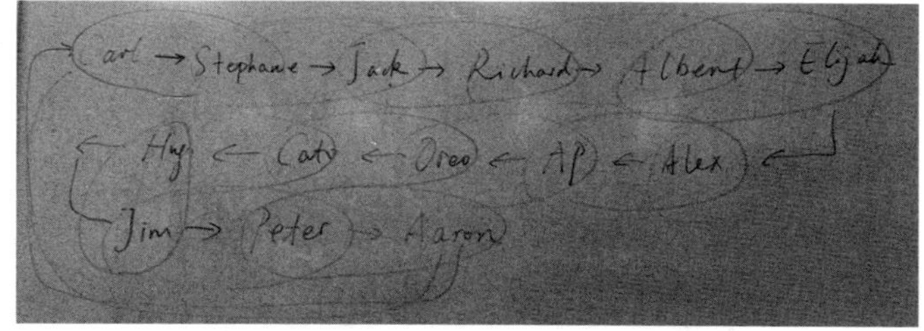

图 11　组织一对一线下交流

Figure 11　1V1 In-class Talk Arrangement

学生反馈　Students' Feedback

学生的参与度和积极性较高。根据学生反馈，这样的形式让他们收获了宝贵的同伴建议，意识到他们看自己文章时无法看出的问题，有些细节问题甚至是教师也容易忽略的。对比教师给出的分数及评价，也大抵出入不大，因此可以看出，学生对评分标准和文章的好坏有非常清晰的认识，只是自己写的时候“只缘身在此山中”，因而不能发现自己的问题。吸收同学的看法，加之教师的指导意见，才能更好地帮助他们反思并改进。

Students actively participated and fully engaged in this activity. According to the feedback from the students, this peer assessment allows them to receive valuable peer suggestions. Usually these problems cannot be noticed when they read by themselves. Some tiny details may also sometimes be overlooked by teachers. When the scores given by the students and the teacher were compared, it did not show much discrepancy. Therefore, it can be seen that students have a very clear understanding of the marking criteria and the quality of those essays. By referring to peers' opinions and the guidance of teachers, students can better reflect on their own work and make improvements.

图 12　学生针对线上互评进行线下交流

Figure 12　Having an In-class Talk Based on Their Online Peer Assessment

教师点评　Teacher's Comments

1. 一旦互评时间开始后，系统自动分配，未能在之前按时正确提交的学生就无法参与互评环节，且此过程无法撤销，一旦有学生未交，就需要重新设置新的互评并重新分配，因此需要教师合理设置提交与互评的时间节点，确保所有学生都完成提交并能参与互评。

Once reaching the evaluation start date, the system will automatically assign work to students. The students who have not submitted before will not be able to participate in the peer assessment, and this process cannot be revoked. Once a student fails to submit, a new peer assessment assignment needs to be reset and reassigned. Therefore, teachers have to carefully set the submission and evaluation start and end date to ensure that all students complete the submission and can participate in peer assessment.

2. 前期设置需要一定的学习和摸索，但操作几次后即可熟练掌握。

Students need time and effort to learn the preliminary settings and operations on Blackboard but can master it after practice.

3. 学生互评的理念非常适用于 IA，让学生从不同角度看待自己的文章，并认识到问题，而 Blackboard 平台的此项功能就很好地辅助了教学，线上线下的结合也让整个过程更加高效，所存在的不足也是有办法避免和克服的。因此，期待能将此功能应用于更多场景，开发出更多教学方法，让 Blackboard 平台更好地配合教学，发挥更大的作用。

The concept of peer assessment is very applicable to IA, allowing students to review their own texts from different perspectives. With this function, Blackboard is a good aid to teaching, and the combination of online and offline teaching also makes the whole process more efficient. As to the present shortcomings, there are ways to avoid and overcome them. Therefore, it is expected that the platform could implement this function into more scenarios and develop more teaching methods, which will facilitate teaching more effectively.

3.3.4 长篇阅读分析 Consecutive Analyses of an Entire Book Through Class Effort

教师 / 学科 Teacher / Subject	Tyler Draper，沈晨荔 / 英语 Tyler Draper, Shen Chenli / English

（续表）

使用的 Blackboard 功能 Blackboard Functions	维基 Wikis
教学内容 Content	阅读《道利·格雷的肖像》，建立维基学习大纲 Read *The Picture of Dorian Gray*, and establish Wikis outline
教学目标 Teaching Objectives	• 根据阅读内容写出大致总结 To provide a basic summary of the text • 帮助学生了解主题和人物性格 To help students engage with the themes and characters • 帮助学生进行阅读理解 To aid students' reading comprehension • 提高学生的知识梳理能力和团队协作能力 To aid students' organizational and teamwork skills

教学过程 Teaching Process

将学生分为 4 组，书上内容也分为 4 部分，每部分 5 章（图 1）。每组学生分别负责对应章节的维基，他们分别需要：撰写综述，描述人物发展，回答预习问题和评论规定主题，开始新的部分的时候则轮换职责。整本书读完后，所有学生便都体验过了以上 4 个任务，班级同学也一起完成了 4 个维基页面（1 组 1 个），如图 2、图 3。

Students were sorted into 4 groups, and each group was responsible for their own Wiki. The text was divided into 4 sections, each section having 5 chapters (Fig. 1). Within the Wiki, there were 4 responsibilities per section: a summary of the section, tracking character development, answering the guiding questions, and commenting on key themes. In advance, a task description for each of the 4 responsibilities had been created. For each section, one student took one of these responsibilities. Then, when they moved to the next section of the text, they rotated responsibilities. By the end of the book, students had done all the responsibilities, and the class had 4 Wikis in total — one for each group, shown in Fig. 2 & 3.

图 1　维基首页和学生任务展示

Figure 1　Wiki Homepage Sample

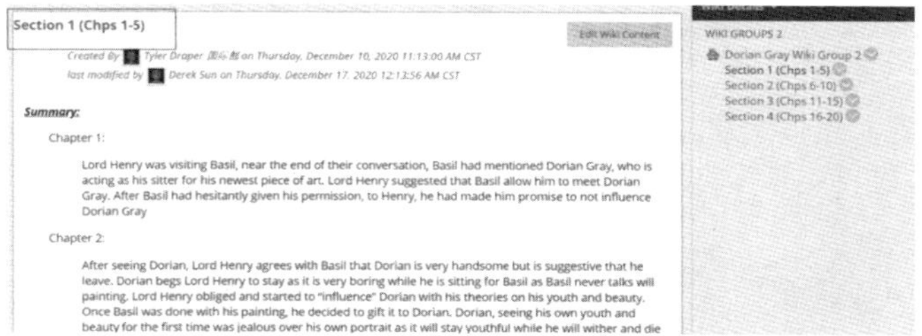

图 2　学生为维基页撰写的综述（第一部分）

Figure 2　Summary Sample for Section 1

Character Development

Dorian Gray: Dorian has slowly changed throughout the book but this part (chapters 11-15) shows leaps in his personality, partly due to the gaps in time. In these chapters, Dorian was portrayed as a lonely person who is suspicious of others, even his own friends, such as Basil Hallward. This suspicion is sometimes so overpowering that it leads him to the terrible act of murder. Dorian's evilness and slyness is emphasized with comparison to his original purity and innocence, and his actions in these chapters such as murder, blackmailing, and self-isolation conveys the idea that Dorian is now a very different person. His actions after his murder of Basil, by blackmailing a chemist into destroying the corpse, further shows the loss of innocence and inner purity.

Basil Hallward: Basil is a character that wasn't seen for a very long time, because of Lord Henry and the yellow book occupying Dorian's time. Basil is a side character in this book, but he still has some character changes, which are mostly influenced by his perception of Dorian. At the start of the book, Basil is a painter that belongs to the higher class and has many friends. Now, however, Basil is also portrayed as a lonely person with a touch of sadness, which is supported with the fact that he arrived at night to Dorian's house. Basil is now more worried about Dorian because Dorian has rumors about his reputation getting worse, and Basil is more caring compared to the start of the book.

图 3　学生编辑的维基页，描述书中不同章节内容体现出的人物性格

Figure 3　Wiki Page Sample of Character Development Write-up for Section 3

这项 Wiki 是第 4 单元的主要家庭作业任务。幸运的是，Blackboard 的评分过程让作业变得很轻松。在成绩簿中，有 4 列，每列对应每个小组的 Wiki。教师只需在其中一列中单击学生的姓名即可访问该组学生的所有作业（图 4、图 5）。

This Wiki was the main homework task for Unit 4. Fortunately, Blackboard makes the grading process relatively easy. In the gradebook, there are 4 columns, one for each group's Wiki. The teacher can simply click a student's name in one of the columns to access the work of all the students in that group (Fig. 4&5).

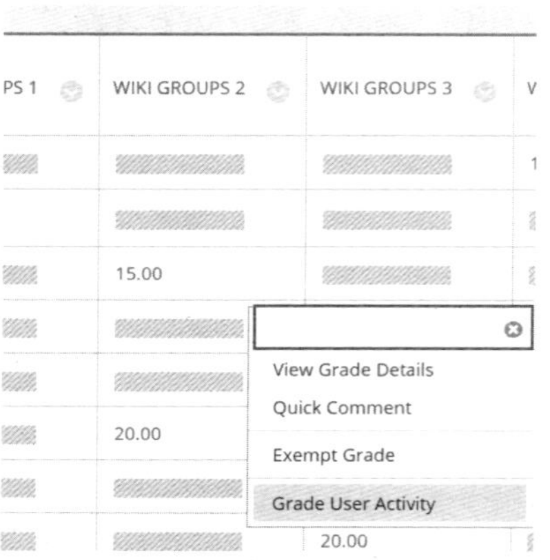

图 4　学生维基使用度

Figure 4　Student Usage of Wikis

PAGE VERSION	USER'S MODIFICATIONS	CREATED ON	WORDS MODIFIED
Section 1 (Chps 1-5) (7)	Compare to Version 6	12/17/20 12:13 AM	237
Section 1 (Chps 1-5) (3)	Compare to Version 2	12/15/20 9:46 PM	24
Section 2 (Chps 6-10) (8)	Compare to Version 7	12/29/20 2:02 AM	55
Section 2 (Chps 6-10) (7)	Compare to Version 6	12/29/20 1:59 AM	83
Section 2 (Chps 6-10) (6)	Compare to Version 5	12/29/20 12:27 AM	133
Section 3 (Chps 11-15) (5)	Compare to Version 4	1/3/21 1:09 PM	297

Displaying 1 to 6 of 6 items　Show All　Edit Paging...

Wiki Details

GRADE　15.00 /20

Feedback to Learner

You seem to really get the complexities of the characters!

Thorough and accurate responses overall, but you forgot to do section 4

图 5　学生维基的评分和反馈

Figure 5　Evaluation of Wikis and Feedback

教师点评 Teacher's Comments

优点：Advantages:

维基对于长难的阅读内容尤其有效，很多人物和主题都有复杂的特征，很难一下子全部读懂。维基帮助学生边读边做记录，合成的笔记成为阅读中珍贵的资料，便于日后考试复习。维基也避免了学生上网查阅其他读书笔记的问题，学生自己的读书笔记便于唤醒记忆，比看其他网站上的笔记更有效。

Having a Wiki was especially helpful for a dense, difficult text like this one. There are so many themes, and several characters have interesting, complex arcs, so it can be hard to keep track of everything. This Wiki, then, gave students a chance to keep all of their notes in one organized place as they were reading, and then it became a valuable study resource while preparing for the final. Furthermore, it kept students away from the "shortcut" of Sparknotes and similar websites. Many students felt like they had already done the work, so they should use what they created rather than just skimming one of those sites.

缺点：Disadvantages:

维基页不太好编辑，目录和选项都不鼓励学生使用图片、视频等多媒体素材。创建出的维基页不具有美观性，不能很好地鼓励学生投入更多的时间和精力。

Blackboard's Wiki tool is quite clunky to edit. The menus and options aren't very intuitive, so students don't feel encouraged to include images, videos, etc. Also, the Wiki just looks outdated. Students are used to more aesthetically pleasing websites, so for some it's demotivating to work hard on something that doesn't look flashy in the end.

3.3.5 戏剧演绎 Dramatic Interpretation

教师 / 学科 Teacher / Subject	Nathan Banfield, 沈晨荔 / 英语 Nathan Banfield, Shen Chenli / English
使用的 Blackboard 功能 Blackboard Functions	作业 Assignment
教学内容 Content	戏剧演绎和文学分析 Dramatic reading and literary analysis
教学目标 Teaching Objectives	• 鼓励学生表演《麦克白》中的经典片段 Encourage students to perform a passage from *Macbeth* • 鼓励并挑战学生将文学阅读中的技巧应用到剧本阅读中 Ask students to apply close reading skills to a new task • 引导学生理解剧本中角色的选择 Guide students to understand the characters' action and choices • 加深对莎士比亚文学作品的理解 Deepen the understanding of Shakespeare's works

教学过程 Teaching Process

1. 课堂搭建框架 In-class scaffolding

教师在课堂活动中要求学生用戏剧性的方式读长段独白，此活动要求学生采取大声朗读、前后走动等行为来配合展现戏剧张力。

In the in-class activities students were asked to do a dramatic reading. The task was to read a longer monologue dramatically. Students were asked to read aloud while stepping forward or backward to show the dramatic tension. These tasks gave students practice and confidence to proceed independently.

2. 课后作业 Assignments

第一次作业要求学生朗诵10行《麦克白》的原文独白，教师在平台上检查以确认学生全部完成。

For their first assignment, students were simply tasked with recording 10 lines from a single character. The teacher can check on Blackboard to ensure students had completed the task.

第二次作业要求学生在对人物进一步分析、加深对文章的理解后，重新进行录音。教师首先上传一项作业和附加视频。这段视频包含了一段演员演绎莎士比亚戏剧的片段，同时也包含了这位演员对这段戏剧的分析，学生在观看过程中可以暂停和反思自己之前的阅读，进一步理解后加深在朗读中的情感投入。之后，学生自己写一段关于此视频的分析，展现自己对特定文字在朗诵和表演中的表现方式的进一步理解。最后，学生重新提交录音，并标注自己有提升的部分，教师对重新提交的录音进行评分和反馈（图1）。

The second assignment challenged students to deepen their appreciation and understanding of the passage that they had recorded, and to improve upon their first attempt. The teacher created an assignment and uploaded an assignment sheet and an accompanying video. First, students watched a video of a Shakespearean actor — Sir Ian McKellen — talking about his process of reading, understanding, and performing Shakespeare's work. The video includes his performance as well as his analysis. Because the video has several sections that students may wish to pause and reflect on or re-watch, independent work is a perfect way to engage with this medium. Students then wrote an analysis by themselves based on the method McKellen outlined in the video. This method builds on close-readings they have done and they would think about how certain choices in the text would best be turned into spoken words and which words can be emphasized and delivered in a variety of ways. Finally, students submitted a revised recording, and then wrote about how they had improved, and submitted this file as well (Fig. 1). (*Note that submitting multiple files for a single assignment is enabled by default.*)

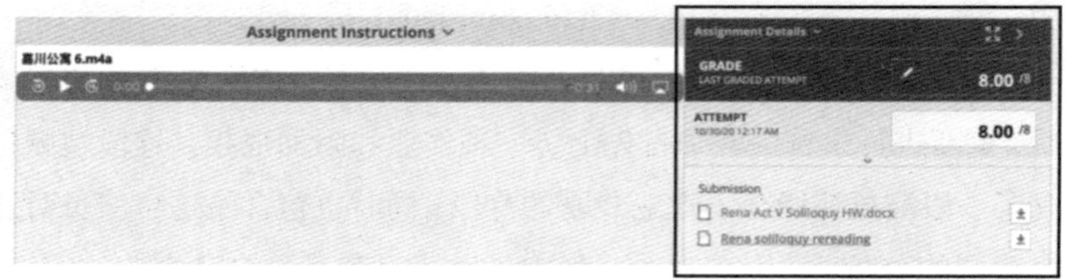

图 1　学生重新提交的录音和教师反馈

Figure 1　Students' Submission and the Teacher's Feedback

教师点评　Teacher's Comments

优点：Advantages

跟传统课堂相比，Blackboard 系统使戏剧表演更加高效。若是单独给出每个学生反馈，虽然那个学生会沉浸其中，获得关注，但其他学生相对来说很容易走神，一个个单独的学生反馈会消耗大量的课上时间。之前教学在没有 Blackboard 的情况下，教师也尝试过让学生单独录音，然后将录音通过电子邮件发送给教师，但是整理和评分的过程耗时过长。Blackboard 提供了一个自动分类的系统，可以很容易将学生和录音一一对应，同时提供反馈，避免了学生在上传文件上花费很多时间，同时提高了教师的工作效率。

Blackboard enables this performing activity to be much more efficient than other traditional teaching methods. Giving students feedback individually on their performance during class would be a waste of valuable time, as only one student is really engaged at a time. In the past the teacher asked students to email the recordings, which took too much time to sort through and grade. The automatic sorting system on Blackboard could easily match students with their recording respectively, which not only saved students' time but also improved the teacher's efficiency.

缺点：Disadvantages:

不同电脑系统之间存在文件转化问题。教师使用了非 mac 的电脑系统，但有一个学生上传了 pages 格式的文件，打开和阅读有一定困难，而其他学生提交 docx 或 pdf 等格式的文件就非常顺利。这个问题可以通过在布置作业时明确上交文件的格式加以解决。

The issue of file conversion exists between different computer systems. The teacher used a non-mac computer system, but a student uploaded a file with a pages extension, which caused some difficulty in opening and reading it. Other students submitted files in docx or pdf formats, which could be opened smoothly. This problem can be resolved by clearly specifying the format of the submitted files when assigning homework.

3.3.6　统一评分标准 Clarification of Project Requirements by Posting Rubrics

教师 / 学科 Teacher / Subject	丁艺 / 数学 Ding Yi / Mathematics

（续表）

使用的 Blackboard 功能 Blackboard Functions	评分标准 Grading Rubrics
教学内容 Content	π day 项目 π day project
教学目标 Teaching Objectives	通过 Blackboard 布置项目，并且加上评分标准，方便老师通过 Blackboard 系统收集项目的照片、视频和文章，并使用评分标准功能对项目打分 Assign this project using Blackboard assignment function and add rubrics, so that teachers can collect project photos, videos and articles through Blackboard, and use rubrics function to score the project

教学过程 Teaching Process

教师通过 Blackboard 布置项目作业，并设置评分标准。

Assign this project using Blackboard assignment and set up rubrics.

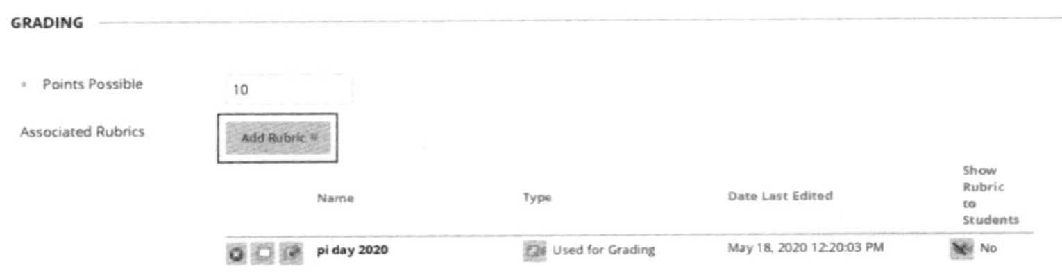

图 1

Figure 1

学生通过 Blackboard 提交项目后，老师就可以通过评分标准评分。界面非常友好，可以在看到项目的同时通过评分标准对项目打分。只要对每个单项进行选择，系统就会自动算出总分。

After students submit their homework through Blackboard, teachers can use rubrics to grade. The interface is very friendly, and you can see the project while scoring the project through rubrics. As long as each item is selected, the system will automatically calculate a total score.

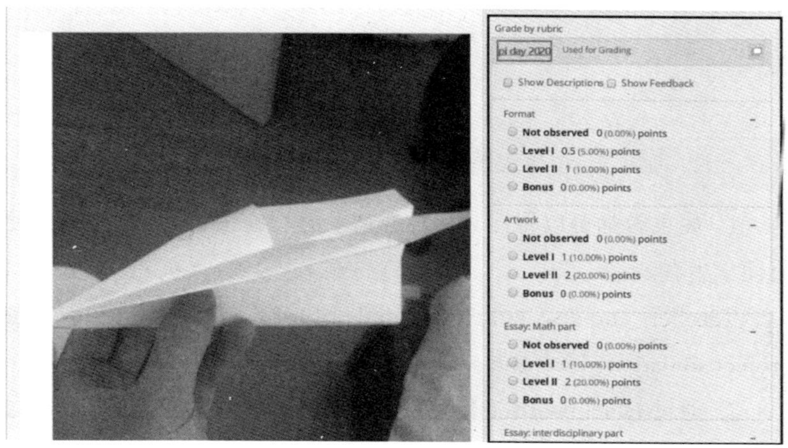

图 2

Figure 2

对所有项目打完分后，系统就会自动算出一个项目得分的总分。老师还可以给学生文字反馈。

After teachers' scoring all the items, the system will automatically calculate the total score of the project. Teachers can also give students a text feedback.

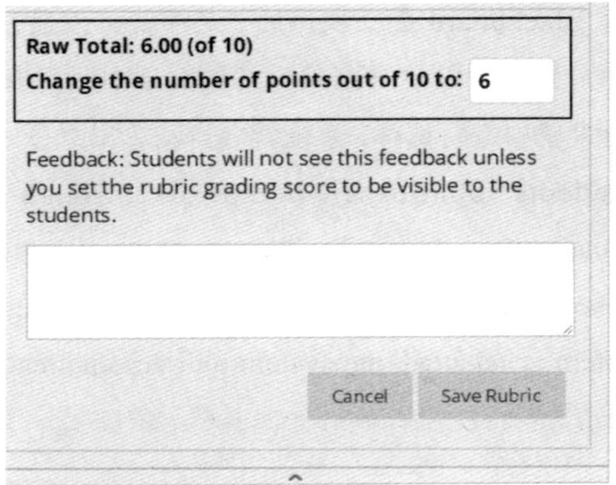

图 3

Figure 3

学生反馈　Students' Feedback

1. 如果教师可以将评分标准详情一并写在项目布置中，可以更方便学生看到。

Teachers can also write the details of rubrics in the layout of the project so that students can see them in advance.

2. 通过 Blackboard 上传视频较慢，且比较费空间，最好是通过第三方存储网站提交项目的下载链接。

Uploading videos via Blackboard is quite slow and takes up a lot of storage space. It is better to submit the links of the project videos through a third-party storage website.

教师点评　Teacher's Comments

改进：Improvements:

可以将评分标准的详情导入项目的作业布置。在作业已经布置后再加入评分标准只有教师能看到，学生端无法显示。下次在布置类似这样评分标准较为复杂的作业时，可以提前写好评分标准并导入，并且可以将评分标准导出，共享给其他老师。

Teachers could have imported the details of rubrics into the assignments of the project. Rubrics added after the project has been assigned can only be seen by teachers, but not the students. Next time when homework with more complicated grading standards is assigned, teachers can write rubrics in advance and import them into the assignments, and can also export rubrics and share them with other teachers.

第四章　数字化平台应用于教学设计的真实案例
Real-Life Case Studies of Digital Platform Applications in Instructional Design

面对数字化平台，部分教师因为起初对于平台功能的不熟悉迟迟无法实现“从零到一”的思维转变和行动转变。本章精选了上中国际部部分学科教学的真实案例，涵盖了语言、数学、实验科学和社会科学等多种学科。这些案例展示了教师如何把教学的具体内容与数字化平台的功能进行有机融合，从而优化教与学。

When facing digital platforms, some teachers are unable to achieve the “from zero to one” change in mindset and action change due to their unfamiliarity with platform functionalities. This chapter selects real cases of teaching in some subjects in SHSID, covering various disciplines such as language, mathematics, experimental sciences, and social sciences. These cases demonstrate how teachers can organically integrate the specific content of teaching with the functionalities of digital platforms, thereby optimizing teaching and learning.

这样的探索一定是有益的，因为它同时深化了教师对于“教”的理解，也改变了学生对于“学”的理解。教，不仅是单向输出，更是学生在与老师的互动中、在和同伴的互动中体验学习到新知识的乐趣。这样的体验在传统上完全需要依赖于老师的口头表达，而且这种口头表达都是临场的，且时间非常有限。数字化平台的加入立刻将“教”

的方式给扩大化了。从本质上来讲，“学”并不是把老师写出来的和说出来的记住，然后重新在考试卷子上呈现，“学”其实是通过各种交流与互动，充分调动学生各类脑神经，发掘他们的创造力、想象力、合作能力、动手能力等各项潜力的过程。学习也不是仅仅在课堂上发生，而是随时随地在想要学的时候都可以进行。数字化平台提供了这样的可能。

Such exploration is undoubtedly beneficial because it deepens teachers' understanding of "teaching" while also changing students' understanding of "learning". Teaching is not only about one-way output but is also about students experiencing the joy of learning new knowledge through interaction with teachers and peers. Such experiences have traditionally relied entirely on teachers' verbal expressions, which are often spontaneous and limited by time constraints. The introduction of digital platforms immediately expands the ways of "teaching". Essentially, "learning" is not merely about memorizing what the teacher writes or says and reproducing it on exam papers. "Learning" is actually a process of fully engaging students' various brain functions through various exchanges and interactions, tapping into their potential for creativity, imagination, collaboration, and hands-on skills. Learning also does not only occur in the classroom; it can happen anytime and anywhere one desires to learn, and digital platforms provide this possibility.

不仅如此，评价方式不知不觉得到了根本上的转变。传统意义上的教学评价以考试成绩为单一指标。但学习的过程被数字化平台记录下来以后，教师对于学生的了解更加全面和深入，而不是只看到结果。在使用数字化平台的过程中，学生表现出来的超越学术能力的能力也“跃然屏上”，因此评价变得更加综合与精准。在本章的案例中，我们将看到教师都习惯于在教学设计的过程中从多个方面考虑对学生素养水平的评价，而不是仅考虑知识的简单输出。

Moreover, there has been a fundamental shift in the evaluation methods. Traditional teaching evaluation primarily relies on exam scores as a single indicator. However, with the learning process being recorded by digital platforms, teachers gain a more comprehensive and in-depth understanding of students, not only of their results. With digital platforms, the abilities demonstrated by students beyond academic capabilities are also “clearly displayed on the screen”, making evaluations more comprehensive and precise. In the cases presented in this chapter, we see that teachers are accustomed to considering students’ literacy levels from multiple aspects in the process of instructional design, rather than merely focusing on simple knowledge output.

细心的读者可以发现，本章案例普遍都是聚焦核心素养导向的教学设计，其中还渗透了一些包括跨学科学习和实践性作业在内的数字化实施，体现了教学过程的数字化改革的前沿性。

Careful readers may notice that the cases in this chapter generally focus on teaching designs guided by core competencies, with some incorporating digital implementations, including interdisciplinary learning and practical assignments, reflecting the cutting-edge nature of digital reform in the teaching process.

借助于数字化平台，学习变成了一次团队合作的沉浸式体验和一场有关好奇心的冒险之旅。在学习过程中，教师和学生更加默契地配合，创造了一个学习共同体。

With the help of digital platforms, learning becomes an immersive experience of teamwork and an adventurous journey about curiosity. During the learning process, teachers and students cooperate more tacitly, creating a learning community together.

4.1　翻转课堂，有的放矢——贝叶斯定理教学案例 Flipped Classroom and Targeted Teaching — Bayes' Theorem

学科 Subject	数学 Mathematics	年级 / 课程 Grade / Course	11 / IB MAA HL	教师 Teacher	刘姗 Liu Shan
主题 Topic	贝叶斯定理 Bayes' Theorem				
类别 Category	单元教案 Unit Plan		课时数 Number of Periods		3

教学计划背景分析　Lesson Plan Background Analysis

与前序知识的联系：这是关于概率基本公式的最后一部分内容。学生们已经学会了如何利用树形图、维恩图和双向表来表达给定条件。他们也学习了相关事件和独立事件的定义和公式，以及条件概率。贝叶斯定理可以看作是对前面所学知识的总结和应用。

Connection to Previous Knowledge: This is the last topic about probabilities of related events. Students have learned how to utilize tree diagrams, Venn diagrams and 2-way tables to visualize given conditions. They have also grasped the definitions and formulas for dependent and independent events, as well as conditional probability. Bayes' Theorem can be viewed as the culmination and application of the knowledge they have acquired previously.

与其他学科的联系：贝叶斯定理可以用于计算多种测试或调查方法的有效性，因此在许多领域有着广泛的应用。一方面，这些应用为练习题提供了丰富的资源。另一方面，这种练习又促进学生批判性地解读所获取的数据，并从数学的视角逻辑化地思考现实问题。

Connection to Other Disciplines: Bayes' Theorem finds applications in evaluating the effectiveness of various testing or survey methods, thus having a wide range of applications across numerous fields. On one hand, these applications provide a rich resource for practice exercises. On the other hand, such exercises foster students' ability to critically interpret acquired data and logically think about real-world problems from a mathematical perspective.

学生背景：教师经常性采用翻转课堂进行教学。课前布置自学，通常给学生两种类型的引导问题——你需要知道（YNK）和你需要思考（YNT）。YNK 问题侧重基本公式的简单应用，并提供类似教科书上例题的练习；YNT 问题则引导学生深入思考，甚至超越教科书的内容，例如一些公式的推导。在实践过程中，学生逐渐习惯按照 YNK 和 YNT 的指导性问题对教材内容进行反思。

Students' Background: The flipped classroom teaching mode has become a regular practice. Prior to each lesson, students are assigned self-study assignments that incorporate two types of guiding questions: You Need to Know (YNK) and You Need to Think (YNT). YNK questions emphasize the straightforward application of fundamental formulas, offering exercises analogous to textbook examples. Meanwhile, YNT questions challenge students to delve deeper, sometimes even venture beyond the textbook, such as deriving certain formulas. Through these practices, students progressively adapt to reflecting on textbook content using the YNK and YNT guiding questions as a framework.

教学目标　Teaching Objectives

内容教学目标 Content Objectives	Blackboard 或其他技术如何支持内容目标的实现？ How does Blackboard or Other Technology Support the Content Objectives?
1. 理解贝叶斯定理。 Understand Bayes' Theorem. 2. 使用合适的方式（如树形图、双向表等），将文字表述转换成数学表达式。 Translate verbal descriptions to math expressions by using suitable forms of representations. 3. 批判他人的推理过程。 Critique others' reasoning statements. 4. 进行更全面的思考：解读解题结果，并思考个别因素如何影响最后结果。 Comprehensive consideration: interpret the result and consider how individual factors contribute to the final outcome.	目标 2、3 和 4：阅读、转化、思考和批判通常需要较长时间。教师设计好预习引导题后，能够尽快通过 Blackboard 讨论板发布，预留充足时间让学生进行自学。学生能够按自己的需求与速度进行自学，有足够时间进行思考。截止时间后，教师也能第一时间阅读学生的回复，在上课前找出他们自学后还存在的问题。有些和预期一致，但有时也会遇到意料外的问题。在课堂上，教师可以快速完成基本内容的教学，以保证所有学生的掌握程度，然后集中精力解决他们仍然存在的问题。由于所有回复都在网络平台上，教师可以方便地调用自学中暴露的典型问题，用于课堂上的进一步讨论。 Objectives 2, 3, and 4: Reading, transforming, thinking, and criticizing are often time-consuming. By posting the self-study guiding questions on the discussion board early, the teacher ensures that students have ample time to study independently and preview at their own pace and with sufficient reflection. After the deadline, the teacher can review student responses as time permits, identifying both anticipated and unexpected issues. In class, the teacher can efficiently cover the basics, ensuring comprehension, and then prioritize addressing the challenges uncovered through self-study. Utilizing the online platform, the teacher can showcase common self-study issues for further classroom discussion.

核心素养教学目标 Competency Objectives	Blackboard 或其他技术如何支持核心素养目标的实现？ How does Blackboard or Other Technology Support the Competency Objectives?
创造性 Creativity and originality	一些自学引导题要求学生自己设计例题。 Some of the self-study guiding questions encourage students to devise their own example problems.
批判性思维 Critical thinking	一些自学引导题要求学生比较不同的方法，并思考何时适合使用何种方法。 The self-study guiding questions challenge students to compare various methods and make informed decisions on when and why a particular method is more appropriate.
合作意识和能力 Collaboration	这次的自学引导题加入了新的题型：接力题。它要求学生以接力的方式合作解决同一道题目。 A new type of question called "Relay" has been incorporated into this self-study assignment. Students must work collaboratively and in sequence to solve the questions together.
学术表达与交流 Communication	数学公式在线输入不像手写那么方便，因此不少学生选择使用自然语言来阐释他们的理解。这一方面训练了他们的表达能力，另一方面使得教师从学生的语言表达中能更清楚地了解他们的理解程度。同时，一些内容使用自然语言难以表述清楚，学生必须考虑书面表达方式，如图、表等。 The input of mathematical formulas online often lacks the convenience of handwriting, prompting many students to choose verbal explanations to convey their understanding. This approach not only cultivates their expressive abilities but also enables

teachers to assess their comprehension more accurately. However, there are instances where complex mathematical concepts are difficult to articulate precisely and clearly in natural language. In such cases, students should explore alternative means of expression, such as the use of diagrams, tables, and other visual aids.

训练有素的思维习惯
Disciplined thinking habits

在接力题和 YNT 题目中，学生需要先确定他们的解题思路。

In Relay Questions and YNT questions, students are required to first establish a clear approach to solving the problem.

主动性
Initiative

学生拥有 4 天的时间来完成自学作业，他们可以根据自己的节奏和速度进行学习。在此过程中，学生被鼓励深入思考每一道题目，并阅读其他同学的解答。然而，每位学生只需选择其中一道题目进行详细回答。通过观察平台上的学生答题时间和题目选择记录，可以发现一些有趣的现象：有些学生非常积极，早早地开始自学，并勇于挑战较难的题目，而一些基础稍弱的学生则选择相对简单的题目进行练习，还有一些学生则等到临近截止时间才匆忙作答，且未能及时阅读其他同学的解答，甚至出现了重复回答已被其他同学选过的题目的情况。这些观察结果为教师提供了与学生进一步沟通的宝贵素材。

Students are given a four-day window to complete their self-study assignments, which allows them to proceed at their own pace. They are encouraged to contemplate each question thoroughly and read through their peers' responses. However, each student is only required to select one question to provide a detailed reply. Analyzing the platform's recorded data on students' answering time and question selection, we can observe diverse approaches: some students exhibit proactive behaviors, starting early and venturing into more challenging questions; others, with weaker foundations, opt for simpler questions; and still, there are students who hastily respond near the deadline, without thoroughly examining peers' insights, and sometimes even repeating questions that have already been addressed by their classmates. These insights serve as valuable material for further communication with the students.

全球视野
Global perspective

在不同领域的一些应用（航班晚点、大学毕业率、饮酒测试、艾滋病毒测试、测谎仪等）有助于将数学与现实世界联系起来，从而拓宽学生的视野。

The diverse applications of mathematics in various fields, ranging from flight delays and college graduation rates to alcohol testing, HIV screening, and lie detection, serve as bridges between the abstract world of mathematics and the realities of daily life, thereby significantly broadening students' perspectives and enhancing their comprehension of the subject's practical value.

教学过程 Teaching Process

1. 提前几天布置自学任务 Assign self-study tasks a few days in advance

在 Blackboard 讨论板创建一个论坛——自学 4.13，在论坛中再创建两个帖子。所有自学引导问题都放在“选择一个问题来回答”的帖子中，另一个“有什么问题吗？”的帖子则作为学生提问的渠道

（图 1）。问题可以是关于本次自学内容的，也可以是关于以前学习内容的。

Create a forum titled "Self-Study 4.13" on the discussion board, and within that forum, establish two threads. Place all the self-study guiding questions in the "Choose One Question to Answer" thread, and use the "Any Questions?" thread as a platform for students to ask questions (Fig. 1), which could pertain to the current self-study materials or previous contents.

Forum: self-study 4.13 (due 20210102 22:00)

Forums are made up of individual discussion threads that can be organized around a particular subject. A thread is a conversation within a forum that includes the initial post and all replies to it. When you access a forum, a list of threads appears. More Help

Create Thread　Grade Discussion Forum　Subscribe　Search　Display

Thread Actions　Collect　Delete

DATE	THREAD	AUTHOR	STATUS	UNREAD POSTS	UNREAD REPLIES TO ME	TOTAL POSTS
12/29/20 9:27 AM	any questions?	国际部	Published	0	0	1
12/29/20 9:27 AM	**choose one question to answer**	国际部	**Published**	2	0	40

图 1

Figure 1

刘姗 国际部　8 days ago

choose one question to answer

each of YNK and YNT (there are 10 questions in total) is open to one reply.

But this time, we have a new type of questions: relay! It's will be efficient to have a clear pathway in solving problems. And it's important to let others understand you and you should also understand others. You are also expected to critique others' arguments. So I designed this type of relay questions. Wish you enjoy it!

7 of you will do this type of questions. As required in the assignment, each of you are required to take at least 2 different steps/roles in the relay of solving problems. So there are 5 Qs in total. Have a fun!

1. Self-study MAA 4.13.0~4.13.4

2. You need to know:

(1) We have learned conditional probability in 4.6 and have done more practices in 4.11. Now in 4.13, Bayes' Theorem has been introduced. However, is it something new? Please list 3 versions of Bayes' Th shown on the Kognity: __________ , ____________ , and ____________ then interpret it in your own words, and illustrate with your own examples.

图 2

Figure 2

详细的自学指示都在“选择一个问题来回答”的帖子中，如图 2 所示。

Detailed instructions are listed in the thread “choose one question to answer”, as shown in Fig. 2.

（1）学生应先自学 Kognity（一种电子教科书）中相应的内容，然后根据引导问题重新思考书上的内容。

Prior to attempting the guiding questions, students are expected to thoroughly read the relevant content from Kognity (IB textbook) and then reflect on it based on the provided questions.

（2）本节内容的难点是正确将文字描述转换成数学符号，尤其是正确识别 $P(A \cap B)$ 和 $P(A \mid B)$。同时，选择有效的模型来表示已知条件以及确定解题思路也很重要。为此，在这次自学中增加了一种新题型：接力问题（RQ）。由于这是第一次尝试，限定只有 7 个名额。教师把解决问题的过程分为 3 个步骤，为这 7 名学生准备了 5 个问题（图 3），希望学生能至少尝试并体会两个不同的步骤。

The difficulty of this section lies in accurately translating textual descriptions into mathematical notations, particularly the precise recognition of $P(A \cap B)$ and $\mathrm{P}(A \mid B)$. Additionally, it is crucial to select an effective model to represent the given conditions and determine the appropriate approach to solving the problem. To this end, a new question type, Relay Question (RQ), has been introduced in this self-study session. Since this is the initial attempt, only seven spots are available. The teacher has divided the problem-solving process into three steps and prepared five questions (Fig. 3) specifically for these seven students, with the expectation that they will attempt and experience at least two different steps. This will help them gain a deeper understanding and appreciation of the problem-solving process.

3. Relay practice: It's important to correctly interpret the given conditions into math notations, like which is $P(A \cap B)$, and which is P(A|B), or even P(B|A). And a useful visualization and clear statements are also important. Usually, there could be 3 steps to solve this type of question:

- step1: translate verbal expressions ("given" and "find") into math notations, and visualize them in a suitable form.
- step 2: determine a solution pathway, and do the calculation.
- step 3: reflect on the answer (does your answer make sense?)

Now let's solve some questions in relay:

- the 1st replier: step1. Here only need to list out and mark the given conditions, needn't derive any implied conditions. That's the 2nd replier's work.
- the 2nd replier: check the 1st reply. If there is something wrong, correct it. And then finish step 2.
- the 3rd replier: check the 2nd reply. If there is something wrong, correct it. And finish step 3.

Each of you who choose to play the relay practices, you need to select 2 different steps in 2 questions (e.g., be step 1 replier in Q(1) and be step 2 replier in Q(3)). And Now let's start:

(1) Leah is flying from Boston to Denver with a connection in Chicago. The probability her first flight leaves on time is 0.15. If the flight is on time, the probability that her luggage will make the connecting flight in Chicago is 0.95, but if the first flight is

图 3

Figure 3

2. 课前检查学生的自学情况 Check students' self-study before class

在课前至少一天，检查学生的自学情况，识别自学中提出或者发现的问题。这些问题都是后续教学中需要重点关注和解决的问题。

Check students' self-study progress at least one day before class to identify any issues or questions they encounter. These challenges require focused attention and resolution during the subsequent teaching session.

问题（1）：学生自创例题中一些语言描述不准确。

机会（1）：提醒学生注意语言的准确使用。

Problem (1): Improper description in students' self-created examples.

Chance (1): Emphasize the accurate use of the language.

D ClassOf2022
RE: choose one question to answer

YNK 1

D ClassOf2022
RE: choose one question to answer

P(A|B) = P(A∩B)/P(B)
The probability of both A and B happening divided by B gives the probability that A happens given B.
For example event A is kognity not loading (90%) and event B is 5 people using the internet (10%). Of the 90% of time that Kognity does not load, 2% happens at the same time that 5 people are using the internet.

P(A|B) = P(A∩B)/P(B) = 0.02/0.1 = 0.2

图 4

Figure 4

如图 4 所示，学生本意是 $P（A \cap B）$=2%，但他的语句暗示着 $P（A \mid B）$=2%。这是学生常犯的错误。

As shown in Fig. 4, the student's original intention is to set $P\ (A \cap B)$=2%, but his description implies $P\ (B \mid A)$=2%. This is a common mistake among students.

解数学题时，通常他们练习的都是把文字转换成数学符号，较少有用文字表述数学符号的机会。所以这是一个提醒学生注意准确使用语言的好机会。

When tackling mathematical problems, they tend to focus on translating words into mathematical symbols, while neglecting the reverse process. Therefore, it presents a valuable opportunity to reinforce the importance of precise language usage.

问题（2）：自创例题中的隐藏错误。

机会（2）：强调推导出所有隐含条件以及检查解题结果的重

要性。

在图 5 所展示的学生自创例题中，乍一看，题目很简单，仅使用题目直接给出的条件就能解题（图 6-a）。但如果将所有隐含的概率都推导出来并填入树形图，就会发现一个隐藏错误（图 6-b）。

Problem (2): Hidden mistakes in the self-created exercise.

Chance (2): Highlighting the crucial role of deriving implicit conditions and verifying outcomes.

Upon initial inspection, the student-created exercise depicted in Fig. 5 appears to be straightforward. By solely relying on the directly provided conditions, one can seemingly solve the problem effortlessly, as illustrated in Fig. 6-a. Nevertheless, upon deriving and incorporating all the implied probabilities into the tree diagram, a latent error within the exercise becomes apparent, as indicated by the section in Fig. 6-b.

Event A is the probability that a student gets a question wrong on khanacademy(80%) and event B is the probability that the student spent more than 1 minute on each question (40%). The probability that A happens given B is 30%
*P(B|A)=0.3*0.4/0.7=0.17*

图 5
Figure 5

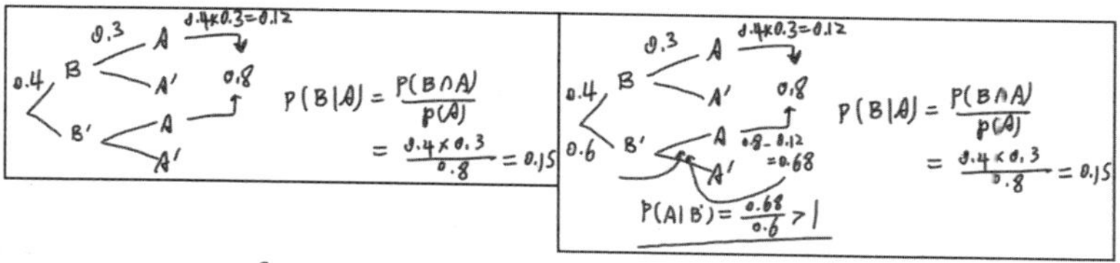

a　　b

图 6
Figure 6

不少学生常常不假思索匆忙解题。这个例子提供了一个很好的机会，提醒学生找出所有隐含信息的重要性。同时，检查所有概率之和是否为 1 以及概率值是否在[0, 1]以外也是一个既简单又有效的检查方法。

Many students often rush to solve problems without much thought. This example presents a valuable opportunity to remind students of the importance of uncovering all implicit information. Furthermore, checking the sum of probabilities is an inherently effective method to ensure accuracy, verifying that it equals 1 and the probability values remain within the range of [0, 1].

问题(3)：不恰当的转换以及不熟练的进一步解读。

机会(3)：这些都是预期中的问题。学生所犯的错误，为课内讨论提供了很好的反例。

人们经常使用正确判断率来描述某种检测方法的有效性。当读到这种信息时，学生常常使用“C”来表示做出正确判断，但这其实是一个不当表达，因为所谓的正确判断需要基于实际情况。例如在判断是否患有某种疾病时，如果患病，正确判断的结果应该是阳性；但如果未患病，正确判断的结果则应该是阴性。因此如果使用“C”来表示，“C”将同时对应阳性和阴性两种结果，这正是学生在接力问题(4)中所犯的错误。

Problem (3): Improper conversion and unskilled further interpretation.

Chance (3): These are predictable problems. The mistakes made by students provide a good counter example for the discussion in class.

People frequently use the correct judgment rate to describe the effectiveness of a test method. When confronted with such data, students tend to use the letter “C” to denote a correct judgment, which is actually a misleading representation. The true essence of a correct judgment relies heavily on the specific context. For instance, in determining whether a person possesses a particular disease, a correct judgment would indicate a positive result if the person indeed has the disease, and a negative result if they do not. Consequently, utilizing "C" to signify both positive and negative outcomes is inaccurate. This precise mistake was evident in a student's response to relay question (4).

接力问题将解题过程分为 3 个步骤，目的是帮助学生厘清思路，条理分明地去解题，同时也希望他们通过阅读上一步骤中其他同学的解答，培养阅读和判断能力（图 7、图 8）。在接力问题（4）中：

Relay questions divide the problem-solving process into three steps, with the intention of helping students organize their thoughts and approach the problem in a logical and structured manner. Additionally, this approach aims to nurture their reading and critical thinking abilities by encouraging them to review other students' answers from the previous step (Fig. 7 and 8). In relay question (4):

• 第一步的目标是解读题目条件和任务。尝试第一步的学生就犯了预期中的错误：用"C"表示做出正确判断（图 9）。

• The first step aims to interpret the given conditions and tasks. The student attempting this step made the predicted mistake of using "C" to represent a correct judgment (Fig. 9).

• 第二步的目标是明确解题思路并进行计算。尝试第二步的学生敏感地发现了第一步中的问题，非常礼貌地指出错误（图 8），并在她的后续解答中进行了修正（图 10）。

• The second step's goal is to clarify the problem-solving approach and carry out calculations. The student who tackled this step was perceptive enough to identify the issue in the first step. She kindly pointed out the error (Fig. 8) and corrected it in her subsequent solutions (Fig. 10).

• 第三步的目标是解读第二步的计算结果。但尝试第三步的学生只是重复描述了解题过程（图 8）。完成计算后对答案进行解读和判断，是本节内容的培养目标之一，学生在这方面的不熟练，是预期中的问题。

• The third step targets the interpretation of the results obtained in the second step. However, the student attempting this step merely reiterated the problem-solving process (Fig. 8). Interpreting and evaluating the answers after calculations is one of the objectives of this section, and students' inexperience in this aspect is a predictable challenge.

(4) In July 2005 the journal *Annals of Internal Medicine* published a report on the reliability of HIV testing. Results of a large study suggested that among people with HIV, 99.7% of tests conducted were correct, while for people without HIV 98.5% of the tests were correct. A clinic serving an at-risk population offers free HIV testing, believing that 15% of the patients may actually carry HIV. What's the probability that a patient testing negative is truly free of HIV?

图 7

Figure 7

图 8

Figure 8

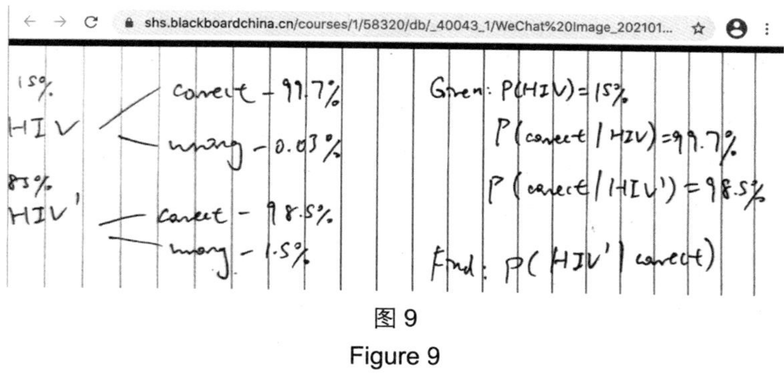

图 9

Figure 9

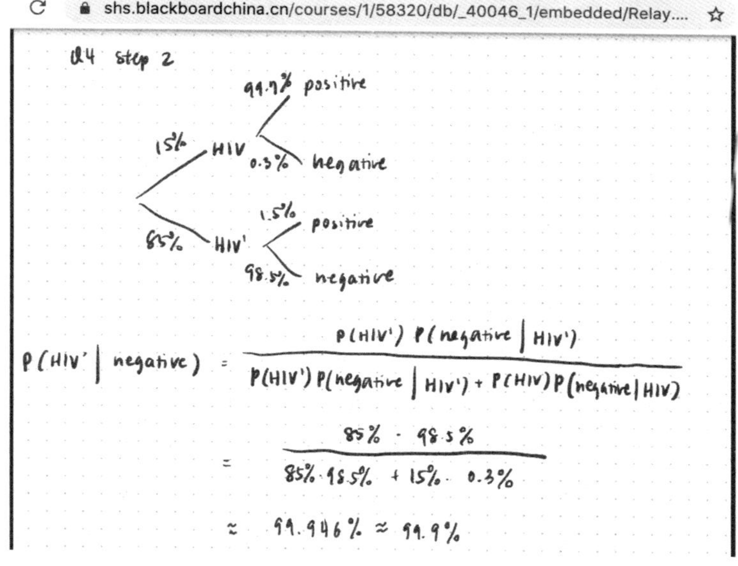

图 10

Figure 10

问题（4）：综合思考中的不足。

机会（4）：预期中的问题。预习让学生提早思考。

预习中的“你需要思考”（YNT）问题侧重提出有挑战性的进阶问题。这次的 YNT 问题均为开放性问题，旨在引导学生思考在评估测试方法有效性时，当确定的已知条件转变为不确定的参数时，这些参数的变化将如何影响最终结果。进而，学生需要结合实际情况，考虑如何调整这些参数，并运用数学方法提升测试的有效性。这要求学生具备全面分析问题的能力，他们需要深入理解各个参数的实际含义，并灵活运用所学的二项分布、微积分等知识。

正如预期，与在“你需要知道”（YNK）问题和接力问题中展现出的较好表现不同，两位回答 YNT 问题的学生在理解题目和后续判断时均出现了错误和困惑（如图 11 中画线部分所示）。

Problem (4): Deficiency of students’ comprehensive consideration.

Chance (4): Predictable problems. Previewing is just a way to lead students to think ahead.

During the preview, the YNT questions focus on posing challenging advanced problems. This time, the YNT questions are all open-ended, aiming to guide students to delve into the implications of how variations in parameters, when fixed known conditions become variables, affect the final results in evaluating the effectiveness of testing methods. Subsequently, students need to consider how to adjust these parameters based on actual situations and employ mathematical methods such as binomial distribution and calculus to enhance the validity of the testing. This process requires students to demonstrate comprehensive problem-solving skills, deeply understand the practical meanings of each parameter, and flexibly apply their learned knowledge.

As expected, unlike strong performance in the “You Need to Know” (YNK) questions and relay questions from their peers, the two students who answered the YNT questions displayed errors and confusion in understanding the problem and making subsequent judgments (as indicated in the underlined parts in Fig. 11).

4. You need to think:
For the email filtering algorithm (U: all emails with "lottery", A: spam in U, B: emails in U that your email filter marks as spam. Given P(A), P(B) and P(B|A)): (The Venn diagram applet may help you to visualize the relationship with changing parameters.)

(1) What's the meaning of "false positive" here? Make a tree diagram and mark "false positive" on it. How to find the probability of "false positive"? Usually do we wish it to be high or to be low? And under which situation or parameters is this probability high or low?

(2) In this situation, probability of "false positive" can't be very helpful. Which probability do we care more? Use suitable math symbol to represent it. And under which situation is this probability high or low?

李 ClassOf2022
RE: choose one question to answer
ynt 1
Reply Quote Edit Delete Email Author

李 ClassOf2022
RE: choose one question to answer
21230833-D4CE-4FC5-9E6C-1EC92C5FC024.jpeg (235.657 KB)

邹 o ClassOf2022
RE: choose one question to answer
YNT (2)

邹 o ClassOf2022
RE: choose one question to answer
False Negative (Spam emails being marked as non-spam)
P(B'|A)
when there are many spam emails, the probability would be higher

图 11
Figure 11

为了督促以及反馈学生的自学情况，在创建论坛的时候设置了“需要进行评分”（图 12），满分 3 分。各分值代表的意义为：3 分，认真高质量地完成自学；2 分，完成了自学，但有一些错误；1 分，敷衍了事；0 分，未完成。

在检查完自学内容后，对每个学生的自学情况进行评分（图 13）。

To monitor and provide feedback on students' self-study

progress, a rubric was implemented when setting up the forum, with a full score of 3 points (Fig. 12): 3 points means self-study was completed thoroughly with high quality. 2 points means self-study was completed, but with some errors. 1 point means self-study was done superficially. 0 means self-study was not completed.

After students' reviewing the self-study content, a score was assigned to each student based on their progress (Fig. 13).

FORUM SETTINGS

If a Due Date is set, submissions are accepted after this date, but are marked late.

Viewing Threads/Replies
◉ Standard View
○ Participants must create a thread in order to view other threads in this forum.
If participants are required to create threads in order to view other threads in the forum, they cannot delete or edit their own posts, and cannot post anonymously. Those options will be set for you automatically.

Grade
○ No Grading in Forum
◉ **Grade Discussion Forum:** Points possible: 3
○ Grade Threads

☑ Show participants in "needs grading" status after every 1 Posts

Due Date
☑ 01/02/2021 10:00 PM
Enter dates as mm/dd/yyyy. Time may be entered in any increment.

图 12

Figure 12

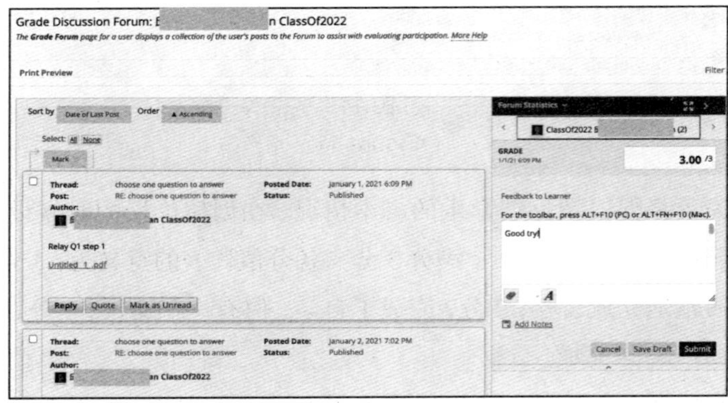

图 13

Figure 13

3. 依据发现的问题调整教学目标 Adjusting the teaching objectives based on problems identified

目标 1：贝叶斯定理。推导贝叶斯定理的不同形式，解决预习中发现的问题（1）和（2）。

Objective 1: Bayes' theorem. Derive different versions of Bayes' theorem, and solve the problems (1) and (2) identified in self-study.

目标 2：表达转换。快速解决 YNK（2）和 YNK（6），确保所有同学熟练掌握运用树形图及双向表解题的技巧，反思两种方法的联系与区别，并总结归纳其适用的情景。

Objective 2: Expression conversion. Quickly go through YNK (2) and YNK (6) to ensure all students have a profound grasp of utilizing tree diagrams and two-way tables for problem-solving. Reflect on the interconnectedness and differences between these two approaches, and summarize their respective scenarios of applicability.

目标 3：批判推理过程。讨论接力问题（2）~（5），将其中的接力问题（4）作为重点。预习中发现的问题（3）将作为反例匿名使用。

Objective 3: Critically analyze the reasoning process.

Solve relay questions (2) through (5), with relay question (4) being the focal point. Problem (3) uncovered during pre-study will be used anonymously as a counterexample to enhance our understanding and prevent future missteps.

目标 4：进行更全面的思考，探讨参数的调整及数学模型的变化。结合 YNT 问题，在建立数学公式后，鼓励学生结合现实世界思考不同参数的实际含义、参数调整对结果的影响，以及对应数学模型的调整。微积分可以作为一个分析工具讨论参数的作用。前一个自学内容中，也提问过如何提高测试效率，当时有学生提到群组测试，但课内没有时间讨论对应的数学模型。群组测试正是改变参数的一种方法，是本节 YNT 问题的一种可能解，对应模型需要用到二项分布。通过这些不同内容的综合运用以及与现实世界的关联，希望打破学生分割式学习的习惯，建立一个互联互通的学习模式以及逐步树立运用数学科学解决问题的认识。

Objective 4: Conduct a more comprehensive thinking process by exploring the adjustment of parameters and the variations in mathematical models. Upon developing mathematical formulations with YNT problems as a backdrop, students are prompted to contemplate the actual significance of various parameters in the real world, the impact of parameter modifications on outcomes, and the subsequent adjustments required for the corresponding mathematical models. Calculus can serve as an analytical tool to discuss the role of these parameters. In a previous self-study session, the question of how to improve testing efficiency was raised, and group testing was mentioned as a potential solution. However, due to time constraints, we were unable to delve into the corresponding mathematical models in class. Group testing is indeed a method of altering parameters and a possible solution to the YNT questions discussed in this section. The relevant model necessitates the application of binomial distribution. Through the integrated application of these diverse mathematical concepts and their connections to the real world, we aim to break students' habit of fragmented learning, fostering an interconnected learning approach and gradually fostering their awareness of utilizing mathematics to scientifically solve problems.

4. 按计划进行课内教学，通过 Blackboard 布置课后作业，反馈作业成绩 Carry out in-class instruction as planned, assign homework and send homework scores via Blackboard

教师广泛阅读多本教科书和丰富的课外资料，精心策划作业，在课前一两天通过 Blackboard 平台预先发布，以给予学生足够的时间进行准备。鉴于数学作业有大量符号和公式，传统纸质作业本在提交、批改和反馈方面相较于 Blackboard 平台更为便捷和高效。尽管如此，为了确保成绩的透明性，作业成绩仍然会被录入 Blackboard 的成绩中心，并向学生展示班级的平均分和中位数。这一举措有助于学生更全面地了解自己的作业表现（图 14−a：作业成绩设置为平均分和中位数对学生开放；图 14−b：本次作业的统计数据）。

The teacher reads through various textbooks and supplementary materials to craft homework assignments. The assignment for the current section is published on Blackboard a couple of days prior to class. Naturally, given the extensive use of symbols and formulas in math homework, the traditional method of using physical homework exercise books is more practical and efficient than submitting, grading, and returning assignments through Blackboard. Nonetheless, homework scores are still logged in the Blackboard Grade Center, where students can view the class average and median scores. This transparency allows students to gain a more comprehensive understanding of their performance (Fig. 14-a shows how to set the grade display to show students the average and the median, Fig. 14-b shows the statistics for this particular homework assignment).

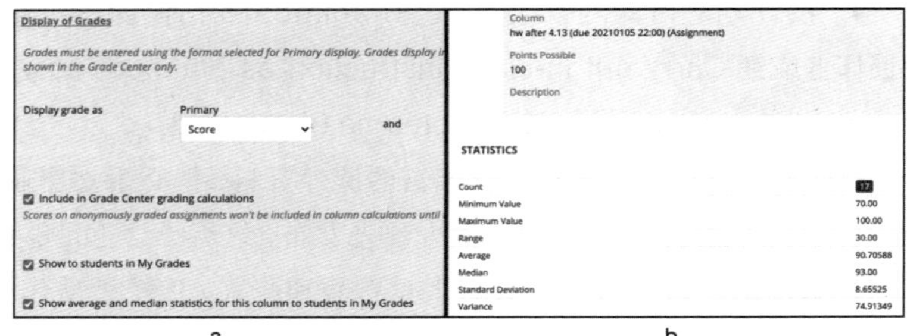

图 14

Figure 14

学生反馈 Students' Feedback

教师于学期结束前在 Blackboard 上发布关于自学模式的调查（图 15）。

Before the end of the semester, a survey about the self-study mode was published on Blackboard (Fig. 15).

Continue: survey on approaches to teaching and learning

INSTRUCTIONS

Force Completion	This survey can be saved and resumed later.
Multiple Attempts	This survey allows multiple attempts.
Due Date	This Survey is due on January 5, 2021 10:00:00 PM CST.

Click **Continue** to continue: survey on approaches to teaching and learning. Click **Cancel** to go back.
You will be previewing this assessment and your results will not be recorded.

Click Continue to start. Click Cancel to quit.

Cancel Continue

图 15

Figure 15

从学生的反馈来看，所有学生都对自学这种模式报以积极的态度。一个学生说道：“虽然自学有时会很费时，但它大大提高了我在数学课上的理解力。由于我已经事先阅读了材料，我对当天的主题有了一个基本的想法，让我的学习过程更快。”问卷还邀请学生就自学是否有效培养了他们的学习能力，以及对各类自学问题的适应度和喜好度进行了评分。结果显示在图 16 中。

Based on the students' feedback, it is evident that all students hold a positive view towards the self-study mode. One student commented, "While self-study can be demanding in terms of time, it has significantly enhanced my comprehension during math classes. Having reviewed the materials beforehand, I am now able to grasp today's topic with a basic understanding, which accelerates my learning process." Additionally, the survey solicited students' ratings on whether self-study has effectively fostered their learning abilities, as well as their preferences for different types of self-study questions. The outcomes of this survey are presented in Fig. 16.

• 绝大多数学生认同自学对于培养他们的学习能力，尤其是自我控制能力有着积极作用。

• A significant majority of students concur that self-study positively contributes to the cultivation of their learning abilities, particularly their self-management skills.

• 超过半数的学生喜欢探究式的问题（通常是 YNT 题目）以及要求“用你自己的例子进行说明”的题目（经常用在 YNK 和 YNT 题目中）。他们认同尝试这些题目有助于加深他们的思考。

• Over half of the students prefer inquiry-based questions (commonly referred to as YNT questions) and questions that prompt them to "explain with your own examples" (a technique frequently employed in YNK and YNT questions). They acknowledge that attempting these questions deepens their thinking.

• 对于预习中超出大纲的内容，持正面和负面观点的学生比例基本相当。

- When it comes to topics that extend beyond the syllabus, students'

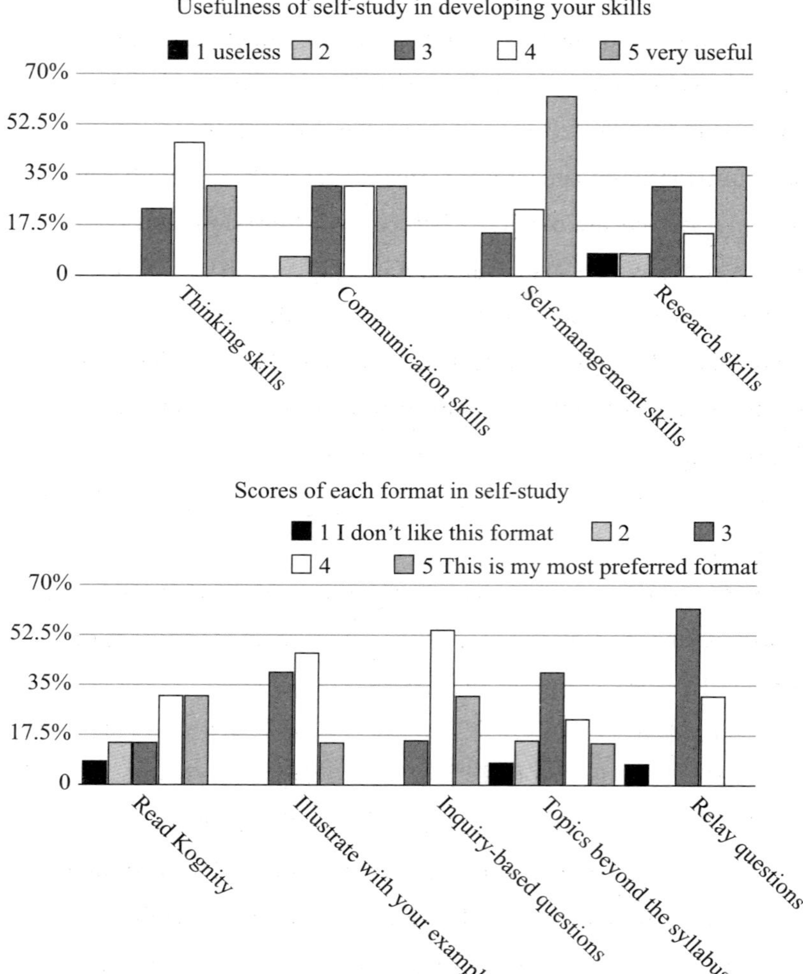

图 16

Figure 16

opinions are evenly divided. Some find them appealing, while others do not.

• 接力题是新题型。虽然所有学生都看过题目，但仅有 7 个学生选择尝试。除了大多数持中立态度的学生，剩下的学生中喜欢的多于不喜欢的。

• Relay questions, a novel type, have been read by all students, yet only seven chose to attempt them. Among the students who expressed an opinion, the majority holds a positive attitude towards this new format, with a significant portion remaining neutral.

教学效果 Teaching Effect

1. 用 1.5 课时，快速且顺利地完成了目标 1 ~ 3

Within 1.5 periods, objectives 1 through 3 were achieved efficiently and smoothly.

目标 1：贝叶斯定理。学生在前面的学习中已经充分理解了条件概率的概念。基于此，他们能够自如地使用贝叶斯定理的各种形式，也能够利用树形图写抽象公式。

Objective 1: Bayes' theorem. Building upon their prior understanding of conditional probability, students exhibited a profound comprehension of Bayes' theorem. They demonstrated proficiency in applying various forms of the theorem and adeptly derived abstract formulas using tree diagrams.

目标 2：表达转换。

Objective 2: Expression transformation.

① 在对比了树形图和双向表后，大多数学生更倾向于使用树形图，因为它能够清晰地呈现事件发展过程和相互关系。但学生也认识到，当题目给出抽象的概率，如 $P(A)$，$P(A\cap B)$，双向表也是一

个不错的选择。此外，通过练习，他们逐渐习惯用恰当的字母表示事件，而非总是 A 和 B。

After comparing the tree diagram and the two-way table, most students favored the tree diagram for its clarity in illustrating the process and interrelationships between events. However, they also acknowledged that the two-way table is a suitable alternative when dealing with abstract probabilities like $P(A)$ and $P(A \cap B)$. Furthermore, through practice, they adopted the habit of using appropriate symbols for events, rather than solely relying on A and B.

② 通过展示自学中发现的问题（1）和（2），学生认识到准确使用语言的必要性，以及推导出全部隐含条件的作用。鲜活的反例很好地起到了提醒作用。

By showing the problems (1) and (2) encountered during self-study, students gained a deeper understanding of the importance of precise language use and the necessity of deducing all implicit conditions. The vivid counterexamples served as a valuable reminder.

目标 3：批判推理过程。自学中的接力题，完成后一步骤的学生都需要对前一步的解答进行判断。此外，课上展示了自学中发现的问题（3）的前半部分（使用“C”表示正确判断），并让学生讨论使用“C”可能导致的后果。这个讨论的过程也是批判思考的过程。通过讨论，学生充分认识到这种表述的不恰当性。

Objective 3: Critique reasoning statements. In relay questions of self-study, students who chose the 2nd and 3rd steps were tasked with evaluating the answers of the previous steps. During class, we presented the first half of problem (3) encountered in self-study (indicating correct judgments with “C”) and engaged students in a discussion on the potential consequences of using “C”. This discussion not only fostered critical thinking but also highlighted the inappropriateness of this particular expression.

2. 用 1.5 课时，基本完成目标 4

Within 1.5 periods, objective 4 was partially achieved.

目标 4：进行更全面的思考。目标 4 是一个长期目标，对一些学生来说有一定困难，这也在预料中。虽然课上学生被带着去解读题目结果的实际含义，但不少学生还未形成主动习惯。当讨论“假阳性”时，一些学生困惑于“假阳性率”是 P (positive|false) 还是 P (positive∩false)。当各参数组合在一起表达概率时，形成一个抽象的数学表达式，对这个表达式的进一步操作和理解，对一些学生来说有些困难（图 17）。仅极少数学生能主动联系到微积分和二项分布，大多数学生在讲解后能理解，但未形成自主思路。但无论如何，这个将不同数学内容综合在一起，将数学与实际生活相联系的尝试，让学生对数学的学习方法和运用途径有了更感性的认识。

Objective 4: comprehensive consideration. It is a long-term goal that poses challenges for some students. While students were guided to interpret the contextual implications of the results, many of them have yet to cultivate this habit. During the discussion on “false positive”, some students exhibited confusion regarding whether “false positive rate” refers to P(positive|false) or P(positive∩false). When parameters were combined to represent probability, thus resulting in abstract mathematical expressions, several students found it difficult to manipulate and comprehend these expressions (Fig. 17). Only a minority of students quickly grasped the application of calculus and binomial distribution. Although most students understood the concepts after explanation, they did not develop their own intuitive understanding. Nevertheless, this integration of various mathematical topics and bridging mathematics with real-world scenarios provided students with a more intuitive grasp of learning methods and mathematical applications.

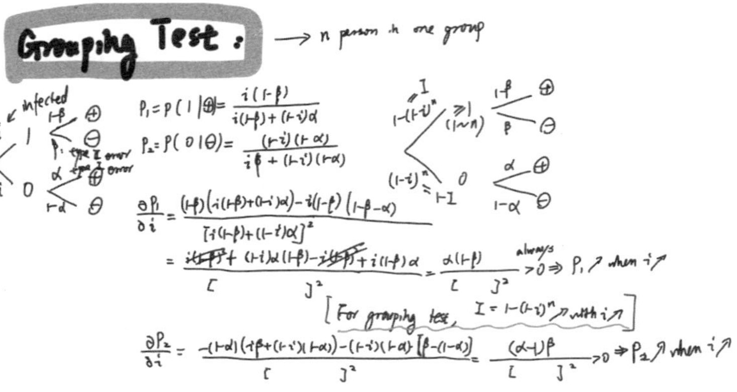

图 17

Figure 17

教师反思 Teacher's Reflection

使用 Blackboard 进行翻转课堂教学的优势：

The advantages of using Blackboard for the flipped classroom teaching mode:

1. 采用翻转课堂教学的初衷是为了能够在有限的课堂时间内加快教学进度，以及根据自学中反映出来的问题，有针对性地调整教学，进一步提升教学的有效性。线下也能布置预习或自学作业，但难以在课前快速检查自学效果。而通过 Blackboard 布置自学，师生都不受时空限制，能够灵活地使用课前时间，学生进行预习，老师进行检查，对预习中的一些问题，也能在课前通过 Blackboard 或者微信进行沟通，对普适性的问题则在课堂教学中重点解决。从这个角度来看，在没有更专业的数学教学软件或平台的支持时，Blackboard 能为翻转课堂的有效实现提供平台。教师要做的是设计恰当的引导问题。同时，Blackboard 作为一个综合性的平台，教师有更多的自主空间，包括依据具体情况设计学生的答题模式、互动模式等，例如在这一次的引导题中，教师加入了一个新的题型——接力题。

The core objective of the flipped classroom is to expedite the teaching process within the confined classroom hours and tailor the instruction based on issues arising from self-study, thereby enhancing teaching effectiveness. While preview or self-study can be conducted offline, it's challenging to promptly assess the self-study's impact before class. However, by assigning self-study assignments on Blackboard, teachers and students are liberated from time and space constraints, with flexible utilization of pre-class time. During the checking process, any issues encountered during preview can be communicated via Blackboard or WeChat before class, and common concerns can be addressed during in-class instruction. From this perspective, in the absence of more specialized mathematics teaching software or platform support, Blackboard can serve as a platform for the effective implementation of the flipped classroom model. Teachers' primary task is to create helpful and relevant questions to guide students' self-study. Additionally, Blackboard's comprehensive platform offers teachers ample room for personalized settings. They can determine how students should respond to the guiding questions and even introduce new question types. For instance, in the self-study section of this module, the teacher introduced a novel question type: the relay question.

2. 利用 Blackboard 进行课前自学的主要目的是为了培养学生的自学能力。不同的学科有不同的学习方法。自学数学时，思考和运算都是必不可少的。在以往的实践中发现，布置学生读书时，学生常常把“看完”当作“学完”，把“看懂”当作“掌握”。针对这种现象，在布置自学引导题时，YNK 问题经常要求学生完成与例题类似的题目，或者要求学生创建自己的例题，目的是把“看完”转换成“做完”。而 YNT 问题则基于教材内容作一定加深和拓展，经常问问“为什么”，督促学生感受、“看懂”这座冰山下面庞大的基座，从而向“掌握”迈进。

The main purpose of self-study before class is to cultivate students' self-learning abilities. Different disciplines have different learning methods, and for self-learning mathematics, thinking and calculation are both essential. In previous practices, we found that when teachers assigned reading tasks to students, they often took “reading through” as “completing the study” and “understanding” as “grasping”. To address this phenomenon, when teachers design self-study guidance questions, in YNK problems students are often required to complete similar questions to the examples or create their own examples, which aims to transform “reading through” into “completing”. Meanwhile, YNT problems delve deeper into and expand upon the textbook content, while often asking “why” encourages students to appreciate the vast foundation beneath the tip of the iceberg of “understanding”, thus helping students move towards “grasping”.

3. 在利用 Blackboard 平台进行自学的过程中，还有不少意外收获：

The utilization of the Blackboard platform for self-study also yields some unexpected benefits:

（1）培养学生的自我管理能力以及积累过程性评价的数据。由于自学任务一般提前几天甚至几周发布，学生能够按照自己的学习节奏安排时间。学生不同的开始时间、具体的答复内容等，平台都有清晰的记录。这些过程性数据为师生沟通提供详尽的素材。

It fosters students' self-management abilities and generates valuable formative assessment data. Since self-study tasks are typically released several days or even weeks ahead, students can plan their time according to their individual learning pace. The platform provides a transparent record of students' performance, serving as a rich source of data to facilitate communication between teachers and students.

（2）差异化教学：学生基础不同，一些学生反应很快，甚至已经学过相关内容，直接在课堂上从零开始教学，对这些学生来说太简单，但如果加快速度，一些零基础或基础较弱的学生又难以跟上进度。经过课前的自学，学生大多掌握了一定基础内容，即使有些地方还存在问题，通过检查他们的自学情况也能识别出来，课上有针对性地解决。同时，课前的自学引导题和课后的作业都发布在 Blackboard 上，教师有序整理好后（图 18），学生可以快速查找，进行个性化的复习。

It enables differentiated learning. Students come with varying backgrounds and abilities. Some students grasp concepts quickly, while others may have already learned the relevant content. Starting from the basics can be tedious and inefficient for these students. Conversely, accelerating the pace can be challenging for those with weaker foundations. However, through pre-class self-study, most students gain a fundamental understanding of the content. Even if there are lingering issues, teachers can identify them by reviewing students' self-study responses and address them during class discussions. Furthermore, all pre-class self-study guides and post-class assignments are published on Blackboard. When the files are organized systematically (Fig. 18), students can conveniently search and engage in personalized review.

（3）及时关注并提醒需要特别关照的学生。在整个教学过程中，经验丰富的教师通常能对学生的表现和能力做出大致的判断。然而，在考试成绩尚未揭晓之前，部分学生可能对自己的学习情况缺乏清晰的认知。Blackboard 平台中的评价模块，特别是学习行为管理中心，能够综合分析学生的作业表现和积极性，从而迅速定位并提醒那些需要特别关注的学生（图 19）。这些直观且明确的数据能够让学生更加直观地了解自己的学习情况。

Promptly remind students who require teachers' attention. Throughout the teaching process, experienced teachers typically have a comprehensive and accurate assessment of students' performance and abilities. However, before exam results are released, some students may lack a clear understanding of their own learning progress. Blackboard's evaluation module, specifically the "Retention Center", integrates students' homework performance and engagement for teachers to promptly identify and alert those who need attention (Fig. 19). This clear data enables students to intuitively recognize their standing compared to their peers, thus to strive for self-improvement.

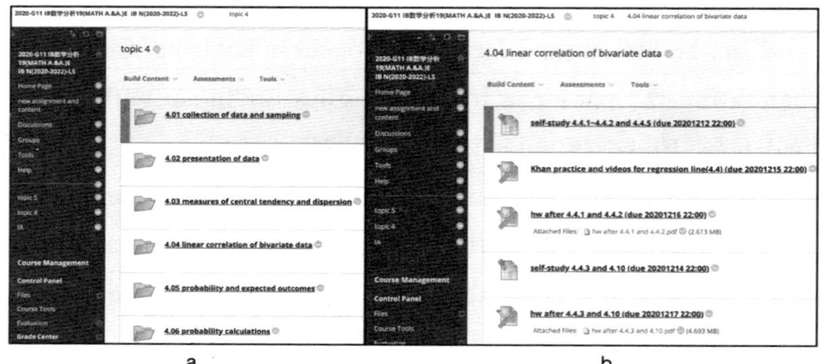

a　　b

图 18

Figure 18

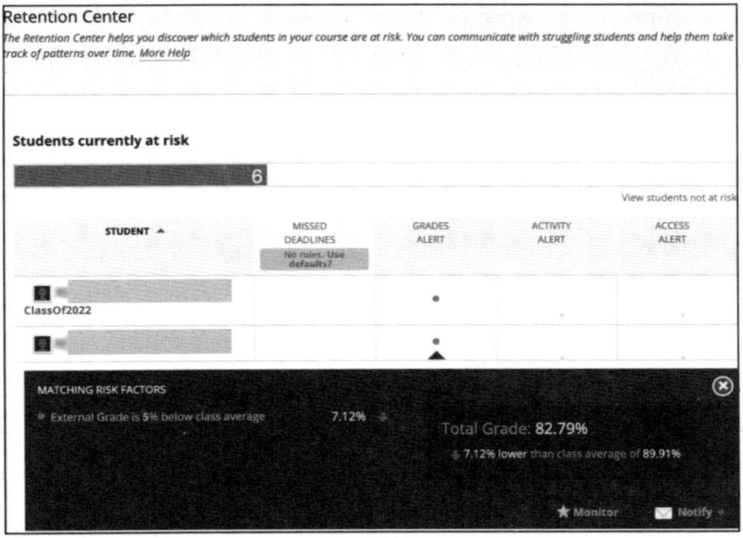

图 19

Figure 19

使用 Blackboard 进行翻转课堂教学还存在的问题：

Problems in using Blackboard for the flipped classroom teaching mode:

1. 自学对多数学生来说压力比较大，比较耗时。在调查中，也有学生希望自学都安排在周末，这样有比较充足的时间思考，以及阅读其他同学的答复。准备考虑接受这个建议，安排截至每周六完成自学，周日要求学生相互点评。但是，按周安排自学，可能会打破按原有章节教学的计划，在后续教学中需要重新考虑教学内容的组合。

Many students find self-study stressful and demanding in terms of time. In the survey, some students proposed reducing the frequency to once per week to allow for more reflection time and the opportunity to read peers' responses. This is a valid suggestion, and I am considering setting Saturdays as the deadline for each self-study session, with peer commenting taking place on Sundays. However, weekly self-study may not align precisely with the intended chapter content, necessitating adjustments to the subsequent teaching plan and content integration.

2. 由于需要时间来检查学生的自学情况以及调整教案，自学的截止时间需要比实际教学日期至少提早一天，有的学生又很早就开始自学，因此实际开始教学时，一些学生对自学内容的记忆已经不够清晰。如果考虑按周布置自学作业，这个问题可能会更突出。暂时没有改进思路。

Given the necessity of reviewing students' self-study efforts and adjusting the teaching plan accordingly, the self-study deadline must be set at least one day prior to the actual teaching date. Some students commence their self-study early, which results in a fading memory of the content by the time of teaching. This issue may become more prominent with weekly self-study assignments. I am still exploring strategies to improve this aspect.

3. 讨论板上学生无法及时互动，例如接力题，要尝试第二步的学生就必须等着有人先完成他选的那道题的第一步。这是如Blackboard这类网络平台上大家可以随时接入、自由安排时间的优势所必然对应的劣势：无法及时交流。所以接力题还是更适合放在课内，学生能够面对面互动的时候使用。

Moreover, the lack of timely interaction on the discussion board poses a challenge. For instance, in the case of relay questions, a student cannot proceed with the second step until someone else completes the first step of the chosen problem. This drawback contrasts with the flexibility of online platforms like Blackboard, where users can access content anytime and arrange their studies freely. However, real-time communication is limited. Relay questions are best utilized in class settings where students can interact face to face with each other.

4.2 视觉展示，深度学习——微积分求解体积教学案例 Learn Calculus with Visualization — Computing Volumes with Integrals

学科 **Subject**	数学 Math	年级 / 课程 **Grade / Course**	12/AP	教师 **Teacher**	方翼 Fang Yi
主题 **Topic**	用微积分的方法求物体的体积 Computing Volumes with Calculus				
类别 **Category**	单元教案 Unit Plan		课时数 **Number of Periods**		3

教学计划背景分析 Lesson Plan Background Analysis

学情分析：本节课前，学生已经学过如何利用微积分的方法求曲线围成的区域的面积，作为这一内容的延伸，本节课的教学重点在于帮助学生掌握用微积分求解物体体积的方法。

Before this class, students have learned how to use the calculus method to find the area enclosed by the curve. As an extension of the part, the focus of this lesson is to help students master the method of computing the volume of objects with calculus.

教学难点：1. 理解分割、求和、取极限的过程，尤其是给定一个物体，如何合理地分割。学生在学习过程中很容易出现的问题是，他们看似理解了原始推导过程，记住了结果和模式，这样对于同一题型的题，他们会计算，就下意识地以为自己会了，而事实上，稍微有些变动时，他们就无所适从。2. 在求复杂物体的体积时非常考验学生的空间想象能力，尤其是在线上教学时，单靠教师的语言描述，学生很难理解。因此在本节课的教学中，先从已经熟悉的二维的面积出发，借助 Geogebra 等技术工具，延伸到三维空间求旋转体的体积。在学生掌握旋转体的基础上，推广到一般的物体，并且推导出用微积分求解物体体积的基本方法。

The difficulties of teaching are as follows: 1. Understanding the process of partition, summation and taking limit, especially how to partition an object reasonably. The problem that easily arises in the learning process is that they seem to understand the original derivation process and remember the results and patterns, and be confident of dealing with the same problem type, but when there are slight changes, they are at a loss. 2. Seeking the volume of complex objects is very difficult for students to understand, which requires high spatial imagination abilities, especially for teaching online. Therefore, in the teaching of this lesson, the teacher starts from their already familiar two-dimensional area and extends it to three-dimensional space to find the volume of the solid of revolution with the help of technical tools such as Geogebra. [On the basis of students' mastering the solid of revolution, it is rolled over to general objects, and the basic method is derived using calculus to solve the volume of objects.]

在教学中，多次借助视频、软件以及模型等可视化工具辅助教学，帮助学生理解。同时采用以学生为中心的课堂讨论，一题多变，举一反三，能够加强学生对于这部分知识的掌握，培养学生的逻辑思维和批判性思维能力。

In teaching, the teacher has repeatedly used visual tools such as videos, software and models to assist teaching and help students understand. At the same time, the student-centered classroom discussion, with variable topics and inferences from one another, can strengthen students' mastery of this part of knowledge, and cultivate students' logical thinking and critical thinking abilities.

教学目标 Teaching Objectives

内容教学目标 Content Objectives	Blackboard 或其他技术如何支持内容目标的实现？ How does Blackboard or Other Technology Support the Content Objectives?
1. 利用微积分的方法求旋转体的体积。 Use calculus method to find the volume of a solid of revolution. 2. 利用微积分的方法求一般物体的体积。 Use calculus method to find the volume of general solids. 3. 拓展延伸：运用微积分的知识解决生活中的问题。 Expansion: Use the knowledge of calculus to solve real life problems.	使用 Geogebra 直观展示，使得抽象物体具象化，方便学生理解。同时实现了从二维到三维的延伸，给学生以直接的启发。利用 Blackboard 讨论板进行线下讨论，有效地延伸了课堂，提高了课堂效率。 Using Geogebra to display the content makes abstract objects concrete, and facilitates students' understanding. At the same time, the extension from two dimensions to three dimensions is realized, which inspires students directly. Using the discussion board to conduct offline discussion effectively extends the classroom and improves the classroom efficiency.

核心素养教学目标 Competency Objectives	Blackboard 或其他技术如何支持核心素养目标的实现？ How does Blackboard or Other Technology Support the Competency Objectives?
创造性 Creativity and originality	Geogebra 将二维图形延伸到三维图形，启发学生思考，有利于培养学生的创造性思维。

	Using Geogebra to extend two-dimensional graphics to three-dimensional graphics to inspire students to think, which helps cultivate students' creative thinking.
合作意识和能力 Collaboration	利用 Blackboard 的博客功能，让学生对本节课所学知识进行总结。在博客里，学生可以编辑并修改同伴发布的内容，协同合作，完善自己的知识系统，并且及时修正彼此的错误认知。 Use Blackboard's blog function to allow students to summarize the knowledge learned in this lesson. In the Blog, students can edit and modify the content posted by their peers, collaborate with each other, improve their knowledge, and correct each other's misunderstandings in time.
训练有素的思维习惯 Disciplined thinking habits	在 Blackboard 的博客里，学生对本节课所学知识进行总结，并在理解同伴的内容的基础上，对其进行修改和完善。这有利于锻炼学生训练有素地思考。 In Blackboard's blog, students summarize the knowledge learned in this lesson, and on the basis of understanding the content of their peers, modify and improve them, which is conducive to training students' disciplined thinking habits.
决策力 Decision making	在 Blackboard 讨论板上学生自主发布课题提案，并且相互讨论，在同伴间多次交流并经深思熟虑后决定选题。 On the discussion board, students independently publish project proposals and discuss with each other. After many exchanges and careful consideration, they decide to choose the topic of the project.

主动性 Initiative	在 Blackboard 讨论板上学生自主发布课题提案，并且相互讨论，寻找志同道合的同学组队，完成课题。 On the discussion board, students independently publish project proposals and discuss with each other, looking for classmates with the same interests to form a team to complete the project.
数字素养 Digital literacy	学生在完成课题过程中可使用 GDC 解决复杂的计算问题。 Students can use GDC to solve complex calculation problems in the process of completing the project.

教学过程　Teaching Process

1. 课前预习 Preview before class

本课程中，教师在 Blackboard 上发布相关教材和讲义，以及可汗学院中的相关教学视频，学生需要在课前阅读和观看视频后回答预习问题。课前预习有利于让学生进行基础的知识储备和背景知识学习，方便课程的流利讲解，有效地延伸了课堂。

In this course, relevant teaching materials and handouts are posted on Blackboard, as well as relevant teaching videos on Khan Academy. Students need to read and watch the videos before class to answer the preview questions. The preview allows students to carry out basic knowledge storage and background knowledge learning, which facilitates the fluent explanation of the course, and effectively extends the classroom.

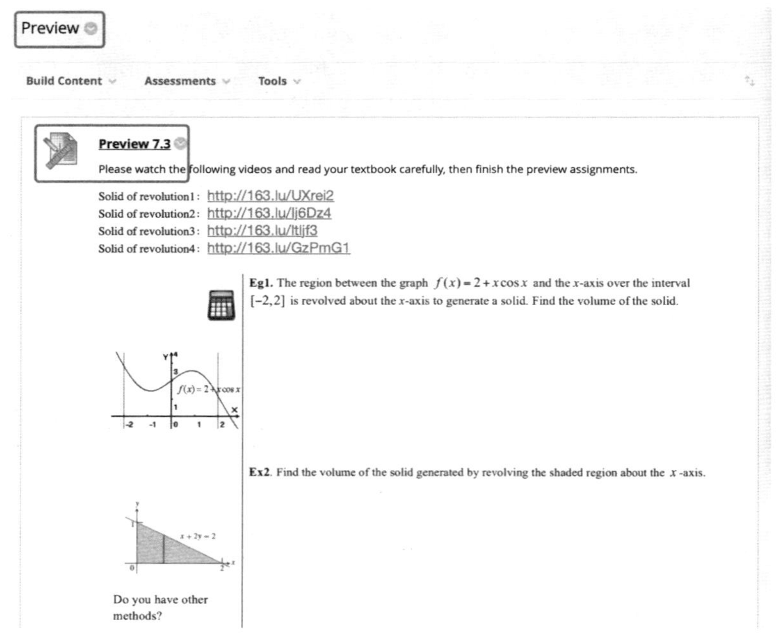

图 1　课前预习

Figure 1　Preview

2. 课堂讲解 Lecture in class

（1）课堂讲解及演示（20 min）Lecture and demonstration (20 min)

本部分以讲义为主，辅以 Geogebra 教学软件以及实物演示。在教学中，选择从最简单的旋转体开始。而且从学生已经学过的用微积分方法求曲线下的面积出发，从二维到三维进行延伸，让学生得到一种自然的切割方法（用垂直于旋转轴的平面进行分割），引导学生用微积分的方法求旋转体的体积。教学时演示了 Geogebra 里现有的资源（https://www.geogebra.org/m/hhRJQyz9），让学生对二维和三维图像有了直观感受（图 2）。同时，通过道具（萝卜）实物展示（图 3），让学生比较不同的分割方式，通过比较后选择合适的方法，并且从中得到启发。

This part is mainly based on lecture notes, supplemented by Geogebra teaching software and physical demonstration.

The teacher starts the lecture with the simplest solid of revolution. More specifically, the teacher initiates the class with finding the area under the curve using the calculus method which students have already learned. From there, the teacher extends the two-dimensional space to the three-dimensional space. With the intuition built up, students can now have a better understanding of the natural cutting method (using a plane perpendicular to the axis of rotation), which guides students using calculus to find the volume of a solid of volution. During class, the existing resources in Geogebra are demonstrated, which allows students to have an intuitive experience of 2D and 3D graphics (Fig. 2). At the same time, inspired by the physical display of props (Fig. 3), students can compare different partitions, and consequently select the appropriate partition method for integration.

Exploration The region bounded by the curve $y=\sqrt{x}$, the x-axis and the line $x=4$ is revolved about the x-axis to generate a solid. Find the volume of the solid.

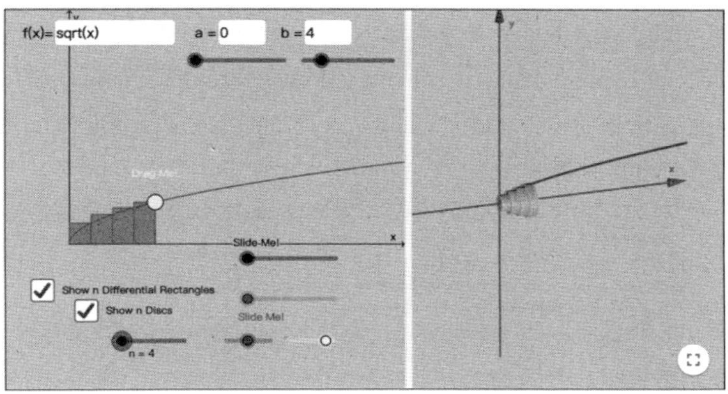

图 2 Geogebra 展示二维及三维图像

Figure 2 2D and 3D Graphics Demonstrated by Geogebra

图 3　道具展示三维图像

Figure 3 3D Display of Props

（2）分组讨论 Group discussion

a. 课堂讨论 Class discussion

在学生掌握了用微积分求旋转体的体积的基本方法之后，教师设置了课堂讨论环节。教学中选取了同一背景、不同条件的多个问题，希望学生能够在小组学习中通过重新推理以及对比的方式加深对用微积分求体积整个过程的理解，锻炼他们的创造性和批判性思维以及解决问题的能力。

After students have mastered the basic method of using calculus to find volumes of revolution, a class discussion session is set up. In class, multiple questions with the same background and different conditions are selected to enhance their understanding of the whole process of using calculus to obtain volumes through re-reasoning and comparison in group study, which can practice their creativity, critical thinking and problem solving abilities.

Discussion 1

A is the region bounded by the curves $y=\sqrt{x}$, $x=0$ and $y=2$

V_1 is the volume of the solid generated by revolving the region A, about the y-axis.

V_2 is the volume of the solid generated by revolving the region A, about the *line* $y=2$.

V_3 is the volume of the solid generated by revolving the region A, about the x-axis.

Question: Find V_1, V_2 and V_3.

图 4　课堂讨论环节

Figure 4　Disccusion in Class

b. 小组展示 Group presentation

在讨论环节完成后，教师要求每个小组进行汇报，展示他们讨论的结果，并且展示自己从中得到的启发。学生在汇报的过程中需要充当教师的角色，应对教师和其他学生提出的各种问题。

After the discussion session, each group is asked to report their discussion conclusions and show the inspiration they got from it. The students take the teacher's role in the reporting process, responding to various questions raised by his/her teachers and classmates.

（3）在学生分组讨论完成后，教师进行总结与升华，将求解体积的对象从旋转体推广到一般物体，推导出用微积分求解物体体积更通用的表达。

After the students' group discussion is completed, the teacher summarizes and sublimates solving the volume from the solids of revolution to the general objects, and derives a more general expression for solving the volume of the objects with calculus.

3. 课后讨论 Discussion after class (on Blackboard)

在本节课中，空间想象能力是学生比较薄弱的地方，也是本节课教学中的难点。对于比较复杂的问题，尤其有些比较抽象的、考查学生的空间想象能力的问题，可以通过让学生制作模型的方式简化教学。比如，有时学生的难点在于读懂题目，对题目中的物体有一个直观想象。解题时，教师会给学生观看制作的模型，学生看了模型之后，很快就找到了思路，解决了问题。

In this lesson, the ability of spatial imagination is a weak point for students. It is also a difficult point in the teaching process of this lesson. For more complex problems, especially some of the more abstract ones, which examine students' spatial imagination ability, the teaching process can be simplified by allowing students to make models. For some students it's difficult to understand the description of the question and have an intuitive imagination of the objects in the topic. Then the teacher will give them a model. After studying the model, most students can quickly find ideas and solve the problem.

<Other Cross Sections>

Eg 6. A paperweight is made so that its base is the shape of the region between the x-axis and one arch of the curve $y=2\sin x$ (linear units in inches). Each cross section cut perpendicular to the x-axis (and hence to the xy-plane) is a semicircle whose diameter rims from the x-axis to the curve. Find the volume of the paperweight.

图 5　课后讨论环节

Figure 5　Discussion after Class

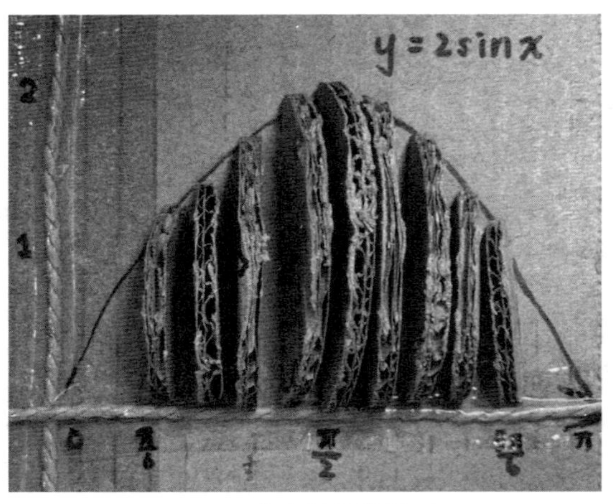

图 6　学生制作的模型

Figure 6　A Model Made by Students

教学时，要求每位学生课后制作一个这样的模型（图 6），并且在 Blackboard 讨论板上介绍自己的模型，互相交流和点评。当学生把相应的模型制作并且描述出来之后，关于这一类型的问题，所有的学生都理解并且也会做了。

Each student will make a model like the one in Fig. 6 after

class. They introduce their model on the discussion board and exchange ideas with each other. With the help of the model they made, all the students can now grasp how to solve this type of problem.

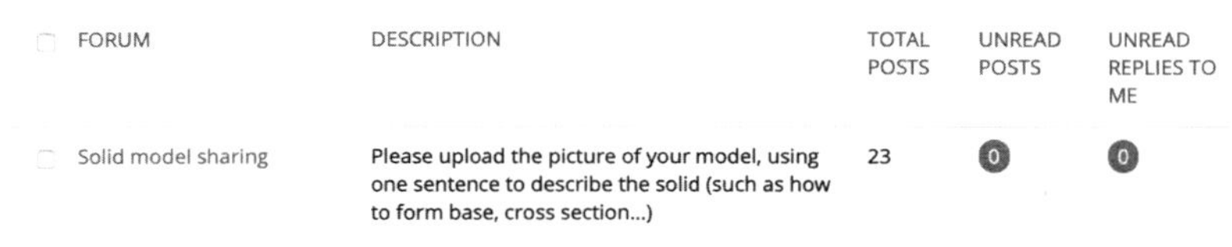

图 7　要求学生上传自己的模型
Figure 7　Models Uploaded by Students

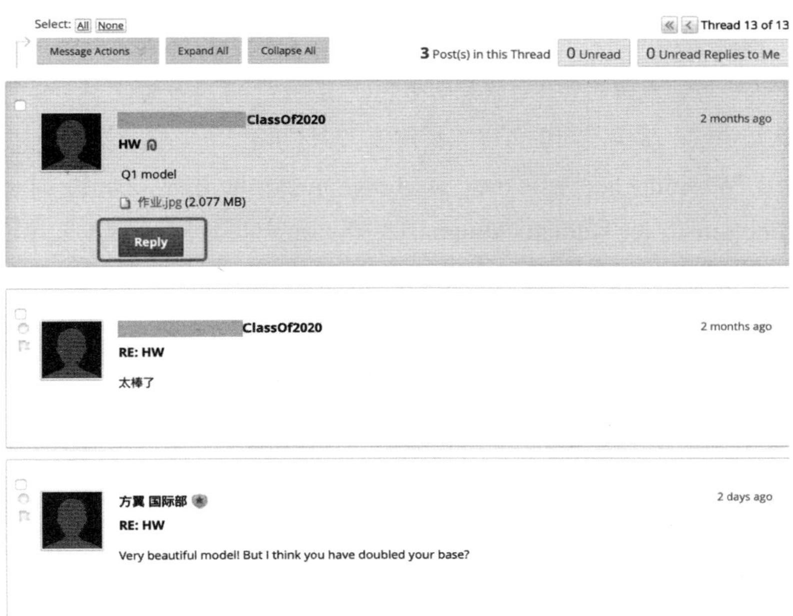

图 8　学生与老师可以通过 Blackboard 互相交流
Figure 8　Interaction Between Students and Teachers on Blackboard

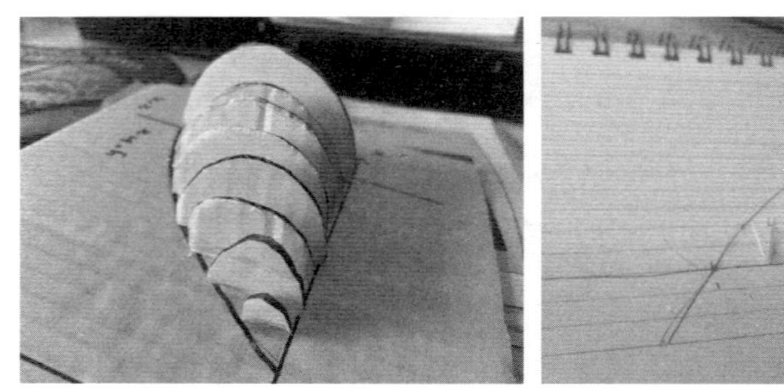

图 9 学生上传的模型

Figure 9 Models Uploaded by Students

4. **通过 Blackboard 总结课程 Make a summary with Blackboard**

在课程结束以后，可以利用 Blackboard 的博客功能，让学生对本节课所学知识进行总结。在博客里教师可以编辑并修改学生发布的内容，与学生协同合作，完善学生的知识系统，并且及时修正学生的认知错误。学生之间也可以互相评论，探讨问题。

When the course is over, teachers can use the Blackboard's Blog function to let students summarize the knowledge learned in this lesson. In the Blog, teachers can edit and modify the content posted by students, collaborating with students so as to improve their knowledge system and correct their wrong perceptions in time. Students can also comment on each other and discuss issues.

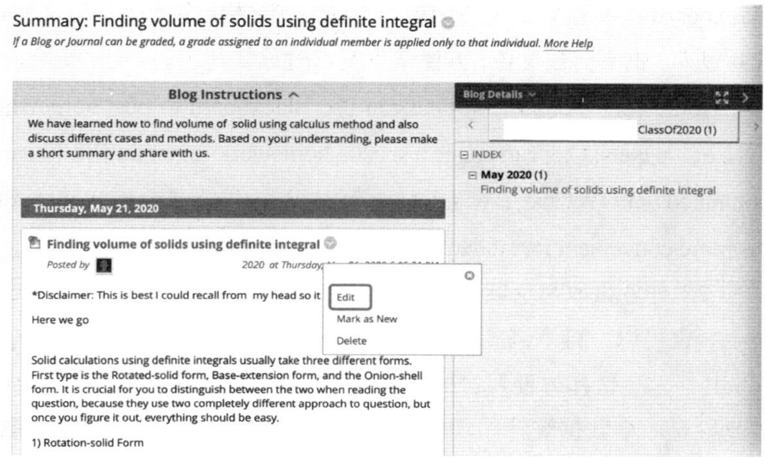

图 10　教师可以编辑学生发布的内容

Figure 10　Teachers May Edit Students' Submissions

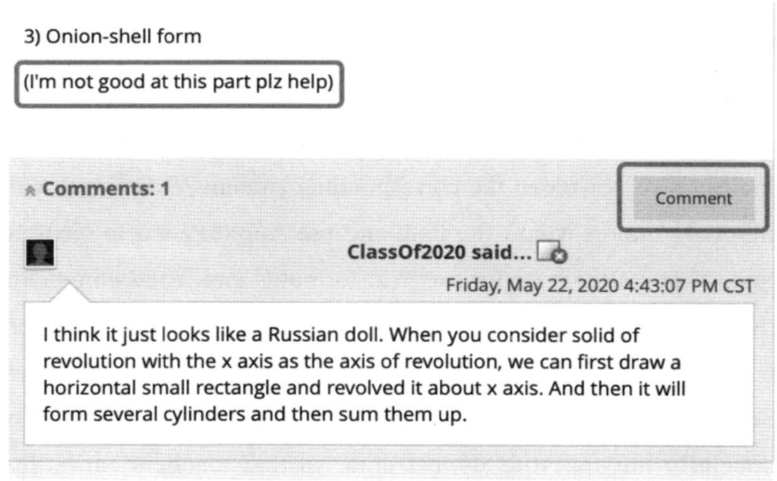

图 11　学生可以互相交流评论

Figure 11　Students May Comment Each Other

5. 课后作业 Homework

（1）作业布置：Blackboard 可以发布作业和考试试题。可以在

Blackboard 里面建立一个专门的作业文件夹，相比微信，这样文件不容易过期，也不会被覆盖，方便学生复习时重复利用。

Homework assignment: One can use Blackboard to post homework and exam papers. One can create a special homework folder on Blackboard. Compared with WeChat, it will not expire easily or be overwritten, therefore it is more convenient for students to reuse when reviewing.

（2）作业批改与反馈：教师可以在成绩中心直接批改学生提交的作业。也可以一键下载相应的学生作业，导入平板电脑，使用 Apple Pencil 手写，这样方便写公式、做批注，对于数学科目会更加方便。作业栏有一个数据统计的功能。首先方便教师更加直观地了解学生的作业情况，尤其是考试数据的统计，方便教师根据考试情况及时调整教学，并且根据每个学生的实际情况进行有针对性的指导。其次因为统计数据对学生可见，可以让学生更全面地了解自己的学业情况，也能适当发挥同伴间的激励作用。

Homework correction and feedback: Teachers can directly correct the homework submitted by students in the Grade Center. One can also download the corresponding students' homework with one click, import it into the Pad, and use Apple Pencil to write by hand. This makes it easier to write formulas and make comments, which is more convenient for math subjects. In the specific work column, there is a data statistics function. First of all, it is convenient for teachers to inspect students' homework more intuitively, especially the statistics of test data, so that teachers can adjust teaching in time according to the test situation and provide targeted guidance according to the actual situation of each student. Secondly, because the statistical data is visible to students, they can have a more comprehensive understanding of their academic situation and can also play a role in motivating peers.

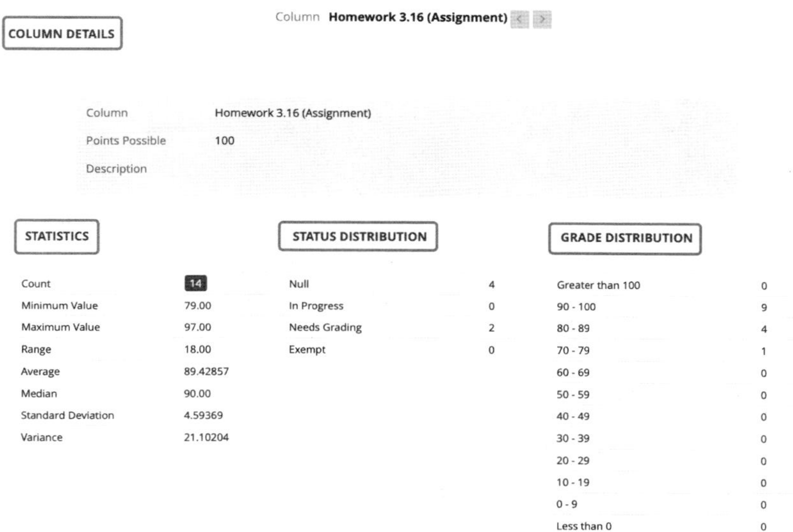

图 12　学生可以通过统计数据了解自己的学习情况

Figure 12　Students May Know Their Status by Statistics

（3）作业讲解：在 Blackboard 上设置讨论板，学生可以将需要讲解的问题发布在讨论板上，这样老师除了作业批改，还可以多一些渠道及时了解学生的情况，有重点地答疑。其他学生也可以同时进行讨论和解答，有时候同伴间头脑风暴可能就自行解决问题了。

Homework explanation: Students can post the questions that need to be explained on the discussion board. In this way, in addition to the feedback obtained through homework correction, teachers have more channels to understand the students' situation in time and answer questions in a focused manner. Other students can also discuss and answer these questions at the same time, and sometimes brainstorming between peers may solve the problem by themselves.

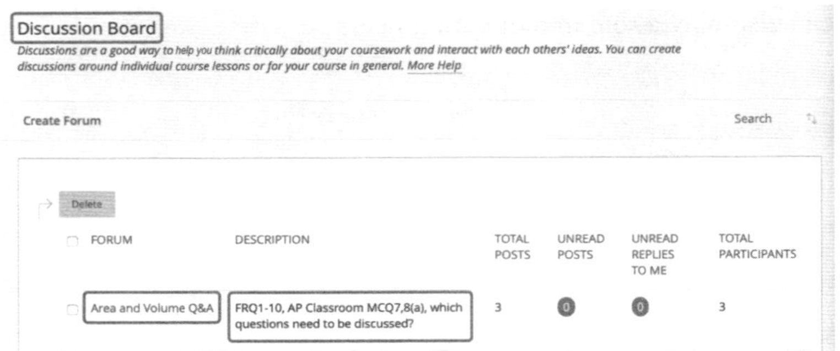

图 13 设置讨论板供学生提出问题

Figure 13 Setting up the Discussion Board For Students to Raise Questions

6. 课堂设计要点 Features of the lesson plan

在学生掌握理论基础的前提下，希望学生能够将所学知识运用到实际生活中。本节课是 AP 微积分 AB 教学的最后一个主题，在完成这个主题的学习之后，希望学生能够对所学知识进行梳理，学以致用，用微积分的知识解决实际问题。在这个环节，充分利用 Blackboard 讨论板的功能，节约了课堂时间，提高了教学效率。首先，在 Blackboard 讨论板上发布课题，希望学生在讨论板上描述自己的课题提案，其中包括：所要解决的问题，涉及的相关数学知识，过程中会用到的工具。其次，学生在讨论板上阅读每个人的提案，相互交流，并且寻找志同道合的同伴自由组队，完成课题。最后，学生们进行课堂展示与交流。

On the premise that students have mastered the theoretical foundation, students are expected to apply the knowledge they have learned into real life. This lesson is the last topic of AP calculus AB. Therefore, after completing this topic, students are expected to organize the knowledge they have learned, apply what they have learned, and use the knowledge of calculus to solve practical problems. In this part, we make full use of the discussion board to save class time and improve teaching efficiency. First, post the project requirements on the discussion board. Students are expected to describe their project proposal on the discussion board, including: the problem to be solved, the related mathematical knowledge, and the tools that will be used in the process. Second, students should read all proposals, communicate with each other and find partners with the same interest, freely form a team, and complete the project. Finally, students carry out classroom presentations and communicate with others.

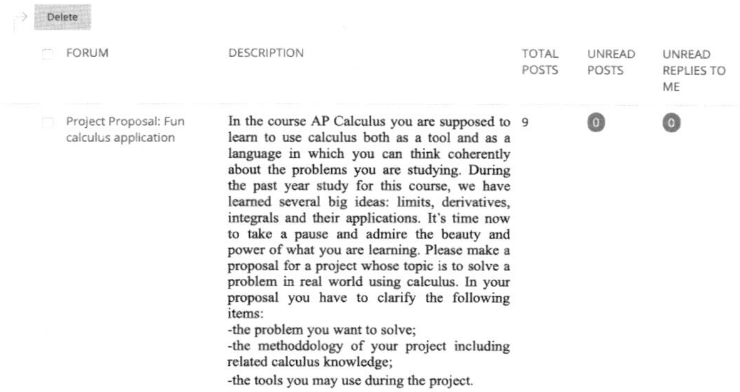

Delete

FORUM	DESCRIPTION	TOTAL POSTS	UNREAD POSTS	UNREAD REPLIES TO ME
Project Proposal: Fun calculus application	In the course AP Calculus you are supposed to learn to use calculus both as a tool and as a language in which you can think coherently about the problems you are studying. During the past year study for this course, we have learned several big ideas: limits, derivatives, integrals and their applications. It's time now to take a pause and admire the beauty and power of what you are learning. Please make a proposal for a project whose topic is to solve a problem in real world using calculus. In your proposal you have to clarify the following items: -the problem you want to solve; -the methoddology of your project including related calculus knowledge; -the tools you may use during the project.	9	0	0

图 14　通过 Blackboard 讨论板让学生组队及提交课题

Figure 14　Forming Teams and Submitting Projects on the Discussion Board

Thread Actions　Collect　Delete

DATE	THREAD	AUTHOR	STATUS	UNREAD POSTS	UNREAD REPLIES TO ME
5/29/20 12:54 AM	Jade calculus project proposal	Anonymous	Published	0	0
5/28/20 9:23 PM	Calculus Application	Anonymous	Published	0	0
5/28/20 9:19 PM	Teeya Calculus Application Proposal	Anonymous	Published	0	0
5/28/20 9:17 PM	revised application of calculus to epidemics	Anonymous	Published	0	0

图 15　学生通过 Blackboard 提交自己的课题

Figure 15　Project Submission on Blackboard

教学效果 Teaching effect

利用Blackboard发布预习资料和作业，不容易过期，而且也不会被覆盖，方便学生复习时重复利用。

Use Blackboard to publish preview materials and homework, which are not easy to expire or be overwritten, and therefore it is convenient for students to reuse when reviewing.

Blackboard讨论板作为课堂延伸的有效手段，学生们可以在课后自由讨论，共享学习资料。

The discussion board serves as an effective means of classroom extension. Students can freely discuss and share learning materials after class.

Blackboard成绩中心的统计数据可以让学生更全面地了解自己的学业情况，及时调整自己的学习状况，也能适当发挥同伴间的激励作用，督促自己。

The statistical data of the Grade Center on Blackboard allows students to have a more comprehensive understanding of their own academic conditions, helps them to adjust their learning conditions in time, and appropriately plays the role of motivation among peers to supervise themselves.

教师反思 Teacher's Reflection

网络资源的使用能够帮助教学，加深学生的理解，尤其是网上教学时，资源以及视频分享都非常方便。

The use of network resources can help teaching and deepen students' understanding. Especially for teaching online, resources and video sharing are very convenient.

以学生为主的课堂讨论在教学中能起到事半功倍的作用。当学生能够参与讨论并且自主地表达时，最能暴露出他对知识点的掌握情况，便于及时纠错，共同进步。

Student-oriented classroom discussion can do more with less in teaching. When students are able to participate in the discussion and express themselves, they can expose their weakness in knowledge points, and correct errors in time, and hence make progress together.

软件以及教学模型的使用：对于比较复杂的问题，尤其是有些比较抽象的或考查学生的空间想象能力的问题，让学生制作模型或者借助软件等技术手段，可以让教学更具趣味性并容易被学生理解。

The use of software and teaching models: For more complex problems, especially more abstract ones, or those needing students' spatial imagination ability, teaching can be more interesting and more easily accepted by allowing students to make models or use technical measures.

4.3 树立典型，互学互助——英文写作教学案例
Improve with Your Classmates — Analytical Journal Writing

学科 **Subject**	英语文学 English Literature	年级 / 课程 **Grade / Course**	G11 / IB	教师 **Teacher**	Katherine Gordon，沈晨荔 / Katherine Gordon, Shen Chenli
主题 **Topic**	使用 Blackboard 进行分析写作 Improve Analytical Writing with Blackboard				
类别 **Category**	单元教案 Unit Plan		课时数 **Number of Periods**		3

教学计划背景分析　Lesson Plan Background Analysis

• 学生在依照 IB A 文学的要求进行分析性写作。

Students were writing analytical journals in response to IB A Literature prompts.

• 学生反复犯相同的错误，且开始对无法让成绩进一步提升感到懊恼。同时，学生学习停滞不前也让老师感到沮丧。

Students were repeatedly making the same mistakes and were becoming frustrated at not improving in scores. And the class teacher also felt frustrated with students' stagnancy.

• 使用 Blackboard 尝试与以往不同的打分以及教学反馈方式，希望以此来帮助学生进行自我评估和反思。老师想让自己的学生们更清楚地了解他们在哪里做得很好，除此以外，也想让他们认识到关于一门 11 年级的 IB 课程，老师对他们的要求是什么。

The teacher therefore used Blackboard to experiment with different grading and feedback practices, which were expected to help students in their self-assessment and reflection. The teacher wanted students to have an improved understanding of what they were doing well and also, what the teacher was now expecting of them at this point in the IB grade 11 course.

• 用了两个课时的时间，并辅以 Blackboard 和教师干预，让学生在课堂上通过同伴评估来评估彼此的文章，并重新起草自己的文章。

The teacher also used two periods which combined both Blackboard and teacher intervention to help students in peer assessing each other's work and redrafting their own.

教学过程　Teaching Process

1. 准备工作 Preparation Work

为了促进此活动，用了一节课的时间回顾了 IB A 的准则以及第一卷分析论文的写作需要学生做到哪些。在 Blackboard 上同时显示了准则与对应的 PPT，这样就反复向学生重述了教师在作业中想要看到的东西。尽管学生完成了许多 IB A 第一卷的作业，但是再次概述在这门课获得成功的要点并提醒学生在什么情况下会加分或失分还是很重要的。

To facilitate this activity, a lesson was held to go back over the IB A rubric and the teacher's expectations of the Paper 1 analytical journal. The rubric was displayed on Blackboard alongside the PPT, which recapped the things the teacher was looking for in these assignments. Students have completed many IB A Paper 1 assignments, but it was important to outline the success criterion once again and remind students of ways in which they can easily gain and lose marks.

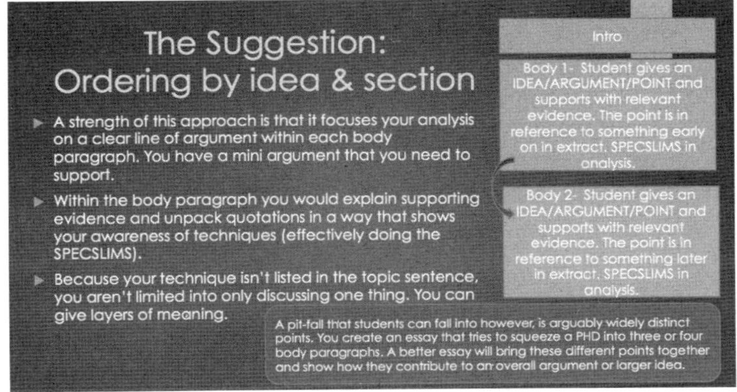

图 1　重温写作要求

Figure 1　Reviewing Assignment Requirements

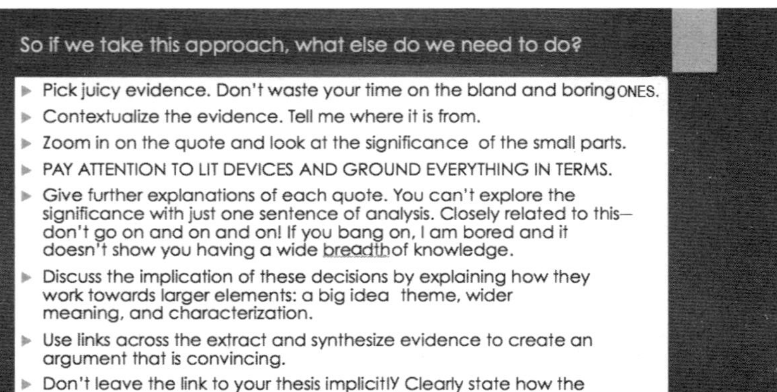

图 2 PPT 陈列写作要点

Figure 2 Key Points of Writing on PPT

然后，要求学生从课文（《奥斯卡·瓦奥短暂而奇妙的一生》）中摘录，并创建一份分析论文。这里的期望是学生能够写一到两段构建好的正文段落，同时也要兼顾文学手段的影响。提前告知学生，这项工作不仅会由教师本人阅读，也会由其他学生阅读，这是全班共同努力改进的一部分。

Students were then asked to select an extract from the text (*The Brief Wondrous Life of Oscar Wao*) and create an analytical journal. The expectations were for students to write one or two developed body paragraphs and consider the impact of literary devices. Students were told IN ADVANCE that this work was going to be read not only by the teacher, but by other students as part of a wider, whole-class effort to improve.

教师使用 Word 批改作业，这样就能用 Word 的“批注”功能准确地告诉学生教师的反馈是针对哪一段文字。并且，在作业最后给学生一个全面整体的作业评价。

The teacher used Microsoft Word to grade the work electronically.

The teacher created detailed comments and used the "comment" function to show students exactly which part of their essay the teacher's feedback was in response to. Students were then given an overall, more holistic comment at the end of the assignment.

Ms. Gordon

IB Eng A

2020.3.23

The Brief Wondrous Life of Oscar Wao Journal #1

In *The Brief Wondrous Life of Oscar Wao*, the narrator portrays Oscar as an isolated adolescent whose feelings are constantly hurt and ignored, thus highlighting the difference between him and other Dominican males. After describing how Oscar secretly falls in love with girls, the narrator immediately claims "His affection - that gravitational mass of love, fear, longing, desire and lust that he directed at any and every girl in the vicinity without regard to looks, age or availability - broke his heart each and every day." Immediately, the caesura of "love, fear, longing, desire, lust" emphasizes the complex emotions that Oscar possesses, which no one from the outside world is able to perceive. The metaphor "gravitational mass", a scientific phrase describing the phenomena where even when two objects are separated, gravity acts upon them and causes attraction, further amplifies how easily Oscar is attracted to

Katherine Gordon 29/3/20 14:44
Comment [1]: Look at the subtleties of your language. Does the isolation and hurt feelings show how Oscar is different? Or rather, how being different is not permissible in Dominican culture and you will face harsh consequences?

Katherine Gordon 29/3/20 14:44
Comment [2]: Again, this is a poetry term. Why am I repeating myself?

Katherine Gordon 29/3/20 14:45
Comment [3]: It is not the commas which show the complex emotions. That is made clear through the listing of CONTRADICTORY and CONLIFTING abstract nouns. Look at what you are saying.

Katherine Gordon 29/3/20 14:46
Comment [4]: How can you situate this scientific lexis into Oscar's general behaviors and his use of fantasy genres to find escapism? You are missing juicy aspects of quotes and resting in the mundane.

图 3 用 Word 批注来批改作业

Figure 3 Giving Students' Feedback with Word Annotation

WWW: There are some promising moments in here and I appreciate your effort in the second half to link back to your point and to discussions of machismo.

EBI: The first half needs work. You need to be explaining the specific effects of the devices and offering perceptive analysis. The first half is resting in the superficial.

4/5

图 4 在作业最后给出整体评价

Figure 4 Giving a General Evaluation at the End of the Assignment

2. 指导原则 Guidelines

教师创建了一个 Blackboard 文件夹用来上传所有学生的分析论文。在这个文件夹中，教师挑选了一些论文并且说明了它们各自的优点。这些优点与教师在最终整体评分里经常设定的目标相关联。要求学生阅读至少两篇论文以及教师的反馈，他们需要思考这些论文有哪些优点和缺点，并且与他们自己的论文相比较。鼓励学生先阅读那些由老师标记的范文，若是在这些范文的优点里面有自己感到困难的方面，正好进行优先阅读相应的指导。

The teacher created a Blackboard folder with which the analytical journals of all the students were uploaded. Within this folder, the teacher pinpointed specific journals, which illustrated particular strengths. These strengths correlated with targets often being set in the holistic final comments. Students were asked to read at least two other journals and the teacher's feedback. They were to consider the strengths and weaknesses of the journals and how the students' journals were compared to their own. They were encouraged to first read the journals that the teacher had highlighted as excellent examples and begin with the ones that demonstrated a skill they often found themselves weak in.

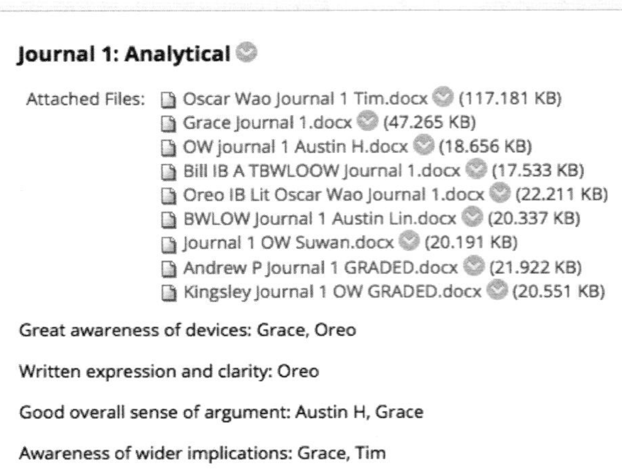

图 5 挑选出优秀的作业并且在 Blackboard 上展示

Figure 5 Excellent Assignments Showcased on Blackboard

3. 学生参与 Student Participation

学生有 15 分钟时间阅读论文，然后进行课堂讨论，一起探讨这些论文的优点和缺点。至关重要的是，要求学生思考：在读过这些论文后，他们对自己的文章有什么想法，以及如果有时间再写一次的话，他们打算做出什么改变。

Students were given 15 minutes to read the different journals and then participate in a class discussion. Together, they discussed the different strengths and weaknesses of the journals. Crucially, students were asked to consider how the journals made them feel about their own work and any changes they would like to make if they had their time again.

讨论之后，要求学生按照教师给出的反馈意见以及课上读过的范文来修改自己的文章。要求学生将修改的部分标亮，这样哪里被修改过就一目了然。学生完成修改后，教师要求学生分享。在分享的时候，教师要求学生解释他们改进了哪些地方，并说明为什么要这么改。这么做是为了让学生更好地反思和了解做出这些修改的原因。

After this discussion, students were asked to revise their journals based on the teacher's feedback and the examples they had read in class. Revisions were to be highlighted so it was clear to see the changes that were being made. Students completed this activity and were regularly asked to "share screen" in the process. When Students were "sharing screen", the teacher asked them to explain their improvements and changes they were making and justify their revision. The aim here was to make students more reflective and become aware of the reasons behind these changes.

In Chapter 4 of Book 1, Diaz portrays Oscar's alienation from the wider society, illustrating his inability to conform to the collective identity. Oscar, a Dominican living in USA, comments, "If we were orcs, wouldn't we, at a racial level, imagine ourselves to look like elves?" Here, Oscar uses a metaphor to compare himself to an Orc and the white Americans to the elves. Immediately, there is a clear juxtaposition between the ugly black-skinned orcs and the beautiful white elves, demonstrating Oscar's discontent with his own skin color. The use of allusions from *Lord of the Rings* also highlights Oscar's alienation with the real world as he constantly indulges in these fantasies. The alienation Oscar feels with the American society is not only constrained to a racial level, his body fitness also alienates him from the society. The narrator suggests, "Sweetest girls you'd ever see would sat the vilest shit to him on the street." Again, there is a juxtaposition between sweet and vile, suggesting that even the nicest American women treats Oscar

图 6 通过分享屏幕让学生分享自己的修改

Figure 6 Students Shared Their Self-revision

然后让学生提交修改好的作业让教师批改，批改好后，再次将这些作业传到 Blackboard 上。要求学生在作业顶部写出他们修改的目标。教师会再一次精选出一些优秀的学生作业让全班阅读。

Students then submitted the revised journals for the teacher's feedback. The finished grading parts were once again posted on Blackboard. Students were asked to write the targets they were working on at the top of the journal. The teacher once again pinpointed excellent journals for the class to learn from.

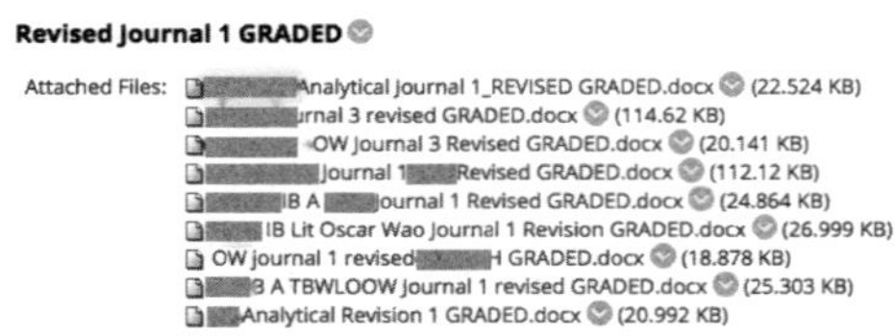

图 7 挑选出更多优秀的作业并且在 Blackboard 上展示

Figure 7 More Examples Were Chosen and Showcased on Blackboard

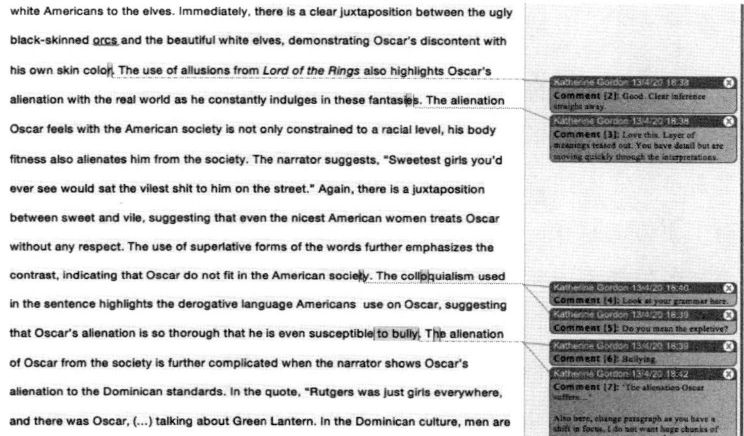

white Americans to the elves. Immediately, there is a clear juxtaposition between the ugly black-skinned orcs and the beautiful white elves, demonstrating Oscar's discontent with his own skin color. The use of allusions from *Lord of the Rings* also highlights Oscar's alienation with the real world as he constantly indulges in these fantasies. The alienation Oscar feels with the American society is not only constrained to a racial level, his body fitness also alienates him from the society. The narrator suggests, "Sweetest girls you'd ever see would sat the vilest shit to him on the street." Again, there is a juxtaposition between sweet and vile, suggesting that even the nicest American women treats Oscar without any respect. The use of superlative forms of the words further emphasizes the contrast, indicating that Oscar do not fit in the American society. The collopuialism used in the sentence highlights the derogative language Americans use on Oscar, suggesting that Oscar's alienation is so thorough that he is even susceptible to bully. The alienation of Oscar from the society is further complicated when the narrator shows Oscar's alienation to the Dominican standards. In the quote, "Rutgers was just girls everywhere, and there was Oscar, (...) talking about Green Lantern. In the Dominican culture, men are

Katherine Gordon 13/4/20 18:38
Comment [2]: Good. Clear inference straight away.

Katherine Gordon 13/4/20 18:38
Comment [3]: Love this. Layer of meanings teased out. You have detail but are moving quickly through the interpretations.

Katherine Gordon 13/4/20 18:40
Comment [4]: Look at your grammar here.

Katherine Gordon 13/4/20 18:39
Comment [5]: Do you mean the expletive?

Katherine Gordon 13/4/20 18:39
Comment [6]: Bullying.

Katherine Gordon 13/4/20 18:42
Comment [7]: 'The alienation Oscar suffers...'

Also here, change paragraph as you have a shift in focus. I do not want huge chunks of text.

图 8 Word 作业批注

Figure 8 Annotations Made on Word Documents

这些做法在本单元的其余部分继续进行，并且教师会在下一篇课文（《百年孤独》）中，将此延续下去。为了更好地发展这种行为，教师不仅要求学生阅读小伙伴们修改过的作业，同时要求他们进行批改。这有助于确保学生继续阅读彼此的作业，从而不断进步。

These practices continued for the rest of the unit and the teacher continued them in the next text (*100 Years of Solitude*). To further develop this practice, the teacher asked students to not only read the revised journals of their partners, but also provide feedback. This helps to ensure students continue to read each other's work and keep making progress.

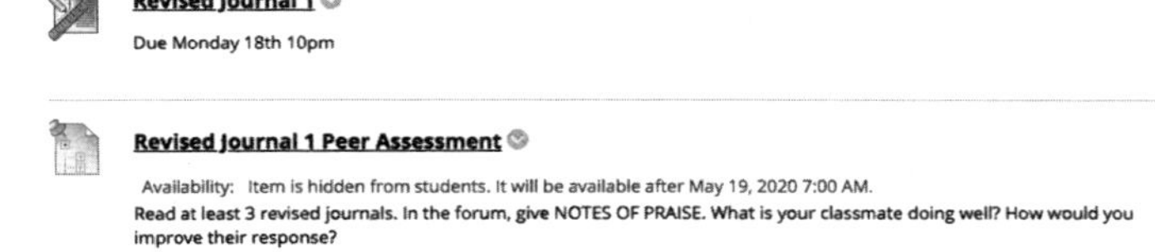

图 9 要求学生互相评分

Figure 9 Requirements on Peer Assessment

教师反思　Teacher's Reflection

教师对这种新的评分、反馈和反思的方法感到非常满意。尽管一开始并没有看到效果，但在使用这个方法几周以后，能够看到学生的长足进步。对于判断写作类型和如何根据准则取得更高的分数，学生都有了更好的认识。他们对于能够见证同伴的进步和看到越来越长的范文名单都感到喜悦。学生意识到他们就像一个团队，团队在集体进步，这对他们的自信心有很大帮助。

The teacher has been really pleased with this new method of grading, feedback and reflection. Whilst initially it had no effect, a big advancement in students' performance could be seen after several weeks. They have a much better awareness of the types of writing and get to know what helps generate high marks according to the rubric. They also greatly enjoy their classmates' improvement and are happy to see different students' names highlighted as excellent examples. They feel that as a team they are collectively getting better, which has been great for their self-confidence.

优点：Advantages：

Blackboard 让学生能够一起参与讨论，学生不仅能够听到来自教师的赞誉，还能够得到伙伴们的赞美。这是一项鼓舞士气的活动，当学生因为屡次犯错而感到气馁时，这就变得非常重要。标亮的"simple mistakes"和"errors"此时也会显得相对轻松一些，因为同伴们经常会说"我也犯过这个错"或者"像我一样，学生 X 犯了这样一个错误"。认识到这是一个共同的错误使得学生在失败中感到更加团结的同时，也减少了他们的孤独感。除此以外，这也帮助他们看到这个活动背后的目的。当他们在多个反馈中一次次发现教师在指出同一个错误时，他们能理解教师的挫败感以及解决此错误的紧急程度。

他们开始意识到犯错是多么容易，而且只有在写作时更有意识和更加仔细才能避免。

By enabling students to discuss work together, students were able to hear praise from not only the class teacher but also their classmates. This was a morale-boosting activity, which seemed quite important when students were deflated as a result of their repeated mistakes. The highlighting of "simple mistakes" or "errors" also made them feel relaxed as students were often heard saying "I did this in my work, too" or "Student X did the same mistake as me". This recognition of shared mistakes made students feel more united and less lonely in their failures. Moreover, it helped them to see the purpose behind such activities. When they were able to spot the same mistakes in multiple responses, they understood the teacher's frustrations and how urgently this error needed addressing. They also became aware of how easy the mistake was to make and how it can be overcome only through more conscious and careful writing.

让学生在 Blackboard 上阅读小伙伴的文章有助于确保学生对于自己的进步抱有希望。教师有意列出了一部分文章具有优点的学生，出于各种原因重点表扬了他们的文章。这意味着多个学生得到了认可和称赞，并且感到自己在进步。后来在整个单元的教学中，教师都采取了这种反馈和评估的方式，并努力确保每个学生每个礼拜至少被重点表扬一次，来进一步发展这一做法。

Allowing students to read their peer's work on Blackboard was helpful in making sure students felt hopeful that they would improve. The teacher strategically listed numerous students with different strengths and highlighted their work for different reasons. This meant multiple students were given recognition and praise and felt like they were improving. The teacher later continued this method of feedback and assessment for the entire unit and developed this practice further by working to ensure every student was highlighted at least once a week.

事实证明，阅读同学的文章而非教师的很有帮助。此时此刻，同为 11 年级学生的文章会让他们感到更亲近，对学生而言是一个相对更能够触及的目标。这也有助于鼓励学生进一步自我发展。学生会想：如果我的小伙伴可以做到，我也能！这些例子也帮助学生在实践中看到教师设定的目标逐渐具象化。当给出一个特定的目标时，学生能够通过观察其他学生实现这个目标来更好地理解教师设定的目标，这对他们认识到自己犯的错误非常有帮助。

Reading their classmates' work, rather than only the teacher's, also proved helpful. The work felt closer to what they would achieve as 11th graders and felt like a more achievable goal. This also helped encourage students to push themselves further. If their friend could do it, so could they! These examples also helped students to see the targets set by the teacher visualized in practice. They understood the particular target while seeing another student fulfilled it. This was very helpful for them to recognize their mistakes.

缺点：Disadvantages：

这种方式需要非常多的认可和支持。对学生来说，当他们允许其他同学阅读自己文章的时候，自己可能处于一个相对弱势的位置。他们需要了解这项活动的首要目标是什么以及为什么要这么做。作为教师，必须在课堂上先建立一个互相帮助的氛围。因此，这个方法在教师刚接手这个班级的第一个学期可能不会有效果。而第二学期，学生们已经成了好伙伴并且关心彼此的进步，他们不会因为彼此的批评而失去兴趣，相反，他们会视此为伙伴在提供有益的建议。

It needs a lot of buy-in! Students are putting themselves in an arguably vulnerable position when allowing the rest of the class to read their work. They need to understand the over-arching goal of this assignment and its use. The teacher also first needs to establish a supportive atmosphere within the class. This activity would not have been effective in Semester 1 as they are not familiar with each other. In Semester 2, they become very good friends and care about one and another's progress. They therefore won't be put off by each other's criticisms but see them as their friends providing helpful advice.

4.4　分享成果，保持进度——计算机 PBL 教学案例 "Linearize" the Teaching Pipeline — Computer Science PBL Teaching Case

学科 Subject	计算机科学 Computer Science	**年级 / 课程 Grade / Course**	G11 / IB	**教师 Teacher**	毛黎莉 Mao Lili
主题 Topic	系统基础原理 System Fundamentals				
类别 Category	单元教案 Unit Plan		**课时数 Number of Periods**		20

教学计划背景分析　Lesson Plan Background Analysis

该部分教学内容为 IB 计算机课程中主题一的教学。根据教学大纲，需要 20 个小时的学习时长。主要的学习内容为：组织系统架构和系统设计基础。通常在开始这部分内容前学生已经完成了主题二计算机组成和选修部分面向对象编程的学习，已经具备了计算机系统和程序设计的相关知识。

The teaching content of this part is IB CS Topic 1. According to the syllabus, 20 hours of study is required. The main content is system in organizations and system design basics. Students have finished the study of Topic 2 computer organization and optional OOP before starting this part. They have acquired the relevant knowledge of computer system and programming design.

这部分的教学内容主要是从两个角度培养学生：作为软件系统使用方和软件系统建设方。他们应了解如何能够有效地进行设计、实施、培训、维护等，并帮助用户获得更大的效益。

This part of the teaching content is mainly to train students in two aspects: as software system users and as software system designers. They have to understand the flow and factors about: how to effectively design, implement, give training, do maintenance, etc; and how to help users to obtain greater benefits.

教学目标 Teaching Objectives

内容教学目标 Content Objectives	Blackboard 或其他技术如何支持内容目标的实现？ How does Blackboard or Other Technology Support the Content Objectives?
1. 理解计算机系统部署前关于系统硬件、软件、环境、用户等条件明晰的重要性。 To understand the importance of conditions about computer system deployment, such as hardware,	本课程采用课题驱动式开展教学，因此 Blackboard 可以在以下几个方面提供支持： This course is organized as PBL, so Blackboard can provide supports in the following aspects:

software, environment, and users.

2. 理解计算机系统部署的过程以及在此过程中的注意事项。

To understand the details during computer system deployment.

3. 理解计算机系统设计的步骤和过程迭代的重要性。

To understand the importance of computer system design steps and process of iteration.

4. 理解计算机系统涉及的各个步骤的具体内涵。

To understand the connotation of the specific steps involved in the computer system.

5. 能够分析计算机系统的部署对于社会的影响。

To be able to analyze the influence of computer system deployment on society.

6. 通过分组项目设计和实施，理解系统部署的各个要素。

To understand the various elements of system deployment through project design and implementation in groups.

1. 课程资料发布和分享可以借助Blackboard进行（课前和课后上传资料）。

Teaching materials released on Blackboard (upload materials in stages before and during class).

2. 通过讨论板进行过程控制。

Control the course process with the discussion board.

3. 通过讨论板（课中）进行阶段性分享和评估。

Share and evaluate periodically on the discussion board (during class).

核心素养教学目标 Competency Objectives	Blackboard 或其他技术如何支持核心素养目标的实现？ How does Blackboard or Other Technology Support the Competency Objectives?
创造性 Creativity and originality	采用其他软件（即时通信、调查）了解用户的情况，并获取用户的需求。

	Use other software (WeChat, online survey) to collect users' requirements and feedback.
批判性思维 Critical thinking	使用Blackboard讨论板进行主题分享，并进行头脑风暴。 Use the discussion board to share topics and brainstorm.
合作意识和能力 Collaboration	学生分组完成项目，在过程中使用Quip文档、Blackboard进行文件协作和共享。 Students work in groups to complete the project and use Quip and Blackboard to collaborate and share documents in the process.
学术表达与交流 Communication	在Blackboard上上传规定的过程性文档。 Upload the specified procedural documents on Blackboard.
训练有素的思维习惯 Disciplined thinking habits	采用阶段性Blackboard上传文件的方式，培养在设计过程中的流程跟踪习惯。 To cultivate the flow concept during the design process, we use Blackboard to trace files uploaded periodically.
主动性 Initiative	Blackboard讨论板采用开放式的形式，供学生们自由交流和文件分享。 Use the discussion board to enhance communication and sharing of documents.

风险承担与管理 Risk taking and management	采用甘特图的形式控制项目过程。 Use GANNT to control the project process.
数字素养 Digital literacy	学生需要使用程序设计软件完成项目产品的制作。 Students need to use programming software to complete the production of project products.
全球视野 Global perspective	学生需要通过技术资料的查询来确定项目产品的技术路线。 Students need to determine the technical route of the project products through the inquiry of technical data.

教学过程 Teaching Process

1. 课前上传主题一的大纲 Upload the syllabus of Topic 1 before class

在 Blackboard 上分享主题一的大纲，请学生课前查看大纲的各个条目，在课上讨论大纲的划分和顺序排列的意义。(大纲按照已有系统的部署和系统设计实施的过程两方面来描述，覆盖了已有系统部署的各种细节和系统设计实施的 4 个阶段。)

Upload the syllabus of Topic 1 on Blackboard and ask students to review the syllabus entries before class, and then discuss the meaning of classifying and ordering the syllabus in class. (The syllabus is based on the process of the deployment of the existing system and the implementation of the system design, which covers all the details of the deployment of the existing system and the four stages of the system design and implementation.)

学生只有在了解两部分的背景和意义的情况下，才能够理解教学内容的部署。

Only when students understand the background and the meaning of the two parts can they understand the deployment of the teaching content.

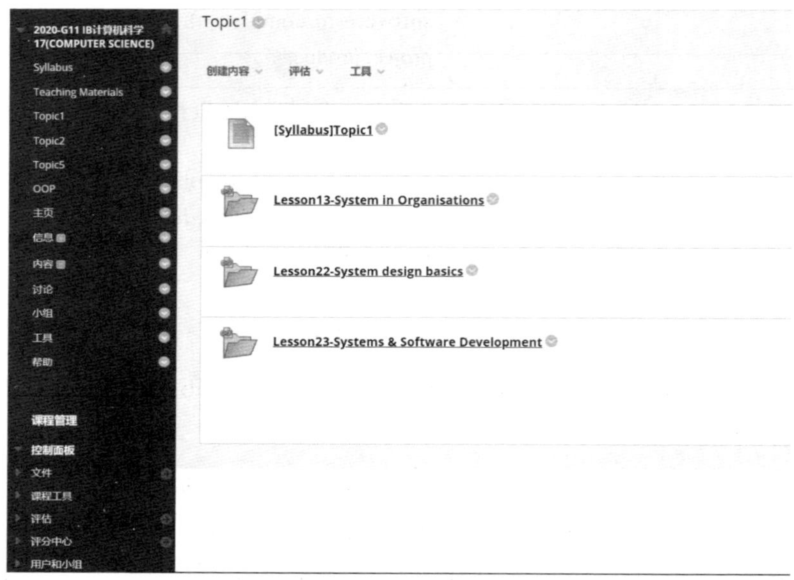

图 1　上传大纲

Figure 1　Uploading the Syllabus

2. 发布教学项目要求 Release teaching project requirements

• 完成一个对其他学科有辅助作用的应用软件（系统）。

To complete an application software/system (product) which can support the study of other subjects.

• 完成项目设计中的计划、设计、实施、评价的各阶段。

To complete the project plan, design, implementation and evaluation of the design of each stage.

• 完成系统部署中的各个环节的思考和方案设计。

To complete the planning and design of each part in system deployment.

• 召开应用软件发布会。

To release the product conference.

同时在讨论板发布各阶段的讨论主题和要点，请项目组（学生）根据时间安排，上传阶段成果（文本形式）。例如，图 2 所示是完成“用户调研”后的阶段成果上传。在每个阶段，学生都需要留存相关文档，并作为最后的项目发布依据。

At the same time, publish the topics of discussion and main points on the discussion board in each stage. Students (or teams) need to upload the results (in text) on schedule. Fig. 2 shown below is users' interview records. Students need to keep related documents during the process, which would be the basis of the final project.

3. 课堂讲解 Classroom explanation

PPT、课堂内讨论 PPT and discussion in class

• 理论知识：项目设计的各个阶段和项目实施的各环节。

Theory: the different stages of the project design and project implementation of each part.

• 在教学中根据时间安排来讲解本阶段需要关注的内容和相关的知识点；

To explain the content which needs more attention in each stage, and related knowledge.

• 请学生在课堂上分享各组的阶段成果和思考。

To share the achievements and thinking of each group.

图 2 项目环节

Figure 2 Project

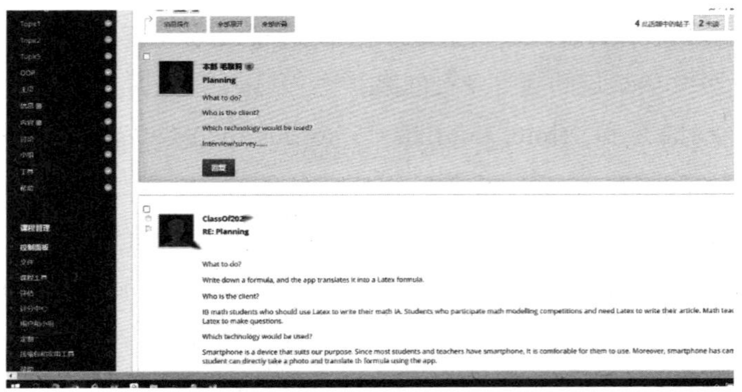

图 3 学生分享

Figure 3 Sharing from Students

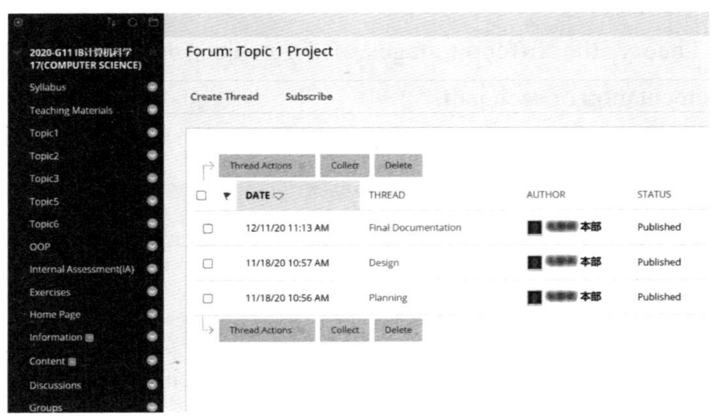

图 4 讨论板发布的话题

Figure 4 Topics Uploaded on the Discussion Board

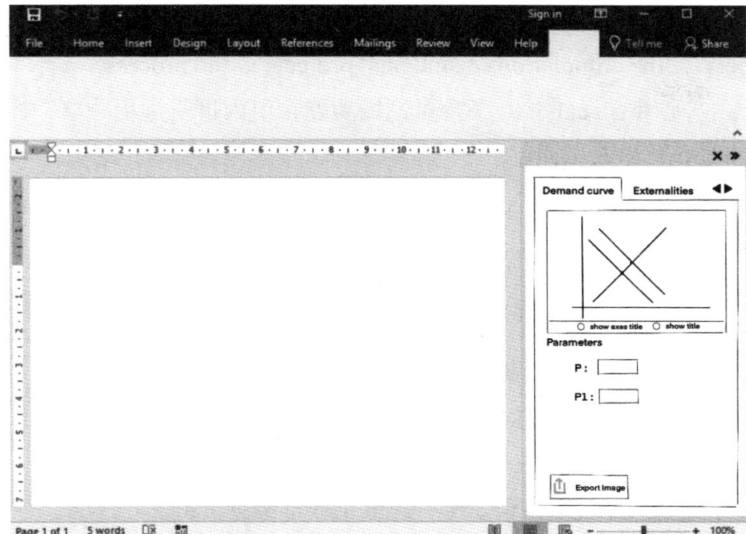

图 5　学生上传的原型设计

Figure 5　Designs Uploaded by Students

4. 应用发布和评价 App publishing and evaluating

- 采用线下发布的方式。

Release the App offline.

- 采用用户评价的方式。

Ask users to give evaluation.

教学效果　Teaching Effect

1. 用翻转的方式，请学生事先了解本主题的组成和意义。

With Classroom-FLIP, the teacher can ask students to learn the composition and significance of Topic 1 in advance.

2. 能够通过 Blackboard 平台讨论板功能来为学生提供项目实施的脚手架，并在过程中及时跟踪和督促学生完成项目。

The teacher is able to provide a "scaffold" for students to

implement the projects on the discussion board, and timely track and supervise the completion of students' projects in the process.

3. 使用 Blackboard 平台讨论板功能在组内进行过程分享，学生之间能够互相取长补短。

The discussion board can also be used to share the process within the group, and thus students can learn from each other.

教师反思　Teacher's Reflection

后续可改进之处：Further improvements:

整个教学过程通过线上的“脚手架”为学生“矫正”项目实施的方向和时间控制，但在过程中略有松散，可以考虑改成“里程碑”的方式督促学生，还可以请学生一起提供教学参考资料。

The whole teaching process is mainly offline, supplemented by online teaching. The online scaffolding can be used to “correct” the direction and time control of the project implementation for students, but the process is a little loose. Therefore, we can consider changing it into the milestone method to supervise students and ask students to provide teaching reference materials together.

反思：Teachers' reflection:

Blackboard 在教学过程中起了很大的“线性”控制作用，但如何能够和线下教学结合得紧密，不仅仅是用来“跟踪”，还需要仔细考虑。

Blackboard plays a great role in “linear” control of the teaching process, but how it can be closely integrated with offline teaching, instead of just “tracking”, the teaching process also needs to be carefully considered.

4.5　小组合作，角色扮演——财政政策教学案例 Immersive Learning with Role-Play Activities — Fiscal Policy Teaching

学科 **Subject**	经济 Economics	年级 **Grade**	G11	教师 **Teacher**	陈丹青 Chen Danqing
主题 **Topic**	宏观经济学——财政政策 Macroeconomics — Fiscal Policy				
类别 **Category**	单元教案 Unit Plan		课时数 **Number of Periods**		6

教学计划背景分析　Lesson Plan Background Analysis

对学生的要求：对经济学知识有较好的理解及应用能力。

Target students: H level, AP, IB students who have a good understanding and application skills in Economics.

前序或后续知识的联系：本章内容为宏观经济学的核心章节。学习之前，学生需掌握宏观经济的核心概念（例如国内生产总值、经济增长、失业、通货膨胀等）。完成本章学习后，后续将继续学习其他的宏观经济政策。

Connections with prior knowledge or subsequent content: This is the core unit of the macroeconomic section. Before learning the unit, students should have learnt the basic macroeconomic concepts (e.g. GDP, economic growth, unemployment, inflation etc.). After that, they will continue learning other macroeconomic policies.

与其他学科的联系：财政政策与政治和历史有着紧密的联系，不同国家在不同时期会采用不同的财政政策，因此学生在学习本章内容的同时，也需要了解不同时代背景下的国家政治与历史。布置的课后作业也考查和培养了学生的跨学科学习的能力。

Connections with other disciplines: Fiscal policies have a close relationship with politics and history. Different countries use different fiscal policies in different time periods. Therefore, when learning this unit, students need to understand politics and history of different countries under different historical backgrounds. The assignment after class also aims to improve students' interdisciplinary study skills.

教学目标 Teaching Objectives

内容教学目标 Content Objectives	Blackboard 或其他技术如何支持内容目标的实现？ How does Blackboard or Other Technology Support the Content Objectives?
1. 理解政府干预的必要性和意义。 Understand the necessity and significance of government intervention in the economy. 2. 理解财政政策的含义。 Understand the meaning and content of fiscal policy. 3. 分析财政政策的作用和影响。 Analyze the effects of fiscal policy. 4. 评价财政政策的有效性。 Evaluate the effectiveness of fiscal policy. 5. 现实案例的应用和分析。 Application of real-life cases.	1. 布置课前阅读任务：课前通过上传的视频让学生充分了解现实中经济危机的影响，从而让学生带着相关印象来到课堂，能够更好地理解政府干预的必要性。 Pre-class reading tasks: Through uploaded videos of real-life cases before class, students can firstly understand the impact of the economic crisis, and then they can come to the classroom with some impressions, and better understand the necessity of government intervention in the macroeconomy. 2. 上传课堂材料：比起线下，提前上传课堂材料能有效利用课堂时间，提高效率，学生也可以利用移动端随时随地查看。此外，更多上课没有涉及的材料可以上传平台作为补充材料，学生可以更加个性化地学习课堂知识。

Upload teaching materials: Compared with offline methods, uploading materials online in advance could make in-class teaching time more effective and efficient. Also, students can get access to the materials anytime, anywhere by using portable devices. Things not covered in class can also be uploaded as supplementary materials for students to read on their own. Therefore, students could learn in a more customized way.

3. 课堂活动前期准备：利用 Blackboard 的分组和讨论板功能可以让学生在课前对活动进行充分准备，并利用课堂时间进行讨论，线上线下的结合可以更好地激发学生的自主学习能力，自发去了解现实中的案例。这样能真正实现以学生为中心的学习。

Preparation for classroom activities: Blackboard's grouping and discussion board features allow students to fully prepare for activities before class. The students then can use class time to discuss face to face. The hybrid learning mode can stimulate students' self-study motivation and enable them to do research on real-life cases on their own, thus will achieve student-centered learning.

4. 小组维基作业提交：教师通过维基功能可以很好地管理和查看学生的小组作业进程，清楚地看到每个学生的贡献程度及参与度，避免组内“搭便车者”的出现。同时，线上的作业形式也有助于学生间的合作。

	Group assignment through wiki: By using the wiki function, teachers can manage and monitor the process of students' group work. Also, they can clearly see the contribution of each student, and thus avoid the free-riders in the group. Meanwhile, on-line group assignment can better promote the communication and cooperation among the members.
核心素养教学目标 Competency Objectives	**Blackboard 或其他技术如何支持核心素养目标的实现？ How does Blackboard or Other Technology Support the Competency Objectives?**
批判性思维 Critical thinking	讨论板的功能可以让学生相互评价，并发表不同的观点，从而培养批判性思维能力。 The discussion board allows students to comment on each other and share different ideas, which could promote critical thinking.
合作意识和能力 Collaboration	通过维基和讨论板功能，培养学生的团队协作能力。 Wiki assignment could improve the collaboration between team members. 通过小组作业，培养组员自我管理和时间管理的能力，并提升他们的领导力。 Group work can help develop students' abilities of self-management, leadership and collaboration skills.
学术表达与交流 Communication	课前在讨论板上的准备以及线下的课堂活动，提高了学生的辩论能力和沟通能力。

	Through preparations before class and in-class activities, students can develop debating skills and communication skills.
主动性 Initiative	学生可根据兴趣和时间自己探索学习教师上传的资料，可以提升自主学习和探究性学习的能力。 Students can have access to all the materials, some of which may be extra resources that students can explore according to their own interest, thus self-learning and inquiry learning abilities can be developed.
数字素养 Digital literacy	Blackboard 平台各项功能的使用促进了学生数字素养和计算机能力的提高。 The using of Blackboard platform itself can improve students' digital literacy and computer skills.
全球视野 Global perspective	通过探索全球经济危机，学生可以了解不同国家在不同时代背景下的决策并能予以评价。 Through the exploration and research on the economic crisis around the globe, students can learn to evaluate the polices under different perspectives and historical backgrounds in different countries. 基于现实案例的分析培养了学生的实际应用能力，帮助他们更好地了解现实世界中所发生的事。 Real-life case-based analysis develops students' practical application skills and helps them to know what is happening in the real world.

教学过程 Teaching Process

1. 课前阅读 Pre-class reading

在 Blackboard 上提前发布有关 2008—2010 全球金融危机的视频和文章（入门介绍性质），学生需要在观看和阅读后回答问题。

Teachers upload articles and videos about the 2008–2010 Global Financial Crisis (just very introductive). Students need to answer the following questions after watching the videos and reading those materials.

Pre-class reading

Attached Files: Crisis On Wall Street_ The Week That Shook The World (Part 1).mp4 (33.975 MB)

Dear all,

As we will start learning government policy from the next class, it is necessary for you to have some basic understanding of why government intervention is needed and when it is used. Please watch the video attached and answer the following questions:

1. When did the crisis happen?

2. Why did the crisis happen?

3. What happened to Lehman Brothers during the crisis?

4. What negative effects did it cause to the world economy? (use the concepts that we have learnt to decribe)

图 1

Figure 1

2. 课堂讲解 Teaching in class

PPT 辅以视频和案例分析：

Use PPTs with videos and cases accompanied:

理论知识：政府财政政策的定义、具体举措、理论效应以及有效性分析。

Theories covered: Definition of fiscal policy and its tools, analysis of the effects and effectiveness.

案例分析：布什及奥巴马总统时期为应对金融危机采用的财政政策内容及影响分析，美国政府债务情况，各国应对金融危机的财政政策比较。

Case analysis: The fiscal policies used by the US government during the time of Bush and Obama. Discuss the policy content and the effects as well as the US debt, and compare the fiscal policies used in different countries when facing financial crisis.

额外资料（学生自学）：有关金融危机中财政政策分析以及反思的期刊文献资料。

Supplementary materials (for students to self-study): literature on fiscal policies analysis during 2008–2010 Global Financial Crisis and lessons learnt from the crisis.

（课后将所有资料上传 Blackboard，学生可以自己参考及复习。）

(Teachers upload all the materials to Blackboard after class so that students can read and review by themselves.)

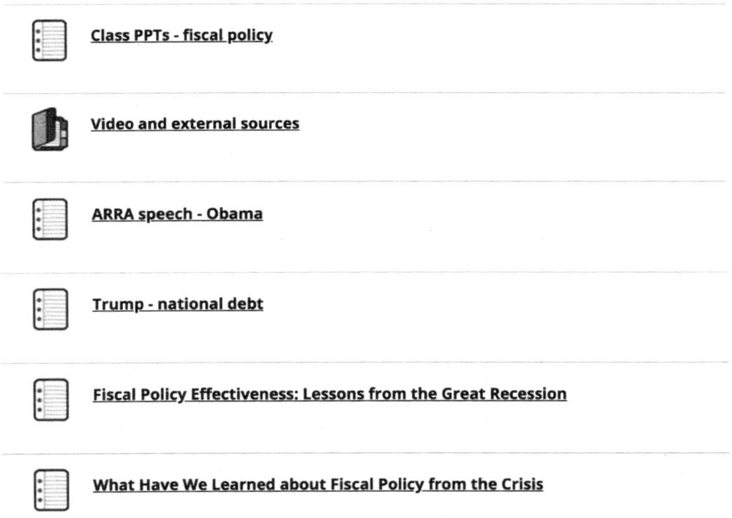

Class PPTs - fiscal policy

Video and external sources

ARRA speech - Obama

Trump - national debt

Fiscal Policy Effectiveness: Lessons from the Great Recession

What Have We Learned about Fiscal Policy from the Crisis

图 2

Figure 2

3. 课堂活动——角色扮演 Class activity — role play

目标：学生通过扮演不同角色，了解财政政策对于不同利益相关者的影响，以及相互之间存在的利益冲突，从而评价政策的有效性。

Aim: Through acting as different roles, students will learn the effects of fiscal policies on different stakeholders and the conflicts between each other. Thus they learn to evaluate the effectiveness of the policies.

实施：Implementation:

课前准备：Preparation before class:

（1）设置情景——美国政府在金融危机时颁布了一系列财政政策，政府进行了听证会。

Context setting — the US government launched a series of fiscal policies and held a public hearing.

（2）利用 Blackboard 在课前将学生分组，每组分配一个角色（角色有国会代表、经济学家、企业代表、美国民众代表以及外国政府代表等），并对每个角色设置一定的前提情景（利用 Blackboard 的“适应性发布”，可以将不同的内容发布给不同组的学生），目的是让学生讨论分析这条政策对于自己所扮演的角色的影响有哪些，好处或者坏处，并表明对这条政策应持何种立场。

Group the students before class on Blackboard. Each group will receive a role (including the Congress, economists, corporate representatives, US residents and foreign government representative), and some basic information is given to each different role respectively (by using the function of “adaptive release” of Blackboard, teachers can release different content to different groups). Thus the students in different roles can start to analyze the effects of the fiscal policies on them — good points and bad points — then decide whether they will support the policy or not.

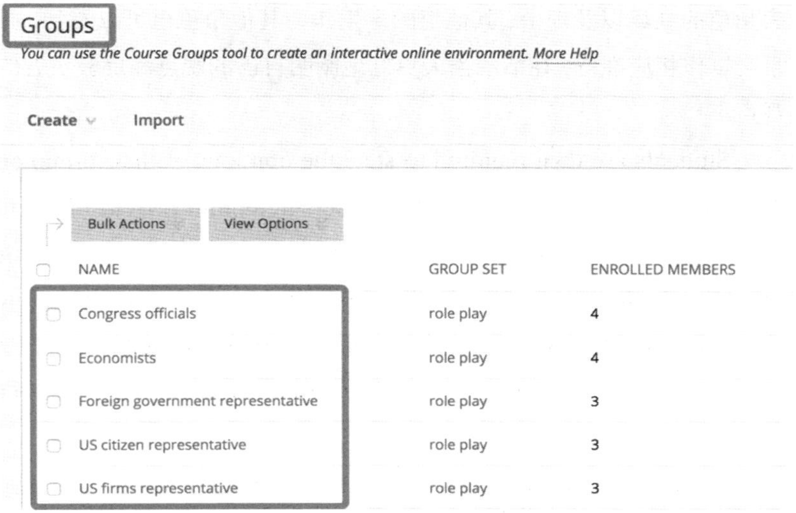

Groups

You can use the Course Groups tool to create an interactive online environment. More Help

Create　Import

Bulk Actions　View Options

NAME	GROUP SET	ENROLLED MEMBERS
Congress officials	role play	4
Economists	role play	4
Foreign government representative	role play	3
US citizen representative	role play	3
US firms representative	role play	3

图 3

Figure 3

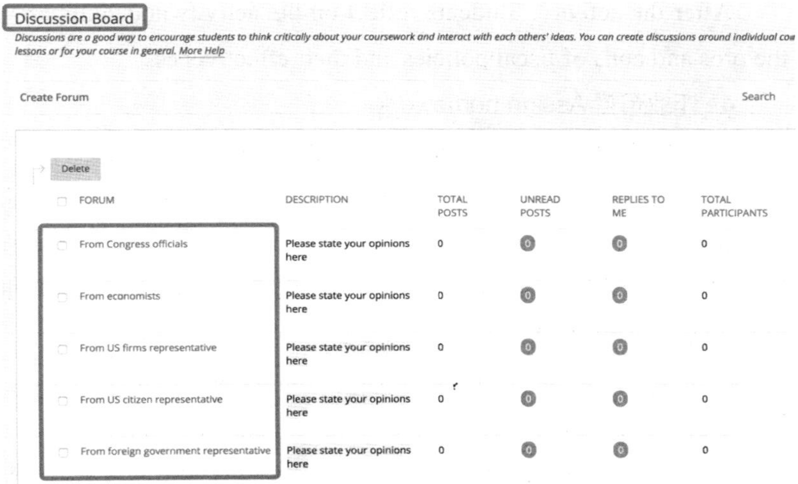

Discussion Board

Discussions are a good way to encourage students to think critically about your coursework and interact with each others' ideas. You can create discussions around individual cou lessons or for your course in general. More Help

Create Forum　Search

Delete

FORUM	DESCRIPTION	TOTAL POSTS	UNREAD POSTS	REPLIES TO ME	TOTAL PARTICIPANTS
From Congress officials	Please state your opinions here	0	0	0	0
From economists	Please state your opinions here	0	0	0	0
From US firms representative	Please state your opinions here	0	0	0	0
From US citizen representative	Please state your opinions here	0	0	0	0
From foreign government representative	Please state your opinions here	0	0	0	0

图 4

Figure 4

（3）学生利用 Blackboard 讨论板，各组在论坛上发表自己所代表角色的立场以及理由，其他组的学生作为其他角色也可以看到，并且可以作相应准备，在活动当天更好地阐明自己的观点和反驳对方的观点。

Students are then required to state the opinions of their group on the discussion board. All students can see the opinions from different roles. Then by looking at opinions from other stakeholders, students can make better preparations for making the viewpoints of their role clear and know how to refute other stakeholders' viewpoints.

活动当天：各组根据前期的准备阐明各自观点，之后，各方进行会谈和辩论。

On the activity day: Each group of stakeholders states their own viewpoints, then all the stakeholders will have a discussion and debate.

课后：进行反思，整理财政政策的优劣和有效性。

After the activity: Students reflect on the activity and summarize the pros and cons of fiscal policies and their effectiveness.

4. 作业布置 Assign homework

（1）巩固强化知识点：选择题→ Blackboard test 功能。

Consolidation: Multiple choice questions → the function of Blackboard test.

（2）小组项目：各国应对金融危机的财政政策分析论文→利用 Blackboard 的维基功能。

Group project: the analysis of fiscal policies of different countries during the Global Financial Crisis with the function of Wikis.

作业要求：3—4 人一组，选择一个受金融危机冲击的国家，分析其为应对危机所采用的财政政策。

Assignment requirements: 3 to 4 students per group. Choose one country that has suffered from the Global Financial Crisis and analyze what the country did to combat the crisis and how effective those policies were.

下面附上 Blackboard 维基操作说明：

Blackboard operating instructions of Wikis are attached below:

先让学生注册小组，自动就会有小组维基。

First, group the students with Blackboard. Then group wikis will be automatically set up.

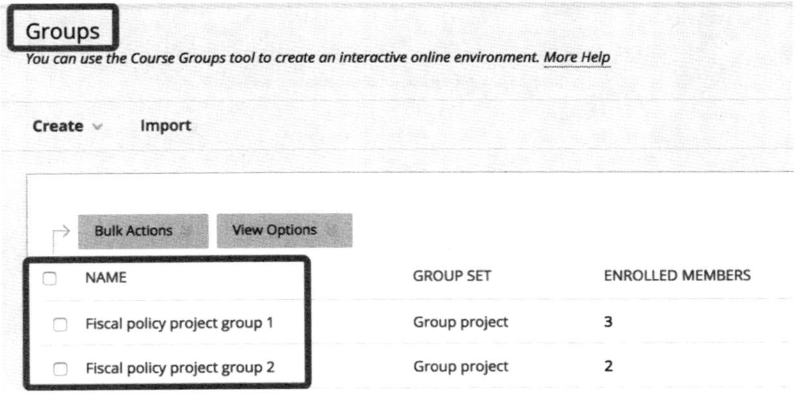

图 5

Figure 5

在首页创建维基，然后创建维基链接。

Create Wikis on the home page (tools → Wikis)→Create a Wiki link.

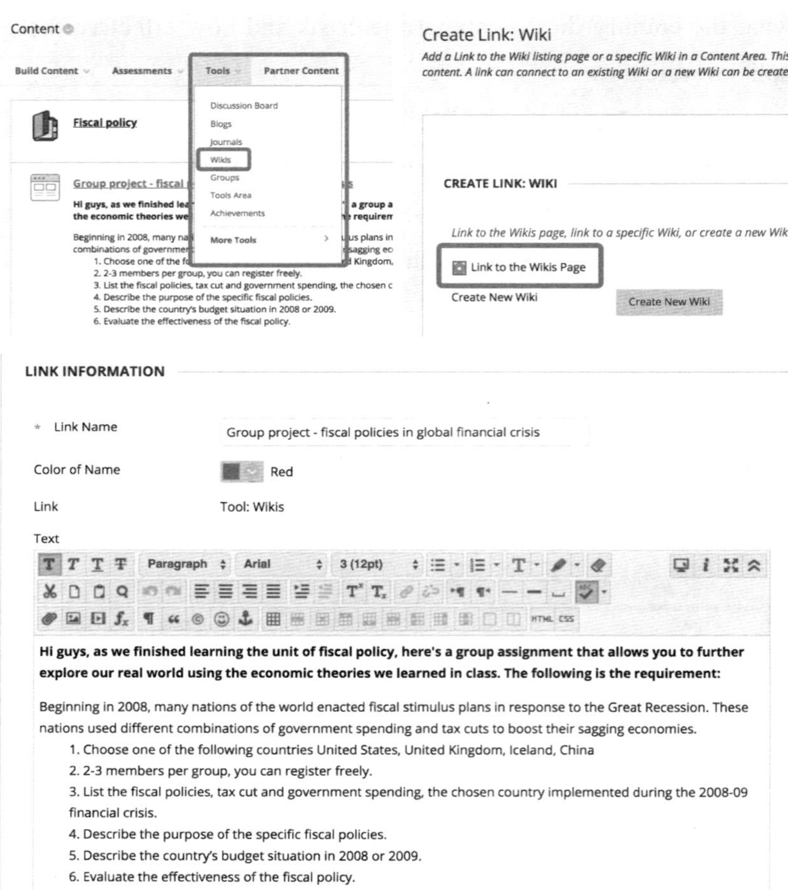
Content
Build Content
Assessments
Tools
Partner Content
Discussion Board
Blogs
Journals
Wikis
Groups
Tools Area
Achievements
More Tools
Fiscal policy
Create Link: Wiki
Add a Link to the Wiki listing page or a specific Wiki in a Content Area. This content. A link can connect to an existing Wiki or a new Wiki can be create
CREATE LINK: WIKI
Link to the Wikis page, link to a specific Wiki, or create a new Wiki
Link to the Wikis Page
Create New Wiki
Create New Wiki
LINK INFORMATION
Link Name
Group project - fiscal policies in global financial crisis
Color of Name
Red
Link
Tool: Wikis
Text
Paragraph
Arial
3 (12pt)
Hi guys, as we finished learning the unit of fiscal policy, here's a group assignment that allows you to further explore our real world using the economic theories we learned in class. The following is the requirement:
Beginning in 2008, many nations of the world enacted fiscal stimulus plans in response to the Great Recession. These nations used different combinations of government spending and tax cuts to boost their sagging economies.
1. Choose one of the following countries United States, United Kingdom, Iceland, China
2. 2-3 members per group, you can register freely.
3. List the fiscal policies, tax cut and government spending, the chosen country implemented during the 2008-09 financial crisis.
4. Describe the purpose of the specific fiscal policies.
5. Describe the country's budget situation in 2008 or 2009.
6. Evaluate the effectiveness of the fiscal policy.
Path: p » strong
Words:139

图 6

Figure 6

“内容”页即出现维基链接。

The Wiki link will be shown on the content page.

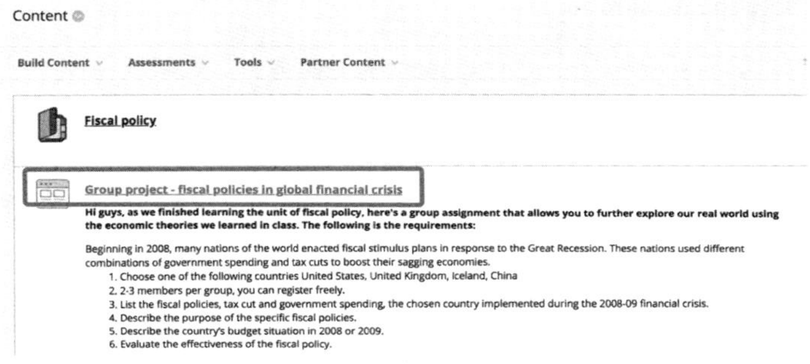

图 7

Figure 7

点击后即可选择小组维基进行编辑，教师可先进入帮助创建一个模板。

By clicking the link, students can enter their own group Wiki and edit the Wiki. The teacher can also first write something to create a frame for students.

Fiscal policy project group 2

Create Wiki Page

Fiscal policy during GFC

Edit Wiki Content

Created By 陈丹青 国际部 on Saturday, January 5, 2019 6:50:31 PM CST
last modified by 陈丹青 国际部 on Tuesday, January 8, 2019 3:07:09 PM CST

The country chose by your group is: ____________

Please show your work below:

Comment

图 8

Figure 8

同一小组的学生即可利用此维基进行协作编辑，完成作业。

Students in the same group can cooperate and edit the Wiki to complete the assignment.

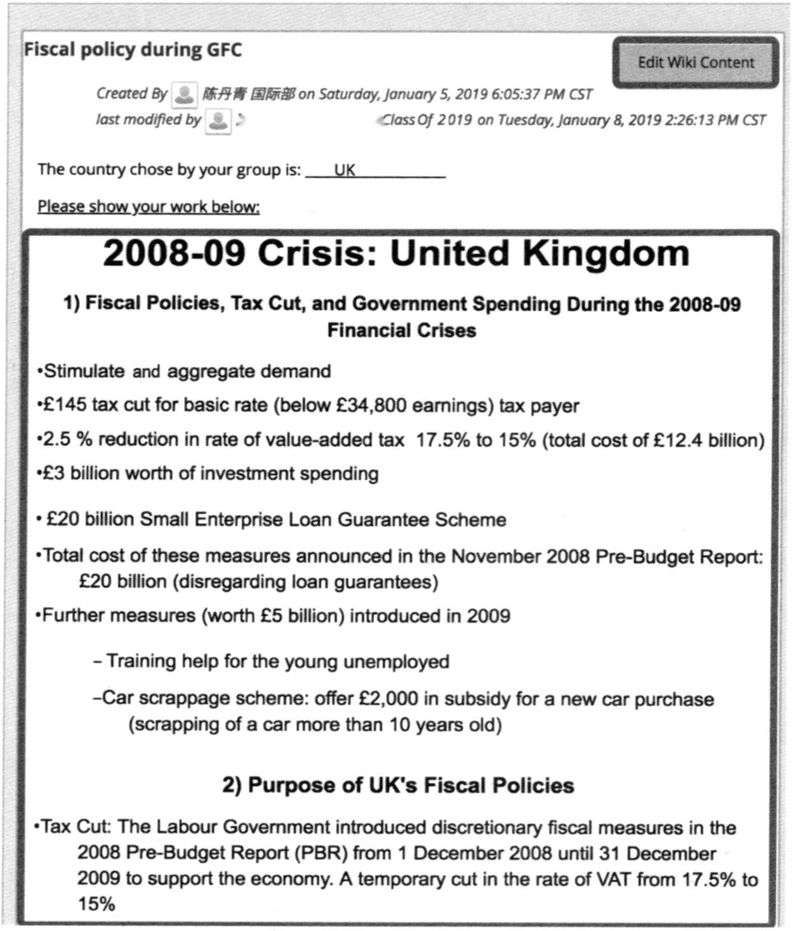

Fiscal policy during GFC

Edit Wiki Content

Created By 陈丹青 国际部 on Saturday, January 5, 2019 6:05:37 PM CST
last modified by Class Of 2019 on Tuesday, January 8, 2019 2:26:13 PM CST

The country chose by your group is: UK

Please show your work below:

2008-09 Crisis: United Kingdom

1) Fiscal Policies, Tax Cut, and Government Spending During the 2008-09 Financial Crises

•Stimulate and aggregate demand

•£145 tax cut for basic rate (below £34,800 earnings) tax payer

•2.5 % reduction in rate of value-added tax 17.5% to 15% (total cost of £12.4 billion)

•£3 billion worth of investment spending

• £20 billion Small Enterprise Loan Guarantee Scheme

•Total cost of these measures announced in the November 2008 Pre-Budget Report: £20 billion (disregarding loan guarantees)

•Further measures (worth £5 billion) introduced in 2009

– Training help for the young unemployed

–Car scrappage scheme: offer £2,000 in subsidy for a new car purchase (scrapping of a car more than 10 years old)

2) Purpose of UK's Fiscal Policies

•Tax Cut: The Labour Government introduced discretionary fiscal measures in the 2008 Pre-Budget Report (PBR) from 1 December 2008 until 31 December 2009 to support the economy. A temporary cut in the rate of VAT from 17.5% to 15%

图 9

Figure 9

教师可以随时查看组内每个学生的贡献程度，并最终给出相应的分数。

The teacher can know the contribution of each student in this group and give corresponding scores to different students by clicking "participation and grading".

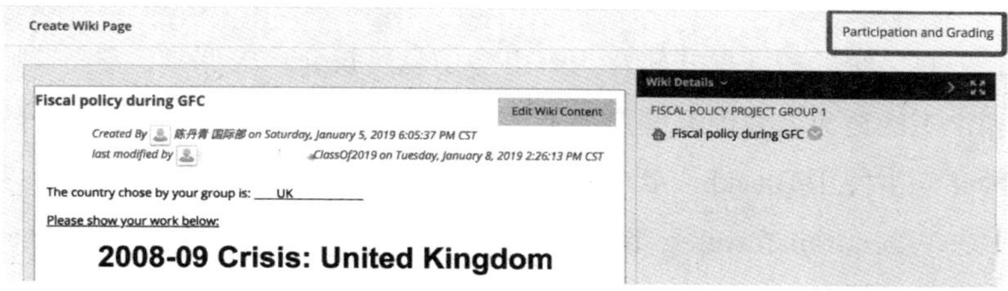

图 10

Figure 10

NAME	WORDS MODIFIED (NUMBER COUNT)	WORDS MODIFIED (PERCENTAGE)	PAGE SAVES (NUMBER COUNT)	PAGE SAVES (PERCENTAGE)
ClassOf2019	418	45%	2	20%
ClassOf2019	144	15%	2	20%
陈丹青 国际部 (Not a group member)	31	3%	3	30%
ClassOf2019	319	34%	3	30%

Wiki Details

All

GRADE 1/5/19 6:53 PM 16 /20

ClassOf2019	16 /20
ClassOf2019	17 /20
ClassOf2019	15 /20

Feedback to Learner

图 11

Figure 11

点击学生名字还可以看到这个学生所完成的部分。

By clicking each student's name, the teacher can even know which part is written by him or her.

学生反馈　Students' Feedback

学生普遍反映良好，只是有个别出现浏览器不兼容或者文件无法上传的问题。

Students have good responses in general, but there are some problems, like the browser is incompatible or the files cannot be uploaded.

教师反思 Teacher's Reflection

将传统的授课模式转化为有更多信息科技介入的课堂，需要教师和学生的适应。目前某些情况下微信群更显高效。因此，如何提升教师和学生使用 Blackboard 的积极性仍需要各方的努力和探索。

When transforming the traditional teaching mode into the one that involves information technology, it may require time for adaptation for both teachers and students. In some cases, WeChat appears to be more efficient. Therefore, how to encourage more teachers and students to get adjusted and use Blackboard routinely still requires efforts and exploration from different sides.

4.6 课前课后，学习无界——合同法教学案例 Connect before and after Class — Contract Law Teaching

学科 **Subject**	法律 Law	年级 **Grade**	12 H	教师 **Teacher**	左乾 Zuo Qian
主题 **Topic**	合同的成立及要约 Contract Formation and Offers				
类别 **Category**	单节课教案 60-minute Lesson Plan				

教学计划背景分析　Lesson Plan Background Analysis

目标学生：12 年级学生

Target students: Grade 12 H Level students

课前要求：1. 完成关于合同理论基本介绍的阅读；2. 阅读案例 Carlill v. Carbolic Smoke Ball Co. (1893)；3. 用 Blackboard 讨论板进行课前分享。

Prerequisites: 1. Read the introduction of the contract theory. 2. Read the case of Carlill v. Carbolic Smoke Ball Co. (1893). 3. Blackboard pre-class sharing.

本课是合同法基本知识学习的第一课，并不需要很多既有知识。但是，学生需要通过阅读初步了解关于合同成立与否纠纷的争议焦点何在，建立基本学习语境。同时，能够用合同法分析框架去联系生活实际是非常重要的。

This is the beginning of the study of Contract Law, and therefore no specific pre-existing knowledge is required. However, students do need to understand what kind of legal issues they are to focus on and it is particularly important for them to link the theory with real life experiences.

教学目标　Teaching Objectives

内容教学目标 Content Objectives	Blackboard 或其他技术如何支持内容目标的实现？ How does Blackboard or Other Technology Support the Content Objectives?
1. 理解合同成立的基本要素及概念。 Understand the basic elements and concepts for contract formation.	通过 Blackboard 进行的课前讨论或分享成了有效的预习手段，也成了传统作业之外的软性任务，由此可以实现有趣的课外材料的分享和交流，有效节省课堂导入时间。 Blackboard pre-class sharing becomes a

2. 理解合同法理论中的“要约－接受”模型可以解释很多日常生活中的合同行为。同时可以进一步理解本课程中学习的“合同”是建立在广义理解之上的，不仅包括狭义上的商务签约行为，更包括广泛的社会行为与互动，如停车、网购等。

Understand that many day-to-day social activities can be captured by an offer-acceptance model, and can further understand that “contract” in a broad sense not merely refers to commercial paperwork, but activities like online shopping, parking, etc.

3. 理解并且能识别合同法意义上的“意思表示”行为，即意欲发生一定法律效果的表意行为。

Understand and be able to identify the “intention to be legally bound”.

4. 能够用关于要约的综合知识形成对生活事件有层次的法律定性，例如朋友请客吃饭的邀请、报刊上的广告、假一罚十的承诺等等。

platform for work “outside” of routine homework and it can reward and attract students through interesting links and peer communications and therefore save more phase-in time in class.

讨论板在先期分享的基础上非常适合进行反思，早先的思考就呈现在眼前，个人改变和成长的对比变得明显。

The discussion board is good for follow-up discussions. Students can do pre-class sharing and analysis first, then reflect on their sharing after class.

对于讨论的延展话题可以有效快速跟进和引入相关链接资源，从而使 Blackboard 上的讨论具有有机性和个性化特点。

Certain sharing might lead to interesting side topics which will make the course content more diverse and individually tailor-made.

Be able to use the comprehensive knowledge of offer to form a layered understanding of real-life events, from a promise of a friend, to a newspaper advertisement, to certain quality/genuineness warranty, etc.

5. 在以上基础之上，了解普通法经典原则之外的合同法规则，如美国的《统一商法典》，并理解其背后的政策导向原因。

Further understand the exceptions to common law principles from United States' *Uniform Commercial Code* and its policy rationale.

核心素养教学目标 Competency Objectives	Blackboard 或其他技术如何支持核心素养目标的实现？ How does Blackboard or Other Technology Support the Competency Objectives?
批判性思维 Critical thinking	Blackboard 上对于过往看法的反思有利于引导深层思考，也促进对于既往思考模式的有益批判和审视。 The reflection on the discussion board induces deep thinking and promotes second-time challenge to one's existing way of thinking.

学术表达与交流 Communication	Blackboard 上的讨论需要清晰有效的书面表达。由此可以引导学生进一步有逻辑地组织论辩内容，同时也更准确地书写和使用法律术语。 Blackboard discussion requires effective written expression. It encourages students to improve on organizing arguments logically as well as using the legal terms accurately.
主动性 Initiative	Blackboard 的使用给予学生更多弹性和自主的空间，在一定能动性的基础上，可以培养自主学习习惯。 Students are granted more flexible and independent space to arrange their pace of study and discussion, and it can induce effective self-study based on self-discipline.
数字素养 Digital literacy	高效、熟练地使用线上资源是提升教学效果的有效手段。 Making good use of digital resources and expression will be helpful for teaching and learning in its own right.

教学过程　Teaching Process

1. 课前准备 Pre-class preparation

教师在讨论板创建“生活中的‘要约’”的分享话题（图 1）：

Create "'Offers' Found in Life" on the discussion board (Fig. 1):

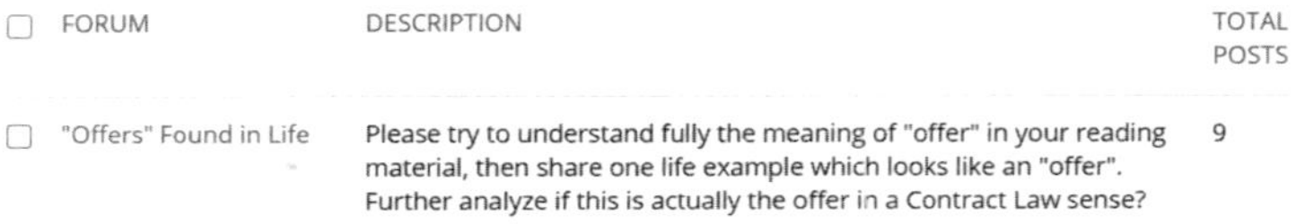

FORUM	DESCRIPTION	TOTAL POSTS
"Offers" Found in Life	Please try to understand fully the meaning of "offer" in your reading material, then share one life example which looks like an "offer". Further analyze if this is actually the offer in a Contract Law sense?	9

图 1　创建分享话题

Figure 1　Create Sharing Topics

学生被要求寻找和分享生活中看似是“要约”的现象，并进一步结合课程阅读内容中的法律理论尝试分析是否是合同法意义上的“要约”。

Students were required to take part in the sharing by finishing the reading and answering the questions first.

学生回复示例（依次为图 2—图 4）：

Examples of students’ replies (Fig. 2, 3, 4 respectively):

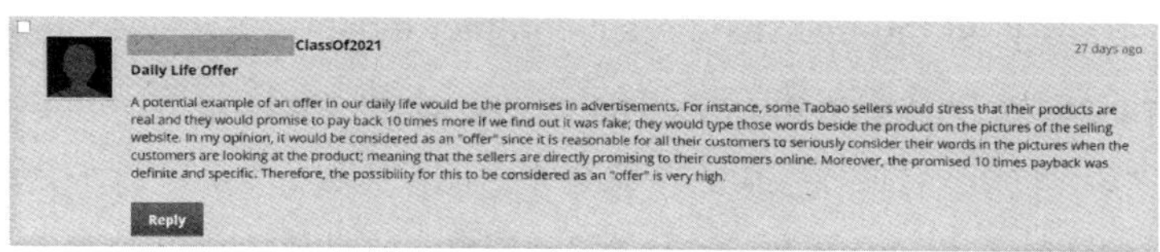

图 2

Figure 2

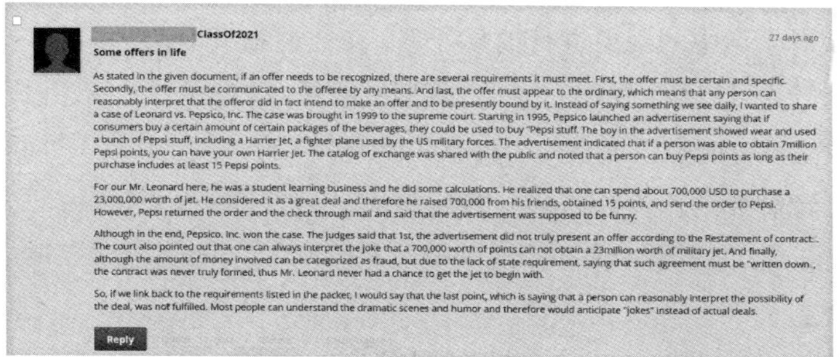

图 3

Figure 3

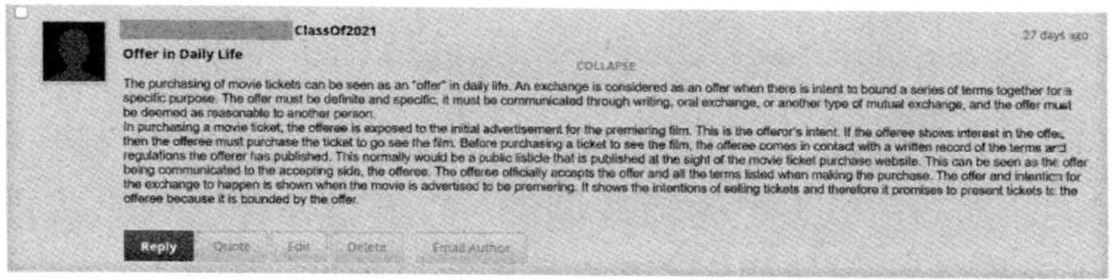

图 4

Figure 4

2. 课堂教学与讨论 In-class teaching and discussion

（1）快速援引部分讨论板上学生分享的困惑完成话题导入。（5分钟）

Quote some puzzling examples on the discussion board and finish the phase-in stage quickly. (5 minutes)

（2）请学生根据阅读材料列出普通法系中经典的合同构成要素：要约—接受—对价。（5分钟）

Briefly go through the classic contract model: offer–acceptance–consideration (based on the introduction part of the reading). (5 minutes)

（3）对比“合同”与其他一般意义上的“合意”的差异：（5分钟）

Contract vs. other kinds of agreements, what’s the difference? (5 minutes)

“合同”和“合意”的概念是本堂课的重点，理解合同法规则是尝试对生活中的现象进行抽象处理，在普遍意义上，使多种多样的立约行为可以被“要约—接受”模型所解释，并按照是否满足该模型来决定双方间是否成立一个具有法律强制执行力的“合意”。同时进一步理解要约作为合同成立的起点，是一种法律意义上的“意思表示”行为，即意欲达成一个受法律强制执行力约束的“合意”的表意行为。

Students are required to understand that almost all contracting activities can fit into an offer-acceptance model, with one party making an explicit promise with an intention to be legally bound.

（4）清除“对价”概念造成的理解障碍：（10分钟）

Clear the barrier from the concept of consideration: (10 minutes)

介绍“对价”概念的普通法渊源，初步理解合同双方都要有所“牺牲”，这种双方的“牺牲”形成了价值的交换，使得一份合同在法律意义上得到公权力的保护。

It's a common law tradition. By "promising", it means each party needs to "sacrifice" something, which leads to the value exchange and the protection of the contract from the publish authority.

讨论：何种提议或承诺才算作合同法意义上的要约？（15 分钟）

Discussion: What counts as an offer? (15 minutes)

回顾 Blackboard 分享内容，并开始讨论 Carlill 案例（该案例涉及一则悬赏广告）来回答相关困惑——悬赏广告有没有发向指定对象？悬赏广告内容模糊还是具体？怎样才算不够具体？如何判断该悬赏是否当真？如何理解"当真"？"当真"与否的后果有何不同？

Return to Blackboard sharing, recap some examples and reasons, then use Carlill v. Carbolic Smoke Ball Co. to find out the relevant element. Is the ad made to specific persons? Is the ad content vague or not? How vague is too vague? How to judge whether an ad is serious or not? What does "serious" mean? What results will people's believing the ad or not lead to?

结合 Carlill 案例的探讨，回答并总结广告是不是要约。（10 分钟）

Answer the question according to the discussion: In a general sense, is an advertisement an offer? And then make a summary. (10 minutes)

FIRST STEP OF FINDING A CONTRACT: WAS THERE AN OFFER?

A. **DEFINITION**: A manifestation of an intention to be LEGALLY bound.
B. **ELEMENTS TO CONSIDER**: Intention/definiteness/"value" exchanged/made to specific persons/ acceptance must be notified?/ …… (see Carlill v. Carbolic Smoke Ball Co.)
C. **ADVERTISEMENTS**: Generally, advertisements are not offers.

KFC advertises on a local newspaper: "Incredible offer! Lunch special for $6.99." Is this an offer?

____

____

图 5 讲义截图（1）

Figure 5 Handout Excerpt (1)

介绍准确性原则在美国的例外规定。（10 分钟）

Introduction to one exception to definiteness in the U.S.A. (10 minutes)

D. **INDEFINITENESS**: Are certain terms too indefinite to be legally enforced?

1. **Open price term**: Generally, a court can read in a **"reasonable" price** except in a contract for the sale of real property.
2. **Requirement contracts**: *As an exception, under U.C.C. Article 2, the uncertain quantity is permissible.

Buyer offers to buy **all its requirement** of oil drum from Seller for ten years for $35 per drum.

____

____

图 6 讲义截图（2）

Figure 6 Handout Excerpt (2)

3. 课后反思 After-class reflection

邀请学生反思自己的分享案例，看看课后的判断与课前是否有所不同，并寻找其原因。学生回复如图 7 所示。

To revisit the cases shared on the discussion board and analyze it again with new knowledge and analytical framework from the class. (Fig. 7)

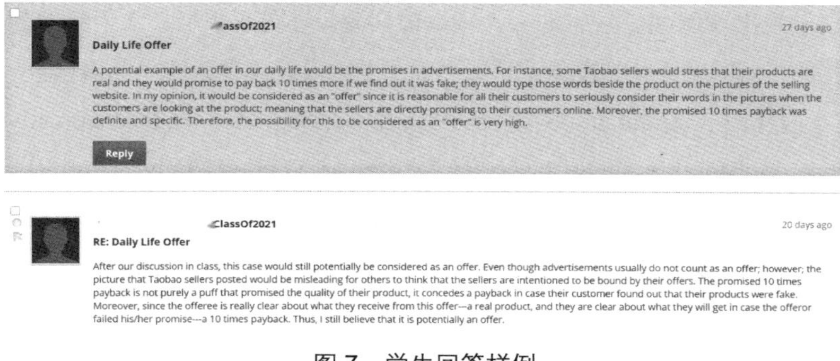

图 7　学生回答样例

Figure 7　Response Samples

教学效果　Teaching Effect

讨论板上的话题有助于把课前准备内容实体化，学生对于感兴趣的话题也乐于看到同伴的想法。通过线上线下的融合引导，加上学生的自主思考和生活观察，本课教学在学生认知上实现了对于“合同”的广义理解，以及对于民法的学习难点“意思表示”行为的初步概念。生活实例的搜寻帮助他们体会到法律理论在日常生活和商业实践中的体现和应用。

The discussion board makes the preview task more concrete. For students, seeing others' views or examples is interesting. Students gradually picked up the idea of seeing “contract” in a broader sense and the example sharing and reflection turned out very helpful. It linked class materials with real life practices and decision making.

教师反思 Teachers' Reflection

课堂教学：On teaching:

本课对个案和细节讨论足够充分，但是对于主线还需更多强调，避免学生出现困惑。学生的一大理解障碍是：合同不就是日常生活中的签约行为吗？为什么要强调这么多关于要约及合同是否成立的内容？

One important angle was not stressed enough that students actually had doubts about why contract formation needed such a complex analysis. Isn't the answer so clear when people sign the paperwork? The teacher realized this by observing their overall reactions in class.

原因是本课之"合同"在民法意义上是一个非常宽泛的概念，一般是在广义概念上讨论所谓的"合同"。日常生活中，除了侵权类纠纷外，其他大部分民商事纠纷可能都是基于"合同"纠纷，也就是说各类生活纠纷的法律落脚点可能都是违约纠纷，因此，需要把各类纠纷回溯和分解，看看是否可以嵌入"要约—接受"模型中，如果可以嵌入，就可能形成一份合同，那才有公权力介入裁判的依据。也正是基于这个大前提，合同成立部分的课程更多是要分析不那么清晰的合同行为，并判断其是否受法律保护。

Because students tended to start their thinking by perceiving "offer" and "contract" in a narrow sense as the daily paperwork signing practice. However, the "contract" or "offer" covered in class refers to "contract" in a broader sense. It captures many activities that do not look like explicit contracting activities. It was under this background that we were exploring why an advertisement is usually an offer or not.

Blackboard 使用：On Blackboard use:

Blackboard 的使用把有效的讨论延展到了课前和课后，在学生有兴趣的前提下，教学在时空上都延伸了，产生了一定的社群感。本学科的特点要求学生更多地注意表达和用词。但对于参与感不强的学生来说，非硬性强制的讨论就难以发挥作用。以 11 年级平行班为参照，由于参与热情低于 12 年级，课堂理解和参与有效性确实有所降低。但为了避免把讨论变为硬性作业，教师目前并没有做出强制要求，以避免流于形式的应付性讨论。对于 Blackboard 上补充材料的选取和话题的吸引力还会再持续探索，力求通过趣味性和吸引力触发积极自愿的线上讨论或分享氛围。

Blackboard use, even when the offline teaching returned to normal, proves to be useful in its own right. It promotes effective pre-class activities and expands the effective teaching and learning time. However, for students who are not self-starters, Blackboard use is less effective because making it mandatory is not a good choice in that it would chill the sense of community and turn it into another form of "hard" homework. Teachers can further improve on the way they present the materials (as well as certain custom-made settings) and the substantive discussion topics. If it is interesting enough, more voluntary and active uses can be expected.

4.7 共同探讨，协作实验——化学实验教学案例 Group Discussion and Collaborative Experiment — Chemistry Experiment

学科 **Subject**	化学 Chemistry	年级 **Grade**	G10	教师 **Teacher**	张悦粤 Zhang Yueyue

（续表）

主题 Topic	调查：瓶子里的化合物是什么？ Investigation: What's in the Bottle?		
类别 Category	单元教案 Unit Plan	课时数 Number of Periods	2
教学计划背景分析 Lesson Plan Background Analysis			

与前序知识的联系：离子化合物和共价化合物的定义；离子化合物和共价化合物的物理性质。实验技能：未知样品导电性的测量。

Connections with prior knowledge: definition of ionic and covalent compounds, physical properties of ionic and covalent compounds. Lab skills: conductivity of a sample.

对学生的学术要求：学生要理解化合物的性质与结构之间的关系。在此基础上，学生应有能力应用前序知识和已经掌握的实验技能，自行设计实验，解决实际问题。

Requirements for H-level students: As honors level students, they are required to understand the relationship between the properties and the molecular level structure of a compound. Furthermore, they should be able to use the prior knowledge and lab skills to design an experiment to solve practical problems.

与后续知识的联系：学生要通过对实验现象的观察，了解不同类型共价化合物的蒸发过程，定性地比较它们的沸点，并能够结合其分子结构进行分析。这将帮助学生更好地理解后续对“分子间作用力”的学习。

Connections with subsequent content: Based on the observation of the experiment, students will compare and be aware of the phenomenon of evaporation of different types of covalent compounds, which can help them to understand the new definition of intermolecular force later.

教学目标 Teaching Objectives

内容教学目标 Content Objectives	Blackboard 或其他技术如何支持内容目标的实现？ How does Blackboard or Other Technology Support the Content Objectives?
1. 掌握如何在 Blackboard 平台上使用“讨论板”和“维基”的功能。 Students should master how to use the “discussion board” and “Wikis” on Blackboard.	1. 学生可以更自由地利用课下时间来进行预习，有更充分的时间对前序知识进行复习，并对与本调查有关的其他内容进行自主收集和学习。 More flex time for students to carry on the preview of the investigation, including the review of relevant prior knowledge, and self-research of the investigation.
2. 自主联系前序知识，并基于“科学研究”的思想，完成实验设计。 Students should use prior knowledge to finish an experimental design based on the idea of “scientific research”.	2. 教师与学生之间的互动、讨论和交流没有地理位置和时间的限制。 No location and time limit on interaction, discussion, and communication between the teacher and students.
3. 能够分析实验数据以获得关于此项调查活动的合理结论。 Students should be able to analyze the experimental data to get a reasonable conclusion about the investigation.	3. 学生之间的互动可以帮助他们发现一些常见的共性问题，小组内的讨论和组间的交流均可激发学生的自主学习，提升对知识点的理解和应用能力，提高教学效率。 Interaction among students can help them to focus on their common problems and increase learning efficiency.
4. 实验结束后，掌握撰写实验报告的基本技能，并根据要求完成报告。	

Students should master basic skills in writing a complete lab report after the experiment.	
核心素养教学目标 Competency Objectives	**Blackboard 或其他技术如何支持核心素养目标的实现？ How does Blackboard or Other Technology Support the Competency Objectives?**
创造性 Creativity and originality	利用前序知识设计实验，解决实际问题。 Use prior knowledge to solve practical problems.
批判性思维 Critical thinking	通过在 Blackboard 上检查其他人的工作，提升学生自身的批判性思维能力。 Improve critical thinking by checking others' work on the discussion board.
合作意识和能力 Collaboration	以小组为单位讨论实验设计，并完成报告的撰写，加强学生之间的讨论和交流。 Group work on the experimental design on the discussion board and writing reports in Wikis.
学术表达与交流 Communication	学生可以通过 Blackboard 中的回复和评论功能，随时随地与老师和同伴进行交流互动。 Students can communicate timely by replying and commenting on Blackboard.
训练有素的思维习惯 Disciplined thinking habits	维基功能可以有效地展示优秀实例，并及时指导学生进行修订。同时，学生可以互相学习，自查和他评结合，培养良好的学习习惯。 Wiki is an efficient tool to display good examples and show students how to do a revision. They can learn from each other so as to develop good habits.

决策力 Decision making	各小组的负责人将自发承担组织责任，提升学生的自发性和组织能力。 Leaders of the groups will spontaneously take the duty to do organization work. Hence their spontaneity and organization skills can be improved.
主动性 Initiative	小组合作的要求和同伴的进展，将成为推动所有学生开展活动和讨论的自发动力。 Group collaboration and peer's work on Blackboard will be the natural drive to push all the students.
数字素养 Digital literacy	维基的历史记录功能公平、公开地展示了每个成员的工作和贡献，学生将意识到要尊重他人的成果，并学会规范地进行引用，同时也加强了学术诚信教育。 The historical records of Wikis will show the work of each member fairly, the students will be aware of respecting others' contribution and learn to do citation normatively.

教学过程　Teaching Process

实验课课前活动：使用 Blackboard 讨论板功能（在实验课前 2 天开展，用 0.5 课时进行课上讲解）

Pre-lab activity: Discussion board function on Blackboard (2 days before the Lab, 0.5 class hour in class)

1. 讨论版活动 Discussion board

布置一个“讨论板”活动，引导学生对本次调查活动进行预习，并要求学生对相关信息进行收集和自学（图 1、图 2）。

Start an activity on the discussion board to guide the students to preview the investigation (as shown in Fig. 1 & 2).

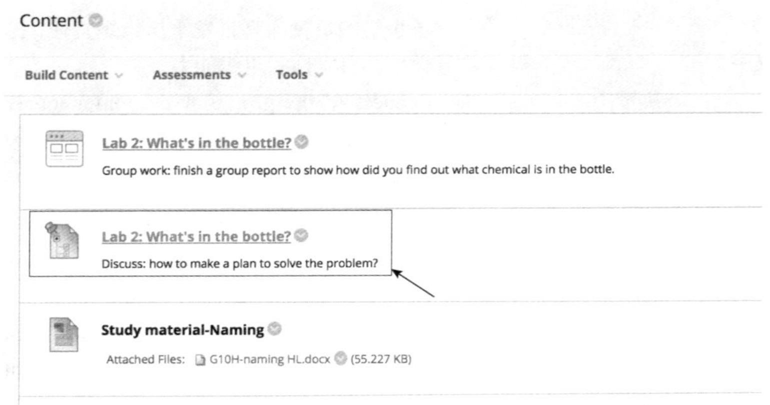

图 1　学生可以在内容栏中看到该讨论活动

Figure 1　Students May See the Discussion on the Content Page

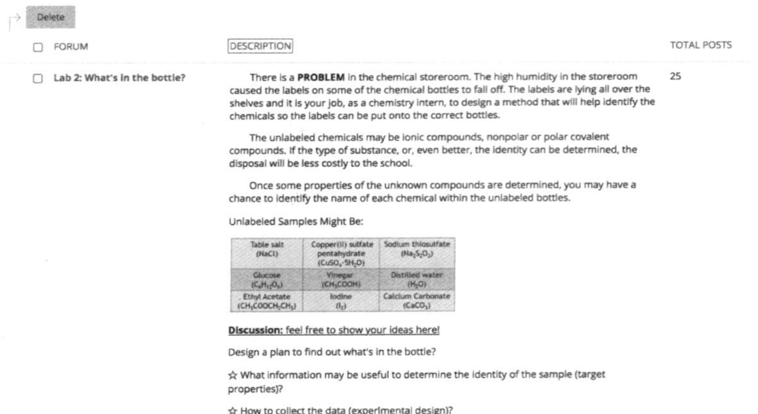

图 2　学生阅读说明以了解有关该讨论主题的详细信息

Figure 2　Students May Read the Instructions to Know the Theme

2. 布置个人作业 Assign individual work

每个学生都必须完成预习并复习相关的前序知识，为实验设计作准备。

Every student must preview the investigation and review the

relevant prior knowledge to prepare for the design of the experiment.

个人任务：在老师发布的主题帖“参考材料”下回复，回答要求完成的预习问题（图 3、图 4）。

Individual task: Reply to the thread “Reference Material” to answer all the pre-lab questions (as shown in Fig. 3 and Fig. 4).

图 3　学生进入主题帖进行回复

Figure 3　Students May Go to the Topic Thread and Reply

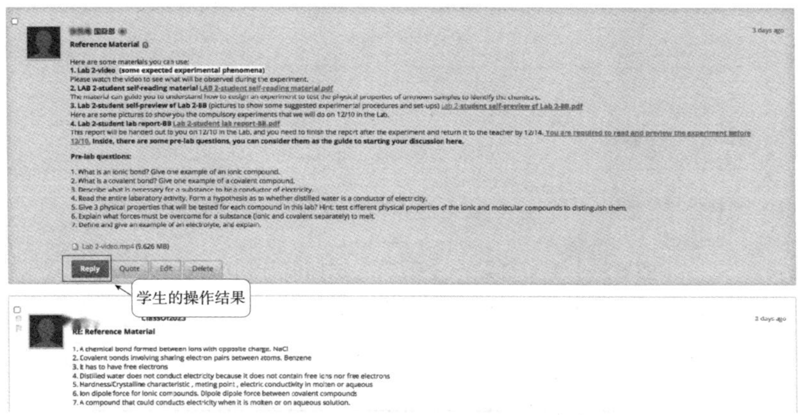

图 4　学生的回帖将被展示在主题帖下方

Figure 4　Students’ Reply to the Thread

3. 布置小组作业

将班级分成 3 个小组，学生将通过小组合作，在讨论板上协同完成针对该调查的实验设计。该活动相当于课堂上的小组讨论活动，但更灵活，不受地理位置和上课时间的限制，讨论时间也更加充裕和自由。

Assign group work: Separate the class into 3 groups, in which they collaborate to finish the experimental design on the discussion board. This activity is equivalent to class group discussion, but more flexible on time.

小组任务：每个小组的负责人需要创建一个新的主题帖，由组长命名，告知组员（图 5）。所有组员在此主题帖中提出自己的想法，并进行讨论。各组通过讨论完成本组的实验设计，以解答“瓶中有什么？”的问题。

Group task: Each group leader should create a new thread (as shown in Fig. 5) to propose the group's own design of the experiment to find out “What's in the bottle?”.

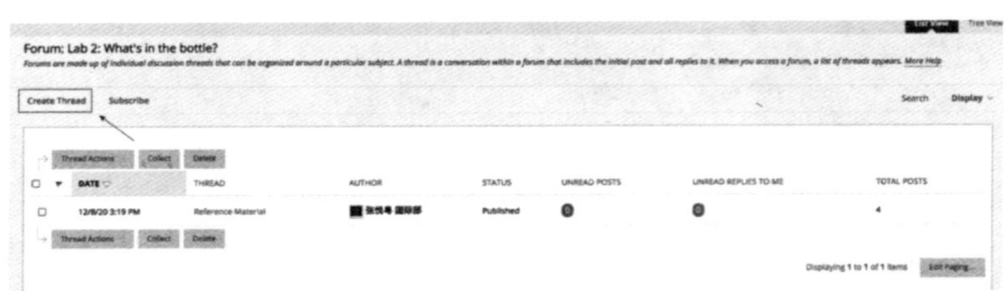

图 5　小组长创建一个新的主题帖以开始小组讨论

Figure 5　The Group Leader Starts a New Thread for Group Discussion

所有小组成员都通过在各组的主题帖下回帖来进行小组讨论（图 6）。班级中其他非小组成员只能查看帖子内容，但不能参与讨论。

All the group members reply to the group thread and discuss (as shown in Fig. 6), and other students can only watch the discussion.

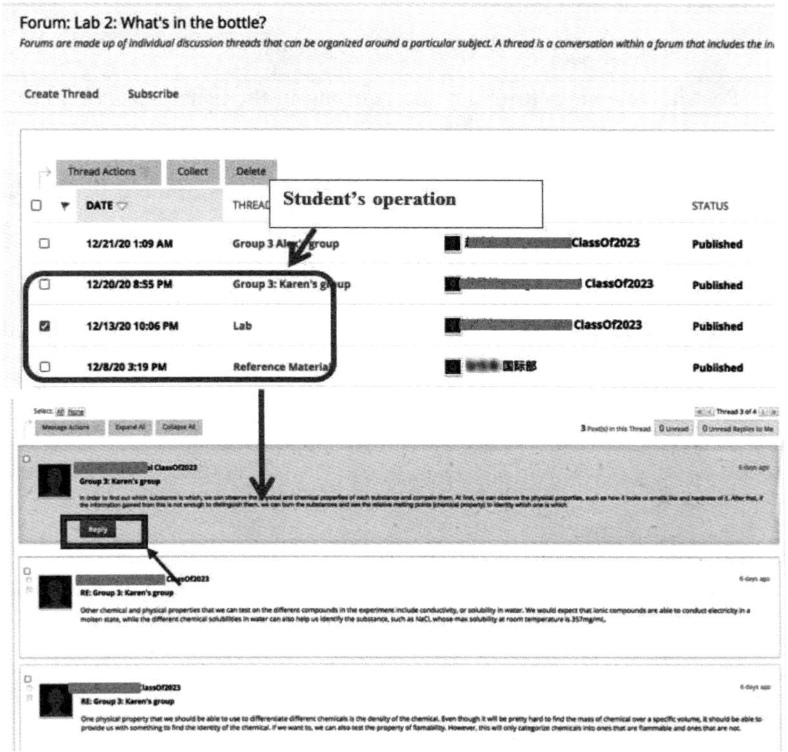

图 6　通过回帖进行小组讨论

Figure 6　Replying to the Group Thread for Group Discussion

实验课：在实验室进行（1 课时）

Lab: an experiment in the laboratory (1 class hour)

所有学生基于各组的实验设计，根据实验室中所给的药品和仪器进行试验。记录定量和定性数据，以进行数据分析和报告撰写。后续的数据分析讨论和报告撰写，仍将在 Blackboard 上进行。

Carry out the experiment based on the students' design and the chemical and instruments available in the lab. Record quantitative and qualitative data for data analysis and report writing, which would still be conducted on Blackboard.

实验课课后教学：正常课上教学（0.5 课时）

Post-lab teaching: teaching and learning in the usual class (0.5 class hour in class)

利用课上时间，总结学生在实验课中的问题。引导学生思考如何进行数据分析，并确认在 Blackboard（维基）上撰写报告的要求（图 7）。

Guide the students to think about how to do data analysis and confirm the requirements for report writing on Blackboard (Wikis), as shown in Fig. 7.

Report format:

- Proposal
  - The aim: what is the problem to be solved? The above table
  - The idea/principle: how to solve the problem? → physical properties?
  - The expected result: how to use the experiment data to identify the unknown chemicals?
    Check the table, try to distinguish them all.
    Such as: NaCl and $CuSO_4 \cdot 5H_2O$? NaCl and sucrose (table sugar)? NaCl and $CaCO_3$?
- Experiment procedures and data
  - What did you do? 7 samples only
  - Experimental data: table and pictures
- Conclusion
  - Data analysis and conclusion: identify each chemical and explain

Solid sample 1, 2, 3, 4
Liquid sample 1, 2, 3

图 7　教师将报告格式放在 Blackboard 上

Figure 7　The Teacher Puts the Sample Report on Blackboard

实验课课后活动：使用 Blackboard 的维基功能（实验课课后 1 周内完成）

Post-lab activity: Wikis on Blackboard (1 week after the Lab)

1. 布置“维基”活动 Start a Wiki

布置一个“维基”活动，用以展示学生的实验报告和调查结论。

Start a Wiki to show the students' reports and conclusions of the investigation.

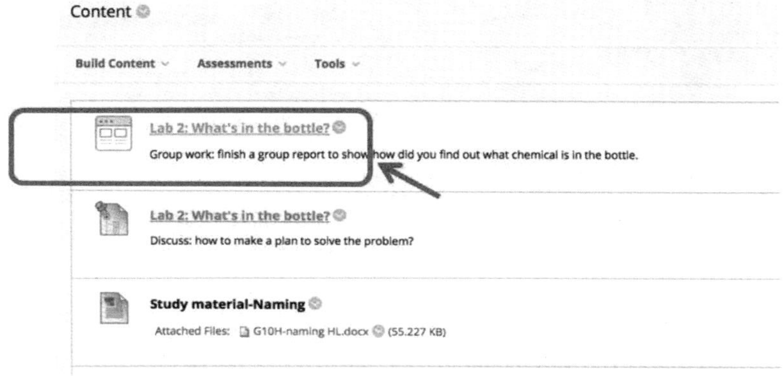

图 8　学生可以在 Content 栏中看到该维基活动

Figure 8　Students May Check the Wiki Activity under the Content Tab

2. 布置小组任务：3 个小组应分别在维基中完成实验报告

Assign group work: 3 groups to finish the lab report in Wikis

小组任务：每个小组的负责人首先进入老师创建的维基活动，再创建一个新的维基页面，讨论“瓶中有什么？”，得出各组的调查结论并完成实验室报告（图 9）。所有小组成员必须参与编辑并做出自己的贡献，提出各自关于数据分析和讨论的想法。

Group task: Each group leader should create a new wiki page to start the group's lab report and conclusion of the investigation "What's in the bottle?", as shown in Fig. 9. All the group members must take part in editing and contribute their own idea about the data analysis and discussion.

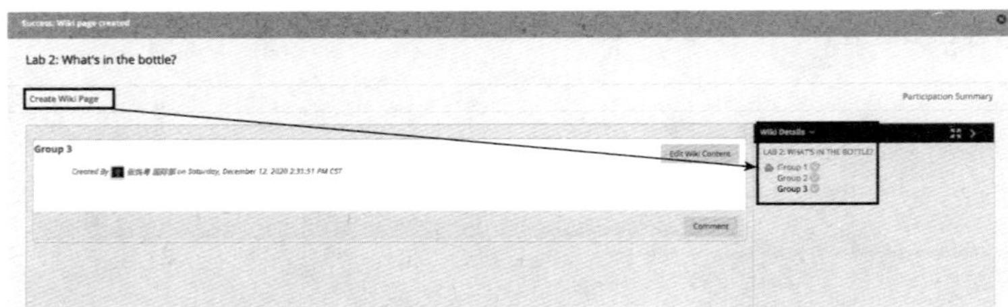

图 9　组长创建一个新的维基页面，在此开展组内讨论并完成报告

Figure 9　The Group Leader Starts a New Wiki Activity and Finishes the Lab Report

每个组的成员可以（如图 10 所示）：

Members of each group can (as shown in Fig. 10):

（1）通过“评论”在本组的维基页面上开展讨论。

Discuss with each other on their own wiki page using “Comment”.

（2）通过“编辑维基内容”，在本组的维基页面上参与编辑本组的实验报告。

Collaborate to edit the group report on their own wiki page using “Edit Wiki Content”.

（3）每个小组的工作都向其他小组开放，但其他组的成员只能通过“评论”进行交流，不能参与编辑。所有讨论和协同编辑都对老师开放，老师应公平地对各组进行必要的指导。如果一个小组使用另一个小组的数据，则该小组必须清楚地标明引用。教师必须严格按照“诚信守则”监督整个过程。

Each group’s work is open to other groups, but they can only communicate with “Comment”, which is also open to the teacher. If one group uses another group’s data or conclusion, the group must label the citation clearly. The teacher must supervise the whole process according to the integrity policy strictly.

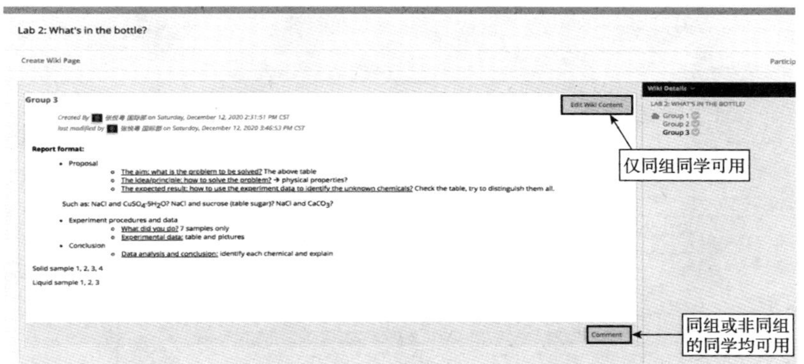

图 10　小组成员参与讨论或撰写报告

Figure 10　Entering the Group Wiki Page to Discuss or Complete the Report

3. 检查各组实验报告 Report checking

各组的实验报告应由所有成员协同合作完成，并在截止日期之前提交。教师可以检查“历史记录”，以查看每个成员在报告中的贡献，监管协同合作的公平性（图 11）。

The group report should be done with all members' contribution before the due date. The teacher can check the “History” menu to see each member's work on the report, as shown in Fig. 11.

同时，教师在截止日期之前阅读学生的报告草稿和评论，以检查是否有错误。如果有明显的错误，教师可以发表评论以提醒学生，引导学生进行修正，但不能直接进行修改（图 12）。在截止日期之前，教师应该对所有小组公平地提出建议。

Meanwhile, the teacher should read the drafts of the students' reports and comments before the due date to check if there's any mistake. If there's any obvious mistake, the teacher can comment to remind the students, but not revise directly (as shown in Fig. 12). Before the due date, the teacher should be fair to all the groups on giving suggestions.

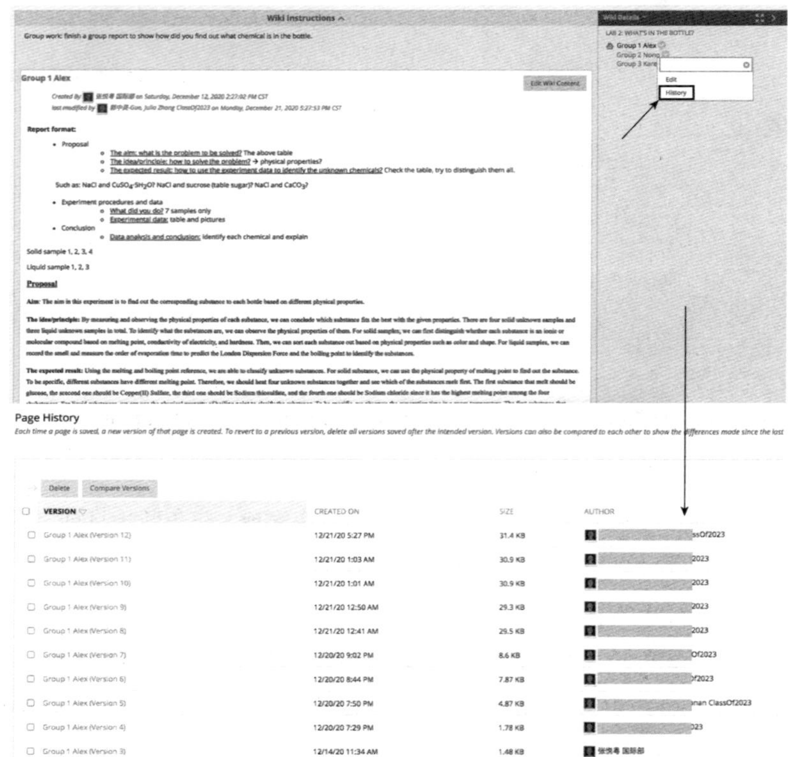

图 11　教师可以通过“历史记录”查看每个成员的发布记录

Figure 11　Checking Students’ Reply Records by “History”

在截止日期之后，教师对报告进行评分，并对每组的报告给出更多对细节的评论以供学生参考修改。根据学生的报告情况，由教师确定报告终稿的截止日期。在各组终稿提交之前，教师还可以在课堂上与学生进行面对面地分析和讨论，以明确更多的修改细节。

After the due date, the teacher can grade the report and give more comments on each report for revision. A second due date for the final draft of the report should be set. Before the deadline for the final draft, the teacher can also conduct in-class analysis and discussion with the students to talk about more details.

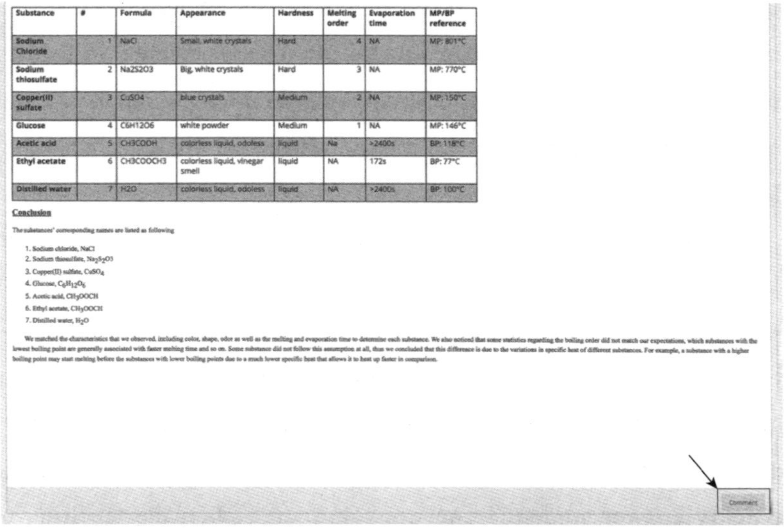

Substance	#	Formula	Appearance	Hardness	Melting order	Evaporation time	MP/BP reference
Sodium Chloride	1	NaCl	Small, white crystals	Hard	4	NA	MP: 801°C
Sodium thiosulfate	2	Na2S2O3	Big, white crystals	Hard	3	NA	MP: 770°C
Copper(II) sulfate	3	CuSO4	blue crystals	Medium	2	NA	MP: 150°C
Glucose	4	C6H12O6	white powder	Medium	1	NA	MP: 146°C
Acetic acid	5	CH3COOH	colorless liquid, odoless	liquid	Na	>2400s	BP: 118°C
Ethyl acetate	6	CH3COOCH3	colorless liquid, vinegar smell	liquid	NA	172s	BP: 77°C
Distilled water	7	H2O	colorless liquid, odoless	liquid	NA	>2400s	BP: 100°C

Conclusion

The substances' corresponding names are listed as following

1. Sodium chloride, NaCl
2. Sodium thiosulfate, Na_2S_2O3
3. Copper(II) sulfate, $CuSO_4$
4. Glucose, $C_6H_{12}O_6$
5. Acetic acid, CH_3OOCH
6. Ethyl acetate, CH_3OOCH
7. Distilled water, H_2O

We matched the characteristics that we observed, including color, shape, odor as well as the melting and evaporation time to determine each substance. We also noticed that some statistics regarding the boiling order did not match our expectations, which substances with the lowest boiling point are generally associated with faster melting time and so on. Some substance did not follow this assumption at all, thus we concluded that this difference is due to the variations in specific heat of different substances. For example, a substance with a higher boiling point may start melting before the substances with lower boiling points due to a much lower specific heat that allows it to heat up faster in comparison.

Comment

图 12 教师可以通过“评论”指导学生

Figure 12 Teachers Can Instruct Students Through Comments

教学效果 Teaching Effect

对 10 年级学生早期科研能力的培养和基本实验技能的训练，是十分必要的教学内容。因此，使用 Blackboard 功能来辅助能力培养和实验教学，是一个切实可行并且行之有效的教学方法。

It is quite necessary to cultivate the early scientific research abilities and basic experimental skills for grade 10 students. Using Blackboard to assist with students' ability training and experimental teaching is a practical and effective teaching method.

首先，师生可以有效地利用课后实践进行实验的前期准备，比如：复习相关知识，理解实验原理，预习实验技能，结合理论知识进行实验设计达到学以致用的教学目标。

First of all, teachers and students can effectively use the off-class activity on Blackboard to prepare for the experiment, such as reviewing relevant knowledge, understanding experimental principles, previewing experimental skills, combining theoretical knowledge with experiment design to achieve the teaching goal of applying what they have learned.

其次，在实验课前后，结合在 Blackboard 上的讨论内容，教师可以更加高效地利用有限的课堂时间进行讲解和强调，迅速解答学生存在的疑问，并加强对重难点的教学。

Secondly, before and after the experiment, with the discussion content on Blackboard, teachers can use the limited class time more efficiently to explain and emphasize the most important theories, quickly answer students' questions and strengthen the teaching of important and difficult points.

最后，学生可以获得充分的时间与同学和教师进行互动与交流。各种奇思妙想都有展示的空间，充分发挥学生的批判性思维，进行头脑风暴。特别是在科研的基本素养方面，学生可以得到充分而全面的训练，比如：基于问题提出解决方案，设计实验对方案进行验证，分析数据得出结论，完成实验报告，等等。

Finally, students can get enough time to interact and communicate with classmates and teachers. Blackboard can display all kinds of creative ideas, giving full play to students' critical thinking and brainstorming. In terms of the basic literacy of scientific research, such as proposing solutions based on problems, designing experiments to verify the plans, analyzing the data to draw a conclusion, and completing experimental reports, students can be fully trained.

教师反思　Teacher's Reflection

首先，在使用初期，学生对于使用 Blackboard 进行化学实验学习的要求还不够明确，需要教师更多的讲解和指导。教师需要多花一些课堂时间，带领学生熟悉相关要求。

First of all, in the initial stage, students are not clear about the requirements for using Blackboard in experimental learning, and more explanations and guidance from teachers are needed. More class time should be spent to guide students to familiarize themselves with the relevant requirements.

其次，在学生充分了解了对于 Blackboard 的使用要求之后，教师可以考虑在实验教学以外的其他方面，更多地利用这样的混合教学方法，提高教学效率。

Secondly, after students understand the requirements for the use of Blackboard, teachers can make fuller use of such teaching methods to improve teaching efficiency.

4.8　形式多样，具身认知——探秘马格努斯滑翔机教学案例 Teach Physics in Various Forms — Explore the Magnus Glider

学科 Subject	物理 Physics	年级 Grade	G9	教师 Teacher	许悦超 Xu Yuechao
主题 Topic	物理辩论赛——探秘马格努斯滑翔机 Debate: Magnus Glider				
类别 Category	单元教案 Unit Plan		课时数 Number of Periods		6

教学计划背景分析 Lesson Plan Background Analysis

学生为刚进入高中的 9 年级学生，本课程为学术拓展探究类课程。因此不仅仅是物理理论学习，更需要注重联系实际生活，运用所学知识来解释生活中的现象，设计相关实验，激发学生的创造性。而学生此后在 11 年级也会进一步学习伯努利方程的相关内容，本课可以为其打下良好的基础。整个课程的设计都要兼顾学术性和趣味性。

This course is the academic inquiry course for grade 9 students who have just entered high school. Therefore, it is not only the study of physics theory, but also a course connecting with real life, requiring students to design related experiments, and stimulating students' creativity. In grade 11, students will learn about Bernoulli's principle further, and hence this course can lay a good foundation for the future. The design of the entire course must consider both academic and interesting parts.

此外，在常规课程的学习过程中，学生进行完整的实验课题探究的机会不多，通过对本课程的学习，学生可以完整地进行一次课题研究，学习如何查找文献、控制变量、处理数据和分析误差等，在体会研究乐趣的同时也能提升团队合作能力。

In addition, in the learning process of regular courses, students rarely have the opportunity to explore experimental projects. However, in this course, students can conduct a complete project research and learn how to search for references, control variables, process data and analyze errors, etc., experiencing the joy of research while improving teamwork skills.

同时，学生对于辩论这一形式也非常感兴趣，将物理与辩论相融合，通过辩论来发表课题成果并表达想法、互相评价，有助于提升学生的表达能力，激发学生的探究热情。

Also, students are very interested in the form of debate. Combining physics with debates and expressing ideas through the debates will help enhance students' expression skills and enthusiasm for study.

教学目标 Teaching Objectives

内容教学目标 Content Objectives	Blackboard 或其他技术如何支持内容目标的实现？ How does Blackboard or Other Technology Support the Content Objectives?
1. 理解伯努利方程的物理意义。 Understand the physical meaning of Bernoulli's principle. 2. 运用伯努利方程解释生活中的现象。 Use Bernoulli's principle to explain the phenomena in daily life. 3. 自主设计并进行简易实验来阐述伯努利方程。 Design and conduct simple experiments to illustrate Bernoulli's principle. 4. 采用控制变量法进行实验探究，并对实验数据进行处理，培养学生观察现象、分析数据和归纳总结的能力。 Use the controlled variable method to conduct experiments	通过 Blackboard 发布课前预习资料、视频链接等，激发学生的好奇心和学习热情。 Publish pre-class preview materials, video links, etc., through Blackboard to stimulate students' curiosity and enthusiasm for learning. 利用 Blackboard 布置课后小实验的作业，让学生可以回家后利用家中的简易道具来设计并进行相关实验，在 Blackboard 平台先行提交，后在课堂上进行分享。 Use Blackboard to assign homework for experiments after class, so that students can use simple devices at home to design and carry out related experiments after returning home, and share with others in class after submission. Blackboard 讨论区的使用使得学生可以随时随地上传自己课题的进展和成果，同时也可以看到他人的数据结果，在课堂集中展示和辩论过后可以继续延伸讨论、表达想法并提出建议。 The discussion board allows students to

and process experimental data, cultivating students' abilities to observe phenomena, analyze data, and make a summary.

5. 分组探究，鼓励学生进行交流、合作。

Encourage students to communicate and cooperate during experiments.

6. 激发学生学习物理规律的兴趣，鼓励学生积极寻求答案，尊重实证，激发学生的好奇心，培养他们正确的科学态度。

Stimulate students' interest in learning physics and encourage students to actively seek answers and respect the evidence.

upload the results of their own projects anytime and anywhere, and at the same time they can also see others' results, discuss with each other, express ideas and give suggestions.

核心素养教学目标 Competency Objectives	**Blackboard 或其他技术如何支持核心素养目标的实现？ How does Blackboard or Other Technology Support the Competency Objectives?**
创造性 Creativity and originality	通过 Blackboard 发布的课后小实验作业，让学生思考并设计如何使用家中道具来进行实验。 Through the assignments released by Blackboard, students can think about how to conduct home-made experiments and then carry it out.

批判性思维 Critical thinking	在 Blackboard 讨论区对他人上传的实验结果进行思考判断并发表看法。 On the discussion board, students can consider and express their opinions on the experimental results uploaded by others.
合作意识和能力 Collaboration	两人一组进行马格努斯滑翔机的实验，合作拍摄视频并绘制图像、处理数据，上传至 Blackboard。 For the Magnus glider experiments, students collaborate with each other to shoot videos, draw images, process data, etc., and upload their results on Blackboard.
学术表达与交流 Communication	在 Blackboard 讨论区描述并发表实验成果，并对他人成果进行评价。 Students can publish their experimental results on the discussion board and evaluate the results of others.
训练有素的思维习惯 Disciplined thinking habits	针对 Blackboard 布置的课后小实验作业进行发散思维，建立所学内容与生活实际的联系。 By doing the assignment released by Blackboard, students can establish the connection between what they have learned and their daily life.
主动性 Initiative	通过 Blackboard 发布课前预习资料，鼓励学生自行学习探究。 Publish pre-class preparation materials on Blackboard to encourage students to study and explore on their own.

数字素养 Digital literacy	学习如何利用 Excel 绘制图像，并将结果上传至 Blackboard，互相讨论分析。 Students can learn how to use Excel to draw images and upload their results onto Blackboard to discuss with each other.

教学过程 Teaching Process

1. 课前预习 Preview before class

在 Blackboard 系统的讨论板提前发布课前的引导问题，让学生带着这些问题去有针对性地查阅资料并观察生活中的现象，进行课前预习和思考，并在讨论区回答或提出问题，彼此讨论。

Publish the pre-class guiding questions in advance on the discussion board, which allows students to conduct pre-class preview and thinking. They can look up related materials and observe the phenomena in daily life, answer or raise questions, and discuss with each other on the discussion board.

Bernoulli's principle

1. What's Bernoulli's principle?
2. Can you give some real-life phenomena on Bernoulli's principle?
3. Explain the phenomena given by others using Bernoulli's principle.
4. If you have any questions, please state here.

图 1　讨论板伯努利方程的相关问题

Figure 1　Related Questions of Bernoulli's Principle on the Discussion Board

2. 课堂教学 Classroom teaching

（1）引入：从学生已有知识入手，结合生活实例发散性探讨流体速度与压强的关系，最终引入伯努利方程。

Introduction: Start with students' existing knowledge, discuss the relationship between fluid velocity and pressure combined with daily-life examples, and finally introduce Bernoulli's principle.

（2）实例研究：以飞机机翼为例，采用伯努利方程，学习如何利用伯努利方程来解释现象。

Case study: Take the aircraft wing as an example. Show students how to explain the phenomena with Bernoulli's principle.

（3）深入讨论：进一步引导学生分析列车进站、吹币入杯、船吸现象等，并再次回顾课前的引导问题，在已经了解所学内容的基础上进一步思考，并进行课堂讨论。同时，对于 Blackboard 讨论板学生课前发表的回答也同样进行对比讨论，明确概念。

In-depth discussion: Further guide students to analyze other phenomena such as trains pulling in, coins flying, boat sucking, etc., and review the guiding questions again. At the same time, students' answers on the discussion board are also compared and discussed to clarify the concept understanding.

（4）拓展探究：引入马格努斯滑翔机，利用伯努利原理分析其运动轨迹，并学习简易滑翔机制作方法，为之后的课题研究打下基础。

Further exploration: Introduce Magnus glider, analyze its trajectory, and learn how to make a simple glider, hence to lay the foundation for subsequent research.

3. 资料上传 Data upload

完成伯努利方程的课程学习后，在 Blackboard 系统的内容区同时上传课程 PPT、相关实验视频、拓展视频链接等各类资料，便于学生课后回顾和兴趣拓展。

After students' completing the learning of Bernoulli's principle, in the content area of Blackboard system, various materials such as

PPT, experimental videos, website links, etc., are also uploaded at the same time, which is convenient for students to review and explore after class.

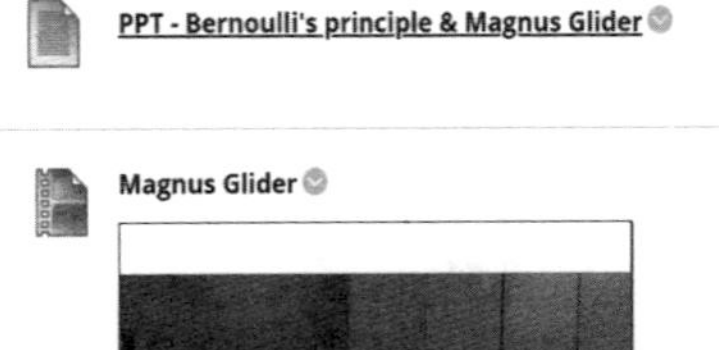

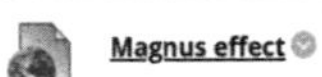

图 2　内容板资料上传

Figure 2　Data Uploaded onto the Content Area

4. 课后作业 Assignment

利用 Blackboard 系统进行课后作业的发布与提交，学生利用所学内容设计自制实验并拍摄相关视频，作业收集后在课上进行集中展示与分享。

Blackboard system can be used to assign and submit homework

after class. Students can use what they learned to design homemade experiments and shoot related videos. After collection, their work will be displayed and shared in class.

Bernoulli's principle

1. Conduct an experiment showing interesting phenomenon related to Bernoulli's principle, and make a video.

2. Explain the phenomenon by words.

图 3 Blackboard 内容——作业布置

Figure 3 Blackboard Content Area — Assignment

5. 课题研究 Project research

（1）制作马格努斯滑翔机，并拍摄其运动轨迹。

Make a Magnus glider and photograph its trajectory.

（2）探究影响滑翔机运动的因素，选择其中一种因素，采用控制变量法进行深入研究，并拍摄不同条件下滑翔机的运动轨迹。

Explore the factors that affect the motion of the glider, select one of these factors, use the controlled variable method to conduct in-depth research, and photograph the motion trajectory of the glider under different conditions.

（3）根据拍摄视频绘制轨迹图像。

Draw the trajectory images according to the videos.

（4）分析图像及数据并得出结论。

Analyze images and data, and draw conclusions.

（5）误差分析。

Error analysis.

6. 辩论展示 Project display and debate

利用 Blackboard 系统讨论板来发布与课题相关的一系列问题，学生逐步上传课题进展与成果，并在最后一节课以团队辩论赛的方式进行课题展示。团队分为正方、反方、评论方，正方展示课题，反方针对课题细节提出质疑，评论方进行点评，一轮展示结束后各组轮换角色。辩论赛后学生仍然可以通过讨论板留言的方式来进行后续讨论，互相评价彼此的课题研究结果，教师也可以随时提供改进建议。

Use the discussion board to publish a series of questions related to the project. Students can gradually upload the progress and results of their project, and use the form of debate to evaluate others' research results. Teachers can also give suggestions for improvement.

Magnus Glider

1. How do you make your magnus glider?
2. What's the trajectory of your magnus glider? Please attach video and graph.
3. What assumptions do you make during your experiment?
4. What are the influencing factors of the motion of magnus glider?
5. What can you conclude from your experiment? Please give detailed data and explaination for it.
6. What's the main source of error in your experiment?
7. How can you reduce the error and improve the experiment?
8. If you change the stiffness of the rubber band you use, how do you expect the motion of your magnus glider? Why?
9. Please set rubics for assessment on others' work, give comments according to your rubics and suggestions on how to improve others' experiment (at least two points).
10. What have you learnt from our class?

图 4 Blackboard 讨论板——马格努斯滑翔机

Figure 4 Blackboard Discussion Board — Magnus Glider

学生反馈与教学效果 Students' Feedback and Teaching Effect

学生反馈：Students' feedback:

（1）课前预习更有目的性和方向性。

The pre-class preview is more purposeful and directional.

（2）能便捷地获取课后各类相关资源。

Various related resources can also be easily obtained after class.

（3）在讨论和展示中可以分享观点，互帮互助。

Students can share opinions and help each other in discussion.

（4）部分同学在使用 Blackboard 系统的上传功能时仍存在问题。

However, some students still have problems when using the upload function of Blackboard system.

教学效果：Teaching effect

（1）课前预习讨论板 Discussion board for pre-class preview

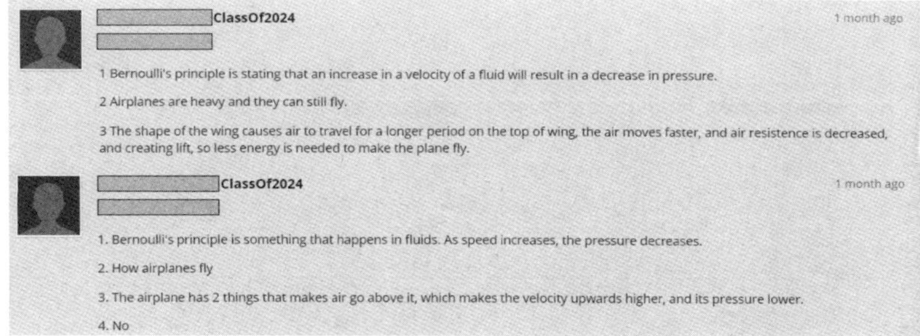

图 5　Blackboard 讨论区学生发言——伯努利方程

Figure 5　Students' Posts on the Discussion Board — Bernoulli's Principle

（2）课后作业 Assignment

图 6　Blackboard 学生作业提交截图

Figure 6　Screenshots of Students' Assignment Submission on Blackboard

（3）课题展示讨论板 Discussion board for project display

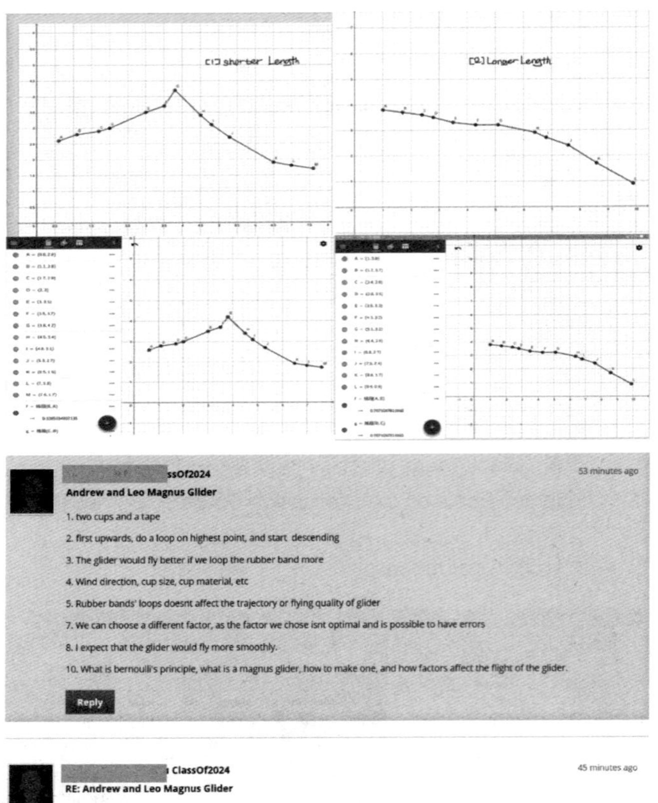

图 7 Blackboard 讨论板学生发言——马格努斯滑翔机

Figure 7 Students' Posts on the Discussion Board — Magnus Glider

教师反思 Teacher's Reflection

反思：Reflection:

比起传统的线下课堂教学模式，采用以 Blackboard 为主要平台之一的混合式教学模式，最大的优势就在于其高效性和资源共享的便利性，而如何最大化这两项优势则需要教师不断地进行摸索尝试。

同时，对于这个平台的主导权不应仅限于教师，而应让学生也参与进来，共享探究，这有利于激发学生的学习热情。

Compared with the traditional classroom teaching mode, the biggest advantage of hybrid teaching mode with Blackboard as one of the main platforms lies in its efficiency and the convenience of resources sharing. How to maximize these advantages requires teachers to explore and try continuously. At the same time, the dominance of this platform should not be limited to teachers. It's beneficial to let students participate, share and explore in the same way, which will also help stimulate students' enthusiasm for learning.

改进：Improvements:

讨论板功能的开发和使用不够完全，可以采取方法鼓励更多学生参与讨论、分享观点，且课后也可以准备更多拓展问题来研究。

The function of the discussion board is not utilized enough and teachers can encourage more students to participate in discussion and share their opinions, and more extension questions can be prepared after class.

4.9 师生同步，文献分析——借助分析模型的教学案例 Synchronizing Students and the Teacher — OPVL Document Analysis

学科 Subject	全球展望 Global Perspectives	年级 Grade	G11 & 12	教师 Teacher	褚子瀚 Chu Zihan

（续表）

主题 Topic	通过 OPVL 模型进行资料分析 Learning Source Analysis Through OPVL Model		
类别 Category	单元教案 Unit Plan	课时数 Number of Periods	2

教学计划背景分析　Lesson Plan Background Analysis

OPVL 模型是一个非常有用的资料分析工具，可以用来解构各种资料中信息的可信性、可靠性和说服力。本课程的最终目标是完成研究论文写作的总结性评估。所以，在学生形成自己的社会学分析思想和语言之前，一定的框架性技能是必要的。OPVL 模型作为可以量化的资料衡量标准，有助于帮助学生建立分析的基本框架。OPVL 代表资料和资料中具体语句的源头、目的、价值和限制。通过收集这些“坐标”，学生将逐渐开始尝试理解各种类型的文件中出现的不同观点，并在未来收集、辨识、分析资料时应用到自己的研究中。

The OPVL (Origin, Purpose, Value, and Limitations) model is an extremely useful tool for deconstructing the credibility, reliability, and “convincingness” of information presented in various sources. The ultimate goal for this class is to complete a summative assessment for research paper writing. Of course, certain skills will be required before students can form their own thoughts and words. The OPVL model as a core standard set to strengthen the evaluation of documents enables this to happen. By gathering these “coordinates”, students will gradually proceed to a better understanding of all perspectives in various types of documents and apply to their research when analyzing future sources.

本教案主要展示的是与历史科目相关的教学过程，其中运用了

OPVL 的模型来引导学生对一个具体历史文献进行分析。该具体文献选用的是西方历史文化中一篇家喻户晓的文件：美国的《独立宣言》。《独立宣言》中的文字非常考究，语句具有煽动性和激励性，贯穿了西方自启蒙运动以来的哲学思想，总结了该时代北美大陆上层阶级的政治理想。然而，仔细分析和对比具体历史现实之后，学生将会发现这篇文献的历史局限性以及逻辑矛盾性，并在之后的历史中屡屡被证明依然需要消除现实和文件所描述的社会的诸多差异，从而在本质上达到批判性地阅读和分析的目的。在今后的引用和延伸中，学生得以准确使用该文件的具体语句和段落。OPVL 模型在政策分析、人文地理、国际关系等课程中起基础工具作用。

This teaching plan mainly demonstrates a teaching process related to the subject of history. The model of OPVL is used to guide students to analyze a specific historical document. Our document in this plan is selected from well-known sources in Western history and culture: *The Declaration of Independence* of the United States. Without doubts, the words in *The Declaration of Independence* are very thoughtful, and the sentences are nevertheless provocative and inspiring. It runs through the Western philosophy since the Enlightenment and succinctly summarizes the political ideals of the upper class in the North American continent at that time. However, after careful analysis and comparison of the specific historical reality, students will find the historical limitations and logical contradictions in this document and noticed the later history has proved repeatedly the need to eliminate multiple disparities between reality and the document's description of a good society. In order to essentially achieve the purpose of critical reading and analysis, specific statements and paragraphs of the document will be used accurately in future citations and extensions.

OPVL serves as a basic tool in policy analysis, human geography, international relations and other courses.

教学目标 Teaching Objectives

内容教学目标 Content Objectives	Blackboard 或其他技术如何支持内容目标的实现？ How does Blackboard or Other Technology Support the Content Objectives?
1. 理解文档源是如何形成的。 Understand how a document source is formed. 2. 从文档中搜索来源、目的、价值和限制。 Search for origins, purposes, values and limitations from a document. 3. 分析偏见及其产生的原因。 Analyze bias and the cause of bias. 4. 通过有效的视角，反思辩论性文件的必要组成部分。 Reflect on necessary components of argumentative documents through an effective perspective. 5. 目的：在分析和评估信息来源时，OPVL 的目的是开始理解需要处理的重要问题或想法。 Aim: The aim of OPVL	Blackboard 在操作过程中提供了无限制的文件下载、无限制的文件上传、多个对象同时在线发表评论、视频等媒体内容分享、及时的批改反馈等一系列可以优化线上体验的功能。 Blackboard provides unlimited file download, unlimited file upload, online comments, video and other media content sharing, timely correction feedback and a series of functions to optimize online learning experience. 本教案一开始要求学生通过 Blackboard 账号自主下载课件，在下载同时可以看到同一个单元的所有相关文件，这在很大程度上给学生提供了自主复习和提前学习的机会。除了上课需要的规定资料可以提前熟悉外，也可以通过添加文件的功能向班级推荐相关阅读材料或者相关视频。这点提高了学习本课程的媒体支持，使学生可以个性化理解和消化内容。当然，通过分享功能，也提高了整体利用资源的效率。 At the beginning of this teaching plan, students are required to download the courseware content independently on Blackboard while all related files of the same unit are available, which to a large extent provides students with the opportunity of independent review and advanced

is to understand the important issues/ideas which need to be dealt with when sources of information are analyzed and evaluated.

learning. The students can be familiar with the information in advance, and through the function of adding documents teachers can also recommend related reading materials or videos to them. This improves the media support for students to study the course, enabling students to digest the content in a personalized way. And of course, the sharing function can improve the overall small efficiency of using the resource.

在教学过程中段，要求学生利用讨论板的功能互相检查并纠正对一个资料属性的分析（事实、预判、价值判断或者观点）。线下学习无法在完成这点的同时留下清晰记录。此类小型的课堂任务如果留在笔记本或者讲义上面，极其容易遗失或者在后面复习的过程中遗忘自己的思维过程。

In the middle of this lesson plan, we ask students to use the function of the discussion blackboard to check and correct each other's analysis of the property of sources (fact, prediction, value judgment, or opinion). Offline learning cannot achieve this since it cannot keep a clear record. If such small classroom tasks are completed in the notebooks or handouts, students are liable to lose them or forget their thinking process in the later review.

在本教案的结尾，要求学生根据课堂学到的对 OPVL 的理解和使用经验来实验自己对一份具体材料的分析。这份作业将会首先被发布到 Blackboard 的班级维基这个板块，所有的参与者都可以在任何时候看到其他参与者的分析。学生会因此了解各自分析的视角和案例，也会产生动力做出更优秀的分析案例，以供他人参考。这样的自由度和创作动力是纯线下教学无法提供的。

In the end of this lesson plan, teachers ask students to try to analyze some specific documentation, using what they have learned about OPVL in class. This assignment will be published on the class Wiki of Blackboard and all of the participants will be able to access the analysis of other participants anytime. Students will therefore look into and refer to the perspectives of others' analysis and cases. Such freedom and creative motivation cannot be provided by offline teaching.

总的来说，虽然此计划也可以改为纯线下的方式，但是将失去 Blackboard 提供的流程透明度、交流效率和记录的精准度等优势。

In general, although this plan can also be changed into an offline approach, it will regrettably lose the advantages of Blackboard in transparency, communication efficiency and record accuracy.

核心素养教学目标 Competency Objectives	Blackboard 或其他技术如何支持核心素养目标的实现？ How does Blackboard or Other Technology Support the Competency Objectives?
批判性思维 Critical thinking	讨论板为师生提供了一个有用的交流平台。随着评论的积累和重叠，理解也会加深。 The discussion board provides a useful platform for communications among teachers and students. Understandings get deepened as comments accumulated and overlapped.
合作意识和能力 Collaboration	分组板块允许教师在课堂上创建分区，以促进内部协作。学生在小组内进行交流合作。

	Groups allow teachers to create partitions in class to promote internal collaboration. Students communicate and cooperate with each other within groups.
学术表达与交流 Communication	班级维基页面允许学生通过个性化信息页面交流概念的定义和对假设的解释。 Class Wiki page allows students to exchange their ideas about the interpretations of concepts and hypothesis via personalized information pages.
训练有素的思维习惯 Disciplined thinking habits	讨论板是培养良好思维习惯的理想方式。这既受到交互的鼓励，又受到设置格式的约束。 The discussion board is an ideal place to develope good thinking habits, in which they are both encouraged by interactions and disciplined by the set-up formats.
主动性 Initiative	班级维基页面是一个自发的和自我导向的网络传播方式。 Class Wiki page is an initiated and self-directed web dissemination.

教学过程 Teaching Process

* 请注意 teacher does 和 students do 是同时进行的

教师做什么 **What the teacher does**	学生做什么 **What students do**
1. 要求学生在 Blackboard 的目录下找到文件 1，目的是让学生熟悉他们在课前已经收到的电子文档。	1. 学生阅读并熟悉内容，为进一步分析做好准备。 Students read and get familiar with the content and get ready for further analysis.

（续表）

教师做什么 **What the teacher does**	学生做什么 **What students do**
Ask students to find document 1 in the contents of Blackboard so as to get students familiar with the materials which they have received before class.	**Document Analysis – OPVL** **Origin** – In one or two sentences state the origins of the source. • What type of document is it? • When and where was it produced? • Who produced it? **Purpose** – In one or two sentences state the purpose of the source. *The purpose of the source…* • Who was the intended audience? • For what purposes was it written? **Value** – In one or two well-written paragraph(s) explain the value of the document for historians. Provide and explain specific evidence from the document to support your answers. A minimum of two values must be proven. • With reference to the origin and purpose, what is the value of the document for historians studying this event? **Limitations** – In one or two well-written paragraph(s) explain the limitations of the document. Remember to make specific references to the document in your response. A minimum of two limitations must be proven. • With reference to the origin and purpose, what are the limitations of the document for historians studying this event? OPVL 的定义 Definition of OPVL
2. 要求学生下载并复习。 Ask students to download and review the materials.	2. 学生一边看视频，一边写下简单的笔记，以便日后回顾。 Students watch the video and write down their notes for later use.
3. 播放视频：播放了《独立宣言》的 5 分钟视频，目的是巩固对文件的历史背景的认识，并随后进行进一步的 OPVL 分析。 Play the video *The Declaration of Independence* for 5 minutes to solidify students' understanding of the historical background of the document and then do further OPVL analysis.	3. 学生发现： a. 资料来源的目的是什么？ b. 谁创建了这个资源，我们对他 / 她 / 他们了解多少？ c. 它是什么时候创建的？ d. 它是在哪里创建的？ e. 它是为谁创建的？ Students try to answer the question below. a. What is the purpose of the source? b. Who created this source, and what do we know about him/her/the team? c. When was the source created? d. Where was the source created? e. Who was it created for?

（续表）

教师做什么 **What the teacher does**	学生做什么 **What students do**
4. 开始第一阶段：确定资料的目的。此步骤是为了帮助学生创造一种解构文件形式的批判性氛围。 Start to go through stage 1: Identify the origin and purposes, to help students create a critical atmosphere so as to deconstruct the document formation.	4. 学生根据自己的笔记回答问题，具体结合独立战争的历史和本文件的作用发言。 Students answer questions with their notes taken while watching the video.
5. 开始第二阶段：结合文化背景，结合文献分析和历史背景，寻找 OPVL 的来源和目的。 Start to go through stage 2: Combine culture backgrounds, literature analysis with historical background and try to find the origin and purposes of OPVL.	5. 学生分组探究资料，回答： a. 这个资料传达了什么事实信息？ b. 这个资料给出了什么意见？ c. 这个资料无意中暗示或传达了什么？ d. 这个资料没有说什么？也许该说的却没说？ e. 信息来源有什么令人惊讶或有趣的地方？ f. 关于这个资料，你 / 我有什么不明白的地方？ Students in groups explore the source by answering: a. What factual information is conveyed in this source? b. What opinions are given in this source? c. What is implied or conveyed unintentionally in this source?

（续表）

<table>
<tr><th>教师做什么
What the teacher does</th><th>学生做什么
What students do</th></tr>
<tr><td></td><td>d. What is not said in this source? What is not said that perhaps should be said?
e. What is surprising or interesting about the source?
f. What do you / I fail to understand about this source?</td></tr>
<tr><td>6. 开始第三阶段：探索资料源头。
利用“意见、事实和潜在影响”的分析工具，支持价值判断的发展。
Start to go through stage 3: Explore the origin of the source. With the aid of the analytical tool of “opinions, facts and underlying implications”, guide students to make value judgements.</td><td rowspan="2">6&7. 学生通过 Blackboard 小组进行分组分析，回答以下问题：
a. 信息源的创造者如何传达信息并阐述他 / 她的观点？
b. 这些论点传达有多少说服力？为什么？（避免概括和过度简化）
c. 文本中描述的世界与你的世界有什么不同？
d. 当时或在不同地方的其他人对这个文件会有什么反应？为什么？
Students align in groups via Blackboard groups to analyze the document by answering the following questions.
a. How does the creator of the source convey information and make his/her point clear?
b. How convincing are the arguments? Why? (Avoid generalizations and oversimplification)</td></tr>
<tr><td>7. 开始第四阶段：分析资料的表达方式。
Start to go through stage 4: Analyze the expression of the source.</td></tr>
</table>

（续表）

教师做什么 What the teacher does	学生做什么 What students do
	c. How is the world described in the source different from your world? d. How might others at the time or in a different place react to this source? Why?
8. 第五阶段：评估资料（价值和限制），认清此美国历史上重要文献的价值和局限性，帮助学生理解即使是最完善的文件也会有局限性。（在使用 OPVL 的“VL”时，学生将比较他们的现代价值与从 1776 年的文件中传达的价值，并讨论两套价值的局限性。） Stage 5: Evaluate the source (values and limitations). Get a clear understanding of the values and limitations of this monumental document in American history. Know that even the best formulated document has limitations. (While using “VL” of OPVL, students are expected to compare their modern values with those conveyed in the 1776 document and talk about limitations of both sets of values.)	8. 学生在 Blackboard 讨论板上提出以下问题，这为参与者之间的交流提供了一个有用的平台。随着评论的积累和重叠，理解也会加深。 a. 本资料与历史上同一主题的其他资料相比如何？ b. 从这个资料的描述中你相信和不相信什么？为什么？ c. 你还不了解什么？从哪里可以找到相关信息？ Students post the following questions on the discussion board which provides a useful platform for communications among participants. Understandings get deepened as comments accumulated and overlapped. a. How is this source compared to other sources on the same topic? b. What do you believe and disbelieve about this source? Why? c. What do you still not know and where can you find that information?

（续表）

教师做什么 What the teacher does	学生做什么 What students do
9. 要求学生下载文件 2: OPVL_Chart_.pdf。 要求学生自主选择不同类型的文件来准备个人的 OPVL 分析报告，并在报告中使用以上课程中所学习的分析方法和工具来进行比较和写作。 要求学生提交 1 页分析报告或者 5 页 PPT，并在课上展示。 Ask students to download document 2: OPVL_*Chart_.pdf*. Assign each student to prepare a presentation of OPVL analysis using what they have learned. Submit a one-page report or a five-page PPT and give a presentation in class.	9. 学生从以下形式中自主选择资料的形式：日记、信件、回忆录、回忆、演讲、统计、历史、文字、传记、照片、漫画、报纸文章或社论。 * 完成后的版本将上传至 Blackboard 班级维基页面，学生可以通过个性化的信息页面交流概念的定义和对假设的解释。 Students select their own ways from: diary entry, letter, memoir, recollections, speech, statistics, history, text, biography, photograph, cartoon, newspaper article or editorial. *Finished work will be uploaded to Blackboard Wiki pages, which allow students to exchange definitions and interpretations of concepts and hypothesis via personalized information page.

学生反馈与教学效果　Students' Feedback and Teaching Effect

做得好的地方：Strengths:

1. 在进入实际的文本分析之前，已经充分利用 Blackboard 平台，确保在开始以 OPVL 方式分析之前提供了背景信息。同时，充分利用 Blackboard 平台的交互性和共享功能实现深度学习和同伴学习。

The teacher made full use of the Blackboard platform to share enough information before analyzing the texts via the OPVL model. In the meantime, the teacher used the functions of interactions and sharing of Blackboard to achieve deep learning and peer learning.

2. 在本教案开展之前，教师已经在前序课示范了对两篇常规的新闻文章进行 OPVL 框架下的分析。

The teacher demonstrated analysis of two regular news articles under the framework of OPVL in the previous class.

做得不好的地方：Weaknesses:

1. 这些阶段既长又耗时，有时还过于详细。

The stages are long and time-consuming, sometimes overly detailed.

2. 一些学生不能有效地做笔记，导致学生与视频资料之间的信息交流不足。

Some students can't take notes effectively which leads to an insufficient information exchange between the video and the audience.

3. 很难当堂评估每个学生的理解水平。当有人不能找到详细的信息时，老师不得不介入，这可能会阻碍学生分析的独立性。

It's fairly hard to assess every student's level of comprehension. When someone can't find out detailed information, the teacher had to step in, and this can obstruct the independence of the student's analysis.

解决方案：Solutions:

1. 进一步丰富教学方法，增加新的活动来激发学生的积极性。

Further diversify the approaches of teaching and add new activities to motivate the class.

2. 提供笔记面板，帮助学生从视频中提取、积累有用的信息。

Provide note-taking panels to help students accumulate useful information from the videos.

4.10 学生自主，翻转课堂——市场结构教学案例 Student Autonomy, Flipped Classroom — Market Structure Teaching

学科 Subject	经济 Economics	年级 / 水平 Grade	G10/ S	教师 Teacher	陈斐 Chen Fei
主题 Topic	培养学生自主学习的能力——市场结构教学案例 Cultivating Autonomous Learning Abilities — Market Structure Case Study				
类别 Category	单元教案 Unit Plan		课时数 Number of Periods		2

教学计划背景分析　Lesson Plan Background Analysis

本文通过对市场结构教学案例的设计，体现了混合式教学对培养学生的自主学习能力有着重要的意义。本单元的主题是市场结构，教学内容主要包含 4 种市场结构的特征、区别和联系。这部分教学的知识点分散在课本的 4 个章节中，而这 4 个章节的书本内容过于冗杂，结构松散，有些内容难度不适合 10 年级的学生，所以教研组对内容进行了改编和删减。内容调整之后，通过之前学生的反馈，课本内容阅读依然需要教师进行指导，才能有效地将一个个的知识点串成线。

This article demonstrates the important significance of hybrid learning in cultivating students' autonomous learning abilities through the design of teaching plan for market structure. The theme of this unit is market structure. The content mainly includes the characteristics, differences and connections among four market structures. Scattered in four chapters of the textbook, the content is too jumbled and loose structured, and some is too difficult for grade 10 students, so the teaching and research group adapted and deleted part of the content. After the adjustment, previous students fed back on the content reading that they still needed teachers' guidance, to effectively string the knowledge points into a line.

教学班级为 S 混合实验班，一共 15 个人，大部分学生缺乏自主学习的主动性，但是对于教师布置的作业都能按时按量完成。教师将学生分为 4 组进行小组讨论和小组作业。

The teaching class is S level Hybrid Learning experimental class, with a total of 15 students. Most of the students lack the initiative of autonomous learning, but the homework assigned by the teacher can be completed on time and in quantity. The teacher divided the students into four groups for group discussion and group work.

教学目标　Teaching Objectives

内容教学目标 Content Objectives	Blackboard 或其他技术如何支持内容目标的实现？ How does Blackboard or Other Technology Support the Content Objectives?
1. 分别描述 4 种市场结构的特征，并用实际的货物市场举例。 Describe the assumed characteristics of the four market structures respectively	为了实现教学目标，课前在 Blackboard 上给出阅读范围和问题，让学生先完成课本阅读，做好预习。 In order to achieve the teaching objectives, give students the reading range and questions on Blackboard before class,

and make an example for each market structure.

2. 解释为什么在完全竞争市场上企业是价格接受者。

Explain why the assumptions of perfect competition imply that each firm is a price taker.

3. 解释为什么在完全竞争市场上短期内企业可能盈利、不盈利或亏损。

Explain why it is possible for a perfectly competitive firm to make economic profit, zero economic profit or negative economic profit in the short run.

4. 举例说明进入壁垒，包括经济规模、品牌和法律障碍。

Describe barriers to entry with examples, including the scale of economies, branding and legal barriers.

5. 解释产品差异化会导致垄断力量，并举出非价格竞争的实例，包括广告、包装、产品开发和产品质量服务。

Explain that product differentiation leads to a small degree of monopoly power. Make real examples of non-price competition, including advertising, packaging, product development and quality of service.

and ask them to complete the textbook reading first and preview in advance.

自习课上学生可以阅读 Blackboard 上的相关知识延伸资料，比如 crash course 视频。结合课本知识，在规定的时间内完成 4 种市场结构特征的总结表格。

In the self-study class, students can read the relevant knowledge extension materials on Blackboard, such as crash course videos. With textbook knowledge, students need to complete the summary table of the characteristics of the four market structures within the specified time.

课后学生按照要求查找相关经济新闻，用所学经济学原理进行分析。

After class, students search for relevant economic news according to the requirements and analyze it with the learned economic principles.

核心素养教学目标 Competency Objectives	Blackboard 或其他技术如何支持核心素养目标的实现？ How does Blackboard or Other Technology Support the Competency Objectives?
批判性思维 Critical thinking	学生课后用所学知识分析实际的经济问题，并提出自己的见解。 After class, students use the knowledge to analyze the actual economic problems and put forward their own opinions.
合作意识和能力 Collaboration	学生课前做好预习，在课堂上完成填表任务，然后在组内进行讨论，互相当老师，强化对知识点的理解。 Students preview well before class, complete the task of filling in the form in class, and then discuss in groups, and act as teachers to teach each other so as to strengthen the understanding of knowledge points.
学术表达与交流 Communication	课堂上的小组演讲锻炼学生的演讲能力。 Group presentation in class trains students' presentation abilities.
训练有素的思维习惯 Disciplined thinking habits	通过做阅读笔记和总结表格，培养对知识总结归纳的习惯和能力。 Through making reading notes and summary forms, students can cultivate the habit and ability of summarizing knowledge.
主动性 Initiative	学生利用 Blackboard 主动学习知识，包含课外拓展知识，养成自主学习的习惯。 Students use Blackboard to actively learn knowledge, including extracurricular expansion of knowledge, and develop the habit of autonomous learning.

数字素养 Digital literacy	学习使用 Blackboard 功能，演讲，学习做 PPT 或者电子海报。 Learn to use Blackboard function, give a speech, and learn to make PPT slides or electronic posters.

教学过程　Teaching Process

1. 课前预习 Preview before class

为了实现教学目标，课前在 Blackboard 上给出阅读范围和问题，让学生先完成课本阅读，做好预习。具体地，老师提前将本月所学的单元内容列表，将课本阅读范围以及课件提前放在 Blackboard 上，使学生清楚了解到本单元的学习目标，方便学生合理安排自主学习的时间。然后，以作业的形式，利用 Blackboard 布置作业的功能，告知学生课前应完成的预习内容，包含阅读范围和相关的思考问题。学生完成作业之后，在规定的时间内，将作业上传至 Blackboard，以便老师批改。

In order to achieve the teaching objectives, the teacher gives the reading range and questions on Blackboard before class, then lets students complete the textbook reading and preview in advance. Specifically, the teacher will put the unit content list, textbook reading range and courseware on Blackboard in advance, so that students can clearly understand the learning objectives of this unit, and reasonably arrange their independent learning time. Then, using the function of Blackboard assignment, the teacher asks students to complete the preview content before class, including the reading and related thinking questions. After students finish their homework, they will upload it onto Blackboard within the specified time for the teacher to correct.

11-17 Homework

Attached Files: 4 Market Structures Graphic Organizer.doc (42.5 KB)

1. Read the related textbook content about 4 market structures. The reading range is shown below:

4 Market Structures Reading Range	
Chapter	**Textbook Page**
14	289-293
15	311-316
16	345-348 and 355-361
17	365-367

2. Finish the handout "4 Market Structures Graphic Organizer" in the attachment after reading.

图 1 课前阶段在 Blackboard 平台上布置课本阅读任务
Figure 1 Assigning Textbook Reading Tasks before Class on Blackboard

2. 翻转课堂 Flipped classroom

该单元第一个 60 分钟的课堂，前一半留给学生自习，学生需要在规定的时间内完成 4 种市场结构特征的总结表格。首先，学生需要结合课本知识，阅读 Blackboard 上的相关知识延伸资料，包含 crash course 视频的相关部分，去分析内容并完成知识点的总结。老师给出空白表格去引导学生自己总结出 4 种市场结构的特征和异同。然后，学生在小组内进行讨论，加深对知识点的理解，并进一步完善表格。后一半的时间留给学生作团队演示，将小组讨论的结果在班级里展示。最后的两分钟，老师对学生的演讲和小组作业进行点评，并对知识点进行补充；布置作业，作业要求学生课后查找相关经济新闻，用所学经济学原理进行分析。

In the first 60-minute class, the first half is for students to study by themselves. The teacher gives the blank form to guide the students to summarize the characteristics, similarities and differences of the four market structures. Students need to complete the summary table of the characteristics of the four market structures within the specified time. First of all, students need to summarize the relevant knowledge of the textbook and extend the relevant knowledge. Then, students discuss in groups to deepen the understanding of knowledge points and further improve the form. The second half of the class is left for the students to make a group speech and show the results of the group discussion in class. In the last two minutes, the teacher comments on the students' speech and group work, and supplements the knowledge points. Then the teacher assigns homework, requiring students to find out the relevant economic news after class and analyze it with the learned economic principles.

该单元第二个 60 分钟的课堂，前 10 分钟用来复习上一节课所学的知识内容。老师通过问答的形式引导学生回顾上节课的知识重点，问题由易到难，最后的两个难题留给学生讨论，小组讨论结束后，由一名学生作为代表来回答问题。这两个问题起到承上启下的作用，既复习上节课的内容又引出这节课的教学目标和知识重点，由学生先进行思考，再由教师进行扩展，自然过渡到新知识的教授。接下来，老师用 10 分钟的时间，通过 PPT 展示完成对知识点的讲解。课程内容讲解结束后，学生将以小组演讲的形式展示上节课后完成的小组作业。半个小时，4 组演讲，学生将运用知识分析实际的经济现象，并提出自己的观点或解决方案。最后的 10 分钟，老师对学生的小组作业进行点评，并选出最佳小组作业给予奖励。随后，老师带领学生对整个单元的知识重点和难度进行回顾和总结，并布置作业。

图 2　学生在课堂上的团队演示

Figure 2　Students Do Team Presentation during Class

In the second 60-minute class, the first ten minutes are used to review what students have learned in the previous lesson. In the form of questions and answers, the teacher guides students to review the key points of knowledge in the last lesson. The questions are from easy to difficult. The last two problems are left to students for discussion. After the group discussion, a student will answer the questions as a representative. These two questions serve as a link between the preceding and following assignments, which not only lead to the content of the last lesson, but also lead to the teaching objectives and knowledge focus of this lesson. Students should think first, and then teachers should expand, so as to naturally transition to the teaching of new knowledge. Next, the teacher spends 10 minutes to explain the knowledge points through PPT presentation. After the explanation of the course content, students will show the group work results they have completed after the last class in the form of group speech. In half an hour with four groups of lectures, students will analyze the actual economic phenomenon, and put forward their own views or solutions using what they have learned. In the last ten minutes, the teacher comments on the students' group work and selects the best group work to give rewards. Then, the teacher leads the students to review and summarize the key points and difficulties of the whole unit, and assigns homework.

3. 课后复习 Review after class

学生在规定时间内完成作业上传到 Blackboard 系统。在一个单元介绍完之后，老师要求学生进行小组线上复习，并以思维导图的形式整理好本单元的知识内容，梳理知识点之间的逻辑关系，然后在 Blackboard 的论坛讨论板上进行分析。学生可以看到班上所有小组的思维导图，互相学习，讨论板也支持学生之间通过回帖进行交流。

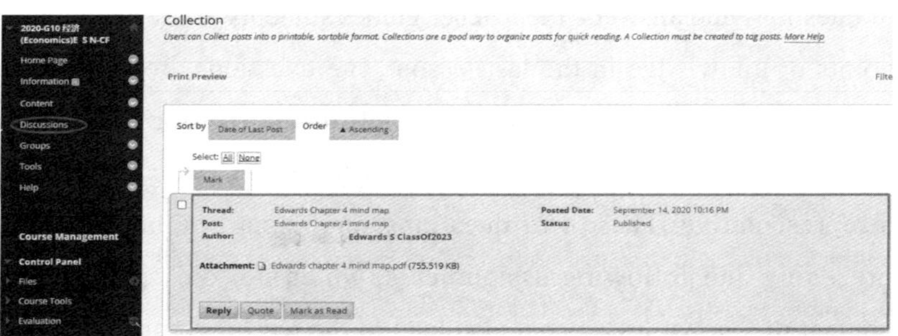

图 3　Blackboard 系统中某位学生参与论坛讨论

Figure 3　A Student's Reply on the Discussion Board

Students finish their homework and upload it to Blackboard system. After the introduction of a unit, the teacher asks students to review online in groups, and sort out the knowledge content of the unit in the form of a mind map, sort out the logical relationship between knowledge points, and then analyze it on the discussion board of Blackboard. Students can see the mind maps of all groups in the class and learn from each other. The discussion board also supports students to communicate with each other through replies.

学生反馈与教学效果　Students' Feedback and Teaching Effect

该单元教学展开之前，通过学生给的线上反馈，了解到学生在阅读课本上面花费大量的时间，主要原因是课本内容冗长，量大不容易抓住重点，学生希望老师能给出明确的指导帮助他们阅读时抓住重点。教师给出的解决方案是明确的阅读范围和阅读思考问题，让学生带着问题去课本中寻求答案。进一步要求学生做阅读笔记，以帮助学生提高阅读时的专注力，便于梳理总结课本内容。另外，以表格举例，告诉学生如何利用图表来归纳、对比、总结知识点。通过介绍有效的学习方法，帮助学生养成自主学习的习惯。课后，从学生的反馈来看，他们觉得表格的形式很好，达到了教师的预期效果。

Before the teaching of this unit, the online feedback given by students, shows that students spend a lot of time on reading textbooks as the content is too long and large in bulk for them. Students hope the teacher gives them clear guidance which can help them grasp the key points when reading. Then the teacher gives a clear reading range and guiding questions, so that students can think about the questions while reading. Furthermore, students are required to take reading notes which can help them improve their concentration on reading, sort out and summarize the content of the textbook. In addition, the teacher shows students how to use charts to generalize, compare and summarize knowledge points. The introduction of effective learning methods helps students develop the habit of autonomous learning. Feedback of the students shows that they think the table is very useful, and the teacher is also satisfied with the teaching effect.

教师反思 Teacher's Reflection

复习环节，教师可以利用 Blackboard 的自评互评功能，给学生留复习问题或知识点清单，让学生可以在课后复习知识点之后进行自测。自评和互评能够更好地帮助学生检验复习的效果，及时地查漏补缺。

In the process of review, the teacher can use the self-evaluation and mutual evaluation function of Blackboard to leave review questions or a list of knowledge points for students, so that students can take a self-test after reviewing. Self-evaluation and mutual evaluation can better help students to check the effect of review, and timely fill the gaps.

第五章　数字化平台应用于教育全景的现状与展望

教育从“育分”向“育人”的探索一直在曲折中前进。尽管各国学校已经有了一些有益的经验和做法，但在某些方面，仍存在一些深层次的问题。例如，在国内教育教学改革的深水区，以学科知识、能力思想和课程体系的融合为核心的学科素养，依然未能得到实质性的渗透。“学习方式的转变”往往异化为仅是“教学形式的改变”。表层化、片面化的课堂比较常见，比如：片面追求单一表层教学结果，而忽视知识背景和情境创设，忽视知识的应用；过度强调技巧的操练；倾向于直接告知学生结果，或者简化和压缩知识生成过程，导致学生缺乏通过观察发现、猜测、归纳和论证的知识生成过程。这些现象已成为阻碍学生核心素养和学科关键能力发展的重要问题。

对于信息技术与教学的融合，囿于技术视野，一般局限在教学设计、学习技术和教学环境的开发，缺少对教育思想和学科思想的深入研究，缺乏对“以学生为中心”理念的真正实践。因此，很难对技术如何融入教育、教学活动与学习过程做出新的、更好的阐释。在信息技术突飞猛进的背景下，信息技术与教学的深度融合，关注的是技术如何融入学生的学习体验和探究、理解、内化、迁移、应用的过程，从而促进对学科思想的掌握。

基于数字化平台的混合式学习是技术融入教学的良好切入口。混合式学习的本质不是教学程序的简单翻转和时间的重新分配，而是将基本知识的传授前置到课前，使学生在课堂上有更多时间开展基于情境、问题导向的互动式、启发式、探究式、体验式学习。

然而，知易行难。受限于评价体系、文化习惯等多方面因素，信息技术与教学的融合不仅是教师努力的方向，更应是整个社会的协同努力方向。

中华人民共和国教育部在2022年提出要按照“需求牵引、应用为王、服务至上”的原则，切实推进教育信息化。在这个过程中，建设一批高质量的数字化平台，接受学校的实践检验和市场的洗礼显得尤为重要。在时代变迁中，能够融合大数据、人工智能（AI）、物联网等数字技术，并覆盖教、学、管、评、考等关键环节，自成完整生态的平台，或许将在这场没有硝烟的比赛中脱颖而出。

本书第四章已经通过实例，对学科教学和学习平台的融合进行了初步的探索。尽管有些探索还不成熟，但在朝着以学生为本的道路上已经迈出了一步。本章以上中国际部高中段的另外一些案例和一所本地学校的信息化举措为例，初步描述了教育人在数字化平台应用于教育方面所做出的努力，并基于此，适当畅想了未来教育信息化、智能化的方向，权作抛砖引玉。

5.1 数字化平台应用于教育全景的现状

目前的数字化教育和智慧教育是国内外教育领域的热点话题，它们与教学结合，可以为学生提供更加灵活和个性化的学习方式。国内外众多学校（包含中小学、机构以及大学）已经在这方面进行了多种尝试。

从现有资料来看，不管是研究者还是实践者，他们普遍认为，数字化教育是未来教育的一种不可以忽略的趋势，它因为能够为学生提供更加灵活、高效、个性化的学习方式而受到关注和支持，也能够促进教学方式和方法的变革甚至是革命性重塑。同时，数字化教育也必然带来一些挑战，包括硬件和软件的升级改造，特别是需要政府和学校采取积极措施，注重培养教师适应数字技术的能力。现在的学生完全是在数字化环境中成长起来的，俗称"数字一代"，相比教师，他们甚至更加适应数字化平台和数字技术的教育教学环境。因此，这里出现了现有的大部分教师群体和学生群体在使用数字技术习惯上的不同。我们有理由期待，随着时间的推移和教师培训的深入，数字化教育能够在未来的发展中，为更广泛的学生带来更多的机会和优势，同时能够更有效率地促进教育的公平、多元及可持续发展。

通过数字化平台进行教育教学，希望一方面能够实现智慧教学，包括教学过程智能化、教学手段多样化、教学评估科学化；另一方面能够实现智慧学习，包括学习方式灵活化、学习活动自主化、学习评价科学化、学生综评智能化。

上中国际部在借助数字化平台的前提下，除了使用 Blackboard 平台进行混合式学习的实践之外，也在学生成长档案、学习方式转变、评价方式等多个方面进行了重点实践，并在智慧评价方面进行了试水，自主开发了一套"智慧校园"系统。这些实践预计在未来几年内将继续积累经验，随着理念和技术的进一步发展，还会根据最新情况和教育理论最新研究成果开展进一步的校园数字化和智能化的变革。以下便是上中国际部高中段在数字化教育方面已经进行的一些粗浅的尝试，供同行批评指正。

5.1.1　学生成长档案从纸笔向数字化的转变

学生成长档案是一个老生常谈的话题。在纸笔时代，学生档案袋以厚厚的文件袋的形式出现，里面的纸张经常是发黄的，显示出其年代性和历史性，有其历史时期的优势。但是，这样的学生档案袋有时会因为工作人员的交接更替、保管不善、场地不足等问题出现各种或大或小的情况，因为工作需要查找特定学生档案也比较费时费力。到了信息时代，使用技术手段将学生信息存储在云端（在安全的前提条件下）显示出其便利性，另外，查找信息也变得相对容易。为此，上中国际部高中段在学生成长档案的数字化平台方面进行了一些探索。

1. 为学生的个性发展做记录

学校设计了一个 4 年成长地图，地图上包含了学生高中 4 年（指代美式高中的 9—12 年级）每个学年必须经历的重要的活动，所有这些活动在智慧校园系统中留下的点点滴滴就拼出了学生完整的高中 4 年的学习与生活的记忆，仿佛一个“时光穿梭机”，以此见证学生的成长。

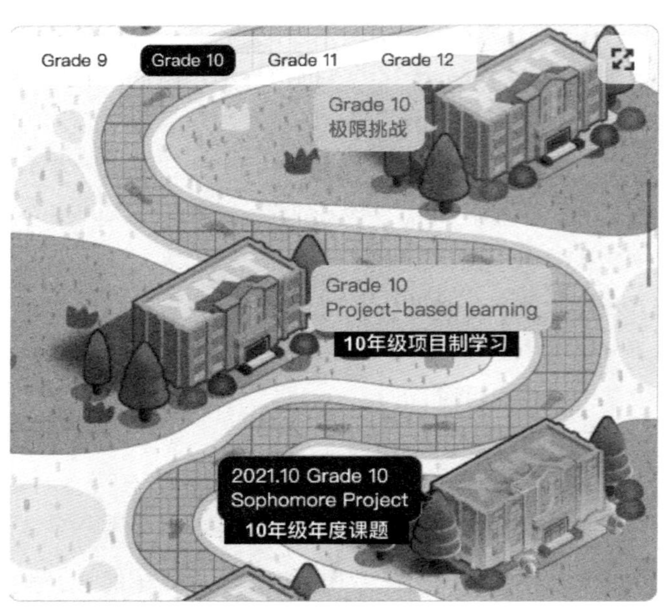

图 1　10 年级成长地图（概念图）

2. 为学生的全面发展做画像

个人成长树

图 2　上中国际部教育活动课程模型（“树”形概念图）

图 2 这棵成长树是根据国际部高中段“树·人”的教育理念设计的一个概念图，树上的 4 根枝杈分别代表了学生在品性与价值观、知识与技能、实践与创新、艺术与健康等 4 个方面的发展情况，树上的花、叶和果又分别对应了学生所参加的各种学术和非学术类活动。通过一定的积分制换算累加，根据每个学生高中 4 年在 4 个方面活动的数量以及结果，这棵成长树可以呈现出不同的状态，体现出某个阶段学生的发展状态，而树的枝杈的大小、果实的丰硕程度也指引学生去进一步了解自己成长中的优势，以及考虑是否有进步和改善的空间，从而更好地进行自我发展的规划。

所有可以定量的指标均可进行后台计算，对学生进行个性化推送。举个简单的例子，某个学生在某个方面的发展略显滞后时，系统根据数据分析和比对，进行一些智能推送。比如，高中段规定，每学年参加校园服务的时间必须达到 10 小时，如果一名同学迟迟没有完成校园服务，那么这棵树的第一个枝杈就难以开花结果，系统会在合适的时机向这名同学及时推送需要参加校园服务的消息。

3. 为学生的关键信息作整合

图 3　上中国际部高中段学生综合评价门户界面（概念图）

图 3 是学校的学生综合评价门户界面。它的每一个模块对应了后台的某个专门数据库，可以根据用户的需求，以教学班、行政班、年级或者整个高中段 4 个年级等不同范围进行数据分析和展示，也可以根据某些关键词进行数据库内信息的查询和定向搜索。这样，就做到了基于数据为每个学生进行个性化分析，同时辅助教师进行教学、教育活动的管理，从而提高学校的整体管理效率和教育服务水平。

总而言之，通过强大的学生成长数据的整合，学校可以通过后台的各类数据分析，观察各个班级和学生的情况，这对学校整体把控教育教学质量有比较大的帮助。

有了这些数字化的成长档案之后，学校在此基础上进行生涯规划指导和升学指导就容易很多了。

5.1.2 借助数字化平台的学习方式转变

1. 借助数字化平台的翻转式学习

学生的学习看起来是个流水化的过程：课前预习，课上听讲，课后复习，教师评价。然而，由于数字化平台的介入，学生的学习早已没有了“课堂”的边界，真正实现了随时可学、处处可学——信息技术彻底改变了课堂学习的生态。由于数字化平台的介入，基本概念的学习与理解已经完全在自学和论坛交流中得以初步完成，课堂上需要的是什么？深度的学习与思想的交锋，学术表达能力的培养，等等。对于概念的深度理解，是学生将来思想解放、创造力激发的根本，这不是把题目做熟练、做准确就可以得到的。更为重要的是，学生的自主学习的意识和能力得到检验，不再是老师要我学，而是我自己根据自己的情况进行学习与交流。可以看到，随时可学、处处可学的环境也让教师对于学生的评价变得更加具体、生动。本书第四章已经集中展示了上中国际部高中段的一些做法。

笔者在 2023 年 7 月访问了多所美国的顶级高中和顶级大学，包括菲利普斯安多佛中学、格罗顿学校、米德尔塞克斯中学、哈佛西湖学校等著名中学，以及哈佛大学、普林斯顿大学、麻省理工学院、加州理工学院等著名私立研究型大学。进行深度访问时发现，美国中学教室里经常出现哈克尼斯圆桌式的课桌摆放方式，便于上课时师生进行互动讨论；而在这些中学和大学的走廊或者大厅里，经常看到摆放有沙发和桌椅，方便师生随时随地探讨问题。这样的教室布置和摆放体现了美国教育界对于人与人之间进行交流的重要性的理解和具体实践方法。

图 4　菲利普斯安多佛中学的一间教室

图 5　麻省理工学院的过道一景

面对面的交流非常重要，而数字化学习平台恰恰为此提供了支撑，它的出现和积极使用使得面对面交流的效率更高。

在完全恢复线下授课之后，不少学科教师由于体会到了数字化平台对于教学的强大支撑作用，仍积极利用数字化平台辅助教学，积极开展混合式学习。但也有部分教师在恢复线下授课之后，自然而然地逐步远离了数字化平台，选择回到了纸笔时代。

黄荣怀等学者已经提出，未来教育的教学新形态就是弹性教学与主动学习[①]，其本质就是这里强调的基于数字化平台的翻转式学习，而这一教学形态离不开数字化平台的支撑。

2. 数字资源空间的构建

学校实行了"1+3"项目，即每一位教师每学期提交 1 份线下课堂实录、3 份自选知识点进行讲解的教学视频，共 4 份。学校将这些视频贴上分类标签形成课单，学生可以根据自己的学习状况主动搜索需要的学习资源进行自主学习。比如，拿数学科目来说，"对数"的概念一直是学生的难点，学生做题可能还行，但是对于为什么要引进对数、对数表是怎么制作的这些概念并不十分清楚。为此，笔者设计了一个简单的微课，解答对数表的含义，供学生学习和理解。这样的学习资源库的构建对于教学应对各种不确定性和满足学生的不同学习需求提供了支持。

同时，学校也会借力网上海量的视频教学资源，根据学校自己的教学需要，精挑细选，把自制资源与网络资源进行优化整合，为我所用。按照设想，假以时日，待将来资源库建设更加完备，与各系统实现打通之后，系统还能够根据学生的学习状况，智能推送一些适合学生学习的视频。同时，期待数字化平台与数字资源空间在将来也能打

① 黄荣怀等．未来教育之教学新形态：弹性教学与主动学习．现代远程教育研究，2020.（3）：3–14.

通和整合，这样，学校的数字化平台体系将实现一体化。

5.1.3 借助数字化平台的评价方式转变

学生综合评价体系在本土和国际教育发展中均居于前沿位置。在此大背景下，强调对学生进行科学评价的重要性以及唯分数论这种单维度评价方式的片面性都是非常常见的。上中国际部高中生的综合评价包括学生基本信息、班主任的四维度评语和包含学科素养因子的评分（及相关评语）的学校报告，它也包括学生在校的个人成长记录、生涯指导记录等。通过推进和落实这个综合评价系统，希望可以使上中国际的教育导向更加明确，那就是要开创一个更以学生为中心的、可以真正培养学生适应这个不断变化世界的各项素养的教与学的共同体环境。

1. 为什么需要作学生的综合评价

学生作为一个人，是高度复杂的个体。事实上，当初次看到一个人时，我们会不由自主地对他 / 她形成一系列判断。但我们不能只依赖这些第一印象，而是需要更好地进行了解后形成接近客观的判断。我们可以从不同的角度了解，比如：外貌、性情、说话做事的方式、能力、品性，甚至家庭和教育背景。事实上，当我们需要真正了解学生时，有几乎无尽的因素可以考量。

从学校操作角度来讲，要应对好学生评价这个重大的任务，需要主动建设一个更完整的图景。举个简单的例子，如果教师或管理人员想了解某个学生，可能需要去找主任、教研组长、班主任、生涯办公室教师或学科教师，也需要去登录学校的教务系统查看学生的档案——也就是说，为了获取各种各样的信息，需要去不同的地方，见不同的人，即使是某位学科教师要了解一位学生在该学科上过往的表现，由于学生已经升降班或年级升级等原因，这位学科教师也需要咨询若干位不同的教师。

因此，我们需要有一个一体化的多功能系统，一个“一站式”提供每一位学生全面情况的系统，点击屏幕上系统里的按钮就可以看到一个学生全貌的过程性记录。为达成此目的，我们需要做的是建立学校的数据库，它需要包含学生的基本信息、课外活动记录、教师或学校管理者与学生之间的对话记录（咨询、谈话等）、获得的各类奖项、负面清单等等。除此之外，我们也想了解学生的自我评价，特别是在四大支柱［上中国际部高中段内部对于学生在体育、艺术、CAS（创造、活动与服务）和自主性这 4 个方面的简称］方面的自我评价。这些可能仍然不够，我们还需要一些其他信息，特别是与学生朝夕相处的教师——班主任和学科教师给出的反馈与评价。

2. 学生的综合评价需要遵循的原则和方法

需要明确创设和发展综合评价系统的一般原则：一是要有定性的评价，二是要有定量的评价，且两者之间应该有一个平衡。正如之前提到的那样，人很复杂。那么，我们是否能够正确并且准确地仅用数据来评价现实世界中的人呢？毫无疑问，那不可能。但在某些方面，我们仍然可以适当量化收集的数据。这些就是前述“一般原则”的出发点。

如何达到量化和平衡？这是一个问题。首先，从班主任的角度来看，班主任花很多时间与学生在一起：他们不仅会与学生和家长交谈，也会从学生的课余活动和在学校的行为表现中了解学生的个人发展信息。那么是不是就让班主任直接给学生打分？我们对这个问题做了深入的思考后认为，直接采用量化的方式给学生打分可能是不明智的。因为，人的发展非常地个性化，人是一个特别复杂的评价对象。此外，班主任可能也会在几个分数中纠结徘徊。上中国际部已有一个成熟的教育活动课程模型——“树”的模型，它从 4 个不同的维度，或者说从“树”的模型上的 4 个分支，用描述性的语言来评估学生，但不会用分数来评价。这 4 个维度是：品性与价值观、知识与技能、实践与创新、艺术与健康。也许这 4 个维度还不能涵盖一个学生的所有方面，因此，我们也进行一定的留白，鼓励教师从必要的其他角度来评价学生。

图 6　上中国际部高中段“树”型教育活动课程模型

以上是从班主任的视角去评价学生的方法。那么从学科教师的视角呢？

学校设计了形成性评价和总结性评价两种评价方式。总结性评价主要采用考试的形式，这也是司空见惯的比较直接的形式。形成性评价的两种主要做法如下：第一种是教师需要从 5 个方面对学生进行评价，主要使用教师与学生接触下来的印象——专心听讲，知识理解，课堂参与，课后作业，努力程度。2019 年，上中国际部高中段独立自主开发的学科素养评价平台全新上线，这是第二种形成性评价的做法。学科素养报告由学科教师打分和撰写，学校设计了可以进行打分的素养指标 10 个，教师要选择其中至少 5 个素养指标给出基于证据的评论，不能是泛泛而谈。经过时间的累积，可以将学生各学科的素养水平与全年级的情况作一个总体比较，也可以记录学生学科素养发展的轨迹，这些数据无论是对于学生还是对于相关教师，都有很强的指导意义。

但形成性评价也有可能被教师误用。比如，有些教师可能会根据学生的考试分数来给学生倒推形成新评价：如果学生在期中或期末考试中得到像 98、99 这样高的分数，教师就会尽已所能也给这 5 项形成性指标做出最高的评价。这会严重偏离形成性评价的本意。实际上，设计这些指标的目的就是使对这些表现的评价真正成为“过程性”评估。因此，对这些项目的评估不是等到考试分数出来以后再进行，而是在日常教学中逐渐累积并进行适当的、及时的记录。因此在进行系统设计的时候，形成性评价输入的截止时间被巧妙地设计在考试进行之前，从设计上杜绝了从考试分数倒推素养评价的可能性。

简单小结一下在设计学科评价方面所遵循的理念：只采用考试成绩来评估学生是远远不够的，考试分数只是让教师从一个角度对学生进行评价的单维度的定量数据。学校需要对能够帮助学生在这个充满变化的时代中发展足以应对挑战的各项素养的情况进行评价，从而帮助和指导学生成长，这一想法的落地方法便是在评价系统中体现教师对学生在课程进行过程中展现出的学习习惯、素养与能力进行评价。

3. 学生的学科素养评价实例一则

上中国际部高中段选取的 10 项学科素养的具体指标来源于对各类文献的研究和比较。各类文献中有很多关于不同素养指标及其相互之间的联系和区别的研究可供参考，其中哪些与学校重视的理念和培养目标相符，需要学校自行分析与整合。上中国际部从中筛选并组合出特别希望学生培养和发展的 10 项素养，称为素养因子，它们包括：创造性、批判性思维、合作意识和能力、学术表达与交流、训练有素的思维习惯、决策力、主动性、风险承担与管理、数字素养、全球视野。在这 10 项素养因子的基础之上，还保留了一定的灵活性，教师可以添加学科方面或其他方面的基于证据的评论项目，来反映学生的素养和能力。

从实际操作来讲，一方面，教师会在这 10 项素养因子上给学生直接评分（1—5 分，5 分最高），从而产生可量化的数据；另一方面，需要教师书写基于证据的评语，作为教师对学生的某些素养发展情况的描述性评价，使得评价更加具象化，也使得打分更加容易被理解。这 10 项素养因子评价的样表设计如下：

表 1

素养因子	NA 无法评价	1 需要进步	2 发展的起步阶段	3 发展状态正常	4 发展状态较好	5 发展状态领先
创造性						
批判性思维						
合作意识和能力						
学术表达与交流						
训练有素的思维习惯						
决策力						
主动性						

（续表）

素养因子	NA 无法评价	1 需要进步	2 发展的起步阶段	3 发展状态正常	4 发展状态较好	5 发展状态领先
风险承担与管理						
数字素养						
全球视野						

下面以数学学科为例，用一些最简单的可能的证据来诠释这 10 项素养因子。

“创造性”：如果学生有能力经常问一些甚至教师也没想过的问题，或者问题的质量比较高，可以说这代表了一种好奇心，有时它也代表了创造力；如果一个学生能对教师上课时没有解释清楚的地方进行提问，或者提出一种甚至教师也没有想到的方法，或是提出尝试性解决问题的想法，或者给出了比教师更好的方法来解决问题，则可以认为学生体现了一定“批判性思维”能力，同时也体现了“创造力”。“合作意识和能力”：这在课堂活动中能很容易地被观察到，因为在课堂上学生经常会被要求参与合作和讨论。“学术表达与交流”：就数学科目而言，它意味着无论是向同伴还是老师解释数学问题，学生都能够使用正确的数学术语和沟通技巧。“训练有素的思维习惯”：学生学习解决问题时只是通过复制和反复操练，还是使用他 / 她基于对于原理、概念和本质的真正理解而形成的自己的思维方式来解决问题，这是评估学生思考习惯的重要考量。“决策力”：当学生面对数学问题时，可能有不同的解决方法，也就是说，学生必须做出决定——哪一个是最高效的，由此就可以反映出其决策能力。“主动性”：也许教师在课前给学生布置了一些阅读材料，请他们把问题带到课堂上来讨论，这些就属于“主动性”素养评价的范畴。“风险承担与管理”的能力有时会与“决策力”同时展现，比如学生想要做一个数学项目，有很多可以选择的主题，学生需要在有限的时间内做出选哪一个更优的决定。“数字素养”：可以了解学生是否根据学习的需要主动使用一些数学软件，他们是否具备一些数字化研究技能。“全球视野”：这点更是无处不在。比如我国的“杨辉三角”，在西方被称为“帕斯卡三角”，那么，学生是否意识到这一点？他们是否会探究其背后的数学史，特别是主动研究中国的数学发展史？此外，数学课也会要求学生做项目，有些学生可以轻松地将他们所知道的、在数学课上学到的东西应用到现实世界的全球性问题，例如气候变化、经济问题等，这些也是全球视野的体现。

由于有些行为可能同时落入 2 个或多个类别，这 10 项素养因子有时互有重叠，同时也存在这 10 项都不能覆盖到的某些素养。因此，这个素养评价系统提供了额外的评论框供教师填写。

更重要的是，这也是教师在日常工作中做记录的一种方式。作为素养因子评判依据的大部分事实是在课堂上发生的。课后，教师可能想要记下一句：“哦，爱丽丝做得很好，她口头提出了我在课前没有想过的问题。”由此，教师不仅实际上已经在完成学期末的总结工作，同时由于不是在期末时回顾和记录这些早前产生的重要信息，新的记录方式也使得教师评价比以往更为有效。

假以时日，有了教师评价的数据，就可以作一些数据分析。图 7 是一位学生数学学科学习的例子。可以看到浅色的是全班的平均数据，深色的是这位学生的数据。接班的教师在读到这幅图时会立刻对学生形成一种整体的“画像”。教师打开学生综合评价系统，还能立刻见到更多的有效历史信息。

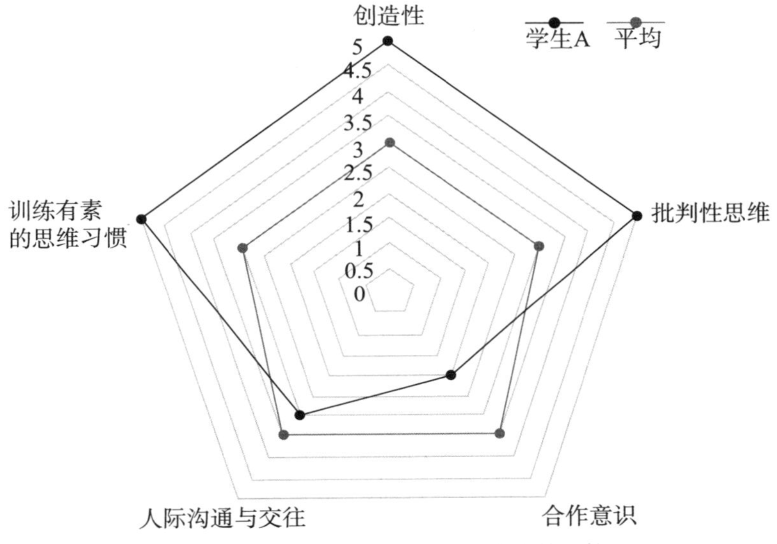

图 7　学生 A 的素养评价及与全班的比较

就以上示例中的学生 A 而言，可以看到，他在创造性和思维习惯（批判性思维）方面做得比较好，但在沟通和协作方面，得分并不是那么高。所以教师从系统中大概可以估摸出：也许我需要关注这位同学平时如何与他人交流数学知识，也许需要鼓励他适当克服腼腆害羞的心理……通过这些数据，教师可以帮助学生获得更好的数学学习体验。

系统还可以作很多其他的数据分析，比如，将学生放在学校历史上所有学生的学生库中进行比较分析。通过构建这个系统，我们拥有了一个学校的数据库，供学校的管理人员、班主任和学科教师使用，帮助他们更好地了解学生，从而更好地支持他们的成长。

图 8 这个例子从表面上看起来是有点奇怪的，随着时间的推移，到了 11 年级这个时间节点，似乎学生 B 的素养水平在下降。挖掘数据背后的故事可知，学生 B 在 11 年级选择了对他具有一定挑战性的课程，因此学习稍显吃力。有了这些数据的支撑，教师可以意识到需要如何帮助学生，同时也更加清楚这名学生适合什么，从而在生涯规

划指导上能够做得更加准确。学生自己也能够查阅这些数据作为参考，更好地为自己规划未来的发展。

图 8　学生 B 三年来的整体素养评价变化

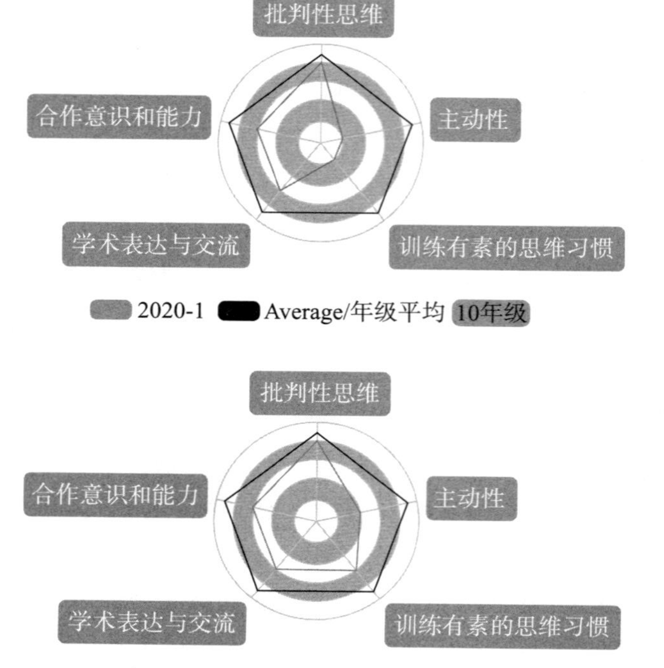

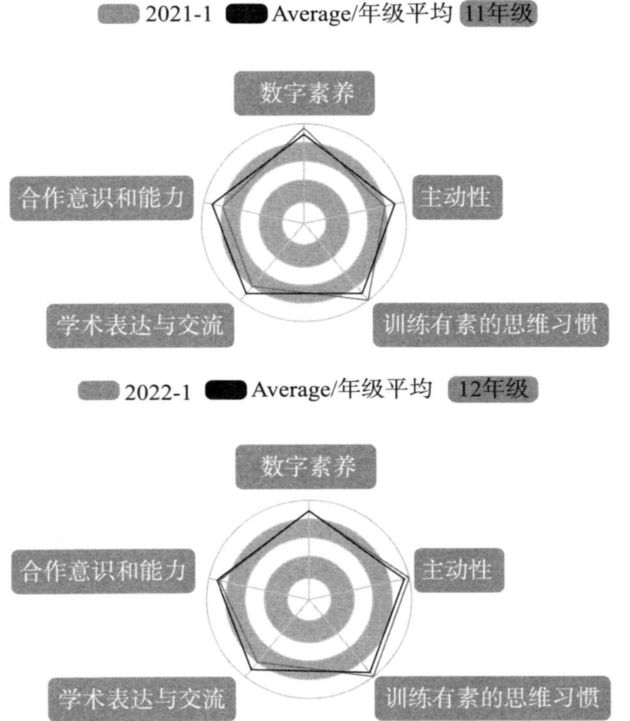

图 9 学生 C 的素养评价总体得分情况及其与年级整体水平的比较

图 9 中，可以看到学生 C 的总体素养在整个年级中的相对水平在高中 4 年（9—12 年级）中得到了比较稳步的增长。

图 8 和图 9 代表从不同角度观察到的学生素养的发展情况，它们都是真实的数据库中的实际例子，这样的数据无论是对于学生还是教师都具有指导价值。

4. 借助数字化平台进行学生综合评价的意义

有了学生的综合评价报告，并且认真地使用和珍视它，学校和教师就会更加明白，对于学生的发展而言，重要的不仅仅是考试的能力和成绩，学生的其他方面的能力与素养水平的发展也很重要。因此，以素养评价为抓手，期待能够真正实现学校教育从以考试为导向转向以追求卓越的学习环境为导向。

为了加强家庭与学校的沟通，这个评价系统向家庭开放账户。如果教师在系统中输入了一些记录，那么家长就可以更好地、更及时地了解孩子在校的多方面的表现情况，而不仅仅是分数，这将使家校联系更完善，帮助家长全方位地看待孩子的发展，从而也成为积极地影响家长的育儿观的一种尝试。

更为重要的是，综合评价系统的设置还有助于加强学生的自我反省。有时，高中学生还没有能够真正地了解自己，但如果学校的反馈只有分数，那么他们也会只认分数、只以分数为导向。而如果学校提供的反馈包含了对他们的素养水平的评价，他们也就会逐步重视这个方面的发展。为了更健康、全面地成长，他们非常需要通过这样的评价和交流方式更好地了解自己。例如，如果这个学生是个“学霸”，他是否能够很好地将自己的观点与支持的证据清晰准确地传达给他的同伴或老师？综合评价将使他了解到学校对沟通技能也像对学科能力一样感兴趣。帮助学生认识到他们所需的面向未来的素养的复杂性和综合性是使他们得到可持续发展的重要因素。

笔者还意识到在进行综合评价时的三个注意点：第一，要达到综合评价的目标意味着各项要求必须清晰而且定义严谨，不清晰的要求将威胁整个项目的成功。第二是评论的基调。事实上，我们是在试图制作一份以数据为基础，可以帮助教师更好地了解学情，从而改进或者调整教学方法的报告，同时这份报告也试图帮助学生更好地了解自己。因此，教师的评论必须是基于证据的，也就是说评论应该指向能反映学生对应素养的具体的课堂表现或作业完成情况。但这样的评价同时应该是鼓励性的：毕竟这份报告不是教师用来抱怨学生的地方，而是需要鼓励学生做得更好。第三是对教师工作质量和效率的考量。在教师的工作质量和效率以及全面评估学生的需求之间必须取得必要的平衡。归根到底，评估学生更像是一门艺术，而不是一门科学。即使是量化指标，如果要追根究底的话，实际上仍会有点主观。因此需要鼓励教师尽可能多地给学生进行基于证据的描述性评价，同时也为自己的教学多留一些过程性的记录。基于目前的技术发展水平，笔者虽然不认为有一个可以非常精确地描述刻画一个人的方法，但这仍然是教学评估的前进方向。

对于高中学生的综合评价，还需要继续思考和探索以下几个育人和评价的问题：

——如何帮助教师提高“核心素养”方面的评价能力？

——我们的课堂要发生怎样的变化以适应这样的评价方式？

——是否有更好的、不侵犯学生隐私的数据收集方式帮助教师以评促教，重塑教育教学？

5.1.4　借助数字化平台的作业布置与测评方法的变与不变

1. 借助数字化平台开展作业布置与测评的意义

进入数字化时代，对于学生在课堂内外做习题或者作业时的数据收集也提上了议事日程。这样做的意义有：第一，可以适度减轻教师批改作业时一些不必要的重复工作量，比如填空题、选择题等类型题目答案的批改和作业完成度等。第二，可以通过系统自动分析、统计答题率、正确率，帮助教师采用数据驱动教学方法，制定有针对性的教学策略。第三，技术上已经允许通过让学生使用专门的纸和笔，对学生答题过程进行录制和数据分析，帮助教师在需要时回看作业过程，判断学生在知识点上可能会有什么样的困难。第四，系统可以根据对学生学习情况的分析，自动推送考查类似知识点的合适的习题供学生练习巩固，教师也可以根据作业的类型和标签分析学生的学情，从而进行有针对性的教学，提升学习效果。这有点类似于“自适应”

平台的功能。当然，实现这项功能的前提是题目都事先按照知识点等要素进行了分门别类的整理并贴上了标签。

借助数字化平台进行测评也具有同样的功能。

此外，借助数字化平台进行作业布置和测评也可以提高教师的研究能力。以往，教师对于某种教学方法及其效果的研究一般只有质性的分析，似乎不够有说服力，大都缺乏实证支撑。通过数字化平台开始探索使用信息技术和人工智能来收集学生数据，精准分析学情，能帮助教师更好地进行教育科研。比如说，有一个实验组和一个控制组，实验组利用这样的数字化平台进行教学，一段时间后，对作业数据和考试数据进行分析，对师生的心得体会也可以进行问卷调查，从而用实证来说明结合数字化平台进行教学的优缺点在哪里，是否真的能够帮助学生更好地掌握知识点，提升教学质量。

2. 借助数字化平台进行作业布置和测评的实例

技术发展到现在，数字化平台已然能够支撑起作业的数字化与测评流程的数字化。在这方面，中国国内由于基础教育信息化发展较快，可以说已经走在世界的前列，有多种产品可供选择。在借助数字化平台进行练习和测评这一领域，上中国际部高中段已经借助个别在线电子教科书和一些慕课平台（比如可汗学院）对此展开了小规模初步探索，但并没有大规模铺开，其主要原因是上中国际部本身属性为外籍人员子女学校，目前还缺乏以英语为教学语言的各学科题库和软件开发公司的支撑，时机还不成熟。另外，上中国际部的高中学生并不参加国内高考，而是通过申请的方式申请国外大学，申请过程中考试成绩仅为申请档案的一部分，因此学生在习题训练和书面考试等方面暂时还没有对于信息技术强劲的需求。

国内一些信息化实验学校已经开始了规模化的探索，并且取得了丰富的实践成效，成功地促进了教与学。在上海市，有一些区和学校已经在这方面迈开了比较大的步伐，收获了很多有益的经验。比如，下面的几幅图表是上海市闵行中学东校使用数字化平台进行辅助教学的例子：

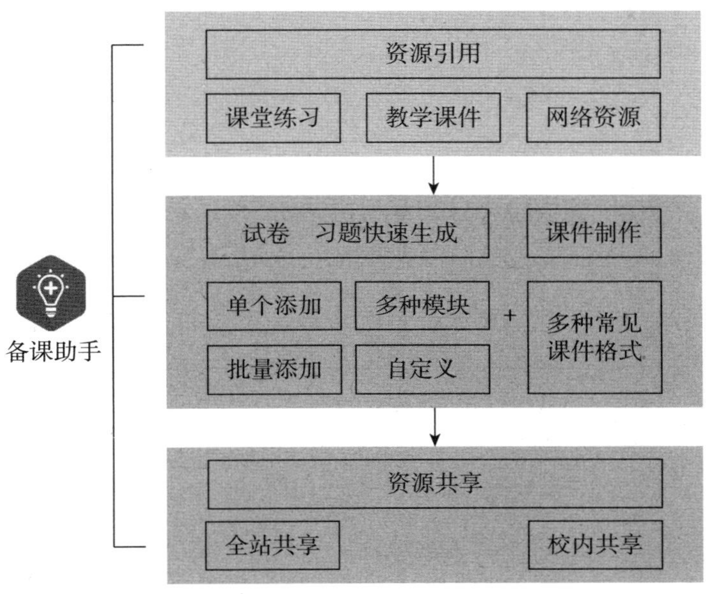

图 10

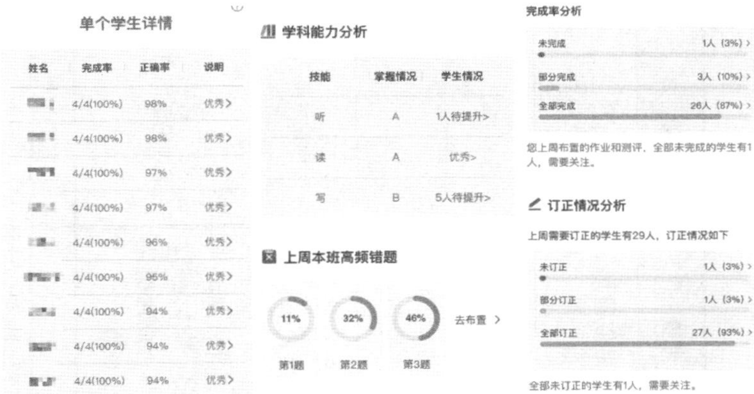

图 11

表 2

九年级 4 班得分率

题号	考查内容	关联能力	满分	得分率	平均分	标准差	难度系数	区分度	满分人数
1	相似圆形的定义	推理论证能力	6	93.1%	5.59	1.55	0.89	0.3	27
2	对应边成比例；三角形的重心基本定理；三角形的中位线	推理论证能力	6	93.1%	5.59	1.55	0.91	0.21	27
3	平行线分线段成比例定理	推理论证能力	6	93.1%	5.59	1.55	0.92	0.28	27
4	两角分别相等；基本定理；两边成比例且夹角相等	推理论证能力	6	58.62%	3.52	3.01	0.68	0.53	17

（续表）

题号	考查内容	关联能力	满分	得分率	平均分	标准差	难度系数	区分度	满分人数
5	两角分别相等；两边成比例且夹角相等	推理论证能力	6	93.1%	5.59	1.55	0.85	0.42	27
6	相似三角形的性质	运算求解能力，推理论证能力	6	86.21%	5.17	2.11	0.85	0.42	25
7	相似图形的性质；多边形的内角和	运算求解能力，推理论证能力	6	82.76%	4.97	2.31	0.84	0.35	24
8	三角形的重心；平行线分线段成比例定理	运算求解能力，推理论证能力	6	72.41%	4.34	2.73	0.72	0.56	21

在该校信息化的实践过程中，学生使用“智慧笔”进行答题。实施过程中，并不改变师生解答和批阅习惯，变的是过程中加入了扫描环节，答卷进入数据库后，教学拥有了信息化和智能化的助力，这使得数据分析变得唾手可得。教师向学生发布周练和作业、试卷，批阅扫描后形成班级分析报告，通过数据分析全面了解学生的学情，掌握学生的个体差异，对学生进行有针对性的指导，同时根据收集到的数据不断改进和优化教学。

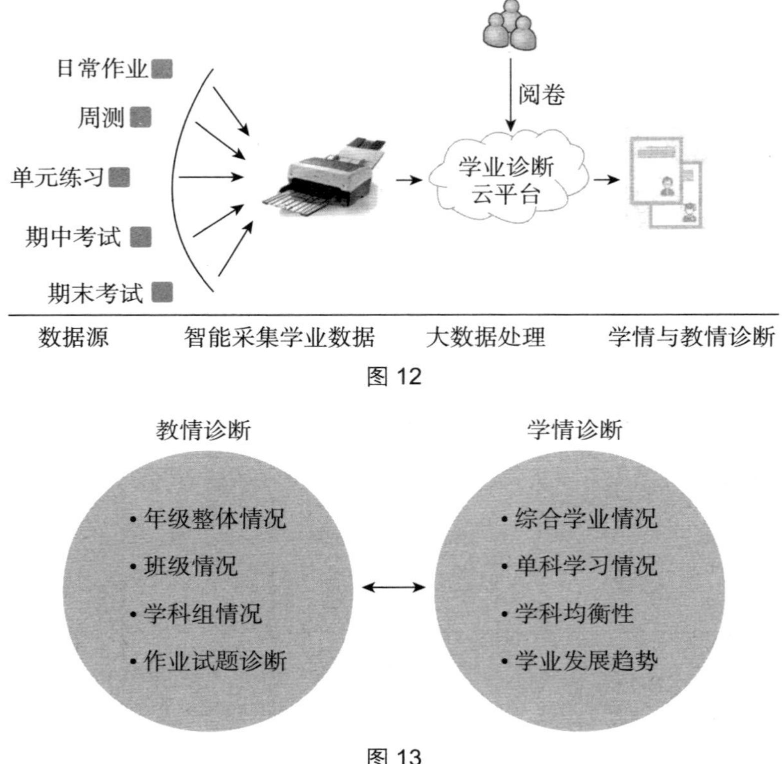

图 12

图 13

在教学环节中，收集真实的学习数据显得最为艰难。对于这个过程国内有过一些尝试，部分环节涉及学生和教师的隐私，需要得到学生、家长以及教师的同意；也有可能数据失真和无效，经不起仔细推敲，这对于科学研究而言会失去说服力。在真实的学习数据方面如果要实现长足的进步，笔者认为，可能还有待于科技的进一步突破。目前处于研究关键阶段的脑机接口技术是否会为将来对于学习科学的研究带来更多的希望，这个问题还需要时间来解答。

值得注意的是，智慧体测平台已经在国内外的很多学校进行了实验，它通过多类智能设备采集学生各项锻炼数据，借助大数据技术实现体育管理智能化，取得了很不错的实践效果。比如，上海市卢湾区第一中心小学在这方面进行了大量的实践，通过使用数智技术推动小学教育从知识灌输走向素养培育，他们的成果获得了 2022 年基础教育国家级教学成果奖特等奖。

总而言之，数字化教育平台可以根据学生的学习需求和能力水平，为每个学生提供个性化的学习计划和资源，帮助他们更好地理解和掌握知识。在数字化教育平台上，学生可以通过自主选择、自主学习的方式来完成学习任务，特别是对于学习主动性强的学生来说，这可以大大提高学习效率和学习兴趣。数字化教育平台甚至还可以利用技术手段包括人工智能对学生的学习数据进行分析和评估，从而更好地指导学生的学习方向，提高学习效率。

5.2 数字化平台应用于教育全景的展望

数字化教育是当今教育领域的热点话题，随着技术的快速发展和应用，数字化教育已经成为未来教育的主要趋势。数字化教育将技术与教学相结合，为学生提供更加灵活、高效、个性化的学习方式。而未来的数字化平台应该是基于云网底座，融合大数据、人工智能（AI）、物联网等数字技术打造而成，覆盖教、学、管、评、考等诸多关键的环节。其中，教学视频云平台采用“云端—网络—客户端—用户”的整体化方案，促进优质教育资源的分享，也方便大数据的整合，从而提高教与学的效率。基于文献分析、在上中国际部的实践以及在国外大中学校的考察，做出以下几点不成熟的展望，请读者批评指正。

5.2.1 数字化平台或将逐步采用集约化的信息系统

目前，国内学校的信息化建设过程中，高度集成的通用信息系统比较少，主要都是学校根据自己的教育教学需求进行信息系统的定制。这样做的出发点是使得信息系统符合学校的教育教学实际情况，有一定的道理。然而随着各校信息化的发展，教育、管理理念的变化，特别是数据交换与共享需求的提升，通过大数据对教育教学进行现代化治理的需求也呼之欲出。

国内很多学校都有自己的信息化系统，区域范围内也建成了多个信息化系统，但这些系统可能是属于不同部门的，且具有不同的功能，比如成绩管理系统、学生评价系统、题库系统、阅卷系统、财产物资管理系统、人事管理系统等等。这些系统往往各自完全独立，数据不是互通的，形成大量信息孤岛，从而给管理和应用带来很大的不便。随着信息系统不断地增加和建设，这一现象甚至有越来越严重的趋势。同时，各校信息系统也出现了良莠不齐的状况。在这样的背景下，有必要对学校的信息化应用进行梳理，加强不同区域、不同学校之间的数据共享，建立学校信息化系统图谱，设计一定的技术规范、实施路径，从而尽可能将通用的基础信息系统做扎实。

展望未来，信息系统的集约化成为摆在面前的一个新问题，需要深入考虑多种、多个信息系统的融合问题，促进不同软件供应商之间的交流和信息互通。从解决方案来说，一方面，需要将学校信息系统融入上级部门的成熟的门户群，另一方面可以打造学校特色的个性化模块，但与上级部门和其他学校之间又有信息的互通和共享。

在集约化的信息系统下，区域和学校都可以探索把智慧教育、智慧教学与智慧安防、智慧后勤、学科数字实验室、数字场馆、智慧管理等有机融合，实现数据在校内和校外的互联互通，为大数据和人工智能的应用打下基础，从而开创智慧校园新的局面。

在这个背景下，政府相关管理部门要为信息化资源建设提供制度和依据，学校应逐渐转变为信息化资源建设的使用者，而商业机构也许会成为信息化资源建设的重要主体，各种非营利组织或许将起到桥梁和纽带作用，助推教育的信息化和集约化发展。

5.2.2　数字化平台或将进一步助推个性化学习的发展

在《论语·先进篇》中，中国教育家孔子提出了因材施教的思想。在教育技术飞速进步的今天，因材施教又有了新的含义和做法。个性化学习在信息时代的发展为因材施教注入了新的活力。

美国教育部教育技术办公室发布的《国家教育技术计划（2010）》（NETP2010）指出，个性化教学是指根据每个学生的需求优化其学习速度和教学方法的教学。在个性化教学中，学习目标、教学方法、教学内容和学习路径根据学生的需求量身定制。传统课堂中，教学方式是基于时间的学习，由于时间的限制，每个学生达到的水平是不一样的。部分学生在课堂教学中还不达标，就不得不进入下个学习阶段。而基于掌握的学习，学生则是按照自己的节奏进行学习，进入下个学习阶段的标志不是学习时间，而是对前期学习内容的掌握已达标。在班级授课制下，不同的学生有不同的个性化需求，教学中要满足班级内所有学生在整个学习过程中的需求，脱离信息技术的支持其实是很难做到的。近年来，自适应评价和学习技术的逐渐成熟、教学资源的丰富性和结构化、学习管理系统的应用以及相关教育教学理论的发展，为个性化学习的真正实现提供了越来越多的支持。[①]

个性化学习将在学习平台的支撑下聚集丰富的资源，同时基于数据驱动，被给予更加精准的支持，比如，教师和学生能够通过系统自动设计的数据收集、数据分析来设定学习目标、制订学习路线、监控学习过程，特别是如果能够获得学习实时数据，可以帮助教师了解学生在学习中面临的困难，从而及时准确地提供帮助。

具体来讲，学习数据的类型主要包括教学过程数据、学习评估数据两个大的类别。其中教学过程数据包括了学习行为数据和学习实时观察数据，而学习评估数据包括了诊断性评估数据、形成性评价数据和总结性评价数据。这些有效数据的取得需要以前述的集约化的信息系统的高度整合为前提。学习数据的分析对教学的支持作用是不言而喻的，需要对它们进行深度挖掘，使得数据实现实时可视化，这能够增强教师对学生进行个别指导和学生自主开展个性化学习的针对性和适切性，提高效率。

在经济条件允许的情况下，期望在不久的将来，所有学校的学生能够人手配备一个可以随时上网的终端，校园里拥有时刻在线、畅通无阻的无线网络环境。这样，个性化教育将变得更加容易。学生如果想要上网获取资源，无须跑计算机房，设备易获得、易使用，且可以采取自我管理的方式，使得设备无处不在，学习时刻都能够发生。

网络资源将愈发丰富，各种开源网站、学习自适应系统、在线实验室、在线数学软件等都能够轻易让学生沉浸在探究学习的世界里。在集约化、开放、共享的数字化平台中，学习数据的获得和使用将变得容易，个性化学习因为有了信息和智能的助力而如虎添翼。

---

① 李永智．从改善到改变：美国教育信息化案例分析与思考．上海科技教育出版社，2020 年 10 月，91–177.

在美国，蓬勃兴起的各类学习管理系统和信息工具，如 Canvas、Blackboard、Moodle、Google Classroom、Microsoft Team、Adobe Connect 等等，把学习的时空无限延伸，学习的发生不再受限于时间和空间。甚至兴起了在线学校，学生一直在家上学，比如斯坦福在线高中就是一个成功的案例。目前国内还没有出现这种新型学校。在美国还有个"学习工程"的概念，尽管不同学者对学习工程的定义在用词与着重点上不尽相同，但基本都体现了学习工程的本质特征：面向真实的学习场景，以满足特定学习需求为目的，基于学习科学的理论，系统地利用学习技术方法对学生的学习体验、学习环境等数据进行测评，并根据反馈帮助教师与学生不断完善学习设计，以提升学生最终的学习效率和效果。笔者观察到最常见的样态即学生在学习平台上主要学习低阶思维知识，学习过程及数据均被记录，教师在后台查看学生的学习数据，在课堂上的自主学习时间内对学生进行个性化的指导，并主要在学生的高阶思维能力和非智力因素的培养等方面发挥作用。本书第四章的一些案例已经在相当程度上得以实现这样的理念。

图 14 教师手持终端查看学生学习数据，在课堂上对学生进行个性化指导

5.2.3 数字化平台或将进一步推进教育教学变革和教师专业能力发展

《美国国家教育技术计划》曾经提出："要想看到教育生产力的显著提高，不能只停留在渐进式的修修补补上，教育需要进行在技术支持下的重大结构性的变革。"该计划将关注重点从"信息技术与课程整合"转移到"信息技术与课程的深度融合"，认识到只是应用信息技术去改善教学的环境与手段是无法对教育的发展产生显著成效的。

这样的提法有很高的前瞻性，也是非常有道理的。时至今日，教育在技术支持下的重大的结构性变革仍然在艰难中不断探索，还有很多可以做的事情。本书前几个章节已经用不少来自上中国际部高中段借助数字化平台的教学案例说明了如何使用数字化平台将 TPACK 理念贯彻下去。假以时日，数字化平台如果真正能够和各类资源平台全部打通，教育教学方法的变革将来得更加猛烈。

未来，人工智能或将主导教育领域。新的以人工智能为中心的应用程序和工具将继续激增，在实体教室中越来越依赖数字技术，曾经红极一时的虚拟现实和增强现实等技术也许还会卷土重来，支持教学和学习，学校和教育技术提供商将共同努力以真正增强学习效果。人工智能和教育工作者之间的关系也将愈发密切，教师利用人工智能简化教学任务，例如构建样本作业和生成阅读材料，更加广泛地采用人工智能集成各类教学工具，进行公平的教学，以便帮助每个学生进步。2024 年 2 月中旬，Sora（将语音或文本能够直接转换为视频的一种人工智能工具）的横空出世再次引发了各界人士对于教育的内容、方向和样态的大讨论，因为人工智能的大踏步发展将势不可挡地重新定义知识和学习，对未来的职业也将进行重新定义，而这些变化必将革命性地重塑人类的教育教学方式。

2024 年 5 月，OpenAI 发布了 ChatGPT-4o 的教学演示版。在视

频中，ChatGPT 与可汗学院创始人萨尔·可汗（Sal Khan）对话，并现场教授可汗的儿子 Imran 一道关于三角形的初中数学题。在教学过程中，人工智能几乎与真人一样与 Imran 进行教学互动，人工智能的语音也几乎真假难辨，它能够通过语气、声调、换气等发声技巧高度模拟真人的声音和情绪。尽管可汗给出的这道题目比较简单，但这个教学视频的发布其实是人工智能在教学领域的突破性成果。此外，包括 ChatGPT 和 Gemini 在内的人工智能还能够帮助教师进行教学设计。2024 年以来，国内的豆包、Kimi、Manus、通义千问、深度求索（DeepSeek）等人工智能平台不断实现跨越式发展，为国内教育者使用人工智能提供了更加丰富的优质选择。

案例：使用人工智能进行教学设计。

使用 ChatGPT，给出指令："帮我进行二项分布的教学方案设计。"它给出的方案如下（有筛选）：

课程内容：理解二项分布

教学目标：

知识：学生将理解二项分布的概念及其主要特征。

理解：学生将能够应用二项概率公式来解决涉及独立实验的问题。

应用：学生将能够使用二项分布来分析现实世界的情况并做出预测。

必备的先验知识：学生应该对概率有基本的了解，包括独立事件和概率分布等概念。

提示集 1：介绍一个涉及一系列独立事件的场景（例如，多次抛硬币，多次掷骰子）。要求学生讨论特定结果的可能性以及他们如何计算这些概率。

提示集 2：使用一个简单的例子介绍二项分布的概念，例如多次抛有偏硬币。讨论二项分布的主要特征，包括实验次数、成功概率和分布形状。

提示集 3：介绍二项分布可以应用的现实世界示例，例如分析医疗治疗的成功率或预测体育赛事的结果。讨论理解二项分布如何有助于在这些情况下做出明智的决策。

直接的教学策略：

二项概率公式：教学生如何使用二项概率公式计算给定次数实验中特定次数成功的概率。

计算期望值：指导学生理解或推导二项分布的平均值和标准差并在上下文中解释这些值。

使用技术：演示如何使用统计软件或图形计算器执行二项概率计算并创建二项分布的视觉表示。

练习作业：

问题集：提供要求学生使用二项分布公式计算概率和期望值的练习问题。

真实世界应用：分配任务，让学生必须分析真实世界数据并应用二项分布进行预测或得出结论。

交互式模拟：结合交互式模拟或在线活动，让学生通过实验探索二项分布的属性。

团队活动：

二项式实验设计：让学生分组设计和开展自己的二项式实验，例如抛硬币或进行调查，并分析结果。

情景分析：向团队展示不同的情景，并要求他们确定情况是否遵循二项分布并证明其推理。

同伴教学：为每个团队分配二项分布的一个特定方面，通过演示进行研究并向同学传授。

形成性 / 总结性评估措施：

问题解决任务：评估学生应用二项分布公式解决问题和解释结果的能力。

数据分析项目：评估学生分析真实世界数据集和使用二项分布得出有意义结论的能力。

课堂讨论：参与讨论，让学生解释他们的推理，批评同学的解决方案，并反思二项分布的应用。

深度问题：

改变成功概率或实验次数如何影响二项分布的形状？

除了简单的实验之外，二项分布还能以哪些方式来模拟真实世界现象？

二项分布的局限性是什么？

可以看出，人工智能在给出教学设计初步方案的时候，能够基本考虑到这个知识点的方方面面，甚至也能考虑到教学中应该注意培养学生什么样的能力。教师可以在此基础上，根据学情和教学的实际需要，把这些方案进一步加工和设计成适合自己课堂的教案。

在教学评价方面，目前教育的主要问题在于只是把注意力集中在个别的具体数据点上，比如单一的数学成绩。在人工智能和大数据时代，我们应该有更好的条件去研究如何正确地、充分地使用数据，正如西北教育评估协会主席克里斯·明尼奇（Chris Minnich）曾经说过的："我们必须跳出这种表面现象，深入挖掘数据、课程、教学之间的联系，并从以下两个问题入手，开展更有意义的对话：（1）您打算如何利用这些数据来支持更有效的教学或更系统的决策？（2）我们需要改变什么，如何衡量它是否有效？简而言之，数据必须有目的和影响力，必须有意识地将其置于教育的各个连接点。"也就是说，将来一定要用数据驱动课程与教学。

类似于前述上中国际部的综合评价方式或将获得大规模开展。在美国，近年来一个主要针对高中生评价体系的全新评价模型 MTC（Mastery Transcript Consortium）获得了比较广泛的关注。这个模型体系不含考试分数，而是会持续追踪记录、评估学生的 8 项能力，内含

61 个小指标。电子档案记录、评估的这 8 项能力包括: 分析和创造性思维, 复杂沟通(口头及书面表达), 领导力及团队合作能力, 信息技术及数理能力, 全球视野, 高适应性、主动探索和承担风险, 品德和理性兼顾的决策能力, 思维习惯。这个电子档案与上中国际部为高中生量身定制的学科素养报告异曲同工, 颇为相似。不同的是, 上中国际部仍然保留学科名称和分数等级的报告作为学生综合评价体系的一个必要组成部分。目前, MTC 评价体系的策划人正在组织力量进行线上数字化平台的建设。有人预估, 10 年之内, MTC 这种动态的电子档案会终结 SAT、ACT 等“美国高考”, 成为全美大学录取本科新生的评价体系。SAT、ACT 等考试对于大学录取的作用另当别论, 但笔者对使用 MTC 作为录取评价体系的观点存疑。原因主要有二: 第一, 评价学生能力的体系标准还没有真正建立起来, 同时, 能力评价的科学性尚未达到充分的共识。第二, 美国大学录取的高利害属性决定了其不可能完全采用某种体系, 而是倾向于采取“全面评估”的方式。

在笔者看来, 实行借助数字化平台的评价方式的转变, 学校在操作过程中还会遇到两个关键的挑战, 其中任何一个挑战都必须妥善处理好, 否则很难把评价方式的改变做彻底。第一个挑战, 学生未必愿意接受全方位的评价, 甚至会反感。这样的心态很正常, 非常容易理解。那怎么做? 这就需要做到综合评价不仅不增加学生负担, 还能够给学生提供更多信息和更多便捷, 更好地满足学生的个性化成长需求。每个学生的个性化信息和升学信息都在综合评价平台上对学生公开, 部分信息也开放给家长, 从而在最大范围内争取到学生和家长的信任和支持。第二个挑战来自教师群体。除非是一个全新的学校招到了一批全新的教师, 否则, 教师群体会非常习惯传统的评价方式: 考试成绩 + 期末评语。他们一般不太愿意接受新的指标体系, 特别是要求教师在平时教学期间就要同时关注并记录评价这件事情。

怎么办？管理层能做的就是不要增加教师负担，并且让教师体会到综合评价的优势，能够注意优化平台功能，使用各种手段包括技术手段帮助教师更加省时省力、高质量且富有效率地去评价学生。

数字化平台和信息化智能化校园的发展，将助推教师具备 3 个方面的核心教学能力：(1)混合式教学能力。教师可以有效地将在线指导与面对面指导相结合，特别是在学生已经通过线上环节进行自学后再进行面对面指导的方法与能力。(2)数据的辨别、分析和使用的能力。教师可以通过使用数字工具监控学生的学习活动和学习表现，以指导学生的成长。(3)设计个性化学习和创造个性化学习环境的能力，允许学生自定学习目标，规划学习步调和学习路径，同时能够适时指导学生。教师需要具备数字技术应用的能力和创新精神，才能更好地利用数字化教育平台，提高教学效率和学生的学习体验。

5.2.4 数字化平台或将进一步推动优质教育资源的均衡，并促进教育公平

数字化教育可以通过数字化平台、在线课程、远程授课等方式，冲破地理位置、师资力量和时间的限制，为广大学生，特别是边远地区、贫困地区的学生提供更加广泛、公平地接触到优质教育资源的机会。目前，中国国家层面已经建立了国家级中小学智慧教育平台，各省市也有自己的一些优质资源，比如上海市有上海智慧教育平台（微校）资源供学生免费使用，其中聚集了大量“空中课堂”资源，学生可以免费学习，实现“人人皆学、处处能学、时时可学”。当然，这一切资源得到充分利用的前提是硬件资源能够跟上，包括但不限于电脑终端、网络环境等等。

随着时间的推移和技术的进步，预计这类优质教育教学资源将通过数字化平台更广泛地、更紧密地与学习数据系统相连接、融合，或

以此催生出更多的学习自适应平台，同时建立学生的个性化学习档案。这样的数字化平台也能够帮助教师发现学生学习的强项与弱点，从而更好地帮助学生成长。需要强调的是，这里的“教师”不一定是学生平时学校里的授课教师，可能是一个“云”教师（与学生素不相识的被系统分配的外省市教师），也可能就是“人工智能”教师（指虚拟机器学习工具人）。在这样的背景下，教育资源的均衡化将更到位，教育公平也必将做得更好。

5.2.5 数字化平台的蓬勃发展或将加快促进教育信息立法

随着数字化教育的发展，在教育大数据背景下，教育网络数据的安全也会越来越得到人们的关注和警惕。

笔者曾经在美国芝加哥和旧金山学区就教育信息化进行考察，这两个学区都非常重视对学生隐私和学习数据的保护。旧金山学区的负责人介绍，他们签订的合同中关于学生隐私保护方面的条款内容有60多页。芝加哥93学区技术负责人还介绍了他们对学生数据保护的具体实例：语音互动逐渐成为人机交互的一种新的方式，学区认为学生的个人声音特征数据也是个人隐私，如果不能及时保护，可能造成滥用，因此，学区特别提醒学校暂时不要使用语音交互功能。他们对学生隐私和数据的保护力度可见一斑。美国已有许多关于安全和隐私方面的联邦层面的法律制度，如《家庭教育权利与隐私法》（Family Educational Rights and Privacy Act，简称FERPA）、《保护学生权利修正案》（Protection of Pupil Rights Amendment，简称PPRA）、《儿童在线隐私保护法案》（Children’s Online Privacy Protection Act，简称COPPA）、《学生数字隐私和家长权利法案》（Student Digital Privacy and Parents Rights Act）等。从2012年至2017年，美国各州颁布了120多项法律，以规范学校及服务商收集、使用和保护学生数据的行为。另外，美国行业协会和运营商也积极出台隐私保护自律政策。事实上，美国从 1977 年就开始制定了多部信息安全方面的法律。

美国教育部于 2023 年 8 月 7 日举行了“安全重返校园：K–12 学校网络安全峰会”，将美国政府、教育界、工业界和相关领导人聚集在一起，商讨如何让 K–12 教育网络安全取得进展。会上，相关人士称，在当今数字时代，学校采用的教育技术具有不可思议的潜力，但要想充分利用这些好处就必须有效地管理风险，确保每个人都能帮助学校和教师规划和准备预防数字风险。彭博社的报道称，亚马逊公司的网络服务部门将向 K–12 学校提供 2000 万美元的网络安全拨款。亚马逊还将为遭受网络攻击的学区提供免费的安全培训和帮助。会议发布的《简报》详细列出加强教育网络安全所要考虑的主要因素，这些因素主要包括以下 5 点：第一，持续加强风险管理；采用积极主动的方法来管理网络安全风险，应对不断变化的威胁。第二，利用类比思维解决问题；利用物理世界场景的经验教训，全面掌握和应对网络安全挑战。第三，确定优先级并实施缓解策略，识别最关键的风险并应用有效的缓解措施。第四，建立网络事件应变能力；制订和实施网络事件响应计划，以最大限度地减少潜在网络安全漏洞的影响。第五，鼓励相关供应商投资时要遵循安全设计的原则，获得网络风险保证认证，并建立安全漏洞披露制度。

随着数字化建设的不断发展，同时借鉴美国等国外教育界的经验和教训，国内主管教育的相关部门和 K–12 学校也已经在这方面有了很多动作来加强基础教育领域的网络安全，这方面的措施预计只会越来越多。2018 年，教育部发布的《教育信息化 2.0 行动计划》提出：“加强教育系统党组织对网络安全和信息化工作的领导，明确主要负责人为网络安全工作的第一负责人，建立网络安全和信息化统筹协调的领导体制，做到网络安全和信息化统一谋划、统筹推进。完善网络安全监督考核机制，将网络安全工作纳入对领导班子、干部的考核当中。以《网络安全法》等法律法规为纲，全面提高教育系统网络安全防护能力。全面落实网络安全等级保护制度，深入开展网络安全监测预警，提高网络安全态势感知水平。做好关键信息基础设施保障，重点保障数据和信息安全，强化隐私保护，建立严密保护、逐层开放、有序共享的良性机制，切实维护好广大师生的切身利益。”值得一提的是，2019 年，《儿童个人信息网络保护规定》经国家互联网信息办公室室务会议审议通过，并于当年 10 月 1 日起施行。随着数字化的进一步推进，有关教育网络信息安全的法律法规预计会越来越规范、全面。

在信息安全的大背景下，学校要审慎处理提升学生学习成绩与技术之间的关系，在学生数据隐私和保护方面的意识需要进一步加强。对学生行为或表情进行监控并收集数据曾经引起舆论的轩然大波。这些现象的出现依然提醒学校和教育工作者不断思考：在技术作用于学生时，学生作为人的存在的尊严和自由的问题。此外，如何确保信息技术公司严格遵守数据使用契约？现在，已经有越来越多的信息技术公司加入到对学生数据保护承诺的队伍中，行业自律也在完善中，但是在具体情境下的道德选择，依然是任重而道远。

Digital Platforms in the Educational Landscape: Current Status and Prospects for Application

Introduction

The transition in education from solely "nurturing scores" to "nurturing individuals" has advanced despite setbacks. Although schools in various countries have gained some valuable experiences and practices, significant underlying problems persist. Notably, in the deep waters of domestic education and teaching reform, the incorporation of subject literacy, which involves merging disciplinary knowledge, skills, thinking, and curriculum, requires substantial improvement. The transition towards new learning methods is often reduced to a mere alteration of teaching form. Surface-level and one-sided classrooms are quite common, for example: pursuing solely superficial teaching outcomes while neglecting the creation of contextual settings as knowledge backgrounds and carriers, overlooking the application of knowledge; excessively emphasizing the practice of skills; leaning towards directly informing students of outcomes, or simplifying and compressing the process of knowledge generation and leaving students lacking experience in observation, inference, induction, and argumentation in knowledge generation. These phenomena have become significant obstacles to the development of students' fundamental literacy and disciplinary abilities.

Regarding the integration of information technology and teaching, it often remains narrowly focused on the technological aspects such as instructional design, learning technologies, and the development of teaching environments. There is a lack of in-depth research on educational and disciplinary ideologies and a shortage of authentic implementation of the "student-centered" philosophy. Therefore, providing new methods of integrating technology into education, teaching activities, and learning processes has proven to be a complex task. Amidst the rapid progress of information technology, the integration of this technology into the learning process aims to enhance students' skills in exploring, understanding, internalizing, transferring, and applying various concepts. This promotes students' mastery of disciplinary ideologies and their practical settings.

Digital platform-based hybrid learning provides an excellent entry point for integrating technology into teaching. The essence of hybrid learning goes far beyond the mere reversal of instructional procedures and time redistribution. It consists of preloading essential knowledge before class, enabling students to devote more in-class time to context-based, problem-oriented interactive, heuristic, exploratory, and experiential learning.

Talking about it is easy, but implementing it is challenging. Constrained by evaluation systems, cultural habits, and various factors, the integration of information technology and teaching should not be solely the effort of teachers but should be a collaborative effort involving all of society.

In 2022, the Chinese Ministry of Education introduced the principle of "demand-driven, application-oriented, and service-oriented" education, of realizing this principle, effectively promoting educational informatization. In the process, it becomes particularly crucial to establish a set of high-quality digital platforms that can withstand practical testing in schools and scrutiny in the market. Amidst the evolving educational technology landscape, platforms that incorporate digital technologies such as big data, artificial intelligence (AI), and the Internet of Things to enhance critical components of educational provision, including teaching, learning, management, evaluation, and examination, might stand out in this non-combative competition, especially if they bundle these features into a self-contained ecological system.

In Chapter Four, a preliminary exploration of the integration of subjects and learning platforms was conducted through numerous teaching examples from the high school section of SHSID. Although some of these explorations are still in their infancy, they represent a step forward in the direction of student-centered approaches. This chapter illustrates some early-stage cases from the high school section of SHSID and the informatization initiatives of a neighboring school. It outlines the efforts made by educators in applying digital platforms to education and, based on these experiences, provides some initial visions for the future direction of educational informatization and intelligence. It should serve as a catalyst for further discussion and exploration.

5.1 Current Status of Digital Platforms Applied within the Educational Landscape

Digital education and smart education have become prevalent topics in both domestic and international education. These approaches, incorporated into teaching, provide students with flexible and personalized learning methods. Numerous educational institutions, including primary and secondary schools, educational organizations, and universities, have all experimented with these methods.

From existing literature, researchers and practitioners generally concur that digital education is an undeniable trend in future education. It has gained attention and support because it provides students with more flexible, efficient, and personalized learning methods. Furthermore, it has the potential to bring about transformative changes in teaching methods and approaches. However, digital education also presents challenges, including the necessity for hardware and software upgrades. Active measures by governments and schools are necessary to cultivate teachers' abilities to adapt to digital technology objectively. Today's students have grown up entirely in a digital environment, commonly referred to as the "digital generation". Compared to teachers, they are even more adapted to the educational environment with digital platforms and digital technology. Therefore, there is a noticeable difference in the digital technology usage habits between the existing majority of teachers and students. We have reason to expect that, with the passage of time and deeper teacher training, digital education can bring more opportunities and advantages to a wider range of students in the future. At the same time, it can more efficiently promote the fairness, diversity, and sustainable development of education.

The utilization of digital platforms in education strives to attain "intelligent teaching", including intelligent teaching processes, diverse teaching methods, and scientific assessments of teaching. Additionally, it endeavors to empower "intelligent learning", including flexible learning methods, autonomous learning activities, scientific evaluations of learning, and intelligent comprehensive assessments of students.

SHSID has, under the premise of leveraging digital platforms, not only engaged in the practice of hybrid learning using the Blackboard platform but has also focused on key practices in various aspects such as student growth records, changes in learning methods, and evaluation methods. There has been a tentative exploration in intelligent assessment, and an independently developed "Smart Campus" system has been implemented. These practices are expected to continue accumulating experience in the coming years, evolving with the development of ideologies and technologies. Furthermore, there will be further campus digitization and intelligence transformation based on the latest developments and research findings in educational theory. The following are some preliminary attempts made by SHSID in the direction of digital education, provided for peer review and constructive criticism.

5.1.1 Transformation of Student Growth Records from Analog to Digital

The transition from analog to digital formats in student growth records is a well-discussed topic in educational contexts. In the era of pen and paper, student records were presented in the form of thick file folders, often containing yellowed papers, demonstrating their age and historical significance. They hold advantages associated with their historical period. Nonetheless, these physical records were plagued with issues such as misplacement due to staff turnover, insufficient preservation, and limited storage capacity. Moreover, searching for specific student records used to be a time-consuming and laborious process. However, with technological advancements in the information age, student information can now be digitized and stored on cloud-based platforms (under the premise of safety), showcasing the convenience of digital records. This paper delves into the initiative undertaken by SHSID to digitize student growth records.

1. Recording Personal Development for Students

The school has designed a four-year "growth map" encompassing essential activities students need to undertake during their high school years (grades 9–12 in the American high school system). By meticulously documenting these activities in the intelligent campus system, a comprehensive narrative of students' academic and personal development throughout their high school years can be created. This digital repository serves as a "time-traveling machine", bearing witness to the students' transformative experiences.

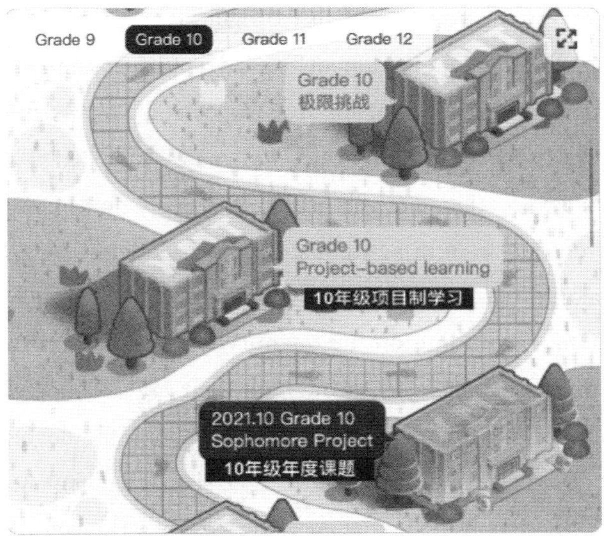

Figure 1　Conceptual Map of Grade 10 Academic Progression

2. Creating a Portrait of Students' Holistic Development

Figure 2　The Educational Activity Curriculum Model of SHSID
(A Conceptual "Tree" Diagram)

The depicted "growth tree" in the figure is designed based on the educational philosophy of "Human·Tree" of the high school section of SHSID. The four branches of the tree respectively represent students' development in the aspects of virtues and values, knowledge and skills, practice and innovation, arts and health. The tree's flowers, leaves, and fruits correspond to both academic and non-academic activities that students take part in, which are cumulatively calculated through a certain point system. Depending on the quantity and outcomes of students' activities in these four areas throughout their high school years, this growth tree can manifest different states, reflecting the developmental status of the students at different stages. The size of the branches and the abundance of fruits provide guidance for students to better understand their strengths during the growth process and determine whether there is room for improvement and progress, thereby facilitating more effective self-development planning.

All quantifiable indicators can be computed automatically, enabling personalized notifications to be pushed to students. As a simple example, if a student falls behind on a specific developmental aspect, the system generates intelligent push notifications by means of data analysis and comparative assessment. For instance, the high school section mandates that students must participate in 10 hours of campus service per academic year. If a student fails to complete this requirement in a timely manner, the first branch of this tree will have difficulty blooming and bearing fruit. The student will receive a timely notification from the system, prompting his or her participation in campus service at a suitable time.

3. Integrating Key Information for Students

Figure 3　Interface of the Comprehensive Evaluation Portal for Students in the High School Section of SHSID (Conceptual Diagram)

Fig. 3 illustrates the comprehensive student evaluation portal interface of the school. Each module within this comprehensive evaluation portal corresponds to a specific backend database. Users can analyze and present data for various scopes, such as teaching classes, administrative classes, grades, or all four grades of the high school section, according to their needs. Additionally, users have the ability to conduct database searches and targeted searches using specific keywords. This approach enables personalized analysis for each student based on data, facilitating teachers in their instructional and educational activity management, while also improving the efficiency of overall administration and the quality of educational services provided by the school.

In summary, the robust integration of student growth data allows schools to observe the situations of various classes and students through various backend data analyses. This also contributes significantly to the overall monitoring of education quality. With these digital growth records in place, career guidance and college counseling become significantly more manageable for the school on this foundation.

5.1.2 Transformation of Learning Modes Through Digital Platforms

1. Flipped Learning Utilizing Digital Platforms

The process of student learning appears to be fluid: pre-class preparation, in-class lectures, post-class review, and teacher evaluation. However, the integration of digital platforms has revolutionized this process, breaking the confines of the traditional classroom and allowing students to learn anytime and anywhere. This paradigm shift, brought about by information technology, has fundamentally transformed the ecology of classroom learning. The integration of digital platforms has facilitated the comprehension of fundamental concepts through self-study and forum discussions. The role of the classroom, therefore, is to foster profound learning, intellectual engagement, and the development of academic expression skills. A deep comprehension of fundamental concepts is crucial to the intellectual liberation and creativity of students. It goes beyond mere proficiency and accuracy in solving problems. Moreover, students' awareness and ability for autonomous learning are tested. The focus is no longer on teachers instructing students, but on students engaging in learning and discourse based on their unique circumstances. It is clear that providing a scientific learning environment, available anytime and anywhere, has resulted in more precise and vivid evaluations of students by teachers. The fourth chapter of this book has concentrated on showcasing some practices from the high school section of SHSID.

In July 2023, the author visited various elite high schools and universities across the United States, including Phillips Academy, Groton School, Middlesex School, Harvard-Westlake School, as well as renowned private research universities such as Harvard University, Princeton University, Massachusetts Institute of Technology, and California Institute of Technology. During in-depth visits, it was observed that American high schools often adopt the Harkness table style of desk arrangement in classrooms to foster interactive discussions amongst teachers and students. Additionally, sofas, tables, and chairs are often arranged in hallways and lounges of these academic institutions for easy, ad hoc discussions between the faculty and students. These classroom setups and arrangements reflect the American educational community's emphasis on promoting effective communication between individuals and its practical methods.

Figure 4　A Classroom at Phillips Academy

Figure 5 An Atrium View at the Massachusetts Institute of Technology

Face-to-face communication is crucial, and digital learning platforms precisely provide support for this. Their emergence and active utilization enhance the efficiency of face-to-face communication.

Even after the full resumption of in-person teaching, numerous subject teachers proactively employ digital platforms, recognizing their effective support in teaching. They enthusiastically incorporate digital platforms into their teaching methods, utilizing hybrid learning methods. However, some teachers may gradually shift away from digital platforms and revert to pen-and-paper methods after returning to in-person teaching.

Scholars such as Huang Ronghuai have proposed that the new form of teaching in future education is flexible teaching and active learning[①].

① Huang Ronghuai et al., New Teaching Forms of Future Education: Flexible Teaching and Active Learning, *Modern Distance Education Research*, May 2020 (3):3–14.

Its essence is the flipped learning approach to teaching, based on digital platforms emphasized here, and this teaching form is inseparable from the support of digital platforms.

2. Constructing a Space for Digital Resources

The school has implemented a "1+3" program, whereby each teacher is required to submit 1 offline classroom recording and 3 instructional videos focused on self-selected topics every semester, totaling 4 submissions. The school categorizes these videos with tags to create playlists so that students can proactively search for learning resources tailored to their individual needs. For example, in the subject of mathematics, the concept of "logarithm" has always been challenging for students. While students could be skilled in problem-solving, they may not possess a complete understanding of the rationale underpinning the introduction of logarithms or the development of logarithmic tables. For this purpose, the author designed a simple micro-lesson to explain the meaning of logarithmic tables, providing students with a resource for learning and understanding. The establishment of such a learning resource center supports teaching in addressing uncertainties and meeting the diverse learning needs of students.

Simultaneously, the school utilizes extensive online video teaching resources by thoughtfully selecting and integrating in-house and online materials to fulfill teaching demands. According to the envisioned plan, as the library continues to build and integrates with various systems, the system could suggest appropriate videos based on the student's learning progress in the future. At the same time, it is also expected that the digital platform and digital resource space can be interconnected and integrated in the future. This way, the school's digital platform system will achieve unity.

5.1.3 Transformation of Assessment Methods Through Digital Platforms

The comprehensive evaluation system for students is essential to both local and international educational development. Against this backdrop, it is commonly observed that there is an emphasis on the significance of scientifically assessing students. However, the narrow perspective of the unidimensional assessment approach, which solely relies on scores, is also apparent. The comprehensive evaluation of students at SHSID includes students' basic information, four-dimensional comments from class teachers, and scores (along with related comments) on subject competency factors in the school report. It also encompasses students' personal growth records and career guidance records during their school years. By advancing and implementing this comprehensive evaluation system, the school aims to clarify the educational orientation at SHSID. The goal is to establish a student-centered learning community that nurtures competencies enabling students to adapt to a constantly changing world, thereby creating an educational environment that is student-centered and that fosters a holistic development approach.

1. Why Comprehensive Student Evaluation Is Needed

Students, as individuals, are highly complex entities. When meeting someone for the first time, there is an automatic formation of initial opinions. However, solely depending on these brief assessments does not provide a thorough and impartial evaluation. A deeper comprehension is required, which can include various factors, such as physical traits, personality, conversational style, skills, ethical views, and even family and educational history. Indeed, obtaining a comprehensive understanding of a student entails considering innumerable factors.

From the perspective of school operations, effectively managing student evaluations is a significant task that demands proactive construction of a more complete picture. To illustrate, a teacher or administrator seeking to comprehend a student better may need to consult with the headmaster, subject coordinator, class teacher, career counseling office, or subject teachers. Often, accessing the student's records requires navigating the academic system of the school. This means that to gather diverse information, one must visit different locations and interact with different individuals. Even a subject teacher, seeking to understand a student's past performance in their subject, might need to consult multiple teachers due to student transfers or grade promotions.

Therefore, an integrated multifunctional system is essential, acting as a "one-stop" platform that provides a comprehensive overview of each student. This system should enable a process-oriented record accessible by a single click of a button on the screen, presenting a holistic view of the student. To achieve the desired goal, it is essential to establish a comprehensive school database that includes students' basic information, extracurricular activity records, dialogue records between teachers or school administrators and students (consultations, discussions, etc.), various awards received, negative aspects, and more. Additionally, there is a need to comprehend students' self-assessments, particularly in the four pillars [Note: The four pillars refer to students' self-evaluation in the fields of sports, arts, CAS (creativity, activities and service), and autonomy, which are internally defined in SHSID]. Yet even this may not be sufficient; additional information is required, particularly feedback and evaluations supplied by teachers who work with students on a daily basis, including class teachers and subject teachers.

2. Principles and Methods for Comprehensive Student Evaluation

It is necessary to elucidate the general principles guiding the establishment and development of a comprehensive assessment system for students. Firstly, there should be qualitative assessment. Secondly, quantitative assessment is also required. And a balance should be maintained between the two. As mentioned earlier, human beings are complex. Therefore, can we accurately and effectively evaluate individuals in the real world solely through data? Undoubtedly, this is not feasible. However, in certain aspects, it is still possible to collect data in a quantifiable manner. These are the starting points of the aforementioned “general principles”.

How can quantification and balance be achieved? This is a question worth considering. Class teachers invest a sizable amount of time with their students, conversing with both students and parents, and collecting data on their personal growth and behavior through their extracurricular activities and conduct at school. Should class teachers directly assign grades to students? After careful consideration of this issue, we believe that it may not be prudent to directly quantify student performance because human development is highly individualized, and human beings are exceptionally complex subjects for evaluation. Furthermore, in practical implementation, class teachers might find it challenging to assign precise numerical scores and expend considerable effort in the process. SHSID has adopted a well-established educational activity curriculum model called the "Tree" model to assess students by descriptive evaluation across four unique dimensions or "branches" of the model without using numerical grading. These four dimensions include "Virtues and Values", "Knowledge and Skills", "Practice and Innovation", and "Arts and Health". It is worth noting that these dimensions may not encompass all aspects of a student. Therefore, it is important for teachers to adopt a flexible approach to evaluation, considering multiple necessary perspectives.

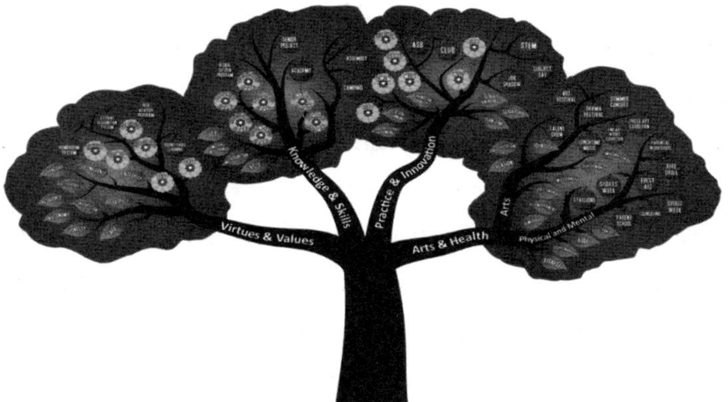

Figure 6　The "Tree" Educational Activity Curriculum Model in the SHSID High School Section

This model considers student evaluation from the homeroom teacher's perspective, but what about the perspective of subject teachers?

The school has designed two types of assessment methods: formative assessment and summative assessment. Summative assessment primarily takes the form of examinations, a conventional and direct approach. There are two main approaches to formative assessment. Firstly, teachers should evaluate students based on five aspects: attentiveness, comprehension, class participation, homework completion, and effort level, according to their interactions with the students. In 2019, the high school section of SHSID launched an independently developed Subject Competency Assessment Platform, which represents the second formative assessment method. Subject competency reports are graded and composed by subject teachers according to ten designated competency indicators for scoring. At least five indicators must be chosen by teachers along with evidence-based comments. General comparisons can be made over time regarding the competency levels of students in various subjects. This tracking system allows for the trajectory of students' development in subject competency to be monitored. This data provides valuable information for both students and their teachers.

However, formative assessment may also be misused by teachers. For example, some teachers may derive new evaluations for students based on their exam scores. If a student scores high, say 98 or 99, in midterm or final exams, teachers might tend to give the highest ratings for these five formative indicators. This practice significantly diverges from the initial intent of formative assessment. The designed indicators aim to ensure evaluations of performances are genuinely "process-oriented". Therefore, these evaluations should not wait until exam scores are available; they should be gradually accumulated and promptly recorded during daily teaching. In the system design, the cutoff time for inputting formative assessment data is cleverly set before exams, eliminating the possibility of retroactively assessing competencies based on exam scores.

In summary, relying solely on exam scores for student assessment is inadequate. Exam scores offer only a one-dimensional quantitative data perspective for teachers to evaluate students. Schools should evaluate students' competencies in multiple areas to equip them to meet the challenges of this ever-changing era. The evaluation system should reflect teachers' assessments of students' learning habits, abilities, and competencies demonstrated during the course.

3. An Example of Assessing Students' Subject Literacy

SHSID derived specific indicators for assessing ten subject literacies through research and comparison of various literature sources. Numerous studies in different literatures provide references on various literacy indicators and their connections and distinctions. Among these, those aligned with the school's emphasis on ideology and educational objectives require the school's analysis and integration. SHSID compiled a list of ten essential literacies that are highly valued for students' growth and development, known as literacy factors. These include creativity, critical thinking, cooperative awareness and abilities, academic expression and communication, disciplined thinking habits, decision-making skills, initiative, risk-taking and management abilities, digital literacy, and global perspectives. These literacy factors permit some flexibility. Teachers can supplement evidence-based commentary items regarding subjects or other aspects to reflect students' literacy and abilities.

In practical terms, teachers evaluate students' proficiency directly on these ten literacy factors (on a scale of 1–5, with 5 being the highest), generating quantifiable data. Simultaneously, teachers must provide descriptive evaluations of specific literacy aspects, supported by evidence-based comments, to make the assessment more lucid and comprehensible. The table designed for evaluating these ten literacy factors is as follows:

Table 1

Literacy Factor	NA Unable to Evaluate	1 Needs Improvement	2 Initial Development Stage	3 Normal Development	4 Good Development	5 Leading Development
Creativity						
Critical Thinking						
Cooperation						
Academic Expression and Communication						
Thinking Habits						

(continued)

Literacy Factor	NA Unable to Evaluate	1 Needs Improvement	2 Initial Development Stage	3 Normal Development	4 Good Development	5 Leading Development
Decision-Making Skills						
Initiative						
Willingness to Take and Manage Risks						
Digital Literacy						
Global Perspectives						

Taking mathematics as an example, the ten literacy factors can be interpreted using simple possible evidence.

"Creativity" and "Critical thinking": If a student has the ability to ask questions that even teachers have not considered, or if the quality of the questions is high, it represents curiosity and sometimes creativity. If a student questions unclear aspects of the lesson, proposes an alternative method that the teacher has not thought of, or experiments with different problem-solving approaches, it represents a manifestation of critical thinking ability as well as creativity.

"Cooperation": This can be easily observed in classroom activities where students are frequently required to participate in cooperative activities and discussions.

"Academic Expression and Communication": In the domain of mathematics, this implies that students are able to convey mathematical problems to both their peers and teachers, utilizing precise mathematical terms and proficient communication skills.

"Thinking Habits": Assessing whether students solve problems through repetition and memorization or by applying their own thinking methods based on a genuine understanding of principles, concepts, and essence is an important consideration in evaluating students' thinking habits.

"Decision-Making Skills": When students face mathematical problems, there may be different methods to solve the tasks, requiring students to make decisions on the most efficient approach, reflecting decision-making skills.

"Initiative": For instance, if teachers assign pre-class reading materials and students prepare questions for discussion in class, these activities fall within the category of "initiative".

"Willingness to Take and Manage Risks": It sometimes overlaps with "decision-making skills". For example, if a student desires to pursue a mathematical project amidst numerous topic options, they must make the optimal decision within limited time, demonstrating both risk-taking and decision-making abilities.

"Digital Literacy": It involves understanding whether students actively use digital software based on their learning needs and possess digital research skills.

"Global Perspectives": Such perspectives are pervasive. For example, in the West, the "Yanghui Triangle" is called the "Pascal Triangle". Students who show awareness of the mathematical history behind a topic, including conducting active research into the history of mathematics in China, showcase global perspectives. Furthermore, math classes may require students to apply what they have learned to global issues, such as climate change and economic problems, thereby reflecting global perspectives.

Since certain behaviors may fall into two or more categories simultaneously, these ten factors can occasionally overlap. Additionally, there may be literacies beyond the scope of these ten factors. Therefore, this literacy assessment system includes extra comment sections for teachers to complete.

Moreover, this serves as a way for teachers to document their daily work. Most of the facts serving as the basis for literacy assessment occur in the classroom. After class, a teacher may wish to make a note of sentiments such as, "Oh, Alice did very well; she raised questions I hadn't thought of before class". Consequently, teachers are effectively conducting end-of-term summarization in their daily work. The new way of recording also makes teacher assessments more effective than before, as important information generated earlier is reviewed and recorded immediately, not just at the end of the term.

Given some time, with the data from teacher evaluations, it is possible to conduct data analysis. The following is an example from a student in the subject of mathematics. The grey represents the class average data, and the black represents the performance of the individual student. Therefore, when the succeeding teacher reviews this graph, they can immediately form a holistic "portrait" of the student. Opening the comprehensive student evaluation system, teachers can also promptly access more "meaningful" historical information.

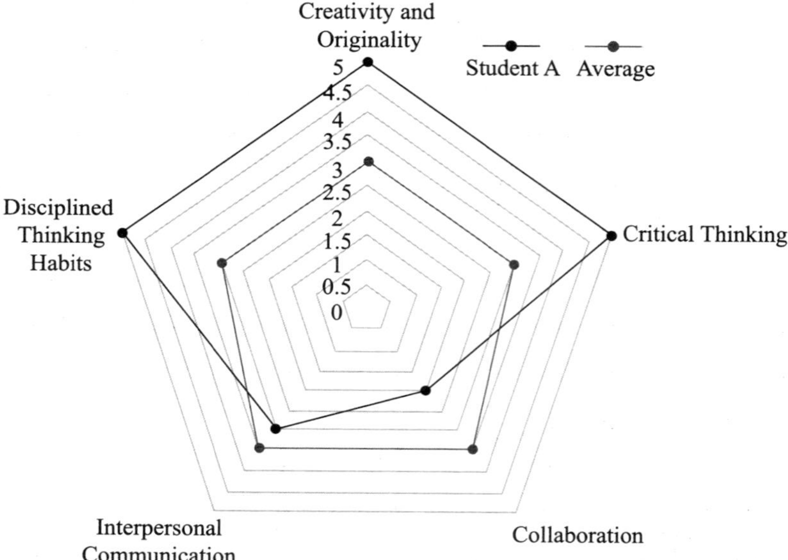

Figure 7　Literacy Assessment of Student A and Comparison with the Rest of the Class

In the context of the above example, it is evident that Student A demonstrates exceptional skills in creativity and critical thinking. However, compared to these strengths, Student A's abilities in collaboration and communication appear lower. Therefore, teachers may tentatively conclude that it is essential to focus on improving Student A's communication strategies regarding mathematical concepts, and perhaps encourage her to overcome any shyness or hesitancy she may experience. By obtaining such data, teachers can aid students in achieving an improved learning experience.

The system can conduct various other data analyses, including comparing students throughout the school's entire historical database. With this system in place, we have established a school-wide database accessible to school administrators, class teachers, and subject teachers. This database allows them to gain a deeper understanding of students, thus facilitating more effective support for their growth.

At first glance, Fig. 8 seems a bit peculiar. As time progresses, by the time we reach grade 11, it appears that Student B's proficiency level is declining. However, delving into the story behind the data reveals that in grade 11, Student B opted for a course that posed a certain level of challenge, making the learning experience a bit more demanding. With the support of this data, teachers can become aware of how to assist the student, gaining a clearer understanding of what suits this student better. Consequently, in career guidance, they can provide more accurate advice. Students themselves can also use this data as a reference to better plan for their future development.

School Year & Semester: 2020(1) Grade 9 9 年级

MAT 数学 ENG 英语 PE 体育 ART 美术 PHY 物理 CHE 化学 HIS 历史 公共选修 Optional 项目驱动式课程 PBL 学院课程 Academy 汉语 CHI 生物科学 BIO

School Year & Semester: 2021(1) Grade 10 10 年级

MAT 数学 ENG 英语 PE 体育 PHY 物理 CHE 化学 HIS 历史 GEO 地理 经济 ECO 项目驱动式课程 PBL 汉语 CHI 公共选修 Optional

School Year & Semester: 2022(1) Grade 11 11 年级

MAT 数学 ENG 英语 HIS 历史 CHI 汉语 ECO 经济 ENV 环境科学 IB PE IB体育

competencies Score: 5 4 3

创造性 Creativity
批判性思维 Critical Thinking
合作意识和能力 Collaboration
学术表达与交流 Academic Expression and Communication
训练有素的思维习惯 Thinking Habits
决策力 Decision-Making Skills
主动性 Initiative
风险承担与管理 Willingness to Take and Manage Risks
数字素养 Digital Literacy
全球视野 Global Perspectives

Figure 8 Overall Competency Assessment Changes for Student B over the Past Three Years

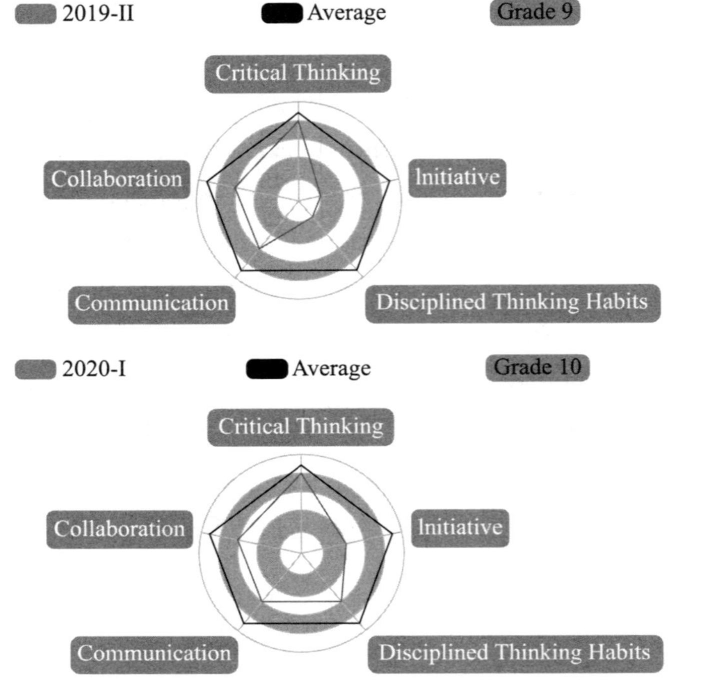

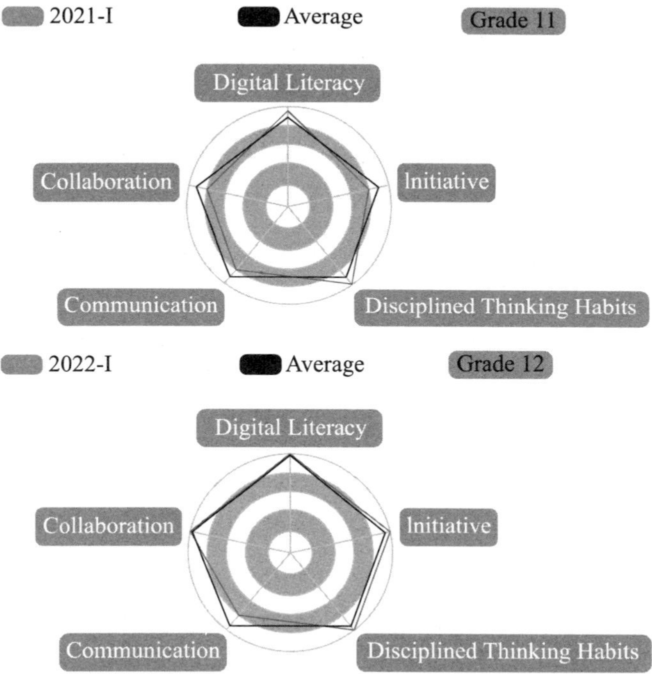

Figure 9 Overall Literacy Assessment Scores of Student C and Its Comparison with the Grade-Level Means

Fig. 9 indicates that Student C's overall proficiency demonstrated a relatively steady growth throughout high school years (grades 9 to 12).

Fig. 8 and Fig. 9 depict the developmental trends in student proficiency from varying perspectives. They are obtained from authentic data in the actual database, making them valuable in guiding both students and teachers.

4. The Significance of Comprehensive Student Assessment Through Digital Platforms

Access to comprehensive student assessment reports and their earnest utilization is crucial for schools and teachers. It fosters a deeper comprehension that a student's growth encompasses more than exam skills and grades; other facets of a student's abilities and qualities are equally essential. Hence, the use of competency-based assessments serves as a foundation to shift school education's emphasis from exam-centric to excellence-focused learning environments.

To enhance communication between families and schools, this assessment system can provide open access to parents. As teachers document student progress in the system, parents can receive a more comprehensive and prompt understanding of their child's various academic performances, extending beyond mere scores. This comprehensive view fosters a stronger home-school connection, enabling parents to gain a complete perspective of their child's development and motivating them to positively impact their parenting approaches.

More importantly, the implementation of a comprehensive assessment system contributes significantly to enhancing students' self-reflection. Often, high school students lack a full understanding of themselves. If school feedback is limited to scores, students may fixate solely on these grades. In contrast, when feedback includes an assessment of their literacy, students gradually appreciate this aspect of their development. For healthier, well-rounded growth, students need to understand themselves through such evaluations and interactions. For example, if students are academic achievers, can they effectively convey their viewpoints and supporting evidence clearly to peers or teachers? Comprehensive assessment enlightens them on the school's interest in communication skills, which are treated with equal importance as subject proficiency. This assists students in understanding the intricate and extensive skills required for their future development, which is imperative for their long-term progress.

The author acknowledges three crucial aspects when conducting comprehensive assessments. Firstly, achieving the goal of comprehensive evaluation requires precise and rigorous definition of each criterion. Unclear requirements may jeopardize the entire project's success. Secondly, the tone of the commentary is essential. The aim is to create a report grounded in data that aids teachers in better understanding students, thereby improving teaching methods. Simultaneously, this report assists students in gaining deeper insights into their abilities. Therefore, teachers' comments must be evidence-based, focusing on specific classroom performance or assignment completion requirements reflecting the corresponding competencies. Moreover, such evaluations should be constructive, as this report isn't a platform for teachers to complain about students but to motivate them to excel further. Thirdly, there must be a balance between evaluating the quality and efficiency of teachers' work and fulfilling the holistic evaluation needs of students. Essentially, evaluating students is more akin to an art than a science. Even with quantitative metrics, the process remains somewhat subjective. Hence, teachers should be encouraged to provide students with evidence-based descriptive assessments while maintaining process-based records of their teaching. Given the current level of technological development, the author doesn't believe there is an entirely precise method to describe and depict an individual, but this still represents an opportunity for continued progress and innovation in educational assessment.

For the comprehensive evaluation of high school students, several educational and evaluative questions need continuous consideration and exploration:

1. How can administrators help teachers enhance their evaluation abilities concerning “core competencies”?

2. What changes are necessary in our classrooms to effectively adapt to this evaluation method?

3. Are there any better methods of data collection that can assist teachers in enhancing their teaching by proper evaluation and reshaping educational practices without violating students’ privacy?

5.1.4 Changes and Constants in Assignment and Evaluation Methods Utilizing Digital Platforms

1. The Significance of Using Digital Platforms for Assignment and Evaluation

In the digital era, collecting data on student exercises and assignments, both in and outside of the classroom, is a widely debated topic. Numerous advantages arise from gathering such data. Firstly, it can moderately reduce unnecessary workload for teachers during assignment grading, particularly for questions such as fill-in-the-blank or multiple-choice ones, where answers can be automatically evaluated. Secondly, it allows teachers to use data-driven teaching methods by automatically analyzing and tallying answer rates and correctness, aiding targeted teaching strategies. Thirdly, technology has already enabled the recording and analysis of how students provide answers to assessments through specialized paper and pens, helping teachers review assignments and identify potential difficulties in students’ understanding of specific topics when in need. Fourthly, the system can automatically recommend suitable exercises based on the analysis of students' learning situations, allowing for targeted practice by the students, and aiding teachers in analyzing students' learning situations for personalized teaching, thus resembling the functionality of an "adaptive" platform. Of course, the prerequisite for implementing this function is that questions have been systematically organized and labeled based on elements such as knowledge points.

Digital platforms for assessments serve similar functions.

Additionally, the use of digital platforms for assignments and evaluations can enhance teachers' research capabilities. Previously, studies on teaching methods and their effectiveness often depended on qualitative analysis, which lacked empirical support. By employing digital platforms to collect student data and conduct precise analyses of learning situations, teachers can enhance their educational research quality. For instance, comparing an experimental group to a control group, utilizing digital platforms for teaching, analyzing assignment and exam data after a certain period, and obtaining feedback through questionnaires can empirically demonstrate the strengths and weaknesses of such digital platforms. This process provides concrete evidence on whether the integration of digital platforms into teaching enhances students' understanding of knowledge points and improves the quality of teaching.

2. Examples of Homework Assignments and Assessments Utilizing Digital Platforms

In the context of technological advancement, digital platforms have become capable of supporting the digitization of assignments and assessments. China has been a leader in this sphere with its rapid development of information technology in basic education. Various products are available for selection due to the swift progress made. The high school section of SHSID has initiated explorations related to digital practice and assessments by utilizing specific online electronic textbooks and some MOOC platforms (such as Khan Academy) for preliminary trials. However, widespread implementation has not been achieved mainly due to the lack of comprehensive subject databases in English, which is the language of instruction in SHSID, and the support of software development companies. Additionally, SHSID high school students do not participate in the domestic college entrance examination (gaokao). Instead, they apply to foreign universities, where exam scores are only one part of the application portfolio. Therefore, there is currently a limited demand for strong information technology in terms of exercises training and written examinations.

Some domestic experimental schools have embarked on large-scale explorations in this field, yielding fruitful practical results and successfully promoting teaching and learning. Certain districts and schools in Shanghai have made significant strides in this direction, reaping valuable experiences. For instance, the charts below demonstrate that Shanghai Minhang Middle School East Campus also incorporates digital platforms for supplementary teaching:

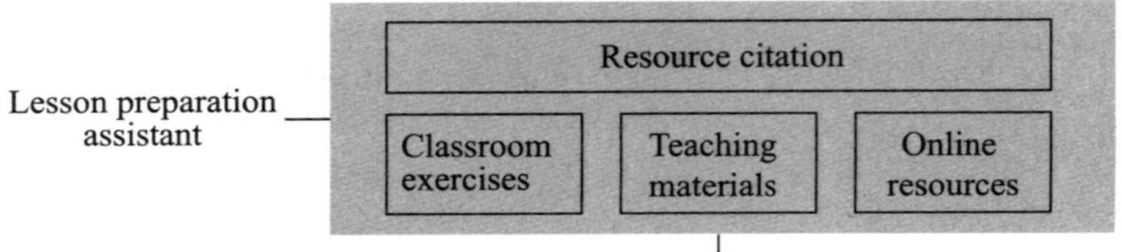

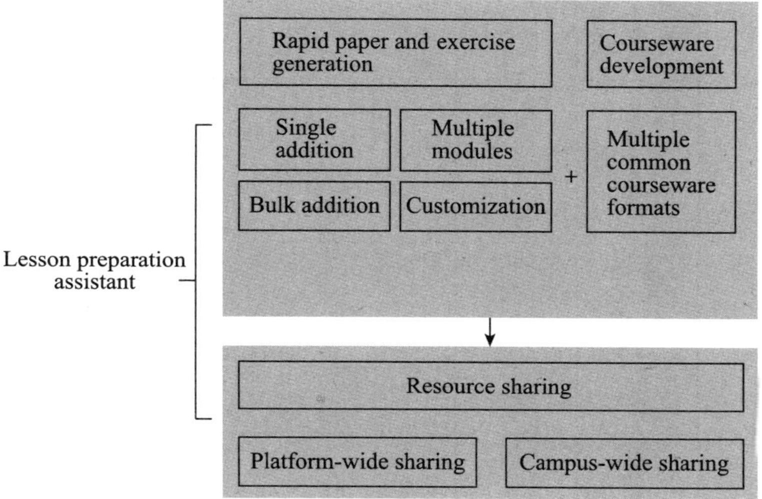

Figure 10

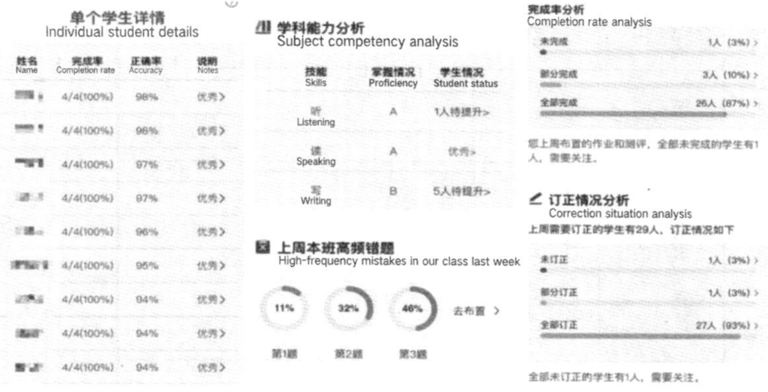

Figure 11

Table 2

Score Rate for Class 4 in Grade 9

Question Number	Assessment Content	Relevant Skills	Full Marks	Scoring Rate	Average	SD	Difficulty Coefficient	Discrimination	Full Marks Count
1	Definition of similar figures	Reasoning and argumentation ability	6	93.1%	5.59	1.55	0.89	0.3	27
2	The sides of similar triangles are proportional, the fundamental theorem of the centroid of a triangle, the median line of a triangle	Reasoning and argumentation ability	6	93.1%	5.59	1.55	0.91	0.21	27

(continued)

Question Number	Assessment Content	Relevant Skills	Full Marks	Scoring Rate	Average	SD	Difficulty Coefficient	Discrimination	Full Marks Count
3	Proportional theorem of parallel line segments	Reasoning and argumentation ability	6	93.1%	5.59	1.55	0.92	0.28	27
4	The angles are equal, basic theorem, both sides are proportional and the angles are equal	Reasoning and argumentation ability	6	58.62%	3.52	3.01	0.68	0.53	17
5	The two angles are equal, the two sides are proportional and the angles are in phase	Reasoning and argumentation ability	6	93.1%	5.59	1.55	0.85	0.42	27

(continued)

Question Number	Assessment Content	Relevant Skills	Full Marks	Scoring Rate	Average	SD	Difficulty Coefficient	Discrimination	Full Marks Count
6	The properties of similar triangles	Calculation and solving ability, reasoning and argumentation ability	6	86.21%	5.17	2.11	0.85	0.42	25
7	The properties of similar shapes, the sum of the interior angles of the polygon	Calculation and solving ability, reasoning and argumentation ability	6	82.76%	4.97	2.31	0.84	0.35	24
8	The centroid of a triangle, the proportional theorem of parallel line segments	Calculation and solving ability, reasoning and argumentation ability	6	72.41%	4.34	2.73	0.72	0.56	21

In the process of information technology implementation at this school, students use "smart pens" to answer questions. The implementation does not alter the practices of teachers and students in answering and reviewing; rather, it incorporates a scanning process. After the answer sheets are entered into the database, teaching has gained the assistance of informatization and intelligence. This enables effortless access to data analysis. Teachers provide weekly exercises, assignments, and exams to students. After scanning and reviewing, class analysis reports are generated. Through data analysis, students' learning situations are comprehensively understood, and individual differences are grasped. This enables targeted guidance for students and continuous improvement and optimization of teaching based on the collected data.

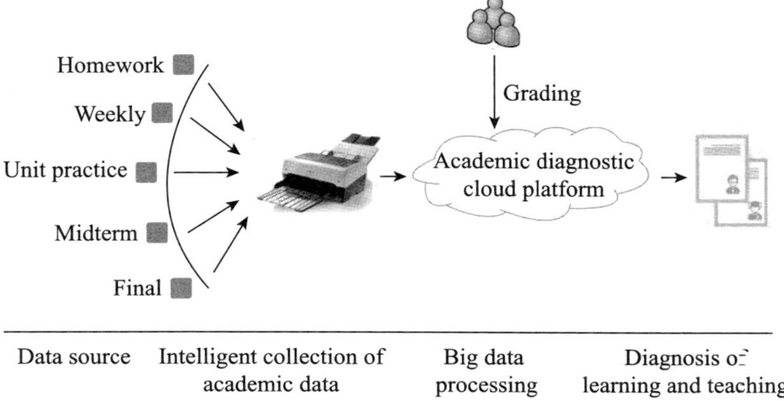

Figure 12

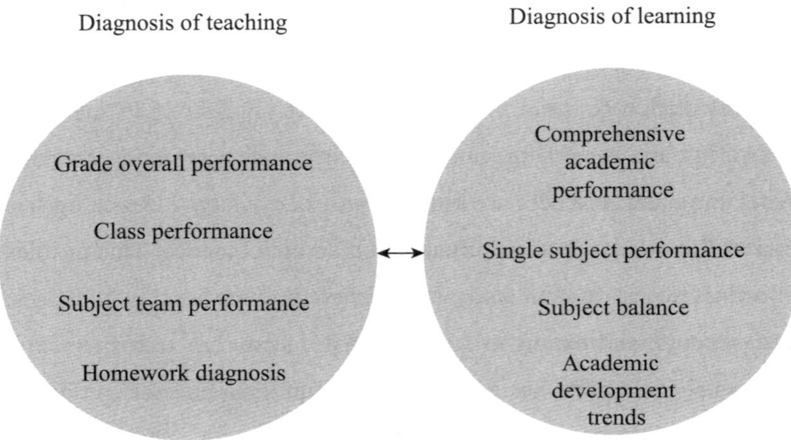

Figure 13

Collecting authentic learning data during teaching is particularly challenging. There have been some attempts in China regarding this process. This process may require obtaining consent from students, parents, and teachers to ensure privacy. Furthermore, data gathered may be distorted or ineffective under scrutiny, potentially losing its scientific value. As such, technological advancements may be necessary to make substantial progress in authentic learning data collection. Currently, brain-computer interface technology is in a critical research phase, and it may hold promise for the future of scientific research in learning. However, it remains to be seen whether this technology will offer significant prospects for the study of learning science.

It is worth noting that intelligent physical fitness platforms have been experimentally implemented in many schools globally. These platforms collect students' exercise data through various smart devices and achieve intelligent physical education management using big data technology, showcasing remarkable practical outcomes. For example, the First Central Primary School in Luwan District, Shanghai, has conducted extensive practices in this regard. By leveraging digital technology, they have transformed primary education from knowledge impartation to competency cultivation. Their achievements were honored with the special prize in the 2022 National Teaching Achievement Awards for Basic Education.

In conclusion, digital educational platforms can provide personalized learning plans and resources tailored to students' learning needs and proficiency levels. Students can autonomously complete learning tasks in a self-selected, self-paced manner on digital educational platforms. This approach can significantly improve learning efficiency and interest, particularly for proactive learners. Moreover, these platforms can utilize technology, such as artificial intelligence, to analyze and assess students' learning data, effectively guiding learning direction and improving efficiency.

5.2 Prospects of Digital Platforms within the Educational Landscape

Digital education has become a focal point in the field of education today, driven by rapid technological advancements and applications. With technology seamlessly integrated into teaching, digital education emerges as a major trend in the future of education. It combines technology with pedagogy, providing students with more flexible, efficient, and personalized learning methods. The future of digital platforms is expected to be built on cloud-based infrastructure, incorporating digital technologies such as big data, artificial intelligence (AI), and the "Internet of Things" (IoT), covering key aspects of teaching, learning, administration, assessment, and examination. Among these, cloud-based educational video platforms utilize an integrated approach of "cloud-server-client-user", facilitating the sharing of high-quality educational resources and enabling seamless integration of big data, thereby enhancing the efficiency of teaching and learning. Based on the authors' analysis of literature, practical experiences at SHSID, and observations in large foreign secondary and high schools, the following early-stage prospects are offered for readers' critique and correction.

5.2.1 Possible Gradual Adoption of Intensive Information Systems within Digital Platforms

Currently, there are limited highly integrated general information systems within the process of informatization construction in schools in China. Most schools customize their information systems based on their own educational needs. This approach ensures that the information systems align with the practical educational situations of the schools, which makes sense to some extent. However, with the development of information technology in various schools and the changing educational and management philosophies, especially the increasing demand for data exchange and sharing, the need for modern governance of education and teaching through big data has become increasingly prominent.

Many domestic schools currently have their own information systems, and multiple information systems have been established within regional scopes. However, these systems may belong to different departments, serving distinct functions such as grade management, student evaluation, question banks, scoring, asset management, and personnel management. These systems often exist as information islands, completely independent of each other, with non-interoperable data, leading to a plethora of information silos. This situation creates significant inconveniences for management and application. As information systems continue to proliferate and develop, this trend is becoming increasingly severe. Simultaneously, there is a disparity in the quality of information systems among different schools. In this context, it is necessary to streamline the application of information technology in schools, enhance data sharing among different regions and schools, establish a map of the school information system, and design specific technical standards and implementation paths. This way, efforts can be made to solidify common foundational information systems as much as possible.

Looking ahead, the intensification of information systems poses a new challenge, necessitating a thorough consideration of the integration of various information systems. This involves promoting communication and information exchange among different software vendors. In terms of solutions, on one hand, it is necessary to integrate school information systems into mature portal groups of higher authorities. On the other hand, it is possible to create personalized modules with distinctive features for schools, ensuring information exchange and sharing with higher authorities and other schools.

Within intensive information systems, regions and schools can explore the organic integration of intelligent education, intelligent teaching, intelligent security, intelligent logistics, subject-specific digital laboratories, digital venues, intelligent management, and other components. This integration would enable data connectivity within and beyond the school, establishing fundamental groundwork for the application of big data and artificial intelligence, thus ushering in a new era of intelligent campuses.

In this context, government regulatory bodies should establish systems and frameworks for the development of information resources. Schools should transition to becoming users of information resources, while commercial entities may make a substantial contribution to information resource development. Various non-profit organizations may act as a bridge and play a connecting role, promoting the informatization and intensification of education development.

5.2.2 Potential Advancements in Personalized Learning Through Digital Platforms

In *The Analects* of Confucius, the Chinese educator Confucius introduced the concept of teaching according to students' aptitudes. Today, with the rapid development of educational technology, teaching in accordance with students' aptitudes takes on new meanings and practices. The implementation of personalized learning in the information age breathes new life into the concept of teaching according to students' aptitudes.

The *National Educational Technology Plan for the United States*

(2010) (NETP2010), issued by the U.S. Department of Education's Office of Educational Technology, defines personalized learning as optimizing the pace and instructional methods for each student based on their individual needs. In personalized learning, the learning objectives, teaching methods, teaching content, and learning paths are tailored to individual student requirements. Traditional classroom teaching is time-bound, leading to varied levels of mastery among students. Some students may fail to grasp all concepts before moving to the next learning stage. In contrast, mastery-based learning allows students to learn at their own pace and advance to the next level upon mastering preceding material without regard to time. In the classroom setting, different students have diverse personalized needs, which necessitate the support of information technology. In recent years, the maturation of adaptive assessment and learning technologies, the enrichment and structuring of teaching resources, the application of learning management systems, and the development of related educational theories have provided more and more support for the genuine realization of personalized learning.①

Personalized learning will consolidate abundant resources with the support of learning platforms, and data-driven approaches will provide more precise support for personalized learning. For example, teachers and students can set learning objectives, develop learning pathways, and monitor the students' learning process through system-designed data collection and analysis. Particularly, the availability of real-time learning

① Li, Yongzhi. *From Improvement to Transformation: A Case Study and Reflection on Educational Informatization in the United States*. Shanghai Science and Technology Education Press., 2020, pp. 91–177.

data can help teachers understand the challenges students face during learning and provide timely assistance.

Specifically, learning data primarily encompass instructional process data and learning assessment data. Instructional process data comprise learning behavioral data and real-time learning observation data, while learning assessment data include diagnostic assessment data, formative assessment data, and summative assessment data. The acquisition of this valuable data necessitates the high integration of intensive information systems as mentioned above. The analysis of learning data undeniably plays a significant role in teaching support. To enhance the efficiency of personalized guidance for individual students and self-directed personalized learning, deep exploration and real-time visualization of data are crucial.

With favorable economic conditions, it is expected that every student will soon have access to a terminal that provides Internet access at any time, and a campus will have a consistently available and unobstructed wireless network environment. As a result, personalized education will become more accessible. Students will not need to run to computer labs to access online resources, as devices will be readily available, user-friendly, and self-manageable, making learning opportunities omnipresent.

Internet resources will become increasingly abundant, with various open-source websites, adaptive learning systems, online laboratories, and mathematical software, all of which will immerse students in the world of inquiry-based learning. Within intensive, open, and shared digital platforms, the acquisition and use of learning data will be easier, providing information and intelligence to further empower personalized learning.

In the United States, various learning management systems and information tools, such as Canvas, Blackboard, Moodle, Google Classroom, Microsoft Teams, Adobe Connect, etc., have flourished. These tools extend the time and space of learning, liberating learning from the constraints of time and space. There has even been the rise of online schools, where students attend classes from home. Stanford Online High School is a successful example. Currently, this type of new school has not yet emerged in China. In the United States, there is also the concept of "Learning Engineering". Although different scholars have slightly different definitions and emphases on Learning Engineering, they generally reflect its essential characteristics: oriented towards real learning scenarios, with the purpose of meeting specific learning needs. It is based on the theories of learning science, systematically using learning technology methods to assess students' learning experiences, learning environments, and other data. Based on feedback, it helps teachers and students continuously improve learning design to enhance students' ultimate learning efficiency and effectiveness. The author observes that the most common scenario involves students primarily in learning low-order thinking knowledge on learning platforms, where the learning process and data are recorded. Teachers view students' learning data in the platform's backend and provide personalized guidance during students' self-directed learning time in the classroom. This guidance mainly focuses on developing students' high-order thinking abilities and non-intellectual factors. Some cases in Chapter Four of this book have already to a considerable extent realized these concepts.

Figure 14　The Teacher Uses a Handheld Terminal to View Student Learning Data and Provide Personalized Guidance During Self-directed Learning in the Classroom

5.2.3　Utilizing Digital Platforms to Drive Educational Transformation and Enhance Teachers' Professional Competence

The Office of Educational Technology, a division of the U.S. Department of Education, highlighted the need for substantial structural modifications within education through technological assistance in its *2010 National Educational Technology Plan* (NETP). The report asserted that merely incremental enhancements to educational productivity would not suffice. The NETP shifted its focus from "technology integration with instructional content" to "deep integration of technology with instruction". This acknowledges that solely utilizing information technology to improve teaching environments and methods does not yield substantial educational outcomes.

This approach is highly forward-looking and reasonable. Till today, significant structural changes in education supported by technology are still being explored amid challenges, and there is still much that can be done. The early chapters of this book have illustrated numerous teaching cases from SHSID, demonstrating how the TPACK (Technological Pedagogical Content Knowledge) framework can be applied through digital platforms. With time, as digital platforms seamlessly integrate with various resource platforms, the transformation in educational methods is expected to intensify further.

In the future, artificial intelligence (AI) may take the lead in the field of education. New AI-centric applications and tools will continue to proliferate, and physical classrooms will increasingly rely on digital technology. Technologies like virtual reality and augmented reality, once immensely popular, may make a comeback, supporting teaching and learning. Schools and educational technology providers will collaborate to genuinely enhance learning outcomes. The relationship between artificial intelligence and educators will become increasingly close. Teachers will use AI to simplify teaching tasks, such as creating sample assignments and generating reading materials. AI integration into various teaching tools will become more widespread, ensuring fair teaching practices to help each student progress. In mid-February 2024, the emergence of Sora, an AI tool that can directly convert voice or text into video, sparked extensive discussions across various sectors about the content, direction, and forms of education. The rapid development of artificial intelligence is poised to redefine knowledge and learning, leading to a redefinition of future professions. These changes will revolutionize the ways in which humans approach education and teaching.

In May 2024, OpenAI released the instructional demo version of ChatGPT-4o. In the video, ChatGPT interacts with Sal Khan, the founder of Khan Academy, and teaches Khan's son Imran a middle school math problem about triangles. During the teaching process, the AI interacts with Imran almost like a real person. Its voice is nearly indistinguishable from a human's, greatly simulating human speech and emotions through techniques such as tone, pitch, and breath control. Although the problem given by Khan was relatively simple, the release of this teaching video represents a breakthrough for AI in the field of education. Additionally, AI, including ChatGPT and Gemini, can assist teachers in instructional design. Since 2024, domestic AI platforms like DouBao, Kimi, Manus, Tongyi Qianwen, and DeepSeek have made rapid, groundbreaking advancements, providing educators with an increasingly diverse selection of high-quality tools for integrating artificial intelligence into their practice.

Example: Using AI for Instructional Design

Using ChatGPT, the following instruction was given: "Help me design a lesson plan on binomial distribution."

The AI provided the following plan (with some selections):

Lesson Content: Understanding the Binomial Distribution

Objectives:

Knowledge: Students will understand the concept of the binomial distribution and its key characteristics.

Comprehension: Students will be able to apply the binomial probability formula to solve problems involving independent trials.

Application: Students will be able to use the binomial distribution to analyze real-world situations and make predictions.

Requisite Prior Knowledge: Students should have a basic understanding of probability, including concepts such as independent events and probability distributions.

Cue Set 1:

Present a scenario involving a series of independent events (e.g., flipping a coin multiple times, rolling a die several times). Ask students to discuss the likelihood of specific outcomes and how they might calculate these probabilities.

Cue Set 2:

Introduce the concept of the binomial distribution using a simple example, such as flipping a biased coin multiple times. Discuss the key features of the binomial distribution, including the number of trials, the probability of success, and the shape of the distribution.

Cue Set 3:

Present real-world examples where the binomial distribution can be applied, such as analyzing the success rates of medical treatments or predicting the outcomes of sports events. Discuss how understanding the binomial distribution can help make informed decisions in these situations.

Direct Instruction Strategies:

Binomial Probability Formula: Teach students how to calculate the probability of a specific number of successes in a given number of trials using the binomial probability formula.

Calculating Expected Values: Guide students through the process of finding the mean and standard deviation of a binomial distribution and interpreting these values in context.

Using Technology: Demonstrate how to use statistical software or graphing calculators to perform binomial probability calculations and create visual representations of binomial distributions.

Practice Assignments:

Problem Sets: Provide practice problems that require students to calculate probabilities and expected values using the binomial distribution formula.

Real-World Applications: Assign tasks where students must analyze real-world data and apply the binomial distribution to make predictions or draw conclusions.

Interactive Simulations: Incorporate interactive simulations or online activities that allow students to explore the properties of the binomial distribution through experimentation.

Team-Based Activities:

Binomial Experiment Design: Have students work in teams to design and conduct their own binomial experiments, such as flipping a coin or conducting a survey, and analyze the results.

Scenario Analysis: Present teams with different scenarios and ask them to determine whether the situation follows a binomial distribution and justify their reasoning.

Peer Teaching: Assign each team a specific aspect of the binomial distribution to research and teach to their classmates through presentations or demonstrations.

Formative / Summative Assessment Measures:

Problem-Solving Tasks: Assess students' ability to apply the binomial distribution formula to solve problems and interpret the results.

Data Analysis Projects: Evaluate students' proficiency in analyzing real-world data sets and using the binomial distribution to draw meaningful conclusions.

Class Discussions: Engage in discussions where students explain their reasoning, critique their peers' solutions, and reflect on the applications of the binomial distribution.

Deep Questions:

How does changing the probability of success or the number of trials affect the shape of the binomial distribution?

In what ways can the binomial distribution be used to model real-world phenomena beyond simple experiments?

What are the limitations of the binomial distribution?

It is evident that when providing initial instructional design plans, artificial intelligence can comprehensively consider various aspects of a given knowledge point, even taking into account the skills that should be cultivated in students during the teaching process. Teachers can further refine and design these plans based on their understanding of student learning conditions and the actual needs of the classroom to create lesson plans that are well-suited for their own teaching.

In terms of teaching assessment, the primary issue in education today is the mere emphasis on individual specific data points, such as isolated mathematics scores. In the era of artificial intelligence and big data, we should have better conditions to study how to use data correctly and fully. As Chris Minnich, President of the Northwest Evaluation Association, once said, "We must look beyond the surface and explore the linkages between data, curriculum, and instruction. We must initiate more meaningful conversations starting with two questions: (1) How do you intend to utilize this data to support more effective teaching or more systematic decisions? (2) What changes do we need to make, and how do we measure their effectiveness? In short, data must have a specific purpose and impact; it should be intentionally integrated into various aspects of education." In other words, future curricula and teaching methods must be data-driven.

Similar to the comprehensive assessment approach used in the international division of the school mentioned earlier, new assessment models have the potential for broad adoption. In the United States, the Mastery Transcript Consortium (MTC), a new assessment model primarily geared towards high school students, has gained significant attention. This model does not involve exam scores but instead continuously tracks, assesses, and records students' eight competencies, including analytical and creative thinking, complex communication (both oral and written expression), leadership and teamwork skills, information technology and mathematical abilities, global perspectives, high adaptability, initiative, risk-taking, moral and rational decision-making abilities, and thinking habits. This approach, somewhat similar to the customized subject competency reports for high school students in SHSID, is different in that SHSID still retains subject names and score levels in the report as a necessary component of the student's comprehensive evaluation system. Currently, the planners of the MTC are making efforts to construct a digital platform. It is estimated that within ten years, dynamic electronic records like those of the MTC will potentially replace standardized tests like the SAT and ACT and become the evaluation system for college admissions in the United States. However, the author expresses doubt regarding the use of the MTC in the admissions evaluation system. The main reasons are twofold: Firstly, a standardized system for evaluating students' abilities has not yet been truly established, and the scientific validity of ability assessment has not received sufficient consensus. Secondly, the high-stakes nature of admissions to American universities makes it unlikely for them to fully adopt a specific system, leaning more towards a "comprehensive evaluation" approach.

In the author's view, the transition to an evaluation method utilizing digital platforms poses two key challenges for schools. Each of these challenges must be handled properly; otherwise, it would be difficult to achieve a thorough change in the evaluation method. The first challenge is that students may not be willing to accept comprehensive evaluations and even react negatively. Such an attitude is common and understandable. How can this be addressed? Comprehensive assessments should not increase students' burdens but should instead provide students with more information and convenience, catering to their personalized growth needs. Each student's personalized information and academic progress are publicly available on the comprehensive evaluation platform, with some details also accessible to parents. This approach aims to garner trust and support from students and parents on the broadest scale possible.

The second challenge arises from the teaching community. Unless a completely new school employs a brand-new group of teachers, teachers will continue to be accustomed to traditional evaluation methods: exam scores plus end-of-term comments. They are generally hesitant towards accepting novel metric systems, particularly when teachers are expected to focus on assessment during their regular teaching periods. How to address this problem? Management should strive to lighten teachers' workload, ensure they recognize the benefits of comprehensive assessment, focus on optimizing platform functionality, and use various means, including technology, to assist teachers in evaluating students more efficiently, with less time and effort, while maintaining high quality and effectiveness.

The development of digital platforms and information-based smart campuses will enhance teachers' core teaching abilities in three areas: (1) Hybrid teaching abilities, where teachers can effectively combine online and in-person instruction, especially when students have already engaged in self-study through online methods before in-person guidance. (2) The ability to discern, analyze, and use data. Teachers are expected to monitor students' learning activities and performance using digital tools, guiding student growth. (3) The ability to design personalized learning and create tailored learning environments, where teachers allow students to set their learning objectives and plan their learning pace and path, and provide timely guidance when needed. Teachers need to possess digital technology application skills and an innovative mindset to effectively utilize digital educational platforms, which can enhance teaching effectiveness and students' learning experiences.

5.2.4 Digital Platforms May Further Promote the Equitable Distribution of High-quality Educational Resources and Foster Educational Equity

Digital education, facilitated by digital platforms, online courses, and remote teaching, has the potential to overcome geographical, teacher resource-based, and time-based limitations. It offers extensive and equitable access to high-quality educational resources, particularly for students in remote and economically disadvantaged areas. Currently in China, a national-level intelligent education platform has been established for primary and secondary schools, and various provinces and cities also own valuable educational resources. For instance, Shanghai operates the Shanghai Smart Education Platform (“Weixiao”), granting students free access to numerous resources, including “virtual classrooms”, enabling learning opportunities for everyone, anytime, and anywhere. Certainly, the prerequisite for making full use of all these resources is that hardware resources can keep up, including but not limited to computer terminals, network environments, and so on.

As digital technology advances, high-quality educational resources are expected to be more closely integrated with learning data systems via digital platforms, potentially giving rise to more adaptive learning platforms. These platforms may facilitate the establishment of personalized learning profiles for students. They can help teachers identify students’ strengths and weaknesses, enabling better guidance for individual student growth. It is important to note that these “teachers” might not necessarily be the conventional classroom teachers but could be “virtual” teachers (teachers assigned by the system from different provinces) or even “artificial intelligence” teachers (referring to virtual machine learning agents). In this context, the equalization of educational resources will be more effective, thus contributing to improved educational equity.

5.2.5 The Flourishing Development of Digital Platforms and Its Influence on Educational Information Legislation

With the advancement of digital education, particularly in the realm of educational big-data, there is growing apprehension about the security of educational network data.

During the author's research visits to school districts in Chicago and San Francisco, the protection of student privacy and learning data was a top priority. For example, the technology director of Chicago School District 93 mentioned their careful handling of voice interactions as they involve student voice characteristics, which are considered personal privacy data. This exemplifies the rigorous measures in place to protect student privacy and data. The U.S. government has enacted federal legislation to ensure safety and privacy, including the *Family Educational Rights and Privacy Act* (FERPA), the *Protection of Pupil Rights Amendment* (PPRA), the *Children's Online Privacy Protection Act* (COPPA), and the *Student Digital Privacy and Parents Rights Act*. Moreover, from 2012 to 2017, more than 120 laws were passed by many states in the United States to regulate the collection, use, and safeguarding of student data by schools and service providers. Additionally, industry associations and operators in the country have been actively implementing self-regulatory measures for privacy protection.

The U.S. Department of Education held the "Safe Return to School: K–12 School Network Security Summit" on August 7th, 2023, aiming to bring together government officials, educational professionals, industry experts, and relevant leaders to discuss how to progress K–12 education network security. During the meeting, officials mentioned that in today's digital age, the educational technology employed by schools possesses incredible potential. However, to fully harness these benefits, it is essential to manage risks effectively, ensuring that everyone can assist schools and teachers in planning and preparing for digital risks. Bloomberg's report stated that Amazon Web Services would allocate $20 million for K–12 school network security and offer free security training and assistance for districts facing cyber attacks. The briefing released during the event outlined key recommendations for enhancing educational network security: (1) Continuous risk management; manage cybersecurity risks proactively by adopting an active approach to coping with constantly evolving threats. (2) Solve problems using analogical thinking; learn from the lessons of physical-world scenarios to fully grasp and address cybersecurity challenges. (3) Establish priorities and implement mitigation strategies: identify the most critical risks and apply effective mitigation measures. (4) Establish network incident response capabilities; develop and implement network incident response plans to minimize the impact of potential network security vulnerabilities. (5) Encourage relevant suppliers to invest while adhering to the principles of secure design, obtaining network risk assurance certification, and establishing a system for security vulnerability disclosure.

With the continuous development of domestic digital construction, whilst drawing on the experiences and lessons from foreign education sectors such as the United States, relevant departments and K–12 schools in China have taken substantial measures to strengthen network security in basic education. It is anticipated that more measures in this regard will be implemented. In 2018, the Ministry of Education issued the "Education Informatization 2.0 Action Plan", which proposed to strengthen the leadership of the education system's party organizations in network security and informatization work; clarify that the main leaders are the first persons responsible for network security work; establish a leadership system for overall coordination of network security and informatization; achieve unified planning and coordinated progress in network security and informatization; improve the network security supervision and assessment mechanism; incorporate network security work into the assessment of leadership teams and cadres. Based on laws and regulations such as the "Cybersecurity Law", comprehensively enhance the network security protection capabilities of the education system; implement the network security grading protection system comprehensively; carry out in-depth network security monitoring and early warning; enhance the level of awareness of network security situations; ensure the security of key information infrastructure; focus on safeguarding data and information security, strengthen privacy protection; establish a sound mechanism of strict protection, layered opening, and orderly sharing; effectively safeguard the vital interests of the broad teachers and students. Additionally, it is worth mentioning that in 2019, the "Regulations on the Protection of Children's Personal Information on the Internet" were reviewed and approved during a meeting of the State Internet Information Office and came into effect on October 1st of the same year. With the further advancement of digitalization, laws and regulations related to cybersecurity in education networks are expected to become more standardized and comprehensive.

In the context of information security, schools must carefully consider the relationship between improving students' academic performance and technology. Awareness regarding student data privacy and protection needs to be further strengthened. Events such as monitoring student behaviors or expressions and collecting data have sparked significant public outcry. These phenomena continue to prompt schools and educators to reflect on the dignity and freedom of students as human beings when technology impacts them. Furthermore, ensuring that information technology companies strictly adhere to data usage contracts is crucial. While more and more information technology companies are joining the ranks of those committed to protecting student data, ethical choices in specific contexts remain a challenging and ongoing endeavor.

后记 Afterword

在当今全球教育的宏大图景中，教育数字化无疑是研究的热点与前沿。随着技术的飞速发展，推动教育数字化乃至智能化已成为全球教育界的共同追求和坚定共识。2023 年，中国教育部发布了《教师数字素养》这一具有里程碑意义的行业标准，旨在提升教师运用数字技术优化、创新和变革教育教学活动的意识、能力和责任感。

In the grand landscape of global education today, the digitalization of education is undoubtedly a hot research topic and at the forefront of innovation. With rapid technological advancement, promoting the digitalization and even the intelligentization of education has become a common pursuit and firm consensus in the global education community. In 2023, China's Ministry of Education released the milestone industry standard *Teachers' Digital Literacy*, aimed at enhancing teachers' awareness, ability, and sense of responsibility in using digital technology to optimize, innovate, and transform educational activities.

紧随其后，2024 年世界数字教育大会上，《数字教育合作上海倡议》正式发布，其中包含的 6 项倡议深刻反映了数字教育的国际合作与共赢理念。这些倡议包括：共同推动数字资源的共建共享，深化数字教育应用合作，强化数字教育的集成创新，加强教师能力建设的合作，协同推动数字教育研究，共商共议数字教育治理。这些倡议的提出，为全球数字教育的发展注入了新的活力。

Following this, the *Shanghai Initiative on Digital Education Cooperation* was officially released at the World Digital Education Conference in 2024. This initiative, comprising of six proposals, profoundly reflects the concept of international cooperation and mutual benefit in digital education. These proposals include jointly promoting the co-construction and sharing of digital resources, deepening cooperation in digital education applications, strengthening integrated innovation in digital education, enhancing cooperation in teacher capacity building, collaboratively advancing digital education research, and collectively discussing digital education governance. These proposals have injected new vitality into the development of global digital education.

与此同时，中国持续发布《中国智慧教育蓝皮书》与《中国智慧教育发展报告》等权威报告，为数字教育的实践提供了宝贵的理论支撑和实践指导。世界各国和国际组织也积极响应信息和智能时代的挑战，纷纷制定教育数字化发展战略，如美国的《国家教育技术计划（2024）》（NETP2024）、德国的《数字世界中的教育》、法国的《2023—2027 年数字教育战略》以及新加坡的《2030 教育技术总体规划》等，共同描绘着数字教育的宏伟蓝图。

Meanwhile, China continues to release authoritative reports such as the *China Smart Education Blue Book* and the *China Smart Education Development Report*, providing valuable theoretical support and practical guidance for the practice of digital education. Countries and international organizations around the world are also actively responding to the challenges of the information and intelligence era, formulating strategies for the development of digital education. Examples include the United States' *National Education Technology*

Plan (NETP2024), Germany's *Education in the Digital World*, France's *Digital Education Strategy 2023–2027*, and Singapore's *Education Technology Master Plan 2030*, all of which jointly depict a grand blueprint for digital education.

在欧盟的《数字教育行动计划（2021—2027）》中，数字化转型和绿色转型被赋予了重要地位，旨在打造一个高性能的数字教育生态系统，并提升教育的数字化转型能力，以应对数字时代的挑战。经济合作与发展组织（OECD）也通过发布系列研究报告，如《回到教育的未来：OECD 关于学校教育的四种图景》，为各国实施数字教育和应对数字鸿沟挑战提供了有力的策略支持。

In the European Union's *Digital Education Action Plan (2021–2027)*, digital transformation and green transformation are given significant importance, aiming to create a high-performance digital education ecosystem and enhance the ability to digitally transform education to meet the challenges of the digital age. The Organization for Economic Cooperation and Development (OECD) has also provided strong strategic support for countries to implement digital education and address the challenges of the digital divide through a series of research reports, such as *Back to the Future of Education: Four OECD Scenarios for Schooling*.

值得一提的是，联合国教科文组织（UNESCO）在 2021 年发布的《一起重新构想我们的未来：为教育打造新的社会契约》报告中，不仅呼吁重新定义教育的目的，更强调了重构人与技术的关系，对教育数字化转型的战略意义给予了高度评价，并深入剖析了转型过程中可能面临的风险和挑战。

Notably, UNESCO's 2021 report *Reimagining Our Futures Together: A New Social Contract for Education* not only calls for redefining the purpose of education but also emphasizes reconstructing the relationship between humans and technology, highly evaluating the strategic significance of digital education transformation, and deeply analyzing the risks and challenges that may be encountered during the transformation process.

笔者认为，在一线学校的数字教育实践中，需要始终坚守一个核心理念：数字化是为了更好地育人，而非单纯追求技术的堆砌。我们致力于利用信息技术的优势，帮助学生解决真实世界中的问题，进行跨学科学习，培养创新意识，并推动人与人之间的合作与交流。这种交流可以通过数字技术实现，从而打破时空的界限，让学习变得更加灵活和高效。

In the author's view, in the digital education practice of frontline schools, it is essential to adhere to a core philosophy: digitalization is for better education, not merely for the sake of technology accumulation. We are committed to leveraging the advantages of information technology to help students solve real-world problems, engage in interdisciplinary learning, cultivate innovation consciousness, and promote cooperation and communication among people. This communication can be realized through digital technology, breaking the boundaries of time and space, and making learning more flexible and efficient.

本书所呈现的案例，均来源于上中国际部高中段自 2016 年引入数字化平台以来的实践探索与丰硕成果。这些案例生动展示了数字化对教学过程的重塑，以及教师角色从"一支粉笔讲半天的知识传播者"向"个性化学习旅程的领路人"的转变。在这一过程中，教师与学生共同构建了一个"学习共同体"，实现了教学模式的多维融合、强联结与人机互动。

The cases presented in this book originate from the practical explorations and fruitful results of the high school section of SHSID since its implementation of a digital platform for learning in 2016. These cases vividly demonstrate the reshaping of the teaching process by digitalization and the transformation of teachers' roles from "knowledge transmitters who talk all day with a piece of chalk" to "guides of personalized learning journeys". In this process, teachers and students have jointly constructed a "learning community", achieving multi-dimensional integration, strong connectivity, and human-machine interaction in teaching models.

2024 年 5 月，上中校园举办的“高中科学教育与科学素养培育全国课堂教学展示活动”进一步彰显了数字教育在实践教学中的强大生命力。其中，生物课和物理课采用的基于教学平台的翻转课堂形式，不仅提升了课堂的互动性和参与度，更通过即时反馈机制让教师能够更准确地把握学生的学习情况，进行有针对性的教学。同时，也给学生的同伴学习创造了大量机会。这些成功的实践案例，正是数字化平台在国际部日常教学中广泛应用的生动写照。更多的数字化平台应用场景，如本书向读者所呈现的，已经成为许多老师熟稔并乐于使用的方式。这些功能不仅为学生提供了多元化的学习资源和互动平台，同时也为教师提供了更加丰富和灵活的教学手段以及评估方法。

In May 2024, the "National Classroom Teaching Demonstration of High School Science Education and Scientific Literacy Cultivation" held on the SHS campus further highlighted the powerful vitality of digital education in practical teaching. The flipped classroom format based on the teaching platform used in biology and physics classes not only enhanced classroom interactivity and participation, but also allowed teachers to more accurately grasp students' learning situations through instant feedback mechanisms for targeted teaching. It also created numerous opportunities for peer learning among students. These successful practice cases vividly reflect the widespread application of digital platforms in the daily teaching of SHSID. More digital platform application scenarios, as presented to readers in this book, have become methods that many teachers are familiar with and enjoy using. These functions provide students with diversified learning resources and interactive platforms and offer teachers more abundant and flexible teaching methods and approaches to assessment.

未来，上中国际部高中段将继续积极利用数字化平台，加强对学生数字档案的研究，提升教师专业发展的管理效率，为培养具有全球视野和创新能力的新时代人才贡献力量。

In the future, the high school section of SHSID will continue to actively utilize digital platforms, strengthen research on students' digital profiles, enhance the management efficiency of teachers' professional development, and contribute to cultivating a new generation of talents with a global perspective and innovative abilities.

本书的实际撰写过程历时 4 年，全体高中段教师积极参与实践、应用和试点，还组织过多个学习小组，多次进行了数字化平台使用经验的分享。鉴于篇幅原因，本书选择了部分案例进行了统整、组合，最终呈现给读者。其间，国际部高中段教师中心和教务处给予了大量的支持和反馈，在此一并致谢！特别感谢冯志刚、刘茂祥、刘姗、沈晨荔、吴佳佳、陈明晗、施晗玥、张丽、孙韵秋、马凯成、杨敏、程林、Cody Turner 等老师在本书编写过程中的指导和帮助！

The actual process of writing this book took four years, with active participation in practice, application, and piloting by all high school teachers. Several study groups were organized, and the experiences of using digital platforms were shared multiple times. Due to space limitations, this book has selected and compiled some cases for presentation to readers. During this period, the High School Teachers' Center and Teaching Affairs Office of SHSID have provided a lot of support and feedback, for which I express my sincere gratitude. Special thanks to teachers Feng Zhigang, Liu Maoxiang, Liu Shan, Shen Chenli, Wu Jiajia, Chen Minghan, Shi Hanyue, Zhang Li, Sun Yunqiu, Ma Kaicheng, Yang Min, Cheng Lin, and Cody Turner for their guidance and assistance in the compilation of this book!

马峰　Ma Feng

2025 年 3 月　March 2025

附录　Appendix

11 年级各学科学年期末考试成绩比对

学科	课程 & 水平	2018-II 平均分（2020 届）	2019-II 平均分（2021 届）	2020-II 平均分（2022 届）
地理	AP 人文地理（AP）	95.80	92.86	93.94
电脑	AP 计算机科学（AP）	91.56	89.56	90.63
电脑	IB 计算机科学 17（IB）	89.56	90.60	89.80
汉语	IB 汉语非母语 17（IB）	93.07	95.53	86.17
汉语	IB 汉语母语文学 17（IB）	85.33	88.30	88.56
汉语	IB 汉语母语语言与文学 17（IB）	88.39	84.67	85.56
汉语	高中汉语（III）	87.60	90.80	89.80
汉语	高中汉语（IX）	84.81	88.27	86.73
汉语	高中汉语（VII）	86.38	83.87	82.96
汉语	高中汉语（VIII）	85.99	84.32	84.28
汉语	高中汉语（X）	91.06	87.13	90.43
化学	A-Level 化学（AS）	83.45	79.08	86.00

（续表）

学科	课程 & 水平	2018-II 平均分（2020 届）	2019-II 平均分（2021 届）	2020-II 平均分（2022 届）
化学	AP 化学（预科）（AP）	84.65	85.47	85.22
化学	IB 化学 17（IB）	90.46	88.55	82.88
化学	化学（S）	79.68	80.46	77.65
化学	化学（荣誉水平）（H）	83.67	82.17	82.23
环境科学	AP 环境科学（预科）（AP）	86.43	85.14	82.78
经济	AP 微观经济（AP）	85.09	88.15	88.09
经济	IB 经济 17（IB）	92.11	88.94	91.30
经济	商业管理（H）	90.05	88.68	86.36
历史	IB 历史 17（IB）	93.83	91.75	87.40
历史	美国概况（S）	83.14	83.95	83.76
历史	美国概况（荣誉水平）（H）	85.19	84.89	86.63
历史	西方文明史 1（S）	83.00	83.58	82.21
历史	西方文明史 1（荣誉水平）（H）	82.00	81.67	82.80
历史	中国历史（S）	84.33	80.50	82.67
历史	中国历史（荣誉水平）（H）	84.67	78.13	83.11
美术	AP 艺术（AP）	96.42	94.45	94.27
美术	高中美术 1（H）	88.20	89.00	90.00

（续表）

学科	课程 & 水平	2018-II 平均分（2020 届）	2019-II 平均分（2021 届）	2020-II 平均分（2022 届）
生物	A-Level 生物（AS）	81.17	89.80	85.38
生物	AP 生物（预科）（AP）	83.77	87.56	87.93
生物	IB 生物 17（IB）	88.47	88.50	91.55
生物	生物（S）	88.44	83.36	83.00
生物	生物（荣誉水平）（H）	88.13	89.00	86.25
世界语言	日语（H）	88.20	86.83	90.38
数学	A-Level 数学（AS）	74.57	81.92	84.89
数学	AP 微积分 AB（AP）	93.21	89.00	85.34
数学	AP 统计（AP）	87.90	87.37	85.07
物理	A-Level 物理（AS）	85.88	80.13	80.30
物理	AP 物理 1（AP）	88.82	86.50	85.75
物理	IB 物理 17（IB）	86.23	96.40	90.46
物理	物理（S）	86.31	81.35	80.17
物理	物理（荣誉水平）（H）	86.23	87.17	93.50
心理	AP 心理（AP）	85.00	87.39	88.87
心理	IB 心理 17（IB）	90.40	91.44	89.91
音乐	阿卡贝拉（H）	98.40	97.29	86.50
英语	AP 英语语言（预科）（AP）	87.22	87.03	84.82
英语	IB 英语非母语 17（IB）	88.42	88.14	87.43

（续表）

学科	课程 & 水平	2018-II 平均分（2020 届）	2019-II 平均分（2021 届）	2020-II 平均分（2022 届）
英语	IB 英语母语文学 17（IB）	87.68	83.23	86.73
英语	英语（S）	82.67	84.67	82.65
英语	英语（S+）	83.53	84.75	84.10
英语	英语（荣誉水平）（H）	86.60	86.11	85.71
英语	英语（荣誉水平）（H+）	93.00	92.67	94.00

Comparison of Year-end Exam Scores for Each Subject in Grade 11

Subject	Course & Level	2018-II Average Score (Class of 2020)	2019-II Average Score (Class of 2021)	2020-II Average Score (Class of 2022)
Geography	AP Human Geography (AP)	95.80	92.86	93.94
Computer Science	AP Computer Science (AP)	91.56	89.56	90.63
Computer Science	IB Computer Science 17 (IB)	89.56	90.60	89.80
Chinese	IB Chinese Non-Native 17 (IB)	93.07	95.53	86.17
Chinese	IB Chinese Native Literature 17 (IB)	85.33	88.30	88.56
Chinese	IB Chinese Native Language and Literature 17 (IB)	88.39	84.67	85.56
Chinese	High School Chinese (III)	87.60	90.80	89.80

(Continued)

Subject	Course & Level	2018-II Average Score (Class of 2020)	2019-II Average Score (Class of 2021)	2020-II Average Score (Class of 2022)
Chinese	High School Chinese (IX)	84.81	88.27	86.73
Chinese	High School Chinese (VII)	86.38	83.87	82.96
Chinese	High School Chinese (VIII)	85.99	84.32	84.28
Chinese	High School Chinese (X)	91.06	87.13	90.43
Chemistry	A-Level Chemistry (AS)	83.45	79.08	86.00
Chemistry	AP Chemistry (Prep) (AP)	84.65	85.47	85.22
Chemistry	IB Chemistry 17 (IB)	90.46	88.55	82.88
Chemistry	Chemistry (S)	79.68	80.46	77.65
Chemistry	Chemistry (Honors Level) (H)	83.67	82.17	82.23
Environmental Science	AP Environmental Science (Prep) (AP)	86.43	85.14	82.78

(Continued)

Subject	Course & Level	2018-II Average Score (Class of 2020)	2019-II Average Score (Class of 2021)	2020-II Average Score (Class of 2022)
Economics	AP Microeconomics (AP)	85.09	88.15	88.09
Economics	IB Economics 17 (IB)	92.11	88.94	91.30
Economics	Business Management (H)	90.05	88.68	86.36
History	IB History 17 (IB)	93.83	91.75	87.40
History	American Overview (S)	83.14	83.95	83.76
History	American Overview (Honors Level) (H)	85.19	84.89	86.63
History	Western Civilization 1 (S)	83.00	83.58	82.21
History	Western Civilization 1 (Honors Level) (H)	82.00	81.67	82.80
History	Chinese History (S)	84.33	80.50	82.67

（Continued）

Subject	Course & Level	2018-II Average Score (Class of 2020)	2019-II Average Score (Class of 2021)	2020-II Average Score (Class of 2022)
History	Chinese History (Honors Level) (H)	84.67	78.13	83.11
Art	AP Art (AP)	96.42	94.45	94.27
Art	High School Art 1 (H)	88.20	89.00	90.00
Biology	A-Level Biology (AS)	81.17	89.80	85.38
Biology	AP Biology (Prep) (AP)	83.77	87.56	87.93
Biology	IB Biology 17 (IB)	88.47	88.50	91.55
Biology	Biology (S)	88.44	83.36	83.00
Biology	Biology (Honors Level) (H)	88.13	89.00	86.25
World Languages	Japanese (H)	88.20	86.83	90.38
Mathematics	A-Level Mathematics (AS)	74.57	81.92	84.89
Mathematics	AP Calculus AB (AP)	93.21	89.00	85.34

(Continued)

Subject	Course & Level	2018-II Average Score (Class of 2020)	2019-II Average Score (Class of 2021)	2020-II Average Score (Class of 2022)
Mathematics	AP Statistics (AP)	87.90	87.37	85.07
Physics	A-Level Physics (AS)	85.88	80.13	80.30
Physics	AP Physics 1 (AP)	88.82	86.50	85.75
Physics	IB Physics 17 (IB)	86.23	96.40	90.46
Physics	Physics (S)	86.31	81.35	80.17
Physics	Physics (Honors Level) (H)	86.23	87.17	93.50
Psychology	AP Psychology (AP)	85.00	87.39	88.87
Psychology	IB Psychology 17 (IB)	90.40	91.44	89.91
Music	A Cappella (H)	98.40	97.29	86.50
English	AP English Language (Prep) (AP)	87.22	87.03	84.82
English	IB English Non-Native 17 (IB)	88.42	88.14	87.43

（Continued）

Subject	Course & Level	2018-II Average Score (Class of 2020)	2019-II Average Score (Class of 2021)	2020-II Average Score (Class of 2022)
English	IB English Mother Tongue Literature 17 (IB)	87.68	83.23	86.73
English	English (S)	82.67	84.67	82.65
English	English (S+)	83.53	84.75	84.10
English	English (Honors Level) (H)	86.60	86.11	85.71
English	English (Honors Level) (H+)	93.00	92.67	94.00

图书在版编目（CIP）数据

数融问道：基于数字化平台的高中混合式教学案例研究 / 马峰编著. — 上海：上海教育出版社，2025.1. —（“龙门书院 · 上海中学”丛书）. — ISBN 978-7-5720-3248-6

Ⅰ. G632.421

中国国家版本馆CIP数据核字第20259CA176号

策　　划　徐建飞工作室

责任编辑　朱红梅　汪　培

封面设计　金一哲

“龙门书院 · 上海中学”丛书

数融问道：基于数字化平台的高中混合式教学案例研究

马　峰　编著

出版发行　上海教育出版社有限公司

官　　网　www.seph.com.cn

地　　址　上海市闵行区号景路159弄C座

邮　　编　201101

印　　刷　苏州工业园区美柯乐制版印务有限责任公司

开　　本　890×1240　1/32　印张 21.75　插页 4

字　　数　545 千字

版　　次　2025年4月第1版

印　　次　2025年4月第1次印刷

书　　号　ISBN 978-7-5720-3248-6/G·2889

定　　价　100.00 元

如发现质量问题，读者可向本社调换　电话：021-64373213